文化产业重大课题研究计划成果集

中国对外文化
贸易报告 （2014）

REPORT ON
CHINA'S CULTURAL
FOREIGN TRADE
2014

中央文化企业国有资产监督管理领导小组办公室
中国社会科学院文化研究中心　编

社会科学文献出版社
SOCIAL SCIENCES ACADEMIC PRESS (CHINA)

　　从 2012 年开始，中国社会科学院文化研究中心获得了财政部"国家文化产业发展专项资金"的支持，设立了国内首个文化产业的研究类专项资金——"文化产业重大课题研究计划"。

　　本书是"文化产业重大课题研究计划"项目"中国对外文化贸易研究"（CIRP1301003）的成果，并受该计划资助。

课题组单位：中国人民大学文化创意产业研究所

课题组负责人：金元浦

课题组成员：苏　锋　曾　军　意　娜　刘　藩　李嘉珊
　　　　　　　王海文　佟雪娜　马　明　蒋　多　崔春虎
　　　　　　　王长松　高　超　柴冬冬　叶建强　杨　裔
　　　　　　　周　婷　欧阳神州　王瑞津　惠晓萌　吴宝秀
　　　　　　　张　拓　张志宇　常凤霞　刘　新

目录
CONTENTS

总报告

理论与思考

文化贸易行业发展报告

区域文化贸易研究

调查与案例

总报告

积蓄势能　寻求新的突破[*]

——中国 2012～2013 年对外文化贸易发展

金元浦^{**}

党的十八届三中全会《中共中央关于全面深化改革若干重大问题的决定》（以下简称《决定》）提出，要提高文化开放水平。坚持政府主导、企业主体、市场运作、社会参与，扩大对外文化交流，加强国际传播能力和对外话语体系建设，推动中华文化走向世界。按照党的十八届三中全会精神，回顾和盘点近年来我国对外文化贸易的发展，反思其成就和问题，对于落实全会精神，进一步改革创新是十分必要的。

一　中国对外文化贸易的宏观背景

2012～2013 年，在国际经济持续走软，国际金融危机持续影响，国际需求特别是发达国家贸易需求大幅下降的宏观背景下，原本处于逆差状态的我国对外文化贸易面临较为严峻的局面。

从国际层面看，2013 年 9 月，联合国贸发会议在厦门发布的 2013 年《贸易与发展报告》指出，世界产出增长率持续下降，并可能进一步下跌。发展中国家需由过度依赖出口实现增长转向更多依靠内需。据介绍，世界

---

* 本报告由本课题主持人金元浦总撰写，分课题负责人提供相关研究资料。

** 金元浦，博士，中国人民大学文学院教授、博士生导师。中国人民大学文化创意产业研究所所长，中国文化产业园区联盟副会长，中国创意产业国际论坛秘书长。教育部、文化部高等学校动漫类教材建设专家委员会副主任，北京科技美学学会会长，商务部服务贸易协会专家委员会副主任，文化贸易首席专家，"对外文化贸易课题组"负责人。

产出增长率已经从 2010 年的 4.1% 下降到 2011 年的 2.8%，继而再降至 2012 年的 2.2%。联合国贸发会议预测，2013 年世界产出增长率不会回升，反而可能进一步跌至 2.1%。发达国家将继续落后于世界平均水平，其国内生产总值的增长率只有 1%。

根据这份《贸易与发展报告》，发展中经济体与转型期经济体将以与 2012 年类似的速度增长，分别略高于 4.5% 和 2.5%，因此仍将是世界经济增长的主要动力，约占全球产出增长的 2/3。

《贸易与发展报告》预测，由于来自发达国家的外需仍然疲软，发展中经济体和转型期经济体的增长将更多由内需而不是出口推动。

联合国贸发会议表示，由于发展中国家的经济增长速度快于发达国家，因此它们在全球经济中的比重显著增加。发展中国家在世界产出中所占的份额从 2000 年的 22% 上升到 2012 年的 36%，对世界出口的参与额也从 32% 提高到 45%。

从国内层面看，2012 年中国经济增速回落，经济危机带来的余震还在持续，上半年 GDP 同比增长 7.8%，其中二季度增长 7.6%，创三年来新低。我国经济正处于调整经济结构，调低发展目标，稳增长、惠民生的新的发展阶段，对外文化贸易则面临着新的挑战。

自党的十六大以来的十年，是我国经济快速融入世界经济的十年，也是我国对外贸易发展最快的十年。2003～2011 年，我国货物进出口贸易年均增长 21.7%，其中，出口年均增长 21.6%，进口年均增长 21.8%。2011 年，我国外贸出口额和进口额占世界货物出口和进口的比重分别提高到 10.4% 和 9.5%。2011 年我国货物贸易进出口总额跃居世界第二位，连续 3 年成为世界最大出口国和第二大进口国。我国紧紧抓住加入世界贸易组织的机遇，坚持扩大内需与稳定外需相结合，积极应对国际金融危机带来的冲击与挑战，继续推进对外开放，全面参与经济全球化进程。

我国着力促进贸易基本平衡，切实提升外贸发展质量和效益，进出口商品结构进一步优化。外贸顺差在 2008 年达到 2981 亿美元的最高值后开始逐年回落，贸易差额占进出口总额的比重从 2002 年的 10.1% 逐年下降到 2009 年的 8.9%、2010 年的 6.2% 和 2011 年的 4.3%。

我国深入实施"走出去"战略，对外经济合作驶入良性发展轨道。截至 2011 年末，我国累计非金融类对外直接投资达 3189 亿美元。2011 年，我国非金融类对外直接投资达 601 亿美元，比 2003 年增长 19.7 倍，年均增长 46.4%。

2013 年，我国货物进出口总额为 4.16 万亿美元，其中出口 2.21 万亿美元，进口 1.95 万亿美元。据世界贸易组织秘书处初步统计，2013 年，中国已成为世界第一货物贸易大国。这是我国对外贸易发展道路上新的里程碑，也是我国坚持改革开放和参与经济全球化的重大成果。自 2009 年起，我国已成为世界第一出口大国，目前中国已经是 120 多个国家和地区最大的贸易伙伴，每年进口近 2 万亿美元的商品，为全球贸易伙伴创造了大量就业岗位和投资机会。但我国目前尚不是国际贸易强国，要实现这一目标仍然任重道远，贸易大国仅是建设贸易强国的基础。我国出口产品特别是文化产品和文化服务附加值较低，拥有的自主品牌少，营销网络不健全，出口的文化产品缺乏原创、质量不高，统筹两个市场、两种资源的能力需要进一步提高。当前我国对外开放面临新的形势和挑战，需要进一步转变方式、调整结构，培育参与经济全球化的新优势，加强与贸易伙伴的务实合作，努力实现互利共赢和共同发展。

党的十八大以来，我国对外开放由出口和吸收外资为主转向进口和出口、吸收外资和对外投资并重的新形势，实行更加积极主动的开放战略，加快完善更加适应发展开放型经济要求的体制机制，有效防范风险，以开放促发展、促改革、促创新。

党的十八届三中全会《决定》确立市场要在资源配置中起决定性作用，并指出经济体制改革是全面深化改革的重点，核心问题是处理好政府和市场的关系，使市场在资源配置中起决定性作用和更好地发挥政府作用。建设统一开放、竞争有序的市场体系，是使市场在资源配置中起决定性作用的基础。这一原则的确定，指出了我国对外文化贸易发展总的方向。

要增强中华文化的软实力，推动中华文化走向世界，必须从文化事业和文化产业两个方面来全面拓展，同时发力。一方面要加强中国传统文化和当代文化的传播弘扬，理顺内宣外宣体制，支持重点媒体面向国内、国际发展；鼓励社会组织、中资机构等参与孔子学院建设和海外文化中心建设，积极承担人文交流项目。另一方面要从国际市场出发，支持文化企业到境外开拓市场，培育一批外向型文化跨国企业作为国家队，参与全球文化市场的竞争。

从实践层面看，新一届领导集体更加重视文化创意、设计服务、产业融合等高端形态的发展。2014 年 1 月 22 日国务院总理李克强主持召开国务院常务会议，部署推进文化创意和设计服务与相关产业融合发展的新战略，对我国文化贸易与文化服务发展有重要指导意义。会议指出，文化创意和设计服务具有高知识性、高增值性和低消耗、低污染等特征。依靠创新，推进文化创意和设计服务等新型、高端服务业发展，促进与相关产业深度融合。这是调整经济结构的重要内容，有利于改善产品和服务品质、满足群众多样化需求，也可以催生新业态、带动就业、推动产业转型升级。会议确定了推进文化创意和设计服务与相关产业融合发展的政策措施：一是加强创意、设计知识产权保护，健全激励机制，推进产、学、研、用结合，活跃知识产权交易，为保护和鼓励创新、更好地实现创意和设计成果价值营造良好的环境。二是实施文化创意和设计服务人才扶持计划，支持学历教育与职业培训并举、创意设计与经营管理结合的人才培养新模式，让更多人才脱颖而出。三是以市场为主导，鼓励创意类、设计类中小微企业成长，引导民间资本投资文化创意、设计服务领域，设立创意中心、设计中心，放开建筑设计领域外资准入限制。四是突出绿色和节能环保导向，通过完善标准、加大政府采购力度等方式加强引导，推动更多绿色、节能环保的创意设计转化为产品。五是完善相关扶持政策和金融服务，用好文化产业发展专项资金，促进文化创意和设计服务蓬勃发展。这一决策既是我国文化贸易进一步发展的更高要求和有力支撑，也是进一步发展的方向与目标。

二 2012~2013 年中国对外文化贸易发展概况

对外文化贸易作为最广泛的文化交流途径和特定的商业性交流模式，对国家文化发展具有强大的驱动力和可持续性。2012~2013 年，我国对外文化贸易在国际经济持续走软，国内处于调整经济结构的宏观背景下，依然有不错的发展。

总体来看，2012 年，中国服务贸易进出口总额 4706 亿美元，比上年同比增长 12.3%，占世界比重 5.2%。其中，中国服务贸易出口额 1904 亿美元，同比增长 4.6%，占世界比重 4.4%；中国服务贸易进口额 2801 亿美元，同比增长 18.2%，占世界比重 6.8%。

2011 年，按贸易方式分核心文化产品进出口总额 198.9 亿美元，出口额 186.9 亿美元，增长 22.2%；进口额 12.1 亿美元，增长 10.4%。其中，一般贸易进出口额 108.3 亿美元，出口额 101.0 亿美元，增长 40.5%，进口额 7.3 亿美元，增长 14.8%；加工贸易进出口额 74.7 亿美元，出口额 71.3 亿美元，增长 3.4%，进口额 3.4 亿美元，增长 1.9%；其他贸易进出口额 16.0 亿美元，出口额 14.6 亿美元，增长 21.0%，进口额 1.4 亿美元，增长 10.6%。随着统计类别和方法的变更，我国文化贸易的各项数据将有较大变化。

从对外文化贸易各项分类行业发展状况看，我国对外文化贸易显示出总体向好的态势。

（一）以游戏、广告、设计和动漫为代表的新业态已经替代出版、电影等传统产业形态，成为我国对外文化贸易的第一军团

1. 游戏在对外文化贸易中增长最快、前景广阔

作为整体游戏市场中的"领头羊"，网络游戏已成功"走出去"。2011 年，国产网络游戏的出口额达到 4.03 亿美元，相比 2010 年的 2.29 亿美元增长了 76%。2012 年，国产网络游戏出口规模继续稳步增长，收入达到 5.87 亿美元，同比增长 45.7%。由于 2011 年的爆发性冲高，2012 年国产网络游戏出口额的增速有所回落。尽管如此，2012 年仍有新增 54 家公司共计 66 款国产网络游戏出口海外，2010～2012 年，国产网络游戏累计出口产品数量已经突破 260 款，参与出口的网络游戏企业接近 100 家，国产网络游戏海外出口收入稳步增长。

从产品结构看，2012 年出口的国产原创网络游戏中，网页游戏数量增加，达到 103 款，比 2011 年增加了 46 款，同比增长 80.7%。

随着移动互联网的发展和移动上网设备（主要指智能手机、平板电脑等）的爆炸式增长，一种全新的移动网游戏运营模式日渐成熟。这种模式除了传统的网络游戏巨头的加入外，更多地吸引了资本实力不足、不具备海外直接发行能力、不被代理商采购的中小游戏企业。它的存在为丰富网络游戏产品，提升中小企业开发热情提供了不可多得的机遇。一些优秀的国内原创移动网游戏作品进行相应的本地化后，在海外拥有不错的市场销量。

2. 广告产业市场规模发展迅速

截至 2012 年底，中国广告业市场总体规模已跃居世界第二位。广告经营额占国内生产总值的比重达 0.9%，比 2011 年上升了 0.24%。2012 年国内经济发展相对缓慢，对广告市场造成一定的冲击，广告市场增幅明显放缓，但出口依然快速增长，比 2011 年增长 18.2%。从进口额情况看，2002 ~ 2006 年的进口额分别为 3.94 亿美元、4.58 亿美元、6.98 亿美元、7.15 亿美元、9.55 亿美元；2003 ~ 2006 年的年增长率分别为 16.08%、52.51%、2.42%、33.52%。2002 ~ 2006 年的出口额分别为 3.73 亿美元、4.86 亿美元、8.49 亿美元、10.76 亿美元、14.45 亿美元；2003 ~ 2006 年的年增长率分别为 30.42%、74.52%、26.76%、34.33%。从总差额情况看，近年来我国广告、宣传服务的国际服务贸易由逆差迅速转变成为顺差，我国的广告、宣传服务的国际竞争力显著增强。

随着世界经济全球化进程加快和中国经济的不断发展，中国广告产业在迎来前所未有发展机遇的同时，也面临着来自跨国广告公司新一轮强势扩张的冲击。从总体来看，2012 年，电视仍是国内第一大广告投放媒介。电视广告受众范围广、传播效果强、灵活度高等特点使其拥有庞大的观众群，其规模仍占据广告市场的最大份额。不过近三年来其媒介份额有逐年下滑的趋势。软硬件设备的不断优化和 IPTV 用户量的稳步增长，促进了电视搜索和电视媒体定向广告的发展。借由网络电视可以实现更为精准的定向广告投放。据央视市场研究（CTR）报告：2012 年上半年，传统媒体的广告刊例花费同比增长 3.9%，低于 2008 ~ 2011 年的同期水平。互联网广告花费持续快速增长，继续引领媒介花费市场的增长。根据引力传媒报告，2012 年上半年，中国互联网广告保持了 25.7% 的稳定增长。艾瑞咨询最新数据显示，2012 年第三季度，网络广告规模为 213.7 亿元，同比增长 43.8%，环比增长 16.1%。前三季度累计中国互联网广告市场规模为

539.1 亿元，2012 年全年中国互联网广告市场预计突破 750 亿元。在网络广告市场份额中视频广告增幅最大，已成为网络广告市场增长的主力。电商平台在网络广告中的份额不断提升。以淘宝（含淘宝网和大猫）、京东商城为代表的电商企业不仅为企业提供了销售平台，更提升了企业营销空间，电商行业的发展打破了传统市场营销和商品销售的局限。

2012 年，中国移动互联网市场正在进入一个高增长期，移动应用广告平台目前发展最快，市场规模增长到 12.6 亿元，2013 年及未来几年将会保持高增长率。移动营销中 APP 应用营销是目前移动网民最主要的使用媒介，引起了广告主的极大关注，市场规模增长很快。社会化营销中的微博、微信营销等已然颠覆了大众传播的方式，并成为企业营销新动向。伴随大数据时代的到来，数据库营销引发了营销变革。

3. 设计创意产业对外文化贸易快速全面发展

我国目前专业设计公司有 10 万多家，主要集中在以北京为中心的环渤海地区、以上海为中心的长三角地区以及以广州、深圳为核心地域的珠三角地区。北京、上海、深圳作为中国三大创意设计之都，发展前景、发展程度与水平远高于国内其他地区。从近两年的创意设计产业发展实际情况来看，"设计之都"的发展状况客观上可以被看作我国这一产业发展的风向标。

2012 年 6 月，北京正式加入联合国教科文组织创意城市网络，以科技创新、文化创新的鲜明特色成功当选"设计之都"，确立了北京设计在全球设计领域的领先地位。截至 2013 年，北京市共有规模以上专业设计单位 800 余家，设计产业从业人员近 20 万人，实现收入超过 1000 亿元。预计到 2020 年，设计产业年收入将突破 2000 亿元，惠普、波音、英特尔、宝洁等 20 余家跨国公司在京设立了研发设计中心。北京也将建设成为全国设计核心。以"设计超乎想象"为主题的 2013 中国设计节暨第二届中国设计发展年会于 2013 年 5 月在北京亦庄开幕。设计节为期 3 天，以"共建瑰谷，共赢未来"为主线，旨在将国内外设计力量汇集于"中国设计瑰谷"，力促中国设计业与各大产业产生密切联系，实现设计专家、设计组织、行业创新、区域发展等多方共赢，成为北京建设"设计之都"的重要支撑。

上海作为另一设计之都，工业基础雄厚，设计产业起步较早，发展较为成熟的主要是工业设计、时尚设计、建筑设计、软件设计等。近年来，上海加强工业设计相关材料、技术等研究和应用，以提升行业企业设计创新意识和能力为抓手，通过支持工业企业与设计企业对接合作项目、开展设计创新示范企业认定、建设服务平台、建设基地载体和设立设计奖项，鼓励大型企业集团建立工业设计中心，鼓励各类企业设计服务外包，完善工业设计创新体系，推动工业设计创新成果产业化，促成设计产业与制造业深度融合，逐步打造出一批具有较强竞争力的工业设计龙头企业和品牌。在上海文化创意产业中，软件与计算机服务业、建筑设计业经济规模较大，占文化创意产业增加值比重分别为 17.4%、13.3%。设计业持续保持两位数增长，对整个产业的发展贡献作用显著。2012 年，文化创意产业中的工业设计业、建筑设计业增加值分别达 196.54 亿元和 301.93 亿元，共占文化创意产业增加值总量的 22%，分别比上年增长 15.3% 和 11.8%，对文化创意产业增长的贡献率达到 27.8%，带动整个产业的迅速发展①。

深圳作为全国第一个获得联合国教科文组织授予"设计之都"称号的城市，在积极参与国际化交流与合作中取得新进展。深圳工业设计占全国市场份额逾 50%。按照深圳工业设计行业协会统计，全市拥有各类工业设计机构近 5000 家，从业人员超过 6 万人。设计产值增长在 25% 之上，工业设计带来的附加值超过千亿元。② 近三年来全市工业设计斩获国际 IF 大奖 26 项，获得红点奖 26 项，超过全国获奖数量的半数以上。深圳设计之都创意产业园共进驻以工业设计为主的创意设计企业 170 多家，其中全国性龙头企业占 80%，包括嘉兰图、洛可可等中国工业设计领军企业以及靳与刘设计、叶智荣设计等 30 多家香港地区及欧美龙头设计企业中国总部和机构代表处，形成国内工业设计企业规模最大、龙头企业总部数量最多的创意产业园区，被业界誉为"中国工业设计第一园"。2012 年，在有工业设计领域奥斯卡之称的德国红点概念奖评选中，来自深圳的 6 件作品获此殊荣；随后的英国百分百设计展上，深圳工业设计代表团组织的设计企业达

---

① 《2013 年上海市文化创意产业发展报告》，http://www.shanghai.gov.cn/shanghai/node2314/node9819/node9822/u21ai761760.html。

② 邓翔：《深圳设计"走出去"：核心竞争力在哪里?》，《南方日报》2012 年 5 月 22 日。

38 家，获得多个奖项①。2013 年 5 月，深圳设计首度受邀于意大利佛罗伦萨设计周，近 60 件展品体现了"设计融入生活"的设计潮流，贴合了"Crossing People"设计周主题②。这也是由"深圳制造"迈向"深圳设计"的世界设计版图的又一坚实步伐。

4. 动漫产业对外文化贸易稳步发展

从 2008 年起，我国核心动漫产品的出口每年都大幅度增长，展现了很好的发展势头（见表 1）。

表 1　近四年中国核心动漫产品出口情况

单位：亿元

年　份	2009	2010	2011	2012
金　额	3.19	5.1	7.14	8.3

另据国家广电总局数据，2011 年，全国各影视机构共出口动画片 146 部 20 万分钟，金额 2800 多万美元。而 2010 年出口时长为 17 万分钟，2006 年只有 4.5 万分钟。

根据国家统计局资料，2011 年，对外出口动画电视的总金额为 3662.39 万元。韩国成为我国动画电视出口的第一大市场，大约占动画电视出口总额的 1/3，遥遥领先于其他市场，过去四年保持了大幅增长的态势（见表 2）。

表 2　2008～2011 年中国动画电视出口情况

单位：万元

年　份	2011	2010	2009	2008
动画电视出口总额	3662.39	11133.19	4455.99	2947.79
向韩国出口动画电视总额	1246.74	271.82	7.00	—
向中国香港出口动画电视总额	757.16	—	—	—
向东南亚出口动画电视总额	511.09	—	—	—
向欧洲出口动画电视总额	365.27	2199.04	520.03	64.00

---

① 《中国质量报》2012 年 11 月 26 日，第 5 版。

② http：//www. gdida. org/newsContent. do？ sortOrder = 3&newsId = 572.

续表

年　份	2011	2010	2009	2008
向美国出口动画电视总额	380.55	369.19	800.00	—
向中国台湾出口动画电视总额	218.60	—	—	—
向日本出口动画电视总额	78.00	—	—	—
向其他国家出口动画电视总额	74.98	—	—	—

资料来源：国家统计局网站。

东南亚与我国文化相近，地理相邻，是我国文化产品的传统市场。美国、欧洲和日本等市场是传统的动画产业消费国，观众欣赏动画产品品位高。这些国家和地区市场竞争激烈，是世界各国动画产业的必争之地。我国动画电视片对美、欧和日本的出口从金额看近4年的波动较大，我国动画电视在这些市场还没有建立稳定的市场地位。例如2010年对欧洲市场出口额曾达到2199.04万元，但在2011年大幅降低，只有365.27万元。在美国市场，2009年曾达到800万元，但在2011年只有380.55万元（见表2）。

但是，从这些国家和地区进口我国电视剧、电视节目和纪录片的情况来看，这些市场对中国文化和中国文化产品保持着浓厚兴趣，从长期角度看，是我国动画电视出口主市场。例如美国市场的电视剧出口额和电视节目出口额都居我国两类电视产品出口的首位。

中国动画电影主要出口韩国和中东国家，与动画电视片的出口市场类似。国内漫画出口主要面向东南亚和欧美市场。在向东南亚市场出口的公司中，以天津神界漫画公司为代表。在向欧美市场出口的公司中，以北京天视全景文化传播公司为代表。

（二）传统文化产业图书出版、电影、电视、文艺演出稳步推进，并通过数字化、网络化、移动化实现升级换代，提升了行业竞争力

1. 版权贸易有较大增长，版权引进输出比不断变化

版权引进输出比从2003年的8.2∶1减少到2012年的1.9∶1。由于版权输出数量的大幅增长，我国版权贸易逆差出现了明显改观。在国家大力发展文化"走出去"战略下，版权贸易取得显著的成效，2003～2012年我

国版权输出总计 38455 种，占这 10 年版权贸易总量的 21.2%。

　　我国图书版权输出获得高速发展。从 2003 年起，我国正式把出版"走出去"作为新闻出版业发展的五大战略之一，对图书版权输出起到了促进作用。自 2006 年起，我国同美国、英国、法国、德国、荷兰等 56 个国家和地区签订了资助出版协议，资助出版图书 1690 种；分别于 2009 年和 2010 年启动的"经典中国国际出版工程"和"中国出版物国际营销渠道拓展工程"，为我国 2010 年图书输出种数的高增长起到至关重要的作用。正是在"走出去"政策以及一系列具体项目的推动下，我国版权输出量从 2003~2008 年的 12197 种变为 2009~2013 年的 34774 种，增长了将近 2 倍。从近年的输出情况来看，主要输出地已经从东亚逐渐扩展至欧美地区。根据国家版权局公布的 2003~2012 年统计数据，亚洲地区的输出地主要集中在韩国、日本、新加坡以及我国港澳台地区。10 年中，对这 6 个国家或地区的版权输出数量达 17420 种，占总数的 52.92%。欧美地区的输出地主要集中在美国、英国、德国、法国、加拿大、俄罗斯，对这 6 个国家的版权输出数量达 7787 种，占总数的 23.65%。这说明，我国内地的图书版权从华人核心文化圈向东亚文化圈，乃至西方主流文化圈拓展，成绩显而易见。

　　从目前看，我国图书与版权贸易的进口与输出在总量上还有一定差距，质量上差距更大，形势依然严峻。但从发展趋势看，贸易逆差正在逐年缩小，进口与输出正在走向平衡。如图 1 所示。

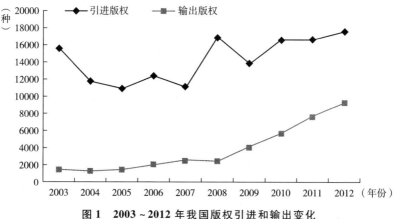

图 1　2003~2012 年我国版权引进和输出变化

2. 电影对外贸易呈下降趋势

中国加入 WTO 以来，中国电影海外票房从 2003 年的 5 亿元增长到 2010 年的 35.15 亿元，越来越多的影视作品在国际市场崭露头角。然而自 2010 年以来，对外电影贸易逐年递减，发展态势不容乐观。

根据中国电影海外推广公司数据，2010 年，中国电影海外发行总收入为 35.17 亿元（人民币，下同），销往 61 个国家和地区，共计 205 部次；2011 年，中国电影海外发行总收入为 20.24 亿元，销往 22 个国家和地区，共计 163 部次。2011 年中国电影海外收入比 2010 年下降了 42.42%。2012 年我国电影年产量 700 多部，但全年只有 75 部中国影片销往 80 多个国家和地区，共计 199 部次，数量不足总产量的 10%，其中海外票房和销售收入仅有 10.63 亿元，不到国内票房的 10%，相比 2011 年海外营销的 20.24 亿元大幅度滑坡，同比减少 48%。2013 年上半年共有 23 部影片销往 19 个国家（地区），共计 88 部次，海外票房及销售总收入 5.41 亿元，约为国内上半年总票房的 5%。

我国电影对外贸易以合拍片为主力，合拍比例不断增加。从总体看，合拍片收入占比继续呈上升趋势，从 2006 年的 58.8% 上升至 2010 年的 99.9%。2010 年达成出口协议的影片共计 47 部，其中 46 部为中外合拍片。

2011 年销往海外的影片共计 52 部（合拍片 50 部），合拍比例高达 96.15%。其中 14 部影片销往美国（合拍片 13 部），销售收入 8.59 亿元，占全年总收入的 42.44%。7 部合拍片销往欧洲地区，总收入 1.75 亿元，占全年总收入的 8.64%。此外，国产大片的出品公司主要集中在几家较大公司，其中中影集团在海外发行 10 部影片（均为合拍片），票房发行总收入为 6.68 亿元，占全年票房发行销售总额的 33.00%；上影集团在海外发行 5 部电影（均为合拍片），票房发行总收入为 2.73 亿元，占全年票房发行销售总额的 13.49%；新画面在海外发行 4 部电影（均为合拍片），票房发行总收入为 2.71 亿元，占全年票房发行销售总额的 13.39%；光线影业在海外发行 4 部电影（均为合拍片），票房发行总收入为 1.23 亿元，占全年票房发行销售总额的 6.08%；银都机构在海外发行 3 部电影（均为合拍片），票房发行总收入为 1.03 亿元，占全年票房发行销售总额的 5.09%；

保利博纳在海外发行 4 部电影（均为合拍片），票房发行总收入为 0.90 亿元，占全年票房发行销售总额的 4.45%。

2012 年销往海外的影片共计 75 部，合拍片为 46 部，所占比例高达 61.33%，销往 80 个国家和地区，共计 199 部次，海外票房发行销售总收入为 10.63 亿元。华谊兄弟在海外发行 9 部电影（均为合拍片），票房发行总收入为 3.38 亿元，占全年票房发行销售总额的 31.80%；乐视影业在海外发行 3 部电影（均为合拍片），票房发行总收入为 1.13 亿元，占全年票房发行销售总额的 10.63%；中影集团在海外发行 5 部电影（均为合拍片），票房发行总收入为 1.11 亿元，占全年票房发行销售总额的 10.44%；保利博纳在海外发行 4 部电影（均为合拍片），票房发行总收入为 1.04 亿元，占全年票房发行销售总额的 9.78%；银都机构在海外发行 4 部电影（均为合拍片），票房发行总收入为 8637.46 万元，占全年票房发行销售总额的 8.09%。

从影片类型看，传统动作类型片逐渐衰落，其余类型片发展不完善。从发展态势看，我国电影"走出去"呈下降趋势。由于国外试水屡屡失败，而国内电影市场十分火爆，市场收入增幅显著，一部分主力片商"走出去"动力不足，将更多精力放在国内，目标直指国内市场。

3. 电视剧生产、消费全球领先

近年来，中国已成为全球生产、消费电视剧最多的国家，电视剧出口出现了喜人的增长趋势。

表 3　2008～2011 年中国电视剧进、出口额

单位：万元（人民币）

年　份	2011	2010	2009	2008
进口额	34564	21450	26887	24293
出口额	14649	7483.5	3583.6	7524.95

2012 年来，国产电视剧集中涌现出一批精品，在国际上赢得了较高声誉。与热播剧同时涌现出的一批具有海外号召力的演员、导演，为后续产品的海外影响力奠定了良好的基础。

电视剧出口主体格局与发行模式有所变化。首先是影视节目出口主体

企业有了明显变化。除中国国际电视总公司在出口数量和金额上依然发挥主渠道优势外，北京、上海、江苏、广东、浙江、湖南等地的一些民营影视机构上升优势逐渐显现。2010 年上市的华策被业内誉为中国"电视剧第一股"，其赢利模式在于将电视剧制作的中间环节全部交给市场，重点放在剧本与发行两头。随着国产剧影响力的日益扩大，国外出现了不少中国电视剧的忠实粉丝，他们借助新媒体接受中国电视，新媒体渠道悄然崛起。

但是，我国电视剧进出口情况呈现贸易逆差。近年来，我国电视剧年对外出口额度徘徊在 1 亿元左右，受国际金融危机波及，1999 年更是暴跌至 3000 余万元。与此相对，进口量稳定维持在 2 亿 ~ 3 亿元，达到出口量的 2.5 倍甚至 3 倍，贸易逆差虽然在逐年缩小，但仍相当严重。比较美、日、韩等影视产业发达的国家，中国电视剧的输出量和影响力相形见绌。近几年，国产剧输出有所提升，2011 年我国电视剧出口额达 2000 万美元，但同年韩国的电视剧出口额高达 2.52 亿美元。

4. 文艺演出

我国的对外文艺演出影响大，盘子小，宣传性积习很多，尚未建立完善的市场化机制。

2010 年，共有 302 项演艺类项目走出国门进行商业演出，演出总场次 25908 场，出口总收入约为 2765.6 万美元；2011 年，共有 126 项演艺产品（项目）走出国门（境）进行商业演出，演出场次为 8090 场，出口总收入约为 3171.9 万美元。2011 年国家艺术院团演出推广交易会上，国家京剧院、中国国家话剧院、中国歌剧舞剧院、中国东方演艺集团有限公司等 9 个国家级艺术院团分别与相关单位签约各类演出共 571 场，金额 1.15945 亿元。可见，中国演艺公司在对外演出贸易这条路上依旧面临着非常激烈的竞争和压力。

目前中国对外演出贸易主要呈现两重格局。中国演艺公司对外演出贸易的主体可以分为以对外演出集团为代表的国有演艺院团和以天创国际演艺公司为代表的民营演艺院团两大类。其中国有演艺院团的对外演出活动多偏于促进文化交流和提升文化影响力，民营演艺院团则以赢利为主要目的。

民营院团在对外演出贸易中更为艰辛，以天创国际演艺公司为例，自成立起便专注于大型演艺项目策划制作与国际演艺项目经纪，先后制作了《天幻》《梦幻漓江》《功夫传奇》等七大常态品牌剧目。《功夫传奇》是其对外演出的首部剧目，于2005年在北美进行了长达5个月的巡演，共计150场，观众人数达11万人次，票房总收入300万美元。2009年，《功夫传奇》进入英国伦敦大剧院，连续演出27场，观众上座率为60%。2009年底，天创国际投资354万美元在美国密苏里州布兰森市收购了"白宫剧院"。2012年1~4月，《功夫传奇》在西班牙、葡萄牙两国巡演112场。对于大部分的民营院团而言，现在依旧处于探路和积累经验的阶段，对外演出贸易整体实力依旧非常弱。

民族演艺产品表现突出，但以剧目输出贸易为主导。中国对外演出贸易依旧以杂技、功夫剧和民族舞台剧为主，对于国际演出市场主流的音乐剧和歌舞剧演出则较为缺乏。国家文化部外联局数据显示，以杂技为主的民族演艺产品的对外演出创汇额比重达到了80%，表现极其突出。2002年赴美商演的14个团组中11个为杂技团。从中国对外演出的剧目类型看，普遍集中在杂技和功夫剧方面。

（三）艺术品、音乐产业异军突起

1. 艺术品贸易已经成为世界经济舞台上一个蓬勃发展的新兴领域

经济全球化的日益深化加速了艺术品的跨国流通，形成一个全球性巨大的艺术品市场。2012年，我国艺术品市场在国内文化产业九大类中排名第一，占据重要地位。

2012年1月~2013年6月，我国艺术品进出口总额逐年递增，且增速较大。艺术品进、出口额总体顺差。

从国际艺术品贸易市场的发展来看，2012年国际商品贸易中，进、出口数量为14951855件，金额共622182098美元。2013年上半年，进、出口数量为6053254件，金额共453962129美元。海关统计数据显示，2012年和2013年上半年国际出口额中，日本、美国、中国香港、英国、加拿大及荷兰仍占据大部分出口市场；进口额变化较大，2012年进口额最多的六个国家或地区分别为中国、英国、印度、美国、中国香港和法国，而2013年上半年则变为泰国、法国、美国、俄罗斯、中国香港和中国。泰国进口数量及金额得到较大提高，中国进口金额总排名略有下降，而印度则被挤出前 20 位之外。

总体来看，2012 年，中国出口增速远大于进口增速。但 2013 年 2 月以来，艺术品进口额飞速增长，进、出口贸易差额逐步缩小。与我国文化贸易总体逆差的状况不同，艺术品的对外贸易总体为顺差，且与发达国家的顺差有逐年扩大的趋势。

我国艺术品进、出口总额虽逐年递增，但波动较大。2011 年艺术品出口份额大增，仅 1～7 月，出口额达 42.8 亿美元，同比增长 27.6%；2012 年，艺术品的出口经历了两个飞速发展阶段，一个是 3～5 月，另一个则发生在 11～12 月。月际出口额在 12 月达到了顶峰，为 76597000 美元。2012 年艺术品进口额变化不大，虽在 5～7 月经历了较大的波动，但整体发展平稳。3 月最低为 1024000 美元，6 月为峰值 34086000 美元，与 2011 年各月相比都有所增长，5 月增幅最大，为 144.9%。

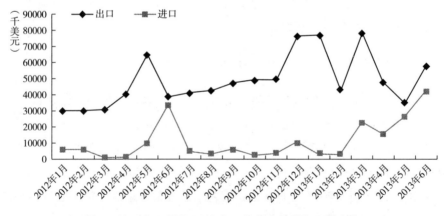

图 2　2012 年 1 月至 2013 年 6 月艺术品进出口额变化

2. 音乐产业

从整体发展看，我国传统方式的音像、电子出版物出口种数呈逐年下降趋势，2010 年为 10352 种（次），2009 年为 19771 种（次），而 2008 年为 16521 种（次）。录音出版物出口种数下降更为明显，2011 年为 347 种（次），2009 年为 1878 种（次），这与数字音乐产业冲击有关，与国际传统音乐产业整体呈下降趋势相符。出口金额也明显下降，2010 年为 47.16 万美元，2009 年为 61.11 万美元，2008 年为 101.32 万美元。

无线音乐业务展现了巨大市场潜力，市场规模在很短的时间内快速扩大。国际唱片业协会（International Federation of the Phonographic Industry，IFPI）2013 年全球数字音乐报告显示，全球传统唱片行业连续 11 年下滑，但数字音乐却连续 10 年上涨。2012 年全球数字音乐的贸易总额达 56 亿美元，2011 年为 52 亿美元，2010 年为 46 亿美元。数字渠道收入占唱片公司全球收入的比例：2012 年为 34%，2011 年为 32%，2010 年为 29%。2004～2010 年全球唱片业价值的跌幅达 31%，而数字音乐市场价值的增长达 1000% 多。传统唱片业不断向数字音乐市场领域调整，数字音乐已成为全球音乐产业发展的必然趋势。

自 2003 年数字音乐在中国开展以来，发展迅猛。根据《2011 中国网络音乐市场年度报告（摘要）》显示，2011 年，我国数字音乐总体市场规模已达 27.8 亿元（以网络音乐服务提供商、内容提供商总收入计），较 2010 年增长 20.8%。获得文化行政部门审批、具有网络音乐业务经营资质的企业达到 452 家，比 2010 年增加了 28.7%。2011 年，在线音乐收入规模达 3.8 亿元，比 2010 年增长了 35%。在线音乐用户规模为 3.8 亿元，较 2010 年增长了 6.5%。中国无线音乐市场规模达到 24 亿元（内容服务提供商总收入计），比 2010 年增长 18.8%。电信运营商无线音乐相关收入达到 282 亿元（包含功能费）。截至 2011 年底中国无线音乐用户数近 7 亿户，

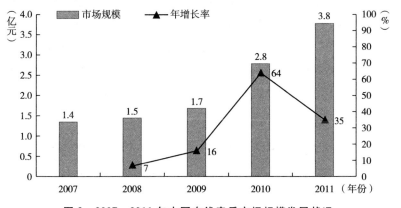

图 3　2007～2011 年中国在线音乐市场规模发展状况

在移动用户中渗透率为 45.7%。如中国唱片公司数字收入的百分比达到71%，音乐销售大部分来自数字音乐，市场潜力巨大。

2011 年 7 月，百度和三大唱片公司（环球、索尼 BMG、华纳）签署 One Stop China 协议，百度承诺关闭深层链接的数字音乐侵权搜索服务，音乐用户可以通过受广告收入支持的合法服务免费下载音乐。One Stop China 协议的破冰之举是中国最大音乐公司的专业经验及创作能力与中国最大互联网公司影响力的深度结合，是中国音乐产业发展史上的里程碑事件，标志着中国合法在线音乐的进步与进展。

三 我国对外文化贸易的政策选择

经济全球化深入发展，国际文化市场已成为各国文化竞争和交流的重要渠道，成为提升国家软实力的重要平台。随着我国综合国力日益增强和文化产业的发展，近年来文化出口发展迅速，越来越多的文化企业进入国际文化市场，文化产品和服务贸易逆差初步扭转，中华文化影响力不断扩大。但由于我国文化产业刚刚起步，在资本、技术、市场等方面与西方国家相比还有一定差距。进一步加大对文化出口重点企业和项目的支持力度，有利于率先培育一批中国文化出口品牌企业和品牌项目，加快提升文化出口企业的国际竞争力，推动我国文化贸易实现跨越式发展。

2007 年，商务部会同中宣部、外交部、文化部、广电总局、新闻出版总署、国务院新闻办等有关部门共同制定了《文化产品和服务出口指导目录》（以下简称 2007 年《指导目录》），根据 2007 年《指导目录》评选并发布了《国家文化出口重点企业目录》（以下简称《企业目录》）和《国家文化出口重点项目目录》（以下简称《项目目录》）。各部门、各地区依据有关规定在市场开拓、技术创新等方面对国家文化出口重点企业和重点项目予以支持，有力促进了我国文化出口。

2010 年，商务部联合中宣部、财政部、文化部、中国人民银行、海关总署、国家税务总局、广电总局、国家新闻出版总署、国家外汇管理局等部门发布《关于进一步推进国家文化出口重点企业和项目目录相关工作的指导意见》（以下简称《指导意见》）（商服贸发〔2010〕28

号），这是迄今为止我国关于对外文化贸易的最权威文件。它确定了对外文化贸易的领导机制：建立由商务部牵头管理，联合中宣部、财政部、文化部、人民银行、海关总署、税务总局、广电总局、新闻出版总署、外汇局组成的文化出口重点企业和项目相关工作部际联系机制，制定规划，研究政策。

《指导意见》的主导精神是进一步扶优扶强，加大对文化出口重点企业和重点项目的支持力度，着力培养一批国际文化市场竞争主体，鼓励、支持和引导各种所有制文化企业开拓国际市场。培育和发展一批实力雄厚的外向型大型国有文化企业，使之成为文化出口主导力量。创造公平的市场环境和良好的政策、法制环境，保障符合条件的非公有制文化企业依法获得出口经营资格，从事国家法律法规允许经营的文化产品和服务出口业务，并与国有文化企业享有同等待遇，以全面推动我国对外文化贸易的发展。

国家政策支持的主要任务是深入挖掘和整理民族文化资源，鼓励文化企业开发具有自主知识产权的原创性产品，加快培育一批具有国际竞争力的文化贸易品牌。积极发展市场中介营销机构，扶持其开展国际市场调研、咨询和营销业务，支持建立中国文化的海外直接营销渠道，减少单个企业的对外贸易成本。提高企业国际市场营销能力，建立适合企业特点的营销网络，不断拓展营销渠道。

这一政策的重点是提升对外文化贸易中现代高新技术的运用水平及发展新兴业态，包括加强文化领域数字化、网络化等技术的研发和应用，提高文化企业的装备制造技术水平。加大对与文化出口相关的共性技术研发的扶持，积极开发拥有自主知识产权的关键技术和核心技术，加强对国外先进技术的引进、消化、吸收和再创新工作，着力发展文化电子商务。采用高新技术和现代生产方式，改造传统的文化创作和生产方式，推进文化产业升级，延伸文化产业链条。发展现代影视内容产业，满足境外多种媒体、多种终端发展对我国影视数字内容的需求。发展高新技术印刷、特色印刷和光盘复制业，开发电子娱乐，创新娱乐业态。

《指导意见》的核心是推动对外文化贸易的十大保障措施。包括：①加大资金支持力度。②实行税收优惠政策。③提供金融支持。多方面拓宽文化企业融资渠道。④提高出口便利化水平。海关在有效监管的前提下为文化产品进出口提供通关便利。⑤加强国际营销网络建设。⑥建立并完善文化贸易中介组织。⑦支持企业赴境外投资。⑧支持技术创新。⑨加强信息平台建设。⑩建立表彰奖励机制。这10项重大措施站位高，问题准，目标清晰，措施有力，是推动我国文化贸易快速发展的重要保证。

2012年，商务部公告《文化产品和服务出口指导目录》（以下简称2012年《指导目录》）（2012年第3号），进一步确定了我国文化产品和服务出口的政策扶持方向：通过支持重点企业和重点项目的方式推动我国对外文化贸易"走出去"。2012年《指导目录》确定了重点企业的标准和重点项目范围，确定的重点项目范围包括：文化出口公共服务平台；文化产业境外投资和合作项目；入选国家非物质文化遗产名录、世界非物质文化遗产名录，并实现出口的文化项目；其他具有代表性的项目。

2013年，商务部、中宣部、财政部、文化部、国家新闻出版广电总局认定2013~2014年度国家文化出口重点企业共364家，重点项目共118项。

因此，为了进一步建立健全对外文化贸易政策体系，应该进行以下工作。

（1）随着党的十八届三中全会《决定》的发布，如何发挥市场在对外文化贸易中的决定性作用，以新的改革开放、机制创新的视野和魄力，根据国际文化贸易市场发展趋势和需求以及我国文化产业的发展情况，重新调整《指导目录》具有重要意义，必须抓紧进行。

（2）目前，2007年《指导目录》是以2004年国家统计局发布的《文化及相关产业分类》为基础和框架，根据各部门提供的文化产品和服务入选条目及入选标准确定的，2012年国家统计局已经调整和重新制定了《文化及相关产业分类》，故需依据新的分类框架，调整2007年《指导目录》。

（3）必须根据我国对外文化贸易大发展的宏观态势，制定和调整《企业目录》和《项目目录》。要对《企业目录》和《项目目录》入选标准重新评价与修订，改变目前基本上以出口总量为基准的入选标准，兼顾成长性、技术先进性、国际化程度、可持续性、市场发展潜力等评价要素，以更全面地激发企业积极性，鼓励国际化大项目引领，推动对外文化贸易的快速发展。

（4）统一标准，加强数据的申报与统计。我国对外文化贸易的重点企业和重点项目是我国文化贸易的重头戏，占据我国文化贸易的较大份额。按照规定，企业每年填报一次"文化企业进出口情况申报表"，作为下一年度参加重点企业和重点项目评审的依据。文化出口重点企业及重点项目的承担企业（简称"目录内企业"）须认真填报"文化企业进出口情况申报表"。这是指导和推动我国文化贸易发展的基础工作和依据，也是理论和实践研究的必要资料，必须予以高度重视。

（5）加强各部门、各地域、各行业之间的协调。一方面，因为对外文化贸易涉及面广，需要商务部与中宣部、文化部、国家新闻出版广电总局加强协调；另一方面，也明显存在"九龙治水，多头管理"的条块分割的弊端，行业壁垒、部门壁垒、地域壁垒，以及所有制壁垒一直存在。审批程序复杂，挫伤了一些企业申报的积极性。在新一轮国务院减少和取消审批的总思路下，市场能做的让市场来做。在下一步"走出去"的热潮中，如何借鉴苹果公司、三星公司、Facebook（脸谱网）、索尼等全球跨国文化企业成长并获得支持的经验，集中支持一些特大型文化企业跨国发展，是当前阶段我们必须面对的问题。

总之，在新一轮改革开放热潮中，必须创新思路办法、拓宽途径渠道，形成全方位、多层次、宽领域的文化走出去格局。要坚持市场在资源配置中的决定作用。坚持市场化、商业化、产业化道路，毫不动摇地发挥国有文化企业骨干作用，毫不动摇地鼓励非公有制文化企业"走出去"，加快培育一批有实力、有竞争力的外向型跨国文化企业。要研究国际受众的文化需求，认真了解国外受众的文化需求和消费习惯，增强文化产品和服务的表现力、吸引力，形成核心竞争力强、附加值高的国际知名品牌。必须积极探索符合国际惯例和市场运作规律的营销方式，推进出口平台和海外营销渠道建设，加大国际文化市场开拓力度。要充分利用高新科技改造传统文化产业，大力发展新的文化业态，努力形成对外文化贸易新的增长点。

理论与思考

推进文化治理体系和治理能力的现代化

——学习党的十八届三中全会《决定》

金元浦*

《中共中央关于全面深化改革若干重大问题的决定》（以下简称《决定》）对于推进文化体制、机制创新做了全面系统的阐述。《决定》紧紧围绕建设社会主义核心价值体系、社会主义文化强国，深化文化体制改革，加快完善文化管理体制和文化生产经营机制，建立健全现代公共文化服务体系、现代文化市场体系，推动社会主义文化大发展大繁荣，提出了一系列创新性观点。这是党在新的时代条件下带领全国各族人民进行的新探索，对于建设社会主义文化强国具有重要的现实意义和长远的历史意义。

一

党的十八届三中全会《决定》的一个重要创新是提出了构建国家治理体系和实现治理能力现代化的要求。中国特色的社会主义道路，实际上就是依照历史理性，面对历史的和现实的中国实际，不冒高、不空想，也不菲薄，有自信，选择最适合中国国情的发展道路。几十年来的历史证明，西方许多政治家、经济学家、军事家、文化评论家对中国的预测、"指

* 金元浦，博士，中国人民大学文学院教授、博士生导师。中国人民大学文化创意产业研究所所长，中国文化产业园区联盟副会长，中国创意产业国际论坛秘书长。教育部、文化部高等学校动漫类教材建设专家委员会副主任，北京科技美学学会会长，商务部服务贸易协会专家委员会副主任，文化贸易首席专家，"对外文化贸易课题组"负责人。

导"、评估和"断言"，大多被证明或是不切实际的、或是别有用心的、或是肆意污蔑的。

今天的中国确实存在着诸多问题，我们面临的是中国近代历史上最大规模、最大幅度的一次变革，一个经济、政治、文化、社会和环境急剧变化的转型期，一个 21 世纪全球最大的城市化变革大潮，有问题是正常的，没问题才是不正常的。改革是一系列问题倒逼产生的。国家治理体系与治理能力的第一前提是"问题的问题"，也就是如何根据中国现实提出问题、发现问题、找准问题，特别是依据什么来判定这些问题，选择什么样的问题为核心问题，它的理论设计和前设架构是什么。换言之，用什么样的思路、体系和原则去确定何者为真问题、大问题、主问题。

《决定》最重要的特色是整体把握，宏观设计，全面推进，点上突破。在治理方式上采取辩证施政、稳步推进的战略，在文化理念上兼顾中西，通古开新，努力寻找发展产业经济与普惠人民大众之间的平衡点，以及历史与现实、速度和效率、发展与公平，乃至大和小、内与外之间相平衡的执政风格。

从文化的治理体系来说，党的十八届三中全会《决定》对于推进文化体制、机制创新做了全面系统的阐述。《决定》紧紧围绕建设社会主义核心价值体系、社会主义文化强国，深化文化体制改革，加快完善文化管理体制和文化生产经营机制，建立健全现代公共文化服务体系、现代文化市场体系，推动社会主义文化大发展大繁荣，提出了一系列创新性的观点。《决定》吹响了文化体制、机制创新的进军号，将对我国文化发展产生重大影响。

文化，是党和国家新一代领导集体推进国家治理体系和治理能力现代化的重要组成部分。从文化的发展和繁荣的角度看，如何从五位一体的宏观整体上进行文化改革，顶层设计是全面把握的关键。如何从改革的系统性、整体性、协同性出发辩证施政，把握全局，是新一代领导集体推进文化发展的重中之重。《决定》指出，全面深化改革的总目标是完善和发展中国特色社会主义制度，必须更加注重改革的系统性、整体性、协同性，加快发展社会主义市场经济、民主政治、先进文化、和谐社会、生态文明。这就为全面深化改革确定了大框架、大格局。

在最近中共中央政治局第十二次集体学习时习近平同志进一步强调建

设社会主义文化强国，着力提高国家文化软实力。他指出，要提高国家文化软实力，努力夯实国家文化软实力的根基。要坚持走中国特色社会主义文化发展道路，深化文化体制改革，深入开展社会主义核心价值体系学习教育，广泛开展理想信念教育，大力弘扬民族精神和时代精神，推动文化事业全面繁荣、文化产业快速发展。夯实国内文化建设根基，一个很重要的工作就是从思想道德抓起，从社会风气抓起，从每一个人抓起。要继承和弘扬我国人民在长期实践中培育和形成的传统美德，坚持马克思主义道德观、坚持社会主义道德观，在去粗取精、去伪存真的基础上，坚持古为今用、推陈出新，努力实现中华传统美德的创造性转化、创新性发展，引导人们向往和追求讲道德、尊道德、守道德的生活，让13亿人都成为传播中华美德、中华文化的主体。

我国文化及其发展是巨大的系统工程，它决定了国家的治理也必然是个巨大的体系。我国文化体制、机制的改革创新，文化产业的设计、决策，公共文化服务体系的建设，以及文化市场的建立和完善，是党的十六大以来特别是十七届六中全会以来改革开放的伟大成果。它是中国共产党锐意推进经济体制、政治体制和文化体制综合改革的重大举措，是我国大踏步赶上全球化时代发展潮流的关键选择，也是我国进入并参与国际高端竞争重要领域、推进中国文化"走出去"、实现文化复兴的"中国梦"的重大战略。

文化体制改革是我国国家体制改革的重要组成部分。10年来，我国文化体制改革获得了重大突破。按照中央"创新体制、转换机制、面向市场、增强活力"的要求，在文化领域大力推进经营性文化单位转企改制，增强国有文化单位的发展活力和市场竞争力，培育骨干文化企业，打造一批走向世界的、有竞争力的大型企业集团，同时，鼓励民营文化创意企业快速发展，以及非公资本以多种形式进入文化创意产业领域。这些举措优化了文化产业结构，推动了一批企业在规模、档次和效益上的提升。这种努力构建统一开放、竞争有序的现代文化市场体系的方式是转变文化发展方式的现实途径。只有全面建设公共文化服务体系与文化体制的市场化改革，完成二者均衡发展的任务，才能实现文化改革创新的新发展。也只有文化发展方式转变了，文化体制才可能得到改革。

《决定》对完善文化管理体制和文化生产经营机制提出了新的思路：在"管"字上下功夫，以制度管人。规范管理的方式、内容和重点，坚持政企分开、政事分开，推动政府部门由办文化向管文化转变，进一步理顺党政部门与其所属的文化企事业单位的关系。抓好基础管理、内容管理、行业管理，以及网络违法犯罪防范和打击等工作联动机制，健全网络突发事件处置机制，形成正面引导和依法管理相结合的网络舆论工作格局。

《决定》的一个重要突破是要建立党委和政府监管国有文化资产的管理机构，实行管人、管事、管资产、管导向相统一的管理方式。在过去10年改革的推进方式上，以行政推动为主，自上而下采取了政府决策、政府推动甚至直接办文化企业的方式，导致企业的行政色彩浓厚，市场主体地位难以确定。随着国有文化单位的分类改革基本完成，如何推动国有文化企业加快公司制改造，真正成为市场主体，成为改革全面深化的难点。《决定》高度关注对新闻媒体的管理，面对当前新兴媒体的高速巨量发展，要求整合新闻媒体资源，推动传统媒体和新兴媒体融合发展；推动新闻发布制度化；严格新闻工作者职业资格制度，重视新兴媒介运用和管理，规范传播秩序。

二

《决定》的重大突破在于强调建设统一开放、竞争有序的市场体系，使市场在资源配置中起决定性作用。加快形成企业自主经营、公平竞争，消费者自由选择、自主消费，商品和要素自由流动、平等交换的现代市场体系，着力清除市场壁垒，提高资源配置效率和公平性。建立公平、开放、透明的市场规则，完善主要由市场决定价格的机制。

过去一直存在非公文化企业受歧视、发展难等问题。《决定》旗帜鲜明地提出两个"毫不动摇"：公有制经济和非公有制经济都是社会主义市场经济的重要组成部分，都是我国经济社会发展的重要基础。必须毫不动摇巩固和发展公有制经济，坚持公有制主体地位，发挥国有经济主导作用，不断增强国有经济活力、控制力、影响力。必须毫不动摇鼓励、支持、引导非公有制经济发展，激发非公有制经济活力和创造力。要完善产权保护制度，积极发展混合所有制经济，推动国有企业完善现代企业制度，支持非公有制经济健康发展。

非公有制文化企业是我国文化产业的一支重要力量。《决定》特别强调了给民营企业、各种形式的非公企业的发展以更好的环境、更低的门槛，积极鼓励社会资本、民间资本进入文化产业的各个领域，不仅允许和鼓励它们在电影电视拍摄等领域继续发挥作用，还要允许它们参与对外出版、网络出版等领域，允许它们以控股形式参与国有影视制作机构、文艺院团的改制经营。

文化产业的发展基础是各种形式的小微文化企业，大量的创意工作室以及广大的青年创业者是文化市场的主体，决定着产业发展的未来。国内外经验证明，很多创意大师、设计大师、传播大师和营销大师，往往在他们还在学校就读时就开始了创业之路。培育原创力、突破陈规旧习，要从青年人开始。

《决定》强调，必须积极稳妥地从广度和深度上推进市场化改革，大幅度减少政府对资源的直接配置，推动资源配置依据市场规则、市场价格、市场竞争实现效益和效率最优化。政府的职责和作用主要是保持宏观经济稳定，加强和优化公共服务，保障公平竞争，加强市场监管，维护市场秩序，推动可持续发展，促进共同富裕，弥补市场失灵。要尊重经济规律，实现有质量、有效益、可持续式的发展，在不断转变经济发展方式、不断优化经济结构中实现增长。

建立多层次文化产品和要素市场，鼓励金融资本、社会资本、文化资源相结合。完善文化经济政策，扩大政府文化资助和文化采购，加强版权保护。健全文化产品评价体系，改革评奖制度，推出更多文化精品。在坚持出版权、播出权特许经营前提下，允许制作和出版、制作和播出分开。

从市场出发，牢牢把握扩大内需这一战略基点，培育一批拉动力强的消费增长点，增强消费对经济增长的基础作用，发挥投资对经济增长的关键作用。文化产业作为经济改革转型升级的高端产业形态，应当成为进一步改革的目标产业形态。发展服务业，应该发挥文化产业的"领头羊"作用。

消费是我国经济发展中最弱的一极。这与我国改革开放 30 多年来主要实行外向型经济和投资拉动战略有密切关系。我国的文化消费，一直处于较低水平。文化消费引领首先要将消费者置于市场主体的位置，从市场的角度探讨消费者的文化需求，以文化消费的需求来引领文化产业的发展。

作为赶超型后发国家，中国敏锐地把握了世界文化产业、文化经济、创意产业蓬勃发展的大趋势，看到了"弯道超车"的重大机遇。在我国文化发展理论界的研究与呼吁下，形成了广泛的社会共识，最终党的十六大确定了发展文化产业的大政方针。在过去的十多年中，在党和中央政府战略决策（特别是十七届六中全会以来）的大力推动下，我国文化创意产业获得了前所未有的成就。战略决策、规划布局、党政督办、政策引导、财政鼓励是这一阶段的主要举措，而政绩冲动、匆忙上马、贪大求速、短期效应往往是不少地区文化产业发展的基本态势，地产为本、大项目牵头、政商协作、各得其所是一些地方推动文化产业发展的基本方式。

三

我国正在构建具有中国特色的公共文化服务体系。这是中国特色社会主义文化建设的创举，是建设服务型政府的重要举措，也是民生建设的重要内容。

建立公共文化服务体系，提供公共文化服务，是现代民族国家构架的重要组成部分和现代性发展的必然要求。它不仅是现代民主的重要内容，也是保障公民基本文化权利，吸引社会广泛参与的重要形式；同时，也是保护国家民族物质文化遗产与非物质文化遗产的根本保证。

公共文化服务体系的建立包括完善公共文化服务网络，创新公共文化服务方式，健全公共文化服务组织体制和运行机制，维护低收入和特殊群体的基本文化权益，加强农村文化建设等一系列重要工作内容。它是我国服务型政府工作的重要组成部分。

公共文化服务体系建设的出发点、依据和最终目的，是满足广大公民对公共文化权益的普遍需求，提高民生文化福利水平，加强全民人文精神培育；其重要特征是非赢利性、公益性。所以，建设公共文化服务体系的首要原则是要坚持公益公利，公平公正，公众参与，普惠于民。公平公正是现代文明社会基于"法律面前，人人平等"基本人权的确认而坚持的重要价值理念。它强调公民获得公共文化服务的"平等权"。

基于我国文化多样性的现实，建设公共文化服务体系要尊重、维护和满足不同层次、不同群体、不同地域、不同族别公民的文化权益和文化需求，坚持普遍参与、多样发展的原则；要特别关注妇女、儿童、残疾人等弱势群体，保护他们的文化权益不受侵害。兼顾城乡之间、地区之间的协调发展，统筹规划，合理安排，形成实用、便捷、高效的公共文化服务网络。

公共文化服务体系有着非常丰富的内涵。先进文化理论研究服务体系在公共文化服务体系中具有基础性和引导性作用，其余部分则具有更多的实践性和功能性。

建立公共文化服务体系对于提升国民素质，培养公民良好的文化修养，塑造文明开放的崭新国民形象，以及构建和谐社会，实现安定团结、文化认同和各民族团结和谐具有重大作用。

近年来，我国公共文化服务体系的建设可谓成效显著，尤其是在基础设施的建设上，获得了长足的进展。各级政府统筹服务设施网络建设，促进基本公共文化服务标准化、均等化。建立群众评价和反馈机制，推动文化惠民项目与群众文化需求的有效对接。整合基层宣传文化、党员教育、科学普及、体育健身等设施，建设综合性文化服务中心。

《决定》进一步明确了不同文化事业单位的功能定位，要求建立法人治理结构，完善绩效考核机制。推动公共图书馆、博物馆、文化馆、科技馆等组建理事会，吸纳有关方面代表、专业人士、各界群众参与管理。鼓励社会力量、社会资本参与公共文化服务体系建设，培育文化非营利组织，推动公共文化服务实现社会化发展。

发展文化创意产业是调整发展模式和向内生型经济增长方式转变的体现。其实质是从 GDP 唯一模式向"以人为本"的科学发展转变。政府在构建公共文化服务体系时主要负责提供基本的公共文化服务，而不是所有的精神文化生活需求；对于超出基本文化需求的服务（特殊的、高档的、流行的需求），公民可以通过文化市场获得。

面对当今世界各种思想文化相互激荡的大潮、国家发展和人民生活改善对文化发展的要求以及社会文化生活多样活跃的态势，如何找准我国文化发展的关节点，在发展产业经济与普惠人民大众、速度和效率、发展与公平之间找到平衡点，从而创造民族文化的新辉煌，是摆在我们面前的一个重大现实课题。

《决定》针对新形势、新变化和新需求做出了重要决策：要在全球市场的环境下大力发展市场导向的文化创意产业，同时要关注民生，利民惠民，以民为本，发展公共文化服务、构建公共文化服务体系，实现二者辩证的对位性发展。一方面，它体现了我党审时度势，能够面对新的国际经济发展态势做出战略选择；作为市场经济国家，我国当前文化体制的改革和文化创意产业的发展，遵循市场经济的基本原则，获得了长足的发展，并日益走向全球市场。另一方面，它又从我党的根本宗旨出发，代表了最广大人民群众长远的、根本的利益，以公共投入和规划建设的方式，满足公民进入小康时代日益增长的精神文化的基本需求。这一创举是具有中国特色的发展模式。

发展公共文化服务、构建公共文化服务体系是实施以人为本、以均等化的方式保障每位公民的基本文化权利，提升公民文化素养，构建和谐社会的必要形式；是适应当代世界潮流，建设现代民主国家的必由之路；是提高文化软实力，实现文化大发展大繁荣的重要途径；也是实施中国文化"走出去"，重建文化中国国家形象的根本措施。总之，建立公共文化服务、构建公共文化服务体系是提高我国综合国力和文化竞争力的强大推动力量。

发展市场导向的文化创意产业将为我国公民提供更加丰富多样的不同档次文化产品，以适应不同层次公民的多样化的个性化需求。产业在市场化的发展中不断壮大，文化自身的造血功能全面提升，并为公共文化服务体系积累资金，培育文明，开拓道路。

文化创意产业发展与公共文化服务体系建设是落实科学发展观的两个重要组成部分；二者的协同和配套是文化全面发展的必要构成部分，缺一不可。文化创意产业与公共文化服务体系之间不是截然区隔，而是相互支

撑、交融互补、相需为用，共同发展的，二者相辅相成。文化创意产业要
为文化繁荣提供丰富多样的文化产品，公共文化服务要为文化发展提供良
好的设施和环境；文化创意产业要为消费者的更高、更特殊的需求创造更
多、更好的精神产品。

四

《决定》强调，要进一步提高文化开放水平，进一步扩大对外文化交
流，加强国际传播能力和对外话语体系建设。习近平指出，对世界形势发
展变化，对世界上出现的新事物、"新情况"，对各国出现的新思想、新观
点、新知识，我们要加强宣传报道，以利于积极借鉴人类文明创造的有益
成果。习近平在中共中央政治局第十二次集体学习时进一步强调：提高国
家文化软实力，要努力提高国际话语权。要加强国际传播能力建设，精心
构建对外话语体系，发挥好新兴媒体作用，增强对外话语的创造力、感召
力、公信力，讲好中国故事，传播好中国声音，阐释好中国特色。对中国
人民和中华民族的优秀文化和光荣历史，要加大正面宣传力度，通过学校
教育、理论研究、历史研究、影视作品、文学作品等多种方式，加强爱国
主义、集体主义、社会主义教育，引导我国人民树立和坚持正确的历史
观、民族观、国家观、文化观，增强做中国人的骨气和底气。

联合国教科文组织《世界文化多样性宣言》指出：文化在不同的时代
和不同的地方具有各种不同的表现形式。这种多样性的具体表现是构成人
类的各群体和各社会的特性所具有的独特性和多样化。文化多样性是交
流、革新和创作的源泉，对人类来讲就像生物多样性对维持生物平衡那样
必不可少。从这个意义上讲，文化多样性是人类的共同遗产，应从当代人
和子孙后代的利益来考虑并予以承认和肯定。

要增强中华文化的软实力，推动中华文化走向世界，中国必须在两个
方面同时发力：一方面，加强中国传统文化和当代文化的传播弘扬，理顺
内宣外宣体制，支持重点媒体面向国内国际发展；鼓励社会组织、中资机
构等参与孔子学院和海外文化中心建设，积极承担人文交流项目。要精心
做好对外宣传工作，创新对外宣传方式，着力打造融通中外的新概念、新

范畴、新表述。另一方面，要从国际市场出发，支持文化企业到境外开拓市场，培育一批外向型的文化跨国企业，使其作为"国家队"参与全球文化市场的红海竞争。

交流、沟通、交往、对话是当今时代文化、国家、民族之间合作共赢的必由之路。以中国和合文化为参照的执两用中的中国思维，作为21世纪世界文化交流的重要参照。从根本上讲，中国文化的和合理念、执两用中的中庸之道是一种文化间性本位，是即此即彼、非此非彼、亦此亦彼的第三生成物。它是世界各共同体间相互协商、谈判、让步、融合的结果。这一结果就是全球文化的公共领域与空间。

和而不同，同则不继。文学范式与话语的多样化引发对话与竞争，而对话与竞争进一步催生了创造的多样性。没有对话，就没有共同性，也就没有交流的基础；没有竞争，多种范式、多种话语就没有了张力关系或张力结构；没有张力，也就没有创新的动力；没有创新的动力，实际上也就没有了创新。在求同存异的基础上，学术文化要通过竞争发展，竞争是优化发展的基本途径，而创新则是竞争中制胜的法宝。因此，在多样化现实中，当对话建立了同一性基础时，竞争就会倏然降临。

保证伟大的民族集体记忆得以传承、交流和发扬的条件是提取该民族意识的精华，并不断创造新的经典。因此，我们要把中华民族最伟大的思想、观念、文学、艺术，伟大的人物，最好的故事以及最好的声音传达给这个世界，并面向未来。

国际文化创意经济升级与发展中国家的崛起

意　娜[*]

当前，国际文化创意经济依然快速发展，发达国家创意经济正处于越界、扩容与转型升级之中，蓄积和展开了更大的能量；发展中国家正在迅速走向国际文化创意经济的前台，形成与发达国家不一样的创意经济模式，成为全球文化创意经济一支成长中的新军。但在全球文化创意经济的发展中依然存在不少问题、陷阱甚或困境，需要各国特别是发展中国家创意经济行业和政府部门政策制定者高度警惕。

一　发达国家创意经济的越界、扩容与转型升级

今天的世界，金融危机余威犹存，美债危机与欧债危机将整个世界的经济发展都拖向疲软，复苏放缓，传统产业的国际贸易和整个市场都出现许多不确定因素。在这个背景下，创意产业的确是一个经济增长点，比如2011年全球娱乐与媒体支出增长了4.9%[①]。正如联合国《2010创意经济报告》曾经指出的，2008年的金融危机和经济危机的爆发使得全球贸易额减少了12%，但同时创意产品与服务的世界出口额却仍保持增长，达到

---

* 意娜，博士，中国社会科学院文化研究中心国际部主任。联合国教科文组织、联合国贸发会议等五机构《2013创意经济报告》中文版主译，中国加拿大联合贵州项目中方专家，中国文化产业国际论坛秘书长。

① *Global Entertainment and Media Outlook 2012 – 2016*，PwC，June 2012.

5920 亿美元。在这一背景下，文化创意产业不仅仍然发展迅速，而且在全球范围内都显示出不同阶段的越界扩容与转型升级。

英国作为老牌创意产业国家，创意产业已经占了其整个经济的 1/10（9.7%），提供了超过 250 万个工作岗位，比金融服务业和高端制造业提供的就业岗位要多，从业人员人数增长速度是全部劳动力增速的 4 倍。英国的创意产业一直是其他国家研究和学习的主要对象，但 2013 年 4 月，英国一家独立的创新基金会发布了《创意经济宣言》（*A Manifesto for the Creative Economy*）[①]，指出英国原有的创意产业的定义、相关政策和经营模式已经有些过时了，跟不上互联网时代的发展。报告建议英国政府重新定义创意产业，将定义简化为"专门使用创意才能实现商业目的的部门"[②]，并且扩大分类；建议开放互联网，在教育方面加强数字技术的普及，在税收等政策方面鼓励创新。

不只是英国，那些创意产业起步较早的国家，比如澳大利亚、美国等都将更多的研究目光投入数字化和社交媒体，继续保持创意产业在本国国民生产总值的增加值、对外贸易和高收入创意人才数量的领先地位。美国将创意产业称为版权产业，2010 年占国民生产总值的 6.4%，提供 510 万个就业机会，并且比其他劳动人口的平均收入高 27%，尤其是出口总值达到 1340 亿美元，远远高于航空业、汽车制造业和农业。普华永道的《2012 ~ 2016 年全球娱乐及媒体行业展望》较上一本报告，将数字化的音乐、电子杂志和互联网视频正式纳入分类体系。

而以文化产业为发展传统的国家，近几年来一直致力于总结发展模式，力图增加出口。2009 年意大利发布了《创意白皮书》，梳理了创意产业的"意大利模式"，而实际上只是梳理了包括时尚产业、"味道产业"等意大利特色产业在内的城镇化与传统文化产业的发展模式。欧盟 2011 年启动了"创意欧洲"计划，从 2014 年起支持欧盟的文化与创意产业发展，其目的也正是为了帮助文化与创意部门在"数字时代"和全球化背景下获得更多的机会，协助欧盟的"欧洲 2020"十年发展计划，实现可持续的经

① Hasan Bakhshi, Ian Hargreaves and Juan Mateos - Garcia, *A Manifesto for the Creative Economy*, NESTA, April 2013.

② 原文是"those sectors which specialise in the use of creative talent for commercial purposes"。

济、就业和社会凝聚力的增长。

发达国家推动创意经济是将文化、科技和经济融为一体，以其最为领先的数字化、网络化，特别是移动化技术领衔，打造高品质、高层次的文化科创产品。同时，创意经济是艺术、商业、关联性、创新驱动和新商业模式的交叉融合。数字时代打开了音乐、动漫、电影、新闻、广告业等的营销渠道，增加了创意经济的收益。

同时，创意经济分散，并包括社会因素。它通过相互联结而灵活的网络生产服务系统运行，涵盖了整个价值链。如今，创意经济深受日益强大的社会网络的影响。新工具如博客、互联网论坛、维基百科等促进了创意人士、创意作品、创意场所之间的连接与合作。在创意经济中谁是利益相关者，他们之间的关系如何，创意产业与经济其他产业之间的关系如何？更好地了解这些问题对于制定实用性政策至关重要。政策的关键目标要具体而不宽泛，最好不要自上而下或者自下而上，而是要考虑到涉及各利益相关者的所有权和合作伙伴关系，这些利益相关者来自公共部门、私营部门、艺术家群体和市民社会。更具包容性和灵活性的方案会促进有效和创新措施的形成，使创意经济具有新的活力。

二 发展中国家走向国际文化创意经济前台

创意经济曾是发达国家与经济体的专属领域。创意经济展开初期，全球专家、分析人士都认为，大量的关于创意经济的词汇和分析方法都是基于发达国家后工业社会经验而来，认为发达国家制定的很多政策法规更多适用于制造业部门衰落后，发达国家后工业社会的文化创意产品和文化服务出口到文化、社会和经济条件不同的国家、地区，特别是发展中国家。但这一思路正被发展中国家文化创意产业迅速发展的现实打破。

国际文化创意产业也分化出处于不同发展阶段的几个梯队。但是在每一个梯队都看到了由于数字化、经济环境等因素带来的扩容与转型。这是一个全球文化创意产业正在从过去十几年形成的框架中转向一个崭新平台的大时代。

　　过去几年，发展中国家在全球创意经济中的比重迅速上升。发展中国家与包括发达国家在内的全球各国进行文化产品和文化服务的贸易额大幅增长；而发展中国家间的文化创意产品和服务的南南贸易业创造了历史新高。《2010 创意经济报告》用各种数据证明了创意经济在全球经济疲软的条件下，已成为一种强大的发展引擎。南南贸易的增长推动了世界经济的发展；机会存在于需求增长的地方。2008 年，发展中国家向世界出口的创意产品达到 1760 亿美元，占整个创意产业贸易额的 43%，2002～2008 年，年均增长 13.5%。这表明发展中国家在世界创意产业市场上具有强大的活力，所占市场份额增长迅速。南南创意产品贸易总额将近 600 亿美元——该时期达到了 20% 的惊人增长率。在创意服务的案例中，这种趋势也得到确认，南南贸易额 2002 年仅 78 亿美元，而 2008 年飞速增长到 210 亿美元。在这种良好态势下，发展中国家受到强烈的鼓舞，积极发展创意产品，在全球贸易优惠制（GSTP）的框架内完成谈判，为南南贸易未来在这个充满希望的领域发展壮大注入更多动力。

　　2013 年 5 月，联合国贸发会议发布数字，2011 年，全球创意产品与服务的贸易总额是 6240 亿美元，与 2002 年相比翻了不止一番，年均增长率达到 8.8%。报告显示，这一阶段发展中国家创意产品的出口增长更快，平均每年 12.1%，比起上一年度的报告虽有下降，但仍然显示了强劲的势头。

　　《2013 年人类发展报告——南方的崛起：多样化世界的人类进程》（*The 2013 Human Development Report—The Rise of the South：Human Progress in a Diverse World*）报告说，"150 年来第一次，发展中国家的三大领衔经济体的总产出——巴西、中国和印度——与北方国家长年工业力量的 GDP 总额相同——加拿大、法国、德国、意大利、英国和美国"。《麦肯锡季报》（*McKinsey Quarterly*）2011 年 3 月报道，到 2025 年，根据 GDP 排序，全球前 50 名城市中将会有 20 个在亚洲，这个数字在 2007 年还只有 8 个。在此期间，超过半数的欧洲城市将跌出这个排名，北美同样。在这个城市经济力量的新风景中，上海和北京的排名将高于洛杉矶和伦敦，而孟买和多哈将超过慕尼黑和丹佛。

　　重要的是，"发展中国家"不是一个整体。一些南方国家如今被世界银行的标准划分为"中等收入"国家或者"中上收入"国家。在接下来的几十年里，世界最大的经济体中将会有 3 个非西方国家（中国、日本和印度）。

创意经济在各大洲的许多地区蓬勃发展。联合国贸发会议研究显示，发展中国家出口份额在近年来占全球创意产品和服务的比重逐年增长，2011 年总出口额达到 6310 亿美元。这些出口产品中的大部分生产于大中城市，包括艺术品、手工艺品和设计产品。

如今，发展中国家的"文化—产品群"正在不断扩大其全球网络，势必伴随着其最初拥有的优势，越来越多地发展出各个地区中心的竞争优势，特定种类的产品设计和符号表达建立了声誉。毫无疑问，南方国家正在进军全球市场。

2012 年，大多数富裕经济体的真实 GDP 仍然低于 2007 年底，然而"新兴经济体"的输出暴增 20%。后者占 2010 年全球 GDP 总量的 38%（市场交换估价），比 1990 年翻了 番。如果 GDP 能够反映购买力，那么新兴经济体已经在 2008 年代替发达国家，并被认为在 2011 年会达到全球 GDP 的一半。这些新兴经济体如今占据了超过一半的商品消费、世界出口和吸引外国直接投资。

新兴国家的文化创意产业发展以中国为标杆。在世界银行公布的文化类产品出口中，中国占据第一梯队的重要位置，《2010 创意经济报告》明确将中国作为全球最大的文化产品出口国，占全球文化贸易总额的 21%。但长期以来，文化创意产业一直被视为发达国家的领地，与文化、原创相关的产品（作品）主要来自发达国家。在文化制造业产品如纸张、文具、玩具，甚至动漫制作（外包）等方面，中国等发展中国家的确承担了大量的"制造"工作，而核心创意和知识产权则始终掌握在美、英等发达国家手中。《2010 创意经济报告》中的指标无法看出发达国家占有的相当大比例的版权和品牌附加值，像中国这样出口贸易量大的发展中国家许多都是加工制造型的创意经济和代工生产。不过，这些新兴国家一方面向发达国家出口文化制造品，另一方面也开始将自己的原创作品向欠发达国家或者其他发展中国家出售。

还有一类发展中国家，尤其是加勒比海地区国家，发展文化创意产业的主要方向以旅游为主。加勒比海地区的核心文化政策范围是非物质文化遗产、节庆和文化多样性，其中旅游是加勒比海地区的核心文化产业门类，尤其是各种影响很大的节庆活动。这些节日虽然影响很大，但是相关准确数据是缺失的，相关评价指标体系也是缺失的，我们无从知晓它们究竟在多大程度上带动了经济发展，创造了多少间接效益。

好莱坞的标杆意义输出到发展中国家，出现了印度的"宝莱坞"、中国的"东方好莱坞"等变体，如今在尼日利亚有了"尼莱坞"。尼日利亚政府大力支持"尼莱坞"，将其看作国家文化产业的旗舰，并视作推动就业的引擎以及潜在的出口创汇及税收的来源。国家电影与视频审查委员会（National Film and Video Censors Board）在产业发展中起到了非常积极的作用，并且将自己的身份从内容管理延伸到了产业促进。

三　发展中国家文化创意经济的未来及警示

对于新兴国家，由于经济基础薄弱，在由联合国教科文组织和联合国开发计划署主导的《2013 创意经济报告·特别版》中，更看重创意产业对于社会结构的调整及经济社会发展的可持续发展和教育、非遗保护等公共文化发展的作用，更尊重发展中国家按照自己的方式发展创意经济。

发展中国家的公共政策与战略的正确选择，对利用创意经济的社会经济潜力获取发展成果具有十分重要的作用。发展中国家首先要做的是通过一系列相互关联的政策，提高创意能力，确定有巨大潜力的创意部门。其次要按照"创意纽带"的功能来调整努力方向，以便吸引投资者，培养创意创业能力，更好地获得信息与通信技术（ICT）及其基础设施，从而在全球化的数字整合中获益，并充分把握国内、国际创意产业市场的贸易商机。

移动通信技术革命正在改变发展中国家亿万人民的生活方式。报告称，2009 年，全球手机用户超过 40 亿人，其中 75% 的用户在发展中国家。2008 年，全球互联网用户超过世界人口的 1/5，发展中国家用户增长更快，是发达国家用户增长量的 5 倍。然而，发展中国家的宽带链接落后于发达国家。这会限制创意产业的发展，因为促进创意和电子商务发展的很多应用程序没有足够的宽带便无法运行。因此，需要与国际组织合作，引导国家和地方投资，使发展中国家能够建立更好的宽带基础设施。

对于发展中国家而言，正确选择和设计促进文化创意产业的政策，谋划富于远见又合乎各自国情的战略，对激发创意经济的发展潜力，并不断获得成长和进步具有很重要的作用。要按照"创意纽带"的功能来调整发展方向，吸引投资者，培养创意创业的能力，更好地获得信息与通信技术（ICT）及其基础设施，从而在全球化的数字整合中获益。要充分把握国内、国际创意产业市场的贸易商机，并发挥越界带动的溢出效应，争取更广泛的就业，更强的创新能力，让消费者享用更丰富、质量更高的文化产品。

在金融危机的余波中，创意产业市场的稳定性表明了世界各地很多人渴望了解文化、参加社会活动、进行娱乐休闲活动。人们把更多的收入拿来享受创意经济。作为一种象征现代社会的生活方式，他们追求地位、风格、品牌和个性。有证据表明，在全球经济衰退期，人们依旧去电影院和博物馆、听音乐、观看视频电影和电视节目、玩电子游戏等。即使在金融危机时，创意产业仍作为我们生活的一部分继续繁荣发展。这就解释了为何一些创意部门似乎更能适应经济低迷，可以更加持久和广泛地促进经济复苏。

联合国《2010 创意经济报告》提出：制定创意经济政策不应只考虑经济需求，还要考虑当地社会的教育、文化认同、社会平等、环境因素等特殊要求。世界各地越来越多的城市用"创意城市"概念制定城市发展战略，通过关注文化创意活动为城市发展注入新的活力。为了实现联合国千年发展目标（MDGs），发展战略的主要原则应进行调整，以适合郊区和贫困地区发展，给年轻人创造就业机会，赋予有创意的妇女以权利，提升社会包容程度。

参考书目

[1] 联合国贸发会议编《2010 创意经济报告》，张晓明等译，三辰影音图文出版社，2010。

［2］ *Global Entertainment and Media Outlook 2012 – 2016*，PwC，June 2012.

［3］ *Creative Economy* 2013，UNESCO，2013.

［4］ Hasan Bakhshi, Ian Hargreaves and Juan Mateos-Garcia，*A Manifesto for the Creative E-conomy*，NESTA，April 2013.

［5］ *The 2013 Human Development Report—The Rise of the South*：*Human Progress in a Diverse World*.

破解中国对外文化贸易出口 瓶颈的关键问题

李嘉珊 *

美国资深经济学家雷·罗森说："我们的经济将向何处发展？什么能够带动我们前进？——是文化。"文化贸易在国际贸易中极具特殊性，涉及货物贸易、服务贸易和知识产权，而以文化产品和文化服务作为交易标的。联合国教科文组织对文化产业的定义是，按照工业标准生产、再生产、储存以及分配文化产品和服务的一系列活动，即文化产业就是以文化产品和文化活动为主体对象，从事文化生产、经营、开发、管理和服务的行业。因此，文化产品和服务必然具有经济属性，文化产业注定成为文化贸易发展的基础。

今天，文化贸易已经成为国际贸易中重要的组成部分，各国都积极发展文化贸易以此获得利润并巩固和提升自己的文化影响力，中国也不例外。中国五千年的文明史，造就了丰富的文化资源，但文化贸易出口严重滞后，并且因长期贸易逆差而引发国内各界的高度关注。

中国文化贸易发展的瓶颈到底在哪里？面对现实，中国又将如何发展？

一　中国文化贸易逆差的现实困境

近年来，中国已成长为世界文化产品的进出口大国，与中国贸易长期处于顺差状态极为不同的是，中国文化贸易长期逆差严重。中国出口的文

---

* 李嘉珊，北京第二外国语学院教授，北京第二外国语学院国家文化发展战略研究院常务副院长。

化产品中，50％以上是游戏设备、文教娱乐和体育器材，"出口电视机，却不出口电视机的内容"。这恰恰说明目前中国在全球只是制造业大国，与中国是拥有最悠久、最丰富历史文化资源大国的地位不相宜。

中国杂技对外演出可以算是中国对外演出贸易的先驱，中国杂技团体年演出收入大致为每个团体300万元，按全国200个杂技团体计算，全国的演出收入不超过人民币6亿元，相当于太阳马戏团一个剧目一年演出收入的1/10。

图书是文化的重要载体，图书版权贸易从两岸交流到多国贸易，经历了从1992年至2000年的发展期，2001年起进入版权贸易的优化期。版权贸易产业环境在国际环境、法律环境、中国加入WTO、中国政府打击非法盗版行为、实施"走出去"战略、文化体制改革六个方面发生重大变化。中国在1995～2008年这14年间累计引进图书版权114280种，累计输出15169种，引进与输出之比为7.5∶1（见图1、表1）。

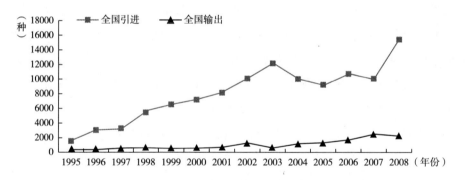

图1 全国图书版权贸易引进、输出比例（1995～2008年）

中国文化贸易出口长期逆差，从最具代表性的演出业和图书版权业可见一斑，这意味着中国文化在世界范围内传播的被动、文化影响力效率低下（见表1）。

表1 1995～2008年全国图书版权引进输出数量

年　份	全国引进（种）	全国输出（种）	全国引进/全国输出
1995	1664	354	4.7∶1
1996	2915	250	11.7∶1

年　份	全国引进（种）	全国输出（种）	全国引进/全国输出
1997	3224	353	9.1 : 1
1998	5469	588	9.3 : 1
1999	6461	418	15.5 : 1
2000	7343	636	11.5 : 1
2001	8250	653	12.6 : 1
2002	10235	1297	7.9 : 1
2003	12516	811	15.4 : 1
2004	10040	1314	7.6 : 1
2005	9382	1434	6.9 : 1
2006	10950	2050	5.3 : 1
2007	10255	2571	4.0 : 1
2008	15576	2440	6.4 : 1
总　量	114280	15169	7.5 : 1

现实困境还表现在以下几方面。

（一）文化产业基础薄弱，相关产业关联度严重不强

中国文化产业规模小、水平低，文化市场运营经验不足，加之条块分割严重，影响整个产业链的形成。文化产品和服务的开发、设计、创新、制作、营销等环节不能有机协调，产业内部各分支联系松散，缺乏"互动互补"的协调机制，与平行产业的关联度严重不足，从而导致文化产品品种单一，市场化程度低下，整体结构不完整，缺乏文化产业评估等。可以说，真正意义上的文化产业链在中国并未形成。

（二）文化创新体制缺乏

中国文化产业极其缺乏自主创新机制，长期的政府主导的计划体制仍旧在文化产业领域惯性运行，中国对文化产品的经济属性存在回避现象，并过度重视文化产品的意识形态。文化贸易的发展亟须政府引导的市场体

制，文化企业是文化产业发展的主体力量，文化体制改革正着力于此，以激发文化企业的市场活力。

（三）国际化经营水平严重滞后

观念上的滞后，导致了作为市场参与主体的各文化企业的视野局限，市场主体不成熟，在经营规则、法律制度、财税政策等方面缺少对国际细分市场的充分认识和把握，使得中国文化企业难以真正参与国际市场的竞争。

（四）国际传播效果低下

中国文化的对外传播要追求国际传播效果，计划体制主导的传播方式只讲对外传播，而不追求传播效果，多年以来的对外文化交流使中国能够吸收多国优秀文明成果，也使中国文化在世界范围内得到广泛传播，但未能使中华文化在更大范围内扎根、发芽、开花、结果。现实的困境引发我们进一步的思考，中国进入新的历史发展阶段，文化贸易成为中国文化"走出去"的重要路径。如何促进中国文化"走出去"？本文力求从中国文化贸易长期逆差的现实出发，透过现象探究问题本质，重点分析制约中国文化贸易出口瓶颈的三个关键问题，即中国文化"拿什么走出去""往哪里走"以及"怎么走"。

二 中国文化贸易出口瓶颈的三个关键问题

（一）结构、内容和效益严重失衡——"拿什么走出去"

中国对外文化贸易与发达国家相比，最突出的问题就是贸易严重不平衡，集中表现在引进的文化产品和服务数量远大于输出的文化产品和服务数量。"有资源没产品"的现实正困扰着中国文化贸易的进一步发展。

数据显示，中国每年在大量引进外国文化产品的同时，其文化产品的输出数量却较小，不仅规模小，而且种类少（见图2），与中国是拥有五千年文明历史的文化资源大国地位极不相符。

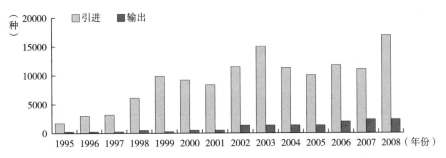

图2　1995～2008年中国引进输出文化产品的总量比较①

资料来源：根据《2009年中国版权年鉴》整理。

1. 贸易结构失衡

中华五千年文明创造的辉煌有太多的文化资源可供利用，但是从现状来看，中国文化出口的内容主要集中在运输和旅游，这两项占到61%，而其他核心产品，如电影、音像制品的比率很低，甚至可以忽略不计。中国文化产品的出口结构单一，存在着严重的结构失衡问题。在出口的文化产品和服务中，已经开发并具备一定规模的可贸易文化产品和服务极度匮乏，文化资源不能合理利用，浪费严重，不能形成品牌，只有图书一枝独秀（见图3）。

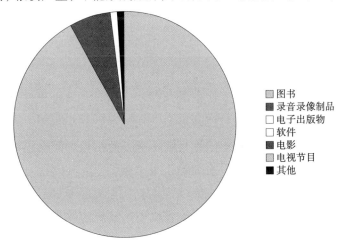

图3　1995～2008年中国输出的各种类文化产品的数量比较

资料来源：根据《2009年中国版权年鉴》整理。

---

① 图中数据的采集范围涵盖图书、期刊、录音录像制品、电子出版物、软件、电影、电视
　　节目等。

从图 3 可以看出，中国文化贸易的绝对主力是以图书为载体的文化内容；其次是录音录像制品；而软件和电影的出口几乎可以忽略不计，其结构不合理的状态显而易见。

2. **贸易内容单一**

输出内容单一是中国文化贸易出口的另一重要问题。一直以来，中国文化贸易出口主要集中于传统文化产品，即主要介绍中国传统文化包括中医药、美食和语言的图书以及视频产品，近年来有历史经典《论语》《孙子兵法》等，但高科技类以及能够反映中国现代风貌的文化产品不多。造成中国目前文化贸易引进与输出内容失衡的原因，主要有以下几点。

第一，中国基本国情造成了国内需要大量的科技类、外文类文化产品，而西方发达国家在这方面的文化资源远远优于我们，所以我们对科技类、外文类文化产品的需求量比较大，大量引入其文化产品是合情合理的。

第二，西方发达文化产品市场对中国本土文化的需求面比较窄，有一定的固定范围，造成我们文化产品的输出存在相应困难。

第三，我们的文化与欧美文化相比处于弱势，文化背后更重要的是经济上的保障，经济强大了，文化才能逐步强大。因此决定了我们自身的文化产品质量与发达国家还有一定差距。

3. **贸易效益低下**

贸易追求的目标是利润，文化贸易不可因文化的特殊性强化其社会效益而忽略其经济效益，这两方面效益是相互关联的，只重视单方面效益必然会弱化另一方面。单个文化产品输出获得的经济利润低下。对外演出业单打独斗式的简单经营模式，缺乏和国际演出经纪机构相抗衡的意识和能力，使其始终不能进入国际演出高端市场。据统计，《哈利·波特》仅小说一项，就从中国赚走上千万元版权费，比中国《尘埃落定》从国外拿到的版权费多出上百倍，而后者是国内版权卖得最好的书籍之一。如何使中国优秀文化产品在输出的同时，获得与西方发达国家文化产品同等的待遇和经济利润，是中国文化"走出去"要认真对待的问题。

（二）输出地区过于集中——"往哪里走"

西方发达国家文化产品和服务形式种类繁多，输出地域几乎遍布全球。

通过文化贸易方式，其在获得巨额经济利益的同时，也在全球范围内使其文化精神得以广泛传播。反观中国，情况不容乐观。中国文化产品输出国（地区）过于集中（见图4）。

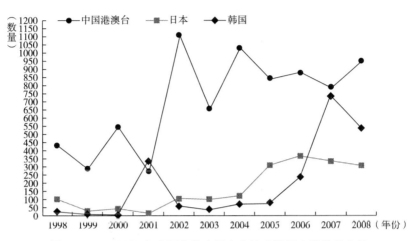

图4　1998～2008年中国文化产品在各输出地国家的数量走势

从图4可以看出，在历年的文化产品输出中，中国港澳台地区和日、韩等汉文化圈是中国主要的文化产品输出地，这与这些国家的文化与中国文化有极大的相似性和关联性有关。而中国向包括美国、英国、德国、法国、加拿大等国家在内的发达国家输出的文化产品平均每年占中国主要输出文化产品总数的比重不足10%。然而贸易的双向性决定了输出与引进如车之双轮、鸟之两翼，不可或缺。因此，科学合理的文化贸易结构应该是二者共同发展，平衡推进。也唯有如此，中国的文化贸易才能快速、全面发展。

（三）人才匮乏、出口渠道狭窄、统计体系不完善——"怎么走"

中国文化如何"走出去"这个问题，学界和业界已做了诸多探讨，归纳起来，妨碍中国文化"走出去"的系统缺陷是人才匮乏、出口渠道狭窄、统计体系不完善。

1. 人才匮乏

国内文化市场不成熟，缺乏具有市场运作能力的机构和个人。长期以来，计划经济体制下选人进人的传统标准导致文化企事业单位供职人员大多数是文学艺术专业人才，少有经营管理专业人才，极度缺乏外向型、复合型文化经营人才。知晓文化艺术、懂得经营销售、精通国际文化贸易业务、熟悉世贸规则、熟练应用外语、擅长跨文化沟通，是文化贸易人才必备的素质。目前国内极少高校设立与文化经济、文化贸易有关的专业。国际文化贸易人才的严重匮乏，制约了中国文化产品和服务的出口效率和效益。

2. 出口渠道狭窄

中国的文化产品进口渠道是畅通的，而出口渠道却显狭窄。出口渠道的狭窄使得中国文化产品滞留国内，不为外界所知，即使有优秀的、具有市场潜力的文化产品出现，在这个"酒香也怕巷子深"的时代，恐怕也难以走出国门进行文化贸易的出口。目前，国内的文化产品出口主要有以下两个渠道：一是通过国内国外的文化产业博览会，如深圳文博会、法兰克福书展等，如近几年，我们90%以上版权贸易合同是在北京国际图书博览会、法兰克福书展等展会上订立的；二是通过外国发行公司代理。这两个渠道都有一定的效果，但局限性比较明显，主要体现在市场、资本、人才、体制还不完善，不能形成文化贸易常态化的模式。因此怎样建设一个畅通无阻的文化产品出口平台，拓宽文化产品交易的广度，是亟待研究的问题。

3. 数据统计体系不完善

在研究中国文化产品进出口以及政府决策、企业运营情况的过程中，政府、学界等相关研究人员很难获得准确的基础数据资料。数据类型少、数据公布不及时等中国数据统计系统不健全的弊病都致使研究人员需要花费不必要的时间对数据进行简单的处理以获得目标数据。此外，研究人员希望获得的数据往往不得而知，如政府和相关机构公布的数据中大多数涉及版权的数据是以件/盒/张/项等作为单位，缺乏具体的金额资料，没有以货币为单位的数据。在这方面，国外机构如加拿大统计局和美国联邦统计局做得更全面、更准确。

三 破解三个关键问题的对策

要破解中国对外文化贸易出口的关键问题，必然要从全局出发、采用国际视角、对症下药。这不仅是微观参与主体企业的任务，更是一个长期的目标，需要政府、行业的共同努力。

（一）科学进行结构调整，平衡文化贸易内容

如前文分析，目前中国的文化贸易存在结构不合理的问题，图书版权贸易独占鳌头，而动漫、电影、对外演出等贸易滞后。这种局面从某种程度上来说是由中国各部门条块分割所导致的。要改变这种局面，需要对文化贸易资源进行立体化整体开发，相同的文化内容可以借助不同的载体表现。比如，花木兰替父从军的故事可以制作成动画产品、网络游戏产品、电影电视剧产品等。大力发展数字媒体产品和服务符合这种要求，借助数字媒体的力量，大力发展电脑动画、影视广告、网络游戏、网络艺术、多媒体、数字摄影、数字音乐、录像及互动装置以及 DV（数字视频）等，可以极大地丰富文化产品的表现形式，并直接对文化贸易结构产生影响，最终促进文化贸易结构的科学调整，加强产业关联度。

中国并不缺乏供数字媒体发展的市场和空间。在动画方面，专家预测，中国动漫产业拥有 200 亿元的大市场，其中仅上海、北京、广州三地的 13～30 岁青少年的动漫消费就达 13 亿元之多。这样的增长速度创造的供需空缺，为中国的数字媒体发展创造了良好的条件，借助数字媒体丰富文化贸易的结构内容，进行文化贸易结构的科学调整事半功倍。

此外，文化贸易是以内容和知识为要素的，要实现文化贸易出口，必须有可供贸易的文化产品和服务，因此深度挖掘可贸易文化内容，多元发掘艺术产品的附加值，创造具有高附加值的文化产品和服务，是从根本上解决文化贸易粗放经营的良方。同时，文化贸易数量品种的丰富和质量的提升，是文化贸易可持续发展的重要途径。可以设立多个研究与开发机构，有计划、有步骤地针对当代中国文化资源、现代中国文化资源、古代中国文化资源进行策划设计、生产制作、经营销售，为此要构建自主文化创新机制，带动提升品牌竞争力和企业知名度。

（二）政府引导，战略布局，扩大输出区域

中国文化产品输出地域单一与中国拥有五千年丰富文化资源之间的矛

盾十分尖锐，严重制约了中国文化贸易出口。为了打开思路，找到扩大输出区域的良方，解决目前文化资源丰富但利用不到位的僵局，需要引入政府干预。在社会主义市场经济条件下，政府要从大处着手，在宏观上为文化贸易的发展加强引导并做好战略布局，为文化贸易的发展创造良好的发展环境。文化产品的消费与文化圈的归属密不可分。根据文化背景和价值观的共通性分为东亚文化圈、阿拉伯文化圈、斯拉夫文化圈、基督教文化圈以及非洲文化圈。应该说文化圈之间的界限是模糊的，但在文化圈内部存在着基于文化背景、价值观以及宗教信仰的共通性。因而文化产品和服务的输出必然要考虑文化圈要素。

由中国政府主导实现"走出去"的最成功的案例莫过于汉语的国际推广。汉语的国际推广是政府主导并出资的非赢利项目，但却是把汉语推向世界的积极、务实而高效的途径。通过运作，目前汉语的国际推广已取得一定成绩，并在短时间内成功地在世界范围落地。

为推广汉语，中国早在 1987 年就成立了由十二部委组成的"中国国家汉语国际推广领导小组"，并在其下设立办公室，简称"国家汉办"。1990年，汉语水平考试（HSK）正式实施。2002 年 8 月，国家汉办举办首届"汉语桥"世界大学生中文比赛。2004 年 4 月 15 日，教育部正式启动"国际汉语教师中国志愿者计划"，选拔培训合格的志愿者教师分赴海外从事全职汉语教学工作，试图解决全球汉语教师紧缺问题。2004 年 5 月，以推动世界汉语教学为目的的"汉语桥"工程启动。2004 年 11 月 21 日，全球第一家孔子学院在韩国首尔建成。此后孔子学院在世界各地落地开花。2005年 7 月，首届世界汉语大会在北京举行。当前汉语国际推广中最主要的、影响最大的举措就是创办孔子学院（课堂）。截至 2009 年 7 月，孔子学院（课堂）共有 339 所，分布在 83 个国家和地区，120 多所高校参与孔子学院（课堂）的建设，2008 年外派对外汉语教师 1800 人，2009 年派出 3000 人。

对外汉语教学经历了从"招进来"到"走出去"的历程，这与文化贸易的发展有极大的相似性。语言与文化的特殊性，都使得汉语对外推广的成功经验可以成为中国文化贸易出口扩大输出区域的借鉴。

一方面，通过借鉴这些成功经验设置类似的文化国际推广机构，经过市场配置和要素的作用，致力于中华文化的对外宣传和经济合作，创建多个对外文化体验和分享平台，培养中华文化爱好者，组织"中国通"文化比赛，提高中华文化在国际上的认可度。但是投入巨大。

另一方面，可以"借船出海"。孔子学院在世界范围内成功落地，建立起来的品牌和强大影响力本身就是传播中国文化的绝佳平台。通过这个平台，在已有的基础上利用其所能提供的人力、物力、财力进行市场化运作，可以极大地提高国家引导文化贸易发展的效率，并最终实现中国文化在全球范围内的传播。

（三）多渠道培养文化经营人才，建立并完善支撑发展体系

精通外语、法律和专业知识的文化贸易人才的缺乏是制约中国文化贸易发展的最大因素，如何培养这样的专门人才以改变当前文化贸易份额扩大而文化贸易高端人才短缺的现状，是十分迫切的问题。笔者认为，可以从以下两方面进行。

第一，积极探索科学培育和使用人才的机制，运用产、学、研一体化模式培养国际化、应用型、创新型国际文化贸易专门人才。可以在外语院校、艺术院校设立与文化经济、文化贸易相关的专业，将文化艺术与经营管理人才培养结合起来，并选拔一些人才做专门培训。目前北京第二外国语学院与中国传媒大学是国内仅有的两所培养国际文化贸易本科专业人才的高校。

第二，发挥高校服务社会功能。人才培养、科学研究与服务社会是高校的三大功能。为文化企业服务，在现有人员中进行"国际文化经营管理"的短期培训也是迅速提升现有人员经营管理素质的有效措施。北京演艺集团有限责任公司与北京第二外国语学院互设人才培养基地并合办"国际城市文化经营管理高级人才培训班"，就是高校发挥社会服务功能的有益探索。北京第二外国语学院在"立足北京，服务首都，辐射全国，面向世界"的战略目标下选择与北京演艺集团合作，不仅发挥了高校学科资源优势，进一步深化了产、学、研办学模式，还为更好、更有效地培养文化贸易专门人才积累了经验，可谓一举多得。

相关支撑发展体系的建立也至关重要。如何创造天时、地利、人和的外部环境以促进文化贸易的发展始终是一个重要议题。建立健全文化贸易

的相关支撑发展体系涉及政府层面、企业层面及行业层面，并非一朝一夕能够完成，这是一个系统工程，需要多方参与，积极配合。

在政府层面，首先，要注重文化贸易理论政策研究。中国文化贸易正处于粗放型发展阶段，需要一系列倾斜性和保护性政策来扶持其发展，需要建立有权威的文化贸易研究机构，推进各项政策和法规的落实，承担推进文化贸易发展过程中的规划、咨询、协调、评估等具体工作。其次，完善文化产业发展环境，包括增加投资，拓宽融资渠道，减免文化贸易税收，健全法律法规，以保障文化贸易的顺利发展。最后，构建文化贸易数据统计指标体系。从文化贸易发展的现实出发，界定文化贸易的内涵与外延，全面、准确地构建中国文化贸易统计指标体系是文化贸易发展的关键课题。文化产品与服务的附加值、在社会就业中所占份额、对外贸易的贡献率等对于及时、准确地跟踪监测和分析研究文化贸易发展状况、存在问题以及制定相关发展规划和政策、引导其健康发展都具有重要意义。

在行业层面，学习和借鉴英、美等国的经验，建立文化贸易协会体系，最大限度地发挥协会的服务和协调能力，从而实现资源共享，打破部门和行业之间的封锁，鼓励和推动各种形式的横向联系，加强文化资源的开发和利用；传播民族文化，增强自主创新能力。文化没有国界，文化贸易的真正魅力和归宿是实现双赢，即在产业层面构建经济强国，在文化层面以独创性智力成果实现民族文化的崛起。

在企业层面，应主动参与文化产品与服务的出口。国内文化企业可以组建专业海外发行公司，或收购国外现有的发行公司；依托其他行业有实力的跨国公司已经建立起来的国际销售网络，进行增值服务；鼓励有条件的企业加盟海外中介协会；在海外投资建设"中国文化城"；充分利用网络平台等。

四　结语

中国是文化资源大国，文化贸易出口小国，虽然中国文化贸易的长期逆差引发了以上思考，但实现中国文化贸易顺差并不是我们的终极目标。理性分析制约中国文化贸易出口瓶颈的三个关键问题之后，可以明晰中国文化"走出去"更重要的是实现中华文化传播效力,通过贸易方式、市场行为让世界范围内的人们喜爱中国文化,并愿意使之成为他们生活中的一部分。这就需要我们"带着具有丰富内涵、高附加值的多种形式的文化产品和服务走出去","有规划、有步骤、有针对性地走向世界范围内的多个文化圈"," 构建并完善支撑发展体系,多渠道培养国际文化经营管理人才",通过政府、企业、行业的共同努力,推动中国文化贸易出口健康顺利发展。

跨文化传播中的价值流变

胥琳佳　刘建华[*]

国际文化贸易和文化传播中的"文化折扣"现象是一个十分重要的现实问题。为什么中国文化产品屡屡在国际上受挫，比如中国电影很难在国际上获得认可，以致国内制片商干脆放弃了走出国门走向国际市场的打算。本文在文化折扣的基础上提出文化增值的概念，探索跨文化传播中的价值流变问题。提出当文化产品在异域获得的传播效果和价值不小于其在本土获得的传播效果和价值时，就是文化增值。文化折扣现象能够发生与市场大小和产品的市场总价值并无绝对相关关系。在跨文化传播过程中，输出方对产品的音、形、意的本质进行编码和传播，通过语言、思维逻辑和营销方式加以塑造，接收方对于外来产品的态度受到好奇欲和文化崇拜、审美情趣以及多重文化维度的影响，最终决定产品在不同市场中的总价值，产生文化折扣或文化增值。

一　文化折扣的内涵

在跨文化传播活动中，由于不同地域的消费者的生活习惯、经济、文化、社会背景不同，对外来信息的接受习惯和认知情趣也会有所不同。扎根于一种文化的文化产品在自己市场中非常具有吸引力，但是在进入其他地域时，可能因为当地消费者很难认同产品的风格、设计、价值观等因素

---

* 胥琳佳，博士，中国科学院大学新闻与传播学系讲师。研究方向为跨文化传播、数据挖掘。刘建华，中国新闻出版研究院副研究员，中国社会科学院哲学研究所博士后，研究方向为传媒经济与文化产业。

而使吸引力有所减退，这种由于文化背景差异而使传递的信息有所减少，使其价值被"打折"，就是文化折扣现象。

"文化折扣"概念是 20 世纪 80 年代后期由传媒经济学学者从跨国、跨地区市场间或语言学层面的媒体流动平衡的微观经济学理论发展来的（Hoskins and Mirus，1988；Waterman，1988；Wildman and Siwek，1988）。从表面上看，"文化折扣"对于文化产品的制作人都会产生不利的影响，但传媒经济学家认为，考虑到国内市场规模，"文化折扣"对于国内市场较大的制作人是有利的。因为本土的国内市场收益是不被打折的，只有规模更小的外国市场才被打折。这样，相对于国内市场较小的制作人来说，他们的国外市场规模大，那么被打折的部分也更大，这样总体被打折的部分就比大的本国市场规模大。所以更多的经济资源和资本向更大的国内市场涌入。假设更大的投资会催生更好的文化产品，那么国内市场越大的制作人在跨市场贸易中更容易占据主导。这个理论的提出为美国在国际文化产品和传媒产品交易中的优势地位提供了解释，即美国强大的本土传媒市场规模是该现象的根源。

该理论的提出也受到很多批判，虽然有一些局限，但是"文化折扣"概念的提出，为近 20 年来的实证研究提供了指导，而且相关的研究都取得了很有启发性的成果。"文化折扣"的提出是为解释美国电影电视等传媒行业在国际贸易中的主导地位，后续的研究也都集中于美国电影等文化产业的主题，主要分为两大类。第一类是从集体层面上，以国家或年代为单位展开研究。Lee（2002）、Waterman 和 Jayakar（2000）发现随着时间变化，美国电影在某国或地区的票房和美国市场与进口国市场的比率有关。Jayakar、Waterman（2000）和 Oh（2001）发现本国消费支出更高的国家被美国电影主导市场份额的比例越低。

第二类研究是选择特定的电影类型并且更直接对"文化折扣"进行验证，如果电影的价值因为"文化折扣"被打折了，那么折扣较少地区受众的接受程度则更高。Fu、Lee（2008）对新加坡市场进行了验证。Lee（2006，2008，2009）通过对电影的不同类型进行分析认为与文化相关度越高的电影在外国市场的受欢迎度越低，他发现美国的喜剧类电影与文化相关度高，其在东亚市场中的受欢迎度就低于非喜剧类电影，而冒险类电影的文化背景较低，比非冒险类电影受欢迎度更高。他还以获得奥斯卡金像奖的美国影片在东亚不同国家的票房分析"文化折扣"的影响。

总之，以往的研究从定量角度论证了美国市场大于其他国家文化市场时，产品的价值收益不同。然而，当今世界各国的传媒市场发生着变化。我国传媒市场总量增长迅速，但即使是在不同体量下的文化社会中，"文化折扣"现象是否普遍存在于电影之外的文化贸易之中？跨文化传播中文化产品的价值是否一定会由于文化背景的不同而折损？文化贸易中影响价值变化的因素有哪些？下文将沿着这些问题探讨跨文化传播中信息的传递变化以及价值的流变。

二　文化增值的提出

虽然我们经常能够看到某个文化产品在其来源国受到热捧却在海外遇冷，从而成为"文化折扣"的现象，但是也不难发现一些文化产品在海外受到热捧，并且热度远远高于其在品牌来源国的礼遇，或者其他地域复制某种模式进入异域文化后受到了同等程度的欢迎。后者现象是"文化折扣"理论所不能解释的。

"文化折扣"的形成前提，首先是文化背景的差异，这就意味着发生于不同地域、不同文化区域之间，在不同文化之间的信息传递可能使产品价值缺损，也可能得以强化。

法国作家罗曼·罗兰的《约翰·克利斯朵夫》一书在法国并未引起较大的关注，即便在其获得诺贝尔文学奖后也如此。他相信艺术应该描绘真实的情感，传达出使人变得高贵的道德感。他无间断地呼吁自由和人类精神的尊严，支持被压迫者。他对艺术多愁善感的态度，以及他写作中缺乏对古典式样的掌握，使法国人从未真心实意地接纳这位诺贝尔文学奖桂冠得主。但是《约翰·克利斯朵夫》以其独特的小说风格，吸引着全世界的文学爱好者。尤其是在遥远的中国受到了热捧，五四运动以后中国有过一个对罗曼·罗兰崇拜的狂热时期。抗战时期，傅雷将《约翰·克利斯朵夫》译介到中国，克利斯朵夫追求真理、光明的热忱，给当年处境险恶的知识青年带来了光明，影响了一批知识青年的命运。

《越狱》在美国的收视率成绩平平，还曾面临停播的危机，播出 4 年来，从未染指艾美奖和金球奖这两个美国最重要的电视剧奖项，和同期热播美剧《迷失》《绝望的主妇》等剧集相比，效果差强人意。但是从它开播起，就受到了中国网友的热捧，并且成为中国观众大规模观看美剧的标志性剧集之一。

《还珠格格》《甄嬛传》红遍中国大陆，它们被翻译成多种语言进入海外市场，1998 年的《还珠格格》成为第一部红遍亚洲的国产剧。而 13 年后《甄嬛传》不仅获得了亚洲观众的热爱，还进入美国市场，在美国华语频道已经播出两轮，并即将改编卖给美国主流电视台。其主演孙俪凭借《甄嬛传》入围第四十一届国际艾美奖最佳女主角提名。

2012 年红遍中国大江南北的《中国好声音》的原版《荷兰好声音》开办于 2010 年，制作人是荷兰金牌制作人马克·德文克。由于节目形式新颖效果火爆，全球已有超过 40 个国家开始购买其版权，并开发本国的"好声音"。2011 年，美国国家广播公司 NBC 重新包装推出《美国好声音》，很快便成为王牌综艺节目《美国偶像》的最大竞争者。《英国好声音》首播的平均收视人数多达 842 万人，远远超出了《X 元素》、《Strictly Come Dancing》的首播收视率。法国、德国和韩国等纷纷购入《荷兰好声音》的版权，都获得巨大成功。①

《江南 Style》这首植根于韩国文化、反映韩国上流社会生活的 MV，面世之初就被放到了 Youtube 上，点击率暴增，一夜成名，在网络社会化媒体高度发达的时代，这首神曲在全球范围内一夜成名。它并不是在某地的传播效果高于或低于其他地方，而是带着来源国深深的文化烙印在世界范围内同时得到关注，它的特别之处在于，各地域的文化背景差异性问题在这个案例中完全可以忽略不计，因为全球人们都接受了它的曲调、舞姿和其所调侃的文化背景。

可见，在文化传播中的"文化折扣"之余，还存在着另外两类现象。

一类是文化产品在本国受到的关注没有在异域文化中受到的关注多，也就是文化产品在异域文化中的传播效果和价值要优于本地。比如罗曼·

① 《〈荷兰好声音〉现代版"鲤鱼故事"》，《中国文化报》2013 年 1 月 3 日。

罗兰的《约翰·克利斯朵夫》、《越狱》等。

另一类是文化产品不仅在本国引起了较大关注，在异域文化中也获得了同等的关注，即在不同文化背景下的传播效果和价值几乎相同。具体来看又可以时间顺序划分，第一种是首先在本土文化受到欢迎，然后传播到异域文化也获得同等成功，比如《还珠格格》《甄嬛传》《中国好声音》等；第二种是同时在多个地区引起同等关注，比如《江南Style》以及全球同步上映的既叫好又叫座的电影等。但是二者可以归属于同类，因为时间先后并不影响本文的讨论，从最终结果来看，文化价值的传播效果相同。

以上这两类就是本文要提出的"文化增值"现象。"文化增值"是指，由于文化背景的不同，文化产品在异域获得的传播效果和价值不小于其在本土获得的传播效果和价值。当各地的传播效果大致相等时，对于文化产品生产国来说，依然是一种"增值"，因为文化产品影响范围的扩大本来就彰显了它价值的提升，而且在跨文化传播中，异域受众不仅对产品文化本身认同，还附加了对来源国信息的认知。

三　文化产品为何增值？

在跨文化传播中，文化产品的价值为何会得到异域受众的认同呢？也就是说，原本在生产国并未受到较大认可的产品为何到了异域地区反而会受到更多青睐？在一国已经很受欢迎的产品是如何保持其在其他地域的同等吸引力呢？

对于产品输出方来说，文化多元的背景下也会存在流行文化和主流文化，同时也会有小众文化。文化的判定标准和价值也不是一成不变的，哪怕是在同种文化中，产品的价值也并非从其问世之初就受到追捧。伟大的艺术家文森特·梵高很晚才作为一位极具个性化的画家而崭露头角，直到去世前不久才以其震撼人心而富于想象力的绘画赢得评论界的赞扬。所以对于文化的认同是对阶段性的背景文化的认同，在原产国暂时没有得到较大反响的产品，可能会受到其他地区有接纳该文化背景环境的认可，反而使得产品的价值得以增值。也就是说，无论产品输出方A的市场有多大，某产品的市场价值不一定占到了全部 A 的份额,可能只有四分之一、十分之一、千分之一或更小的比重。但是如果产品接收方 B 原本的市场就比 A 大,而且在 B 市场的流行程度还大于 A,那么在 B 市场中的价值收益一定会大于 A 市场;而当 B 市场小于等于 A 市场时,由于 B 市场的认可度更高,它的市场份额不一定会少于 A,那么产品在 B 市场的价值收益也可能依然大于 A 市场。所以,本国某时期的非主流文化很可能受到他国不同文化背景的认同,出现文化增值现象。

对于产品接收方来说,对于外来文化的态度决定着其对外来产品的消费行为,消费行为也就表现为产品的最终市场价值。人类文化的发展史就是一部不同文化之间展开交流并且不断发展自身文化的历史。在文化接触中,人们根据自己所处的社会状况和社会需求来影响对待外来文化的态度。

对待外来文化的态度主要受到以下因素的影响:是否符合本土的文化价值,是否满足了本土受众了解未知文化的好奇欲,是否有文化崇拜,是否符合人性共通的喜好。只要满足了以上任意一个条件,都有可能受到欢迎。

以《约翰·克利斯朵夫》为例,作家在法国没有受到热捧却在中国受到了欢迎正是因为,他所勾勒的人物形象是在逆境中奋进,表达了"天将降大任于斯人也"的情怀,与孟子的思想有相通之处。中国所崇拜的正是他自己告别了的那些过去的思想、过去的生活态度、过去的英雄主义和过去的那些著作。随着崇拜而来的,首先是《悲多汶传》①,接着是《密盖朗基罗传》《托尔斯泰传》《甘地传》《约翰·克利斯朵夫》,以及一些剧本,茨威格所作的《罗曼·罗兰传》等。

佛教传入中国,没有经过很长时间,佛就被当作另一尊神被发展中的道教接纳。公元 2 世纪前后,佛不仅受到老子的礼拜,还因为某些道教徒认为佛就是老子本人,而变得普及起来。有材料记叙老子离开楼观台以后从中国消失,然后又以佛的形象重新出现在印度的故事中②。道教徒之所

① 《悲多汶传》由现代著名作家杨晦早年翻译,今通译作《贝多芬传》。
② 〔美〕比尔波特:《空谷幽兰》,南海出版公司,2013,第 119 页。

以能接受并相信这个故事，就是因为它与道教古老神秘的大师诸如老子和庄子联系起来了，并且从某个角度来说，它比当时的道教更接近于老子、庄子。原本佛教的信徒为数很少，又有异国色彩，是不容易在跨文化传播中被接受的，但这种外来文化满足了当时道教发展的一种需求，能够阻止炼金术继续发展，使道教成为一种纯粹道德的、冥想中的长生不老术。

全球化的过程实际就是文化全球化。让世界都向强势文化看齐，追逐共同的审美、相同的价值取向与发展观，通过文化输出形式，最广泛地传播文化价值。而强势文化被较多地说成是英美文化，美国文化就是强势文化。在它奠定的强势基础之上，世界其他各国都在自觉不自觉地追赶，弱势地区的人们往往容易形成文化崇拜以及强烈的好奇欲，极端一些的发展成为认为美国的就都是好的。这种文化崇拜所带来的后果是，美国的文化产品无论在本国的市场如何，在海外市场都能获得好评价，并且受热捧的程度远远高于在美国受到的待遇。在这之中，也成了产品的文化增值。不同于文化折扣之处在于，文化折扣解释了美国文化产品在全球的主导地位的原因是美国自己的市场最大，但其中有个重要前提是它在美国获得了全部的市场或至少大于其他地区的市场，而实际情况可能是美国本土并没有特别流行某种产品，国内市场很小或小于外国市场，但是由于文化崇拜而使得一些在美国还没有受到广泛欢迎的产品首先在其他文化市场中流行起来，那么其海外市场完全有可能大于其本国市场，此时它所收获的市场价值就不是主要来源于本土市场，而是海外市场，这就是文化增值。

四　文化传播中价值如何流变？

是否强势文化的信息传递到弱势文化时被折扣的部分一定较少？而弱势文化的信息传播到强势文化中被折扣的内容较多呢？在文化传播中价值到底如何流变？

强势文化的优势在于，它通过不断的文化输出让其他地区了解并接触它的文化，并且形成国际化的话语体系，也就是让不同地区、拥有不同文化背景的"弱势文化"在进行对外传播和文化对外输出时，需要采用的是国际化的话语体系，以及能够被国际所接受的话语逻辑。那么规则一旦由强势文化制定出来后，弱势文化就首先需要一个转换的适应过程，在这个转换过程中就会让品牌信息有所减少，就可能使得异域文化地区消费者兴趣也随之减少，最终使产品的价值被打折。

同时，强势文化地区的市场也往往比较大，来自强势文化地区的产品本来就容易获得本地区消费者的支持，而拥有了大的市场，在跨国营销传播中，异域市场较小，同时被打折的比例较小，那么实际折损掉的部分也较少，而本国的销售市场加上异域地区的销售市场的总量是非常大的，但是弱势文化地区的产品传播到异域文化地区时，品牌信息在转换为国际通行话语体系、营销体系时所折损的信息更大，异域消费者接纳的兴趣随之减少，异域市场份额也会受到影响。

本文用数理假设来论证这个过程，假设 A 地区的市场大小为 a，B 地区的市场大小为 b，从 A 地区传播到 B 地区的市场占有率为 t，从 B 地区传播到 A 地区的市场占有率为 t_1，那么 A 地区某产品的市场总价值为 $a + b \times t$，B 地区某产品的总价值为 $b + a \times t_1$，比较二者的大小即可知价值的变化情况，即 $(a + b \times t) - (b + a \times t_1)$。

当 $t_1 < t$ 时，即从 B 地区传播到 A 地区的市场占有率小于从 A 地区传播到 B 地区的市场占有率时，且 $a > b$，即 A 地区的市场大于 B 地区的市场，那么即有：

$$(a + b \times t) - (b + a \times t_1) = a(1 - t_1) + b(t - 1) > a(1 - t) + b(t - 1)$$
$$= (a - b)(1 - t) > 0$$

上述等式大于零，即 A 地区某产品的市场总价值大于 B 地区某产品的总价值。

而当 $a < b$ 时，即 A 地区的市场小于 B 地区的市场，那么即有：

$$(a + b \times t) - (b + a \times t_1) = (a - b) - at_1 + bt < (a - b) - at_1 + bt_1$$
$$= (a - b) - t_1(a - b)$$
$$= (a - b)(1 - t_1) < 0$$

上述等式小于零，即 A 地区某产品的市场总价值小于 B 地区某产品的总价值。

同理可得，当 $t_1 > t$ 时，即从 B 地区传播到 A 地区的市场份额大于从

A 地区传播到 B 地区的市场份额时，$a < b$，则 A $<$ B；$a > b$，则 A $>$ B。

可以看出，当 $a > b$ 时，无论 t 和 t_1 如何变化，A 一定大于 B；而当 $a < b$ 时，无论 t 和 t_1 如何变化，A 一定小于 B。那么，决定市场 A 和 B 总价值的是原本市场 a 和 b 的大小，与传播到异地的市场占有率大小无关。但是这里有个非常重要的假设，即产品首先占有本国的全部市场，也就是说，双方产品在占有各自市场后，所获得的全部市场价值受到本国和对方国家市场大小的正向影响，即本国市场小于他国市场，则本国产品在跨国传播中的市场总价值小于他国产品所获得的总价值，反之亦然。

在实际传播过程中，并不是本国市场有多大就能获得多大的市场收益，虽然相比于跨文化地区的市场来说，本国的市场更容易获取一些。那么，我们就有必要再引入一个变量，考察产品在本国市场中的市场占有率。同样地，假设 A 地区的市场大小为 a，市场占有率为 t'，B 地区的市场大小为 b，市场占有率为 t_1'，从 A 地区传播到 B 地区的市场占有率为 t，从 B 地区传播到 A 地区的市场占有率为 t_1，那么 A 地区某产品的市场总价值为 $a \times t' + b \times t$，B 地区某产品的总价值为 $b \times t_1' + a \times t_1$，比较二者的大小即可知价值的变化情况，即 $(a \times t' + b \times t) - (b \times t_1' + a \times t_1) = a(t' - t_1) + b(t - t_1')$。可知，当 $t' > t_1$ 且 $t > t_1'$ 时，则 A $>$ B；当 $t' < t_1$ 且 $t < t_1'$ 时，则 A $<$ B。其他条件都无法确定 A 和 B 的大小。也就是说，产品 A 地区市场占有率大于产品 B 从 B 地区传播到 A 地区的市场占有率，并且产品 A 从 A 地区传播到 B 地区的市场占有率大于产品 B 地区市场占有率时，那么产品 A 的市场总额才恒定大于产品 B，这样就绝对保证了产品在两个市场中的绝对优势，而其他情况下都无法证明市场大小和产品市场总价值的绝对关系。

综上所述，只有在某产品获得本国全部市场份额的条件下，本国市场更大的产品获得的总价值才大于本国市场更小产品所获得的总价值。当某产品在本国没有获得全部市场份额时，只有该产品在本国和他国两个市场所获得的价值都分别高于他国产品在该两个市场的价值时，总价值才一定最高。而其余情况下，市场大小和产品的市场总价值并无绝对关系。也就是说，只有上述两种情况下，文化折扣才一定存在，而其他情况下，比如产品没有获得本国全部市场份额时，并且市场大小不一样且在不同市场获得的市场份额不一样时，既可能产生文化折扣，也可能产生文化增值。

五　什么在影响价值的变化？

从上述论证分析过程可知，市场的大小对于跨文化传播中产品价值存在影响，但不是决定性因素。从更大传播过程来看文化群体的不同，导致产品在传播过程中存在信息的削减或扩大，文化价值进行碰撞，对外来文化产品的态度决定了其在异地市场的价值，本地市场和异地市场价值的总和标志着产品价值的文化折扣现象或是文化增值现象。

图 1 描绘了跨文化传播中影响产品价值变化的因素及从输出方到接收方的传播过程。产品的本质是由音、形、意组成，考虑语言的影响因素以

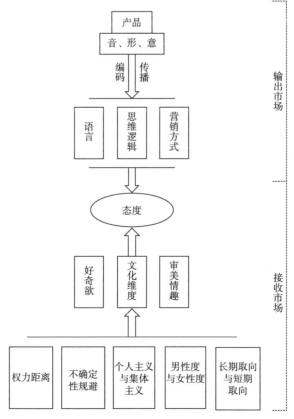

图 1　跨文化传播中产品价值变化的影响因素

及不同文化背景受众思维逻辑的不同，多种形式的营销方式使得产品得以传播和编码，其中的语言影响和思维逻辑影响对于原本产品价值和诉求就有一定的取舍，所传达的产品信息开始放大或缩小。

接收方对于外来产品的态度会最终影响其购买行为。好奇欲和文化崇拜、审美情趣以及多重的文化维度直接影响人们的态度，也决定着该产品在异域市场中的受欢迎程度，也就是产生文化折扣或文化增值。

在文化维度中，本文引入霍夫斯坦德 (1980, 2001) 的国家文化模型，他认为文化是在一个环境中的人们共同的心理程序，不是一种个体特征，而是具有相同的教育和生活经验的许多人所共有的心理程序。不同的群体、区域或国家的这种程序互有差异。这种文化差异可分为五个维度：权力距离 (Power Distance)、不确定性规避 (Uncertainty Avoidance Index)、个人主义与集体主义 (Individualism Versus Collectivism)、男性度与女性度 (Masculine Versus Feminality) 以及长期取向与短期取向 (Long vs Short Term Orientation)。

不同的文化维度产生了文化差异，各国的文化特色赋予了产品以文化独特性。在跨文化传播中，某产品获得本国全部市场份额的条件下，本国市场相比于接收方市场更大的产品获得的总价值会大于本国市场更小的产品所获得的总价值；当某产品在本国并没有获得全部市场份额时，只有该产品在本国和他国两个市场所获得的价值都分别高于他国产品在该两个市场的价值时，总价值才一定最高。这两种情况下的产品在跨文化传播的输出过程中一定存在文化折扣现象。其余情况下，市场大小与产品的市场总价值并无绝对相关关系，而是根据其占据不同市场份额的大小所决定，在此过程中，输出方对产品的塑造以及接收方对于外来产品的态度都影响产品的总价值，从而存在文化折扣或者文化增值的可能。

参考文献

[1] Fu, W. W., & Lee, T. K. (2008), Economic and Cultural Influences on the Theatrical Consumption of Foreign Films in Singapore, *Journal of Media Economics*, 21 (1), 1 – 27.

［2］Hofstede, G. (1980), *Culture's Consequences: International Differences in Work-Related Values*, Thousand Oaks: Sage.

［3］Hofstede, G. (2001), *Culture's Consequences: Comparing Values, Behaviors, Institutions and Organizations Across Nations*, Thousand Oaks: Sage.

［4］Hoskins, C., & Mirus, R. (1988), Reasons for U. S. Dominance of the International Trade in Television Programmes, *Media Culture & Society*, 10, 499 – 515.

［5］Jayakar, K., & Waterman, D. (2000), The Economics of American Movie Exports: An Empirical Analysis, *Journal of Media Economics*, 13 (3), 153 – 169.

［6］Lee, S. W. (2002), An Economic Analysis of the Movie Industry in Japan, *Journal of Media Economics*, 15 (2), 125 – 139.

［7］Lee, F. L. F. (2006), Cultural Discount and Cross-Culture Predictability: Examining U. S. Movies' Box office in HongKong, *Journal of Media Economics*, 19 (4), 259 – 278.

［8］Lee, F. L. F. (2008), Hollywood Movies in East Asia: Examining Cultural Discount and Performance Predictability at the Box Office, *Asian Journal of Communication*, 18, 117 – 136.

［9］Lee, F. L. F. (2009), Cultural Discount of Cinematic Achievement: the Academy Awards and U. S. Movies' East Asian box office, *Journal of Culture Economics*, 33, 239 – 263.

［10］Miller, T., Govil, N., McMurria, J., Maxwell, R., & Wang, T. (2005), *Global Hollywood 2*, London: British Film Institute.

［11］Oh, J. (2001), International Trade in Film and the Self-Sufficiency Ratio, *Journal of Media Economics*, 14 (1), 31 – 44.

［12］Wasko, J. (2005), Critiquing Hollywood: The Political Economy of Motion Pictures, *Southwestern Economic Review*, 32, 137 – 148.

［13］Waterman, D. (1988), World Television Trade: The Economic Effects of Privatization and New Technology, *Telecommunications Policy*, 12 (2), 141 – 151.

［14］Waterman, D., & Jayakar, K. P. (2000), The Competitive Balance of the Italian and American Film Industries, *European Journal of Communication*, 15 (4), 501 – 528.

［15］Wildman, S. S., & Siwek, S. E. (1988), *International Trade in Films and Television Programs*, Cambridge, M. A. : Ballinger.

中国发展对外文化服务贸易的若干问题

秦　勇[*]

21世纪以来，全球贸易格局调整，服务贸易所占比重超过20%，有经济学家预测，未来全球的经济中，服务业将占主导地位。文化产业异军突起后，以创意为核心的文化服务成为欧美发达国家贸易出口的重点之一。在对外文化贸易中，中国一直以出口文化硬件产品为主，文化服务所占比重低，这种情况制约了中国文化产业进一步"走出去"的步伐。大力发展文化服务贸易，对提升中国文化产业整体实力，凸显中国文化产业在国际市场上的影响力，有重大意义。

但中国对外文化服务贸易领域存在观念认识模糊、文化硬件发展掩盖了文化服务贸易软肋、整体文化服务贸易逆差等问题，相比文化服务贸易发达国家，中国文化服务质量和数量都有待提升。近年来，中国为发展对外文化服务贸易，在提升文化服务贸易的技术与创意含量、搭建文化服务出口平台与促进资本输出等方面做了很大努力。

一　不容乐观的中国对外文化服务贸易

1. 对文化服务贸易的认识模糊

文化服务贸易观念的产生，无疑受服务贸易发展的现实影响。服务贸易这一范畴本身也包含狭义与广义之分。狭义的服务贸易主要指有形的劳

---

* 秦勇，首都师范大学文学院副教授。

务贸易，广义的服务贸易也包括双方没有直接接触的无形的劳务活动。引申至文化贸易领域，文化服务贸易的狭义理解就是直接的文化劳务。根据世界贸易组织《服务贸易总协定》中对 12 个贸易门类划分，其中"文化和体育服务"部门包括文化娱乐、新闻社、图书馆、档案馆、博物馆和其他文化服务、体育和其他娱乐服务。这些都是属于服务贸易的重要内容，都可以称为文化服务贸易。但在具体运作与统计中，由于文化服务有一定的特殊性，即很多文化服务要通过一定的文化载体来实现，在文化服务过程中，文化硬件产品与文化软件产品难以割裂，同时文化软件产品又可分为以产品形态存在的商品与以无形的服务形态存在的商品，在具体统计中，如何区分与界定十分困难。如以数字形式存在的视听产品，一旦拷贝在物质载体上，放映其载体过程到底算文化服务还是文化货物的售卖，其销售统计到底该计入文化硬件贸易还是文化软件贸易，这都是一个存在争议的问题。也正因为如此，许多关于对外文化服务贸易的研究文章，或者把文化贸易与文化服务贸易混用，或者忽略文化贸易与文化服务贸易有细微差别这一事实，在运用统计数字时，互相误用。

事实上，不仅国内，在国外具体对文化服务贸易统计时，"对于文化服务包括哪些具体内容，还没有形成一个统一的标准"[1]。一般来说，文化服务包括表演服务（剧院、交响乐团、杂技团）、出版、发行、新闻、通信和建筑服务。文化服务还包括视听服务（电影发行、电视广播节目和家庭录像；生产的各个环节，如配音和印刷复制；电影展；电缆、卫星、广播设施和影院的所有及运营等）、图书馆、档案馆、博物馆及其他服务。[2]但由于统计数据获得的局限，本文主要参考中国服务贸易官方数据统计标准，以广告、电影、音像制品等为服务贸易的主要内容。

2. 文化硬件贸易发展掩盖了文化服务贸易软肋

在全球经济文化一体化大形势下，物质产品文化化，文化产品物质化，文化贸易范围越来越宽泛。尤其是在文化贸易、文化服务贸易具体所

---

① 李墨丝：《中国对外文化服务贸易综述》，《世界贸易组织动态与研究》2010 年第 2 期。

② UNESCO，"Culture, Trade and Globalization: Questions and Answers"，UNESCO Publishing，2000（14），转引自李墨丝《中国对外文化服务贸易综述》，《世界贸易组织动态与研究》2010 年第 2 期。

指不明确的情况下，许多统计标准往往是越界型的，即很多原来属于其他行业的贸易额都会被加入文化服务贸易之中。例如，广义的文化服务贸易不仅包括影视、出版等核心文化服务，还包括网络、休闲等外围文化服务，更包括文化用品、文化设备等相关文化产品的生产与销售——而文化用品与文化设备这类文化硬件产品的生产很大程度上属于物质性的轻工业生产部门生产，这些硬件设备的贸易和我们一般意义上说的文化服务贸易是格格不入的。这种统计口径的宽泛，往往会造成很多错觉。例如文化产业是欧美国家的主要支柱产业，美国文化产业比重占国内 GDP 的 20%，日本动漫产业占 GDP 比重超过 10%，等等。① 事实上，文化产业或文化贸易不能取代物质性产业的重要地位，但作为一种新兴产业，其发展潜质不容忽视。所以，在进行文化服务贸易的统计与研究时，明确文化服务贸易与其他物质性商品贸易的区别意义重大。而模糊文化贸易中文化硬件与文化服务的区别，往往会造成在宏观视野上的盲目性。"有关文件认为 1995 年后中国是继美国、日本、英国、法国之后第五大文化贸易国，这主要是因为我国的 50% 以上的文化产品出口都是文化硬件产品。"② 而获得世界排名第五的文化贸易大国地位并没有获得文化贸易带来的实质性利益。

受贸易壁垒的限制，中国文化硬件产品贸易出口额虽然仅次于美国，但实际获得的利润非常低。例如中国出口欧美的 DVD 播放机每台的价格只有 40 美元左右，但要缴纳 20 多美元专利费，加上其他税费，最终每台 DVD 机仅有 1 美元的利润。如此巨大的出口量却只有很低的贸易额的现实说明，中国在发展文化产品硬件贸易上已经没有潜力可挖。正如加拿大《环球邮报》记者所总结的，中国人制造了世界 1/3 的电脑、1/2 的数码相机和 DVD 播放机、2/3 的复印机，加上欧美市场上 60% 的体育用品，全球市场上 75% 的礼品玩具，中国已经成为文化产业硬件的"世界工厂"，但中国仅仅停留于"中国制造"，尚没有"中国创造"，中国文化产业更没有成为思想观念的传播者，没有真正发挥文化产业经济文化一体化的功能，没有产生中国文化产业应有的国际影响力。

---

① 杨浩鹏：《"著名"数据下的国外文化产业"神话"》，《中国文化报》2011 年 5 月 4 日。
② 冯勇：《浅谈我国文化服务贸易》，《现代商业》2012 年第 7 期。

中国文化产业发展中的真正弱势在于文化软件服务跟不上文化硬件制造的发展速度。《人民日报》记者李舫曾撰文指出："我国经济快速发展，但在文化方面的软实力还远远不能与经济实力相匹配。"① 需要补充的是，中国"文化服务"软实力远远不能与中国的经济实力相匹配。文化服务不仅是"产品""创意"，更是文化产品生产之后的销售、宣传、扩展与开发，总而言之是文化方面的"服务"。在国际文化贸易中，文化服务贸易尤为重要。

3. 喜忧参半的整体文化服务贸易形势

近年来中国对外文化服务贸易状况是：一方面，中国的文化服务贸易额逐年递增；另一方面，和国外发达国家的文化服务贸易发展相比，中国的对外文化服务贸易额不仅总量小，而且增幅缓慢，远远跟不上中国整体的贸易形势。

2001 年，我国文化服务进出口贸易额仅有 6.13 亿美元，出口仅有 3.05 亿美元；2001~2008 年，我国文化服务进出口贸易额以每年 10% 以上的速度增长；2008 年，我国文化服务贸易进出口额达到 48.2 亿美元，同比增长 29.5%，文化服务出口贸易额达 26.2 亿美元，是 2001 年的 8 倍；2009 年文化服务贸易进出口额达 47 亿美元，其中文化服务出口贸易额 24 亿美元，与往年相比略有下降；2010 年，我国文化服务进出口总额 54.2 亿美元，其中文化服务出口贸易额 30.1 亿美元；2011 年，我国文化服务贸易进出口总额 73.1 亿美元，其中文化服务出口贸易额 41.4 亿美元；2012 年，我国文化服务贸易进出口总额 82.1 亿美元，其中文化服务出口贸易额 48.8 亿美元。② 整体上看，近年来我国文化服务贸易基本上保持了持续增长的势头。

与文化服务贸易发达国家相比，我国无论贸易额还是贸易结构都不理想，某种程度上可以说，我国的文化服务贸易构成了中国文化产业发展的经济短板。我国各项文化服务出口额远远低于文化产业发达国家，比如

---

① 李舫：《文化产业呼唤"中国制造"》，《人民日报》2005 年 11 月 23 日。
② 除特殊注明外，本文相关文化服务贸易数据都来源于中国商务部官方统计，文化服务贸易数据主要包括广告、宣传、电影、音像等服务内容，因统计口径不同，该文化服务贸易额与其他口径统计数据会有不同。2013 年官方数据尚未公布。

2008 年，我国文化服务贸易中的电影、音像服务出口贸易额为 4.2 亿美元，创历史纪录，而美国的则是 136 亿美元，仅此一项就是我国文化服务贸易进出口总额的近 3 倍。此外，我国文化服务贸易的行业发展不稳定、不均衡。例如，2008 年中国电影、音像服务出口额为 4.2 亿美元，2009 年则降为 1 亿美元，2010 年提高到 5.9 亿美元，2011 年又下降到 1.2 亿美元，2012 年浮动到 1.3 亿美元。又如中国图书版权贸易常年处于逆差，每年逆差额达数亿美元；中国引进和派出的文艺演出每场收入比约为 10∶1，我国海外演出的年商业收入不到 1 亿美元，比不上国外一个著名马戏团一年的海外演出收入。

更为重要的是，中国发展文化贸易长期重视文化硬件产品出口，对附加值高、居于文化产业利润上游的文化服务业重视不够，文化服务贸易额占文化贸易额的比例偏低。2008 年，我国文化产品进出口总额 158.4 亿美元，文化服务进出口额只有 48.2 亿美元；2010 年我国文化产品进出口总额 143.9 亿美元，文化服务进出口额只有 54.2 亿美元；2011 年我国文化产品进出口总额 198.9 亿美元，文化服务进出口额只有 73.1 亿美元；2012 年我国文化产品进出口总额 217.3 亿美元，文化服务进出口额只有 82.1 亿美元。中国文化服务进出口额在文化贸易中所占比重在 1/3 上下浮动。这种情形说明，中国必须大力发展能代表文化产业未来发展趋势的文化服务业，重视文化服务贸易，只有这样才能在未来的国际文化竞争中处于优势。

二　中国发展对外文化服务贸易举措与前景

中国对外文化服务贸易发展状况关系到中国文化产业能否真正地"走出去"，关系到中国文化产业能否真正地产生国际影响力，具有重要的战略意义。为发展对外文化服务贸易，近几年，中国政府相关部门主要在鼓励支持与创造平台等方面努力缩小中国文化服务贸易与发达国家的差距。

在中国对外文化贸易中，文化服务意识的薄弱严重制约了中国文化服务贸易的增长。例如银皮书《2011 中国电影国际传播研究年度报告》主编黄会林曾经做了一次调查，发现中国电影之所以不能"走出去"，很大程度上在于宣传服务的不到位，"令人感到有些意外的是，外国观众没有看中国电影的原因中，选择'没机会看'的最多"①。

中国政府相关部门为推进文化服务宣传工作，一直在努力积极搭建文化服务展示平台，近年来举办了中国深圳国际文化产业博览交易会、中国国际广播影视博览会、中国北京国际文化创意产业博览会等多种文化会展，国家领导人甚至亲自带队参加国际文化服务贸易展览与贸易洽谈。同时，文化部运用派出的 102 个驻外使领馆文化处和 11 个海外中欧文化中心，负责中国文化服务国际营销网络的打造。

为鼓励中国企业积极参与对外文化服务贸易，相关政府部门出台了奖励优秀文化企业的办法，仅 2009 年就奖励了 117 家文化企业；对于积极进行对外文化服务贸易的企业，在税收、海关等方面都予以了照顾；积极扶持具有民族特色的文化艺术，建立了大量相关的文化基地与艺术园区；引导拥有较强实力的文化企业，"借船出海"和"造船出海"，鼓励文化企业在国外兴办文化实体；2009 年，国家开发银行、中国出口信用保险公司等多家金融机构开展合作，为对外文化服务贸易提供金融与保险支持。此外，为了规避各种中介阻碍与贸易壁垒，中国政府鼓励中国资本输出到贸易国，建立各种文化服务贸易平台。例如中国天创国际演艺制作交流有限公司于 2009 年 12 月购买了美国第三大演艺中心布兰森的白宫剧院。这是中国公司首次在国外购买剧院。自此，中国演出公司不必再给国际演出中介机构交付大量的中介费用，可以直接融入西方的主流文化市场，通过人力资源的进一步融合而"落地生根"。

虽然目前中国对外文化服务贸易尚未出现明显转机，但在政府诸多举措支持下，文化服务核心部门的对外贸易形势有好转趋势。例如 2009 年中国境外商业演出团组约为 426 个，演出场次 16373 场，实现演出收益约为 7685 万元，创造了较好的成绩；2009 年法兰克福国际书展上中国成为主订国，并实现版权输出 2417 项，有史以来第一次使图书版权进出口比例由 2003 年的 9:1 下降为 2009 年的 3.4:1；2012 年，中国的广告、宣传服务贸易出口额为 47.5 亿美元，进口额为 27.7 亿美元，实现 19.8 亿美元这一

---

① 吴晓东：《中国电影海外生存堪忧》，《中国青年报》2012 年 6 月 12 日。

历史最大的贸易顺差；等等。事实也证明了，只要中国政府下力气、多投入，对外文化服务贸易就能取得一定的实绩与效果。

当然，我们也要看到中国对外服务贸易存在严峻的问题与莫测的前景。尽管中国政府在持续做着努力，但中国对外文化服务贸易整体上的弱势并没有得到根本改变。例如中国电影、音像出口额不稳定，而且2009年至今一直处于严重的贸易逆差状态；中国引进和派出的文艺演出每场收入比仍为10：1；缺乏具有自主知识产权的文化服务项目等。中国对外文化贸易要取得长足发展，还要回到根本，即提高文化服务产品的技术与创意含量。

中国对外文化服务贸易中服务的技术与创意含量整体偏低。以影视服务为例，注重电影技术创新的美国导演卡梅隆，其执导的一部以高端3D技术为特色的《阿凡达》斩获全球28亿美元的票房，2012年，卡梅隆将1997年制作的《泰坦尼克号》经过3D改造后重新放映，仅在中国就斩获10亿元人民币的票房。在中国，许多电影公司也在谋求制作完美的3D电影，并且在广告宣传上极尽夸张攻势。2010年上映的号称中国第一部3D武侠片《苏乞儿》，仅仅在片中加入了不到20分钟且缺乏立体效果的3D打斗与10秒钟山鹰翱翔的立体动画；2011年徐克执导的3D武侠片《龙门飞甲》号称第一部获得官方认证的IMAX3D电影，但无论技术还是艺术水平都与美国3D电影相差甚远；2012年暑期上映的电影《画皮2》，以3D为噱头创造了国产票房7亿元的票房奇迹，但实际是将几乎没有3D效果的2D改3D的伪3D电影。要造就中国文化服务贸易的优势关键要有以技术和创意为竞争优势的文化服务产品，只有在此基础上，才能打造版权贸易与衍生产业。影视、出版、网络、休闲等文化服务建立在文化创意基础上，和信息技术密切相关，最易形成版权、专利与品牌，由此，不仅会带动文化产业硬件设备的生产，更会带动文化产业衍生产品的开发，甚至会带动物质行业部门的跟进。美国导演卡梅隆为二十世纪福克斯公司执导的电影《阿凡达》，不仅赚取了20亿美元的海外票房，而且还引发了3D电视的全球销售热潮，以3D《阿凡达》为契机，开发游戏、设计玩具、贴签商品等形象授权带动了相关行业的发展，创造了至少50亿美元的市场利润。这就是所谓文化服务的"火车头"作用。

此外，文化服务贸易在对外贸易中不像物质性产品贸易那样容易产生外贸纠纷，也不容易被设置贸易壁垒。商务部服务贸易司前司长胡景岩在 2008 年中国文化产业新年国际论坛的发言中就曾指出，"作为文化的产品，特别是这种服务的产品，在国际市场上大家所看到的它本身，尤其像影视版权演出等这种软件的文化产品出口利润很难在贸易当中互相做争端比较，这个难度是比较大的。所以文化产品出口所产生的利润具有极大的隐蔽性。"① 应该大力发展文化服务贸易。面对欧美发达国家对中国日益加强的贸易壁垒，虽然中国对外服务贸易额度很小，在对外贸易中所占比重几乎可以忽略，但正因为如此，中国发展对外服务贸易的市场潜力巨大，发展前景美好。

随着中国对外文化贸易的深入发展，贸易额度的连年增长，中国政府相关部门也日益认识到对外文化服务贸易的重要性。中国商务部副部长王超在 2010 年 10 月第三届国际服务贸易高峰论坛上表示："大力发展服务贸易将是'十二五'期间加快对外贸易发展方式转变的重要战略任务，国家支持……不断挖掘旅游、文化等具有地域特色的服务贸易潜力。"② 商务部副部长的这一表示，预示着在未来五年里，相关政府管理部门必将下大力气发展对外文化服务贸易，这也必将带动中国文化产业的进一步发展。事实上，如果中国对外文化服务贸易额上去了，不仅意味着中国增强了文化贸易领域的国际竞争力，更意味着文化服务贸易将带动整个文化产业的发展，乃至提升与文化相关行业的国际竞争力，中国文化产业在世界贸易舞台上将产生更大的影响力。

---

① 胡景岩：《文化贸易中的文化产品与文化服务》，中国服务贸易指南网，2008 年 1 月 7 日，http：//tradeinservices. mofcom. gov. cn/index. shtml？ method = view&id = 21426。

② 王超：《"十二五"外贸转型战略　发展服务贸易》，中国服务贸易指南网，2010 年 10 月 26 日，http：//tradeinservices. mofcom. gov. cn/a/2010 - 10 - 26/85890. shtml。

从"政策红利"到"管理红利"

——兼谈中国动画产业国际化经营的战略思考

苏 锋[*]

近年来,动画产业作为新兴朝阳产业得到了中央及地方各级政府的大力支持,政府在给予政策鼓励的同时,倾注了大量资金扶持。但是,"政策红利"之后的我国动画产业尽显诸多虚假繁荣的诟病。如何扭转这一局面,并将其理顺,符合产业经济发展的轨道?本文从分析动画产业虚假繁荣的现象入手,剖析现有体制及市场条件下形成的中国动画产业的"双重怪圈"——经济怪圈和文化怪圈,最后给出走国际化经营的战略选择,进而实现"管理红利"的战略愿景。

一 表象:当前我国动画产业的虚假繁荣

2004 年对于中国动画产业是一个里程碑式的时间节点,政府与产业界共同促进动画产业发展,改变了以往动画产业在经济结构和社会生活中的边缘化地位。然而,表面上的轰轰烈烈,却在企业、产业和政策三个层面产生了严重的内伤,从整体上表现出强烈的虚假繁荣。

1. 企业层面:动画企业遭遇企业外部和内部的挑战

从企业外部角度看,主要存在以下两方面问题。首先,我国电视台的播出费过低是我国动画企业的第一大杀手。电视台动画片播出费只有每分

---

* 苏锋,男,管理学博士,现任东北大学工商管理学院教授,东北大学秦皇岛分校动画产业研究所所长,中国电视艺术家协会卡通艺术委员会副秘书长。研究方向为文化产业发展战略研究、文化贸易研究。

钟 100 ~ 300 元人民币，相对于电视动画片每分钟 6000 元人民币的制作成本，几乎达到可以忽略不计的地步，期望通过版权出售回收投资成本完全没有可能，直接影响动画制作公司的资金收益和利润水平。其次，盗版成为动画企业的第二大杀手。在播出费无法收回动画片投资成本的境况下，很多动画企业将目光聚焦于动画形象的授权和衍生产品开发，期望这成为动画企业成本收回的主要途径。但是，动画公司的衍生产品遭到了广泛的盗版，不仅市场上出售的衍生产品中 80% 为盗版产品，而且遭到侵权零售商的抱团激烈对抗，对正版衍生产品形成了巨大的冲击。而我国现行立法和执法体系存在着体制性缺陷，不能对侵权者起到应有的威慑作用。

从企业内部角度看，主要存在两方面问题。第一，管理水平低下是动画企业的第三大杀手。现阶段我国动画企业大多发起于艺术家个人或工作室，企业的决策者有着强烈的艺术家情结。在严峻的国内市场环境下，绝大多数动画企业缺乏经营灵活性，经营策略有着强烈的非理性。明知国内市场盗版猖獗，却仍以衍生产品开发为主要利润来源；明知国内市场的价值链断裂，却将 90% 以上的动画片以国内市场为目标市场；明知一些动画企业已有开发国际市场的成功经验，却对国际市场熟视无睹。实际上，现阶段动画企业的管理水平大体相当于一般产业 20 世纪 90 年代中期以前的水平，与动画产业的经营复杂性远远不相适应。第二，投机心理浓厚是动画企业的第四大杀手。很多动画公司不顾动画片的质量低劣，拼命拉长动画片长度，只为获得地方政府的播出奖励，同时迎合地方政府的政绩需求。更有甚者，一些公司斥巨资兴建各种名义的主题公园、动漫城和产业基地，以动画之名，行房地产之实，造成恶劣的社会影响。就开发各类主题公园而言，自 20 世纪 90 年代以来，我国现有各类主题公园 2500 个，沉淀资本 3000 亿元。2010 年全国新增动漫主题公园 8 个，总投资额超过 900亿元，投资额增长之猛令人咋舌。

2. 产业层面：产量虚高无异自杀

产业层面之所以被称为虚假繁荣，可以从两个方面考量。

一方面，产量虚高，质量低下。自 2004 年以来，我国电视动画片的产量从 21819 分钟迅速增长到 2011 年的 26 万分钟和 2012 年的 22 万分钟。其增长速度之快和产量之高，超过世界上任何国家。但产量的提高并没有带动质量的提升，在国内电视动画片播出市场不断增长，以及对进口动画片"黄金时段"禁播的背景下，通过对 2011 年全国 36 个主要城市电视台播放动画片的收视率及市场份额前十位的统计，共有 200 部电视动画片榜上有名，其中 105 部为进口动画片，15 部为国产经典动画片，80 部为近年生产创作的动画片。而这 80 部电视动画片只占到 2004～2011 年 8 年间动画片总生产数量 1813 部的 4.4%，95% 以上的动画片不受市场欢迎。

从 2010 年起，我国兴起投资电影动画片热潮。2010～2012 年的 3 年间，公映国产电影动画片 39 部，截至 2013 年 4 月，处于赢利状态的只有 3 部，处于保本状态的只有 5 部，两项共占公映电影动画片的 20.5%，约 80% 的电影动画片处于亏损状态。总票房收益根本不能冲抵总投资金额。2011 年上映 14 部，国产动画电影票房 3.1 亿元，不及《功夫熊猫》一部影片的投资额（3.5 亿元）。

另一方面，衍生产品喧宾夺主。2000 年以后，"蓝猫"形象授权产品涉及 16 个行业，6600 个产品品种。2008 年以后，"喜羊羊"形象开始授权，授权合作商达到 250 家，产品门类达 1000 余种。但是，2006 年以后，每年有超过 100 部动画片，2009 年以后，每年有超过 300 部动画片，如此众多的动画片及动画形象早已使观众眼花缭乱，降低了观众对单部动画片和动画形象的关注度，直接影响其对衍生产品的购买欲望。因此，产量虚高与衍生产品的层出不穷对于动画企业来说，实际上是一种自杀式经营行为。

3. 国家政策层面：扶持政策存在严重偏差

近年来，政府部门出台政策之频，涉及部委之多，政策层次之高，前所未有。但是，缺点与不足也同样明显，主要体现在以下方面。第一，支持对象失衡，重要素轻管理。对于技术、创意、资金和人才培养等动画企业经营要素给予特别关注，但是对于动画企业的管理水平提高几乎没有涉及。第二，支持方式呆板，重显性措施轻隐性服务。现有产业支持措施偏重"显性"方面，如动画产业园区"免房租"和动画片的播出奖励等，而动画企业的信息收集、咨询服务、培训服务和中介服务等"隐性"服务则得不到很好的支持。第三，目标市场失衡，重国内轻国际。在中央政府的产业扶持政策中，对涉及"走出去"的支持主要集中在出口译制经费补助、支持海外参展和出口版权奖励。在地方政府的产业扶持政策中，对外向型企业的支持主要体现在国产动画片的海外播出奖励上。因此，现有的产业政策不能起到引导和激励动画企业"走出去"的作用。从整体来看，政府在产业支持的对象、方式和目标市场上存在严重偏差，直接影响到信息、人才、资金和技术的流动以及产业政策的实施效果，影响到产业的健康发展。

二 体制和市场因素导致"双重怪圈"

中国动画产业自1995年市场化以来，如同一个18岁的懵懂青年，青涩而躁动。就我国动画产业来说，还没有完全挣脱原有体制的羁绊，还没有完全找到市场经济条件下的经营感觉。无论是企业内部各种经营要素的整合，还是宏观层面各种社会资源围绕动画产业的配置，远没有达到娴熟而有效的程度。

1. 体制与市场强烈影响动画产业

当前，在影响动画产业发展的诸多因素中，有两种力量产生重要影响。一种是来自政府的力量。政府的政策是中国动画产业发展的第一推动力，通过财政和税收等政策杠杆，自上而下起到产业启蒙的作用。但同时残留着原有体制的缺陷。例如，自2004年以来，业界多次呼吁提高电视动画片的播出费，但收效甚微。其背后的原因在于，以民营资本和中小企业为主的现阶段中国动画产业，在与国有和处于垄断地位的国内电视系统的博弈中，完全处于弱势，对于电视动画片的播出费没有话语权。而盗版问题的背后同样存在着体制的影响因素。另一种是自下而上来自市场的推力，通过"看不见的手"影响着各种社会资源的配置。但同时，动画产业作为后发产业，在与其他先发产业的竞争与合作中不占优势。例如，电影动画片的播出环节在于电影院线，国产电影动画片要与国产真人电影片和进口大片同台竞争下游电影院线的放映档期和放映场次，但主创人员的市场知名度和营销手段等方面均处下风。而具有垄断优势的电影院线出于自身票房收益和利润的需要，往往忽视国产电影动画片的放映，将电影放映的低迷时段留给国产电影动画片，影响了观众的上座率和整体票房收入，直接影响了动画公司的分账收益。

面对具有体制优势（电视系统）和行业垄断优势（电影院线）的下游播出平台，动画制作公司没有播出定价的话语权，无力维护自己的利益。在播出环节无法收回投资成本的情况下，动画制作公司将获利和生存希望寄托在衍生产品开发环节，但知识产权保护不力使这一希望再度破灭。

2. **动画产业的"双重怪圈"**

动画制作公司的低收益状况无法吸引高水准的人才加盟，公司的管理水平低下，社会资金不敢贸然进入。动画公司为了降低成本，动画片质量一再降低，使国产动画片的社会声誉愈加下降。下游播出机构为了自身的利益，更没有意愿为国产动画片提供播出资源（资金、时间和空间），使动画制作公司的经营环境和经营状况进一步恶化，更无法吸引人才和资金等社会资源的介入，由此动画公司进入了恶性循环的"经济怪圈"。

与此同时，国产动画片的质量下降，其内容和表现形式无法吸引国内观众，为国外动画片进入我国市场提供了缝隙和机会。国外优秀动画片的内容和形式更深刻地影响着国内的观众，成为衡量我国动画片的评判标准，由此观众对国产动画片更加排斥，对国外动画片更加喜爱、更加依赖，形成中国动画观众心理需求的"文化怪圈"。

"经济怪圈"和"文化怪圈"相互影响，经济怪圈是文化怪圈的基础和前提，文化怪圈是经济怪圈的结果和高级阶段，反过来促进经济怪圈的进一步强化。二者相互依存，相互促进，严重摧残着中国动画产业的健康发展，出现了新时期动画产业的"双重怪圈"。

三 国际化经营是最集约的选择

无论是体制问题还是市场问题，都难以在短期内得到根本解决，这就意味着国内市场的"双重怪圈"仍将持续相当长一段时间。在这样的背景下，中国动画产业必须将全球市场作为自己的经营舞台，有效规避国内市场的不利环境。

1. **动画产业发展的整体思路**

以动画企业为主体，以产业扶持政策为辅助。从依靠"政策红利"外延式发展，转向依靠"管理红利"内涵式发展。从以国内市场为导向的进口替代战略，转向两个市场互动的国际化经营。以服务外包为突破口，以整片原创为主要形式，以动画产品出口带动衍生产品开发。以此提升动画产业的管理水平和国际竞争力，实现经济效益和文化效益的统一。

2. 动画企业国际化经营的指导思想

实施两个步骤。第一，"走出去"，国际市场求效益。通过在国际市场（特别是发达国家的多个市场）的发行和播出，收回投资成本，降低动画企业的经营风险。因为这些国家的动画市场存在着"两高"特点，即制作成本高、播出费高。制作成本高意味着我国动画企业具有制作成本的优势，而播出费高则意味着我国动画产品可以通过发达国家的不同发行渠道收回投资。第二，"返回来"，国内市场谋发展。在收回成本基础上，返回国内播出市场。此时的动画企业，完全可以用平和的心态应对国内市场的各种冲击。抓住机遇开发衍生产品，扩大动画企业和动画形象的市场影响，以此进一步吸纳新鲜能量（资金、人才和技术），壮大动画企业的实力。"先外后内"的发展步骤，"国际市场求效益，国内市场谋发展"的指导思想，将成为中国动画产业发展战略的最具形象的阐释。

3. 动画企业国际化经营的实务操作

实施两个阶段。第一阶段：外包制作。通过外包，学习和掌握动画行业的国际惯例，提高动画企业管理水平，增进与国际动画业界的联系与相互了解，为进一步联合制片和原创开发奠定基础。第二阶段：联合制片。联合制片是发达国家动画产业的成熟做法，可以使来自不同国家、拥有不同资源和优势的各方联合起来，参与包括融资、剧本创作、前期制作、中期制作、后期制作和发行的多个经营领域，共同完成一部或多部动画原创作品，构建一个成熟的产业链条，使动画公司和投资各方都处于一个盈利可观的良性循环之中。通过"联合制片"，可以使中国动画企业能够从单纯的中期外包加工向"微笑曲线"的两端靠拢，实现动画企业的转型升级。

4. 动画企业国际化经营的保障措施

实施国际化经营对于中国动画企业是一个崭新的课题，是经营理念的重大转变。为此，通过体制和机制创新为动画企业提供产业支持和保障措施是极为必要的。主要包括以下方面。

第一，加强学术研究。针对我国动画产业国际化经营中存在的问题，以管理学、经济学、法律、艺术、社会学、技术等多学科为背景，围绕动画产业发达国家的国际化经营模式开展研究，为我国动画企业经营决策提供借鉴，为产业政策的制定和实施提供理论支撑。事实上，理论研究先行可以提高产业政策的有效性，降低企业经营的成本，缩短产业成长周期，是最节约的路径。

第二，调整产业政策。针对动画企业经营过程中的创意环节、制作环节、传播环节和衍生产品开发环节，借鉴国外经验，加大针对动画产业"走出去"的扶持力度，提供全过程、全方位、多种形式的政策支持，以此创造我国动画产业发展的政策环境。

第三，建立第三方机构。围绕"走出去"和"返回来"，在信息收集、经营咨询、出国参展、员工培训、行业维权等方面开展工作，使第三方机构成为服务动画产业的主体，为我国动画产业的国际化经营提供全过程、全方位、多种形式的产业支持。

第四，完善动画教育。在现有的动画教育（学历教育）和在职培训中，增加有关文化贸易、国际市场营销、专业翻译等课程，使学生和在职人员具有国际化视野，为动画产业国际化经营提供人才供给。

总之，学术研究出理论，政府出政策，第三方机构出服务，动画教育出人才，为中国动画产业国际化经营提供完整的保障体系。

综上所述，中国动画产业经过十几年的探索，已经到了产业成长的拐点，在产业如何发展的十字路口，勇敢走国际化道路才是最集约的选择。通过努力，在不久的将来，中国动画一定会创造奇迹！

美日韩文化贸易战略动向及其运行机制对我国的启示

蒋 多[*]

近年来，美日韩对外文化贸易战略发展动向及其内在运行机制表明，未来文化贸易竞争很大程度上将取决于能否实现以文化内容为主体的价值观输出、新兴文化业态的国际化以及主动参与国际文化贸易规则制定。基于我国当前文化贸易存在的结构性逆差状况，今后应从增强国际话语权、制订系统规划、调整支持方向、创新业态形式、扩大平台效应五个方面，构建适度保护、逐步开放的国际话语体系，系统发展、高效协作的政策推动体系，战略环节优先、杠杆效用第一的金融支持体系，整合全球资源、嵌入高端价值链的内容生产体系和培育外向型企业、打造窗口型基地的平台服务体系。

随着当前全球经济步入深度转型的调整期，在文化产业国际化发展日趋蓬勃的新环境下，文化贸易正在成为许多国家新的经济增长点和改写国际竞争格局的转折点，并在强大的国家利益驱动和权力运作体系支撑下呈现文化传播与产业扩张深度融合的态势。

近年来，我国对外文化贸易发展迅速，增长速度超过世界平均水平，但是整体上呈现总体顺差、结构性逆差的特点，尚处于文化产业全球价值链的低端环节。本文通过对美、日、韩三国文化贸易战略的最新动态和内在机制的分析，结合我国作为文化贸易赶超型和后发型国家的现实需要，尝试对我国完善和优化对外文化贸易促进机制提出具体对策和建议。

---

* 蒋多，中国传媒大学文化发展研究院助理研究员，传媒经济学博士研究生。

一　美日韩文化贸易战略新动向及其运行机制分析

（一）美式印钞机——版权贸易的全球圈地运动

美国是世界上为数不多、制定并实施以确立自身全球霸权地位为目标的国际文化战略的国家之一。正如法国学者弗雷德里克·马特尔所说，美国文化成为世界主流文化是经过精心策划，不断调整其国际文化战略和战术，并通过一套在本土与全球之间双向运行的文化体制来实现美国文化价值观和意识形态在全球范围内的传播。而这套经过精心策划的文化体制之所以能够在国际文化竞争中确立起强势地位，其最具杀伤力的武器就是版权产业及其贸易。在国内层面，美国利用法律和制度的力量不断建构和完善版权保护体系，并依托版权及其相关产业的经济贡献，为整个产业的创新发展提供持续动力；在国际层面，美国利用跨国集团编织的商业网络和在贸易谈判桌上的多方角力，展开版权产业在全球范围内的圈地运动。版权产业及其贸易如同印钞机一样，已经成为美国整体经济增长的核心引擎，更由此成为美国实现国家战略利益和巩固文化软实力的重要载体。

众所周知，美国的版权保护制度是世界上最为系统、严密和与时俱进的知识产权制度。从1790年颁布实施第一部《版权法》到20世纪50年代之后着力推动国际版权立法，80年代以后全面实施版权战略，一直到2000年出台《数字千年版权法案》，美国对于版权保护的步伐从未停止。随着互联网时代的到来和版权产业海外发展的需要，美国更是努力将全球版权保护提高到一个新水平。因此，《与贸易有关的知识产权协议》（TRIPS）在关贸总协定乌拉圭回合谈判中获得通过之后，美国借助这一具有强制性的贸易规则，将版权保护与贸易挂钩，全面开启了海外版权利益保护和扩张运动，主要形式包括：对盗版行为猖獗的国家使用双边贸易的杠杆作用；选择那些将知识产权纳入自己框架的国家作为自由贸易伙伴；包括进入《伯尔尼公约》，与关贸总协定在服务和知识产权部门合作等在内的多边努力。而且在国内版权利益集团——以全国性行业协会和跨国传媒巨头为主体——的强烈诉求之下，美国国会先后制定法律，容许、鼓励与扶持美国版权企业对外贸易活动中的垄断行为，并在不同阶段不同程度地给予政治、经济、外交等多种支持，在全球范围内维护美国版权产业的利益，使其成了文化贸易最大的赢家。

以中美之间近几年最重要、影响也最为深远的贸易争端事件——2007～2010年中美视听服务案——为例，虽然从直接诉讼结果来看，我国获准保留两家国有电影发行公司进口权，以及对外国电影进行一定程度审查的权力，也无须提高每年引进20部外国电影的限额；但是，美国及其他外国企业今后可以向中国引进电影、音乐、电子游戏和图书，而且美中合资企业被准许在互联网上分销音乐。2012年2月18日，中美双方再一次专门就解决电影相关问题达成协议，主要内容包括：①中国将在原来每年引进美国电影配额约20部的基础上增加14部3D或IMAX电影；②美方票房分账从原来的13%升至25%；③增加中国民营企业发布进口片的机会，打破过去国有公司独大的局面。这些事件一方面意味着今后在文化产品准入领域的谈判中贸易利益的争夺将更趋复杂和微妙，另一方面也凸显美国利用贸易规则推动核心版权产业国际化的强烈意愿。

与此同时，美国也是对版权及相关产业的经济贡献进行研究最积极、最全面和最深入的国家。1990年，美国国际知识产权联盟（International Intellectual Property Alliance，IIPA）首次发表《美国经济中的版权产业》报告，此后平均每隔一两年发布一次报告。报告从版权及其相关产业的附加值、在社会就业中的份额以及对外贸易等方面，反映美国版权产业概况以及对美国经济做出的贡献，极大地影响着美国政府的知识产权保护战略和对外贸易政策。最新一次发布的《美国经济中的版权产业2011》报告显示，2007～2010年，由录音产业、电影和电视产业、电脑软件产业和以报纸、图书、期刊为主的非软件出版产业构成的核心版权产业部门的海外市场销售额保持持续增长，2010年为1340亿美元，达到历史最高水平，明显高出其他产业部门的销售额，如航空业（775亿美元）、农产品业（602亿美元）、食品业（519亿美元）和制药业（364亿美元）等。而且美国版权企业通过海外销售和出口贸易、对外直接投资、离岸外包、在海外设立研发中心等贸易形式，增强版权产业的国际竞争力，保持版权产业的核心竞争优势和全球价值链高端地位，进一步扩大其国际势力范围。可见，在美国，版权早已不再是保护知识产品创造者利益和积极性的有效工具，其商品经济力量在资本增值的逻辑下，已经成功服务于美国文化的全球扩张战略。

（二）酷日本国策——动漫外交助力内容产业出口

"酷日本"一词最早是由日本"数字好莱坞大学"校长杉山知之提出的，用来描绘日本现代文化，真正得到广泛和高度关注是美国政治分析家道格拉斯·麦克格雷 2002 年在《外交》杂志上发表《日本国民酷总值》一文后。次年 8 月，美国《时代》周刊亚洲版开辟日本大众文化特辑，指出日本正从一个产品制造大国向一个"酷文化"输出大国转变。此后"酷日本"（Cool Japan）逐渐成为日本文化创意产业代名词和日本政府大力倡导的文化贸易战略口号。

事实上，为了消除国际社会对日本"经济至上"的看法，将日本文化全面地介绍给世界，日本政府早在 1996 年就提出了《21 世纪文化立国方略》。对此，美国学者约瑟夫·奈有着精辟的分析："日本的流行文化即便在日本经济衰退后仍在制造潜在的软实力资源。除了禅和空手道等传统文化以外，日本的软实力资源还包括动漫等流行文化，它能够成为把现代性和民主主义融合于传统文化的典范，但同时也面临着如何克服其文化的内向性和封闭性，向世界传播信息的问题。"再加上日本突破持续多年的经济困境和政治僵局的内在需求，这些均为"酷日本"国策的登场提供了契机。

在"酷日本"战略理念的支撑下，日本开始将海外对动漫的兴趣转化为政治资本，通过动漫文化促进日本与海外的相互理解与友好，输出日本的价值观，从公共外交层面为提升国家形象、改善国际关系做贡献，动漫外交战略由此逐渐成形。从 2006 年日本政界著名的漫画迷、时任外相的麻生太郎提出"动漫外交"计划到 2008 年在日本乃至全世界都家喻户晓的动漫形象"哆啦 A 梦"正式接受日本外相高村正彦的"任命"，成为日本历史上首位"动漫文化大使"，"动漫外交"作为一种颇具日本特色的文化外交方式，以动漫产业悠久的历史、深厚的基础以及令人瞩目的国际影响力作为支撑，同时又超越了纯粹的经济利益考量，具有某种更为深远的国际文化竞争策略的意味。

特别是近两三年在动漫外交的助力之下，推动内容产业国际化已经成为日本政府"酷日本"文化战略的核心。该计划明确提出，到2020年，把日本动漫等文化产品的出口额从2009年的4.5万亿日元提高到12万亿～17万亿日元，远远高于日本其他传统产业的增速。为此，2010年，日本经济产业省制造产业局成立专门帮助企业向海外推销日本的设计、动漫以及时装等流行文化产业的新部门——"酷日本室"，旨在应对全球化和信息化迅猛发展下中、韩等国在文化产业和文化影响力方面的冲击，通过发展"新文化产业"，推动日本经济发展，把所有的产业都作为内容产业的舞台，通过节目交易、数字传输的强化、放宽海外内容流通规定、防止盗版等措施，以民间企业为中心在海外拓展与"酷日本"相关的业务，变"产品输出"为"文化输出"，把出口"酷日本"文化当成国策，在世界上培养更多的"日本游戏迷"和"日本动漫迷"。为加大文化输出力度，日本政府于2010年11月召开了第一次"酷日本——官民有识之士会议"。会议成员由内阁官房、经济产业省、总务省、外务省、文部科学省（含文化厅）、农林水产省、国土交通省（含观光厅）、日本贸易振兴机构等官方机构的代表和来自大型国际文化企业、研究机构和新闻机构等的代表组成，密集讨论如何宣传日本的魅力，将其转化为经济增长新的动力，为增强国家软、硬两种实力服务的问题。

当前，日本政府正在紧锣密鼓地通过一系列措施推动"酷日本"计划的实现，其中海外发展是重要战略支柱。2012年2月，日本最大的官民投资基金"产业革新机构"投资60亿日元设立新公司——"全日本娱乐工厂"，对本国漫画、电影、电视剧、小说、游戏、玩具等进行包装，推动日本文化内容走向世界，扩大收益。3月，日本政府主持召开"'酷日本'海外拓展企业大会"，为"有志拓展海外市场的文化内容企业"与"有志与文化内容相结合拓展海外市场的企业"牵线搭桥，旨在通过促进文化内容产业与相关产业的广泛对接，获得由点及面的巨大经济效益。2012年5月，日本经济产业省又发布了《关于加强创意产业海外拓展的调查报告书》，除了对日本自身文化输出的成功案例和韩国海外拓展策略进行比较外，还对中国、法国、印度尼西亚、泰国、越南、沙特阿拉伯、土耳其等国家的文化市场现状进行了深入分析，号召"日本企业有机整合"，找准日本文化产品国际市场定位，确定新时期的文化输出策略，共同开拓海外新兴市场。此外，经济产业省还面向全国公开征集"酷日本"战略项目策划方案，要求方案侧重"与国内外流通企业加强合作"、"与国际型大企业加强合作"和"与发掘和推动日本各地文化魅力元素走向世界的制作人加强合作"3 个方面，以期达到兼顾"抢占海外市场"与"吸引外国游客，促进地区经济活力"的双重效果。为支持此项事业，经济产业省投入资金 10 亿日元。

（三）新韩流世界化——3.0 时代的创造力经济转型

21 世纪的第二个十年伊始，韩国文化产业出现了一个新词语——"新韩流"。所谓新韩流，是以被称为"K – POP"的韩国流行音乐为中心的韩国文化，通过网络传递到世界各地，从而吸引那些通过网络消费文化的年轻人的现象。比起影像媒介受语言、时代、文化差异等障碍的影响，超越国境和文化的音乐让韩国特有的文化传播得更远。过去几乎只在东北亚地区和部分东南亚国家中盛行的"韩流"，随着数字技术和互联网技术的发展，逐渐形成"新韩流"，席卷中亚、欧洲、中南美、中东等那些从地理区域上看起来相对较远的国家。

根据韩国文化体育观光部《2013 年文化艺术新趋势分析及展望》报告，随着"鸟叔"开创的韩流国际化路线——通过社交网站，以独特、有趣的内容吸引观众，以共享的形式拓展影响力，韩国文化正在从 K – POP 转变到 K – Culture。报告认为，韩流"1.0 时代"是指 20 世纪 90 年代末到 2005 年，这段时期的韩国文化主要以 K – Drama 即韩剧的形式走出国门，受到世界关注；2005 ~ 2010 年，"韩流"迎来了"2.0 时代"，利用 K – POP，即韩国流行音乐的热风，以偶像组合为主体的韩国明星占据了国际化的主要地位；从 2010 年开始，韩流"3.0 时代"即将到来，K – Culture，即韩国文化将在韩流国际化过程中起到主要作用。

长期以来，韩流文化产品出口对拉动消费品出口增长起到了非常有效的促进作用，也由此带动了韩国美食、服饰、美妆、美容、旅游等相关产业的发展，大大提升了韩国国家形象，为更多的韩国品牌拓展了国际市场。2012 年 5 月，韩国进出口银行海外经济研究所发表《韩流出口影响分析与金融支援方案》，通过对 2001~2011 年十年间韩国对 92 个国家的文化商品和消费品出口情况分别调查后指出，若将出口带动效果以美元折算，韩国文化产业出口每增加 100 美元，就能使韩国商品出口增加 412 美元。从消费品项目来看，文化商品出口对 IT 产品、服装、加工食品出口带来的影响很大。各项出口的增幅依次为：加工食品 0.07%，服装 0.051%，IT 产品 0.032%。韩国文化体育观光部则表示，到 2020 年，韩国文化内容出口额将提高到 224 亿美元，韩国文化内容产业的出口将从 2010 年全球排名第 9 位（2.2% 的市场份额）提高到 2020 年第 5 位（5% 的市场份额），将成为世界第五大文化强国。

从表面上看，以文化传播形式席卷全球的"新韩流"中没有任何韩国国有企业或国有资本的身影，似乎完全凭借民间资本和力量获得了成功，但殊不知"韩流"背后最强大的推手正是韩国政府。朴槿惠政府明确将"文化兴盛"作为其执政期间的核心理念和目标之一。朴槿惠在就职演说中高调提出"韩流文化就是国家力量"的口号，表示要促进"韩流"文化在世界的传播，促进文化产业出口和发展，对各个领域的创造活动提供政府支援，并为此提出了一个"创造力经济"的发展思路：将风靡全球的韩流文化与信息技术相融合，打造文化内容产业（包括广播影像、游戏、动漫、卡通人物、网络、影视、歌曲唱片等），促进韩国经济实现根本转型。

以上对美、日、韩三国近年来对外文化贸易战略及其内在运行机制的分析表明，未来文化贸易竞争的核心是以文化内容为主体的价值观输出，制胜关键在于如何有效利用互联网和数字技术推动新兴文化业态的国际化，而能否主动参与国际文化贸易游戏规则制定将决定国家对外文化贸易战略利益能否最终实现。

二 对于创新我国对外文化贸易促进机制的启示

我国现行文化贸易促进机制是在 2001 年加入世界贸易组织所做的承诺基础之上，结合国内文化产业发展的实际情况形成的。十余年来，为了扭转文化产品和服务贸易逆差、参与国际文化市场竞争、提高国家文化软实力，围绕"走出去"这一核心理念，我国出台了一系列促进政策和措施，包括宏观战略、产业政策、金融政策、贸易政策和版权政策，等等，内容涉及直接资助或奖励出口、加大金融支持力度、有限度地引进外资、规范进口产品和企业的管理等。

然而实践证明，将一般性贸易促进政策简单挪用到文化产业领域，对于文化产品出口和文化企业海外市场拓展的实质性推动作用并不显著，无论从行业还是区域角度看，我国对外文化贸易对经济增长的贡献率远未达到世界文化经济强国应有的水平。因此，基于当前和今后一段时期我国对外文化贸易面临的新形势和新任务，特别是借鉴美、日、韩等文化贸易发达国家的实践经验，有必要创新我国对外文化贸易促进机制，实现"走出去"模式的突破和创新，提高文化产业国际竞争力，真正推动中华文化走向世界。

（一）有效利用规则，积极应对争端，构建适度保护、逐步开放的国际话语体系

在世界贸易组织框架下，文化贸易是一块模糊不清、争议不断的领域。严格意义上说，迄今为止，世界贸易组织并没有就文化产品和服务贸易达成专门的协议，不同的文化价值取向仍然影响着不同国家文化贸易政策的选择。以最受关注也最具争议的视听部门为例，实际上目前只有少数世界贸易组织成员做出了具体承诺，更多的成员声明保留适用内部文化政策措施的权利。例如财政补贴，以放映配额、内容特许要求为主要手段的市场准入和国民待遇限制，税收调节，外国投资和所有权限制，带有排他性的联合制作协议，保护自由接触信息和媒体多元化的竞争规则，等等。这些措施在多数欧洲国家和加拿大尤其常见。而与之相对，充分利用本国在国际政治、经济、外交上的优势来支持本国的文化创意产品占领国际市场，已经成为文化贸易发达国家的通行做法。

对于我国来说，一方面要继续以世界贸易组织相关规则为出发点和主要依据，渐进式的、有条件的进行文化市场对外开放，另一方面应当广泛援引各种国际法框架，以及区域性和双边自由贸易协定的有关案例，服务于我国对外文化贸易谈判和规则制定，例如联合国教科文组织通过的《保

护和促进文化表现形式多样性公约》（2005），欧盟《关于视听传媒服务的指令》（2007），《北美自由贸易协定》（1992）中的《美加自由贸易协定》，以及已经签署的智利（2003）、澳大利亚（2005）、韩国（2007）与美国自由贸易协定等。其中关于文化内容要求和配额管理的条款都体现了文化贸易领域适度保护的原则。

随着文化产业的国际化发展和全球性贸易，涉及我国的文化贸易摩擦和冲突开始增多，与美国、欧盟等国家和地区的贸易争端还出现了明显升级态势，其中不乏针对电影、音乐、图书等文化产品的诉讼纠纷。因此，我国除了要全面检视和主动调整不适应世界贸易组织规则的文化产业政策法规之外，必须着手建立一套行之有效的文化贸易争端解决机制，进而能够超越单纯的"与国际惯例接轨"，转向"推动规则演化"，超越"原则性"甚至"政治性"的实施保护，转向在多元法律框架内寻求支持和突破。

（二）制订发展规划，强化组织保障，构建系统发展、高效协作的政策推动体系

我国对外文化贸易基本上是在加入世界贸易组织之后文化产业总体发展宏观思路统摄之下，在"走出去"战略的具体实施过程中发展起来的。从《文化产业发展第十个五年计划纲要》（2001）到《国家"十一五"时期文化发展规划纲要》（2006），从《文化产业振兴规划》（2009）到《文化部"十二五"时期文化产业倍增计划》（2011），从《国家"十二五"时期文化改革发展规划纲要》（2012）到《文化部"十二五"时期文化改革发展规划纲要》（2012），散见于上述规划性、指导性政策文件中的相关表述勾勒出我国对外文化贸易促进体系的轮廓。

然而，由于国家对外文化贸易整体发展规划和行业性专项规划长期缺失，我国对外文化贸易发展的基本情况、环境条件、发展目标、指导思想以及促进政策都没有形成连续性、系统性和针对性。而且目前我国文化贸易政策多以行政法规和部门规章为主，法律位阶较低，稳定性较差。按照世界贸易组织相关协议和承诺为标杆调整国内相关法律法规的力度仍然不够，也与国内文化体制改革与产业发展政策不协调、不同步。在有限开放的政策环境下，我国文化贸易政策更多地立足于"走出去"，在"引进来"

方面主要着眼于限制和规范，对于国外文化资本、企业和产品基本处于防守的态势，没有形成双向、均衡交流和传播的良性格局。

从更深层次来说，文化贸易战略规划制定和实施离不开高效运转的组织保障，完整的对外文化贸易促进组织机构至少应当包括以下四个层面：第一，具有对外文化贸易相关职能的政府部门及其驻外使领馆文化处、商务处等机构；第二，半官方促进机构或者中介组织，包括文化贸易促进会、各类文化产品进出口商会、出口联盟以及海外华人商会组织；第三，政策性金融银行，如国家进出口银行、出口信用保险公司等；第四，目标国家和地区的"前沿据点"，如孔子学院、中国文化中心等。上述四个层面还应当明确各自的职能定位和分工，加强高效沟通和综合协调，保证战略目标和政策措施的实现。

（三）转变投入方式，实现手段创新，构建战略环节优先、杠杆效用第一的金融支持体系

自 2005 年至今，特别是"十一五"以来，以各种形式运用国家各类财政资金推动文化产品和服务出口已经成为我国对外文化贸易金融支持的主流模式。这种模式广泛存在于图书出版、影视、音像、演艺、动漫、网络游戏等行业领域，包括"国产音像制品出口专项资金""国产影片出口奖励暂行办法""国家商业演出展览产品出口指导目录""国家文化出口重点企业目录""国家文化出口重点项目目录""国家文化产品出口示范基地""经典中国国际出版工程""中国图书对外推广计划""原创动漫游戏海外推广计划""民族原创网络游戏海外推广计划"等，种类繁多，不一而足，基本形成了我国对出口文化产品、项目、企业和活动的专项扶持和奖励机制。然而，从实际效果看，一部分工程、计划是在"撒胡椒面儿式"的专项资金、政府奖励、财政补贴的激励之下完成的，往往满足了短期利益需求，却没有真正发挥政策资金对出口的导向作用和杠杆效应。因此，有必要评估和整合各项促进政策，将财政性支持由过去的直接出口补贴前移到研发、生产等环节，解决融资困难；或后移到市场推广、品牌打造、风险转移与补偿等价值环节，不断创新和丰富贸易促进方式和手段，提高文化产品和服务出口的规模、质量和水平。

　　从广义上讲，在转变财政性支持方式基础上，还应当积极通过金融杠杆的有效创新，进一步扩大金融支持文化出口的深度和广度，拓宽文化出口企业的融资渠道，增加境外投资便利，全方位改进和完善相关金融服务。尽管《关于金融支持文化出口的指导意见》（2009）和《关于金融支持文化产业振兴和发展繁荣的指导意见》（2010）作为文化产品和服务出口的主要金融政策依据，已经涵盖了一般或者全局意义上的金融政策和工具，但都缺乏具体的实施细则，许多瓶颈性问题亟待解决，例如增强财税扶持政策的针对性和时效性、进一步扩大银行与出口企业合作的范围和领域、制定差异化金融政策支持我国文化企业实现跨国投资和并购等等。因此，未来我国很有必要加大对价值链战略环节的政策扶持和资金投入，加强内容产业的国际竞争力。

　　（四）谋求业态创新，拓宽载体形式，构建整合全球资源、嵌入高端价值链的内容生产体系

　　根据商务部统计数据，2012 年，我国核心文化产品进出口总额为274.55 亿美元，比上年增长 37.9%。其中，核心文化产品出口 259 亿美元，同比增长 38.5%；进口 15.55 亿美元，同比增长 28.6%。贸易顺差243.45 亿美元。但是从出口结构来看，设计、手工艺、视觉艺术领域的顺差随着出口额不断增长逐步扩大，文化服务领域特别是视听、新媒体、表演艺术等领域的贸易逆差却依旧显著；主要靠资源、劳动密集的"粗放型"文化产品和服务出口比重较大，高科技含量、高附加值和真正体现文化内容的行业领域出口竞争力较弱，整体处于价值链的低端环节；文化产品的出口市场比较集中，多元化程度不足，国际市场开发力度较弱。这些都成为制约我国对外文化贸易发展的瓶颈。

　　一个特别值得关注的现象是，以网络游戏为代表的新兴文化业态成为我国文化出口的先锋军和重要增长点。过去十年，我国网络游戏出口连续实现超越，尤其是近 6 年来，出口规模增长了 6 倍，达到 5.7 亿美元，年均增长率 50% 以上。由此可以看出，依托互联网和数字技术衍生出来的文化创意、数字出版、数字影视、网络电视、动漫游戏等新兴文化业态尽管还处于培育阶段，其内容产品和服务的出口才刚刚起步，但是这些新兴业

态文化企业起点高，基本与全球同类企业处于同一起跑线，一般都有全球化的布局、组织架构和人才结构，部分公司由于实现了境外上市而具备了一定的国际知名度，高科技产品的定位又使它们更容易获得年轻消费群体的认同和接受，突破"文化折扣"障碍的可能性更大。这些优势恰恰是许多传统文化业态出口所不具备的。

因此，今后我国应当积极谋求出口文化业态的变革与创新，将文化内容、科技与资本相结合，拓宽载体形式，大力发展新兴领域，努力形成以技术、品牌等为核心的出口竞争新优势。尤其在当前世界文化经济结构发生调整和变化的时候，如果能抓住机遇，调整战略，以国际化视角借助资本化的运作，整合全球创意、生产、运营、人才等资源，做出更多符合全球市场变化的国际性产品，嵌入高端价值链的内容生产体系，构建全球化产业链条，那么我国文化产品的国际竞争力和影响力将明显增强。

（五）完善市场信息，夯实营销网络，构建培育外向型企业、打造窗口型基地的平台服务体系

文化贸易的信息和数据统计在世界范围内都是一大难题。无论是世界贸易组织框架，还是联合国系统内的教科文组织、贸易与发展会议等机构，或是欧盟、国际知识产权联盟等其他国际组织，由于各自统计口径和数据来源的差异，文化产品和服务进出口贸易统计都存在不完整和不准确的问题。我国文化贸易统计数据长期以来分散在多个部门，数据之间时常出现矛盾，而且针对版权贸易、商业存在等发展迅猛领域的统计也存在漏洞和盲点。正是文化贸易信息统计的特殊性和复杂性，使得文化出口企业在信息的全面性、真实性、有效性方面亟须有关部门提供支持和服务。

为了有效规避信息不对称风险，首先需要克服认识误区，将文化贸易监测评价上升到国家文化安全的高度，例如长期的文化"硬件"顺差掩盖了实际存在的文化"软件"逆差，出口"数字"的快速增长淡化了对出口结构失衡的担忧，等等。其次，在正确评价自身整体实力和相对位置的基础上，应当尽快建立政府主导、企业化运作、运用网络等现代信息技术、政府部门与社会中介组织及企业共同参与的对外文化贸易信息服务体系。这一体系不仅要为企业进入海外文化市场提供关于地址、经济数据、项

目、法律、关税、版权、实际操作建议和市场分析等实用信息，而且要及时更新企业资料库，了解企业对开拓国际市场的需求，有针对性地开展促进工作。

在国际文化贸易中，路径的多样性和贸易的流量是成正比的。对外文化贸易渠道越是多样化，出口能力就越强。因此，在构建新型对外文化贸易促进体系过程中，应当坚持直接与间接相结合的原则。前者包括鼓励文化企业通过独资、合资、控股、参股等多种形式，跨境建立多渠道、多层次的国际营销网络，实现落地经营；支持文化企业参加国际大型文化展会；推动文化企业开展国际版权合作和联合生产；等等。后者则可以尝试在我国沿海高新技术开发区、保税区及内地具备条件的文化产业园区建立一批外向型文化企业基地，打造我国对外文化贸易领域的创新区和试验田。今后我国应大力发挥上海、北京等中心城市和发达地区对外文化贸易基地的引领作用，与国家新一轮区域发展战略相适应，并在此基础上，全方位拓展东中西部地区对外文化贸易的能量与渠道，形成有梯度、有波次、有重点的对外文化贸易新地缘发展战略和格局。

嵌入式：国际文化贸易文艺演出的模式创新

张　宇*

　　国际文化贸易是未来贸易发展中的一大课题。但我们国际文化贸易无论在出口金额、产品品质等方面还不够令人满意，尤其是在国际文化贸易品牌产品的打造方面，我们还有很大的欠缺。这样的事实是令人深感焦虑的，但同时也表明，我们在这方面的潜力和空间很巨大，值得广大文化贸易领域的同行下大功夫去研究，其中包括实践的努力，也包括理论的探索。

　　在演艺产品的出口领域，中国对外文化集团公司旗下核心企业中国对外演出公司（以下简称"中演"），早在 20 世纪 80 年代初期就开始了以商业演出的形式向国外推出中国演出产品的探索，在部门设置中单独设立了商业演出处，主管对外演出的事宜。回顾过去，为商业演出的事情，我们还惊动过中央最高层，时任中共中央总书记胡耀邦曾经对中演的商业演出有过长篇的正面批示，这为中演名正言顺开展海外商业演出在政治上开辟了一条宽阔的道路。当时，国内提市场经济还是羞答答的，在文化领域甚至还没有"市场"这个词。直到 20 世纪 90 年代，官方才正式承认文化产品也是商品，但强调是特殊商品。因此，回顾历史，中演在建设社会主义市场经济，尤其在开拓文化市场方面还是有它的历史性贡献的。

　　中演乃至今天的中国对外文化集团公司，在文化出口方面，遵循市场经济规律，开辟出了一片天地。主要有三种商业模式：一是"借船出海"，二是"造船出海"，三是出口不出国。第一种，是在我们没有渠道的时候，

＊　张宇，中国对外演出集团董事长、总经理。

借助别人的渠道来做；第二种是打造自己的渠道；第三种是把渠道建到自己的门前，变"踢客场"为"踢主场"。需要解释的是，这三种模式没有递进的关系，不存在后一种模式比前一种模式高级的问题。最重要的是，我们要灵活运用这三种模式，什么样的产品，适用什么样的模式，我们就用什么模式。在市场面前，不能故步自封，画地为牢。以中外文化集团为例，我们每年在海外数十个国家、两三百个城市，输出6000多场演出，直接观众达到1000万人次，其中大部分是"借船出海"。而我们已经成功演出14年的《龙狮》《武林时空》等品牌剧目，则属于"造船出海"。演出8年以上、场次4000多场、票房突破4亿元的《时空之旅》属于出口不出国，因为在300多万人次的观众中，200多万人次是海外观众，不仅赚取了外国人的钱，还降低了成本，甚至给当地带来了综合旅游收入。

今天我们探讨的是国际文化贸易的模式创新，刚才说的都是过去时，虽然在当时属于创新，但在今天无论如何也不能再算作是创新了。本文想和大家分享的是国际文化贸易的"嵌入式模式"。什么是"嵌入式模式"？就是你中有我、我中有你，你离不开我、我离不开你的一种模式。

举个例子，前不久，中外文化集团在纽约著名的卡耐基音乐厅与美国国际管理艺术集团设立了合资公司——中美环球演艺股份有限公司。美国国际管理艺术集团是美国三大艺术、娱乐及体育经纪公司之一，与中国有20年以上的合作历史，在合作中，对彼此的资源、优势乃至企业文化，有很深的了解和认知。成立合资公司，是进行更深度合作的一个崭新的平台。这个平台是中国的吗？是美国的吗？不是中国的吗？不是美国的吗？好像既是又不是，因此我们把它称为"嵌入式模式"。党的十八届三中全会提出"培育外向型企业，支持文化企业到境外开拓市场"，并号召"积极吸收借鉴国外一切有利于我们文化发展的人才、技术、经营管理经验"。笔者认为这种"嵌入式模式"应该算得上是文化贸易领域贯彻落实十八届三中全会精神的一个创新之举。

"嵌入式模式"也不仅仅是成立中外合资公司这一途径，还有艺术创作与营销领域的深度版权合作。中国从2011年开始推出世界经典音乐剧《妈妈咪呀》的中文版，2012年又推出《猫》的中文版，这就是一种很好的"嵌入式模式"，把西方经典音乐剧的版权和营销理念嵌入中国音乐剧产业发展创新中，取得了非常理想的效果。不仅《妈妈咪呀》和《猫》两剧中文版在国内市场长期巡演，合计演出已经超过400场，开启了中国音乐剧产业与市场的一片崭新天地，极大地促进了音乐剧的演出、制作与运营人才队伍的成长与建设。之后又连续推出《寻找初恋》《公主的盛宴》两部原创音乐剧，目前也已在上海分别完成160场和60场的演出，后者即将来北京进行40场演出，与2011年推出的《妈妈咪呀》中文版几乎同期，为北京观众奉献一场舞台艺术盛宴。

为了更好地说明"嵌入式模式"，再举一个最新海外巡演的成功例子。

最近，中国刚刚结束了一轮上海芭蕾舞团在北美市场的大型巡演。50天，整整32场演出，24个城市，25个演出剧场，从加拿大到美国，从美国东部到西部。从西部到南部，从南部纵贯中部到北部，再回到东部，行程数万公里，一场又一场的努力和拼搏，一场又一场的掌声与欢呼，应该说非常成功。而这一成功的关键，也是"嵌入式模式"。具体地说，即把整个巡演的每一场演出都"嵌入"当地主流剧场的演出季当中。

这种"嵌入"各剧院演出季的安排，使巡演得到了提前量很大的、规律性的传播推广，本地主流观众能够在剧院网站海报、场刊及剧场内外广告牌等多种渠道知悉演出信息。演出季制度是欧美演出领域的一项重要发明，它是剧场或演出运作机构精心策划的演出安排体系，类似于展览中的策展人制度。进入演出季，表明剧场方和演出运作机构对这台演出的认可，认为其代表一定的学术和艺术水准。在长期互动中，观众特别是资深会员观众与剧场和演出运作机构之间建立了良好的信任关系。对于纳入演出季安排的演出，观众总会优先买票。纳入演出季是进入主流观众视野的重要通道。演出票的销售方式也灵活多样，不但与年票结合，还可以在网上和剧场所在城市之外的其他城市购买。演出的票价合理，有个别剧场最低的演出票每张只有35美元左右。这项措施保证了每场演出票都能卖得好。欧美人习惯周末观看演出，但平时也能卖出六七成。因此每场演出的氛围都非常好。在圣路易斯大学巴兰奇透赫表演艺术大厅的演出正逢周末，从周五晚场到周六下午和晚场，连演三场，观演互动场面十分感人。在明尼阿波利斯的欧菲姆音乐剧剧院，虽然是星期二，但2600座的剧院竟然卖出了近八成的门票，让艺术家们激动无比。上海芭蕾舞剧团（以下简称"上芭"）的一位艺术家说，当得知每一位观众都是花钱看演出的时候，我们的内心就有一种不一样的踏实感。

演出内容本身，则是另外一种"嵌入式"，即把中国的故事嵌入西方人所熟悉的芭蕾艺术语言中，这是此次巡演成功的另一个关键的因素。

为了办好这次里程碑式的大型巡演，中美双方的演出商两年前就开始了各种细致入微的运作，尤其是对此次巡演的剧目选择颇具匠心，体现了对市场规律的充分尊重。对延续数年的中国优秀舞台艺术海外演出品牌"中华风韵"，中国对外文化集团公司一直投入最优秀的人力，精心打造。在剧目选择上优选上海芭蕾舞团的保留剧目《梁山伯与祝英台》（以下简称《梁祝》）和西方古典芭蕾剧名作《仙女》。《梁祝》是上芭的原创保留剧目，自 2011 年在上海国际艺术节首演，即深受中外观众喜爱。这部被誉为东方"罗密欧与朱丽叶"的优秀芭蕾舞作品，充满了中国元素与西方芭蕾艺术相结合的巧妙混搭，使亘古不变的爱情充满了东方意蕴的震撼力和感染力。《仙女》则是法国浪漫芭蕾舞剧的处女作和早期代表作，也是芭蕾舞史上开脚尖舞先河的里程碑之作，把哑剧和舞蹈完美地结合在一起是这部芭蕾舞的特点，也是体现一个芭蕾舞剧团功夫与实力的作品。

作为一次完全市场化的商业巡演，中美演出商合力向各剧场推荐这两部优秀剧目，但各大剧院的优先选择多是《梁祝》。在卖给各剧院的 32 场演出中，《梁祝》占到了 28 场。这正是因为它用世界通行的芭蕾语言，讲述一个纯粹的中国故事。而这又是一个爱情故事，作为人类永恒的主题，天生具有通适性价值与情趣认同。从剧场观众的反应来看，他们完全能够看懂这台剧目。在三人舞段落中，当祝英台以芭蕾的足尖语言拒绝了马文才的求爱时，场上总能出现那种会心而诙谐的笑声。有不少观众甚至为他们感动天地的爱情而落泪。每场演出结束后，观众总是长时间起立鼓掌。

在这些"嵌入式模式"的文化贸易中，外国合作伙伴看中了我们的哪些优势呢？第一，中国未来的市场前景。中国的文化市场具有广阔的空间与活力。第二，中外文化集团在国内的渠道优势。我们目前拥有 6 家直营大剧院和 47 家加盟剧院和强大的票务营销体系——中演票务通。实践证明，扎牢国内的市场基础可以更好地"走出去"。如今这些基础，成为我们"走出去"坚如磐石的支撑力。第三，中国文化集团公司的企业文化。这么多年来，我们坚持改革开放，在市场经济意识和企业文化对接方面的障碍最少，讲究诚信，沟通便利，大大降低了交易成本。

我们看中了外国合作伙伴的什么呢？第一，是他们长期实践获得的市场经验与渠道优势；第二，是他们先进而实用的管理与营销理念；第三，是他们拥有的强大资源优势；第四，这些合作伙伴对中国的友好态度。我们在多年的合作中双方已形成默契的配合。

对外文化贸易的统计分类与
研究框架[*]

研究文化贸易的分类有重要的现实意义。国内文化贸易乃至文化产业、创意产业和创意经济与国际概念名称和统计分类方式有较大不同，带来了中国文化贸易进出口数据与他国横向比较的困局。因此，了解国际上实际实施的文化贸易分类统计方式及其数据收集的方法，是非常迫切且十分必要的。

根据联合国创意经济报告，国际上采用的文化贸易数据统计，有四种通行方法。

第一种统计分类来自欧盟统计局，它代表的是欧洲文化策略的惯例，其焦点在于核心文化活动的产品与服务，例如出版物、摄影作品等。第二种来自南美共同市场，代表的是南美文化产业的视角，这种分类源自欧洲文化产业方法，根据在文化生产循环过程中的产品与服务的功能，在区分文化产品和其他相关产品上，向前迈进了一步。这是唯一从发展中国家角度关注贸易统计的方法论。第三种来自英国创意产业。它比那些使用"文化产业"定义的方法论包含的范围更广。第四种是来自联合国教科文组织最新的文化统计框架，旨在涵盖所有的人类文化活动并且建立最为通用的国家统计分类体系。在此基础上，联合国贸发会议提出了更为完善的命名和框架。

检验文化创意产品统计分类多种不同方法的目的是展示文化创意产品国际贸易不同方法论的整个系列。前三种分类方法属于国家和地区的区

---

* 本文由课题组根据联合国《创意经济报告 2010》编译整理。

别，最后一种分类方法是国际级别的，这些方法论对一些国家发展其文化创意产业产生了影响，不仅是不同类型的文化统计分类方法的代表，也是文化创意产业的不同策略路径。

一 欧洲文化产业方法论

欧洲国家一直以来对收集数据测度文化产业经济状况以及发展文化统计框架很感兴趣。法国是在20世纪80年代最先建立起全面文化统计框架的国家之一。然而，欧盟层面上文化统计的缺乏促成了1997年文化统计领导小组（LEG – Culture）的建立。

文化统计领导小组确认了相关的八个文化艺术领域，即艺术和遗产、档案馆、图书馆、图书和出版物、视觉艺术、建筑设计、表演艺术以及视听/多媒体；拥有六项功能，即保存、创作、生产、传播、贸易和培训。2002年，文化统计领导小组依据联合国教科文组织文化统计框架创立了欧洲文化统计框架。欧盟在文化产品的国际贸易中的方法是根据2005年联合国教科文组织《保护和促进文化表现形式多样性公约》建立的。2007年，欧盟统计局出版了《文化统计手册》（*Pocketbook of Cultural Statistics*）。在该手册中，七类产品被确认为欧洲分类中主要的文化贸易产品，即图书、报纸和期刊、激光唱片和数字化视频光盘、艺术作品、收藏品、古董、乐器。该指南吸收了ComExt Nomenclature（2006）中对国家级别的文化产品贸易统计。多数欧盟成员遵循文化统计领导小组定义的原则并且开发了类似的贸易统计分类方法。ComExt分类与《组合法编码》（*Combined Nomenclature*）是一致的，后者是欧盟国家收集文化产品贸易数据最为普遍的分类方法之一。

文化统计分类方法在南美国家是一个新实践，《安德烈斯·贝略公约》提议的方法论为南美国家提供了一个测度文化产品流通的实用工具。根据在文化生产循环图中的位置，这种分类方法区分了三种类型的产品。

（1）典型性产品，指的是文化领域中的典型产品与服务，表明符号性内容的创作、表现、解释、保护和传播（例如CD、电影或图书）。

（2）相关产品，为特色产品与服务的生产充当投入和资本的相互依赖的产品（例如印刷用纸、录像带或麦克风）。

（3）辅助产品，包括营销和经销在家庭最终消费中扮演辅助角色、使家庭消费文化成为可能的产品（例如电视机、音乐播放器或录像机）。

将这种分类方法与三个核心文化产业——唱片、出版和视听组合产生了一种新的矩阵，包含以下九个文化产品类别：

视听产业的典型产品：如电影；

视听产业的辅助产品：如电视、照相机；

期刊出版产业的经典产品：如报纸和期刊；

图书出版行业的典型产品：如图书和其他印刷品；

录制产业的相关产品：如录音设备；

唱片产业的辅助产品：如音乐播放器；

视听产业和唱片产业的典型产品：如激光唱片、盒式磁带；

视听和唱片产业的相关产品：如麦克风、空白录音媒介；

视听和唱片产业的辅助产品：如广播及无线电接收设备和电视机。

很明显，这种方法论继承了欧洲分类方法的"基因"，只是对包括唱片、出版物和视听产业的"核心文化产业"的关注面窄了一些。这两种分类方法的主要区别在于《安德烈斯·贝略公约》版本根据其在文化产品与服务循环图中的功能，将文化产品区分为三种类型。对用于这种分类的编码在《南方共同市场统一编码》中进行了说明，可以与欧洲国家使用的《组合法编码》完全对应。

二 英国创意产业方法论

要鉴别哪些国家最先使用"创意产业"这一术语是很困难的，但是文化、媒体和体育部在1998年和2001年文件中定义的英国创意产业分类方法过去十年间影响了发展文化统计分类方法的大多数国家。英国文化、媒体和体育部首次发布的涉及创意产业的分类包括以下产业：

视频、电影和摄影作品；

音乐及视觉和表演艺术；

建筑设计；

出版物；

电脑游戏、软件、电子出版物；

手工艺品；

广播和电视；

广告；

设计；

时尚用品；

艺术和古董市场。

与以上产业相对应，英国创意产业的官方分类确立了 11 个类别。创意产业的贸易统计数据是通过使用《英国标准产业分类》（UK SIC）来收集的。2004 年，英国文化、媒体和体育部制作了一个被称为 DCMS Evidence Toolkit（DET）的更加全面的框架，并用了 2003 年的《英国标准产业分类》作为这个新框架的参考。这种分类曾被用作评估英国创意产业的经济贡献，统计数字每年在刊物《创意产业经济评估》（CIEE）中进行报告。由于《英国标准产业分类》是一种"活动"的分类，而且创意产品也没有官方编码目录，所以《创意产业经济评估》只是报告"服务"的出口额。

英国创意产业方法论的优势在于，它比欧洲文化产业方法论拥有更广泛的范围。诸如广告、时尚用品和电脑游戏这些被包含在其分类中，而之前没有被确立为是"文化"活动的一部分。对这种分类方法的争议也是来自它的范围，因为当初设立这种分类的目的是测度产业"活动"，而不是专门测度贸易流通的，而且大部分收集的数据不是创意活动的结果。比如，《英国标准产业分类》中，制衣编码被包含在"时尚用品"类别中，但是现行的《英国标准产业分类》结构并不能把这些非创意性活动分开。为了修改这样的争议之处，英国文化、媒体和体育部正进行研究来为创意产业建立一套新的标准产业分类结构，以便能够提供更加精确的数据。

三 联合国教科文组织的《文化统计框架》

联合国教科文组织于 1986 年制定了第一版《文化统计框架》（FCS），

影响了许多为收集文化统计数据而制定政策的国家。在联合国教科文组织1986 年的版本中，9 个类别被确定为文化活动，即文化遗产、印刷和出版、音乐、表演艺术、声音媒体、视听媒体、社会文化活动、体育和游戏、环境和自然。在 1986 年框架中也确定了文化创作过程中的五个步骤，即创作、生产、经销、消费和保存。文化类别代表着"广度"，而生产过程则代表"深度"，并且由此形成了一个数据矩阵，可以供用户从这一矩阵中收集数据。

2009 年联合国教科文组织为文化统计提出了一个颇具雄心的新框架，志在用一种实用方法记录人类所有的文化活动。这项新的框架还试图成为最为通用的国际统计分类系统，以便最大限度地利用当前的调查潜力来测度文化活动。更新的框架也明确了文化循环图中的五个步骤，即创作、生产、传播、展览/传递和消费/参与；文化领域的定义包括六个领域和 12 个子群。

《2009 年联合国教科文组织文化统计框架》测度了文化产品与服务国际贸易。文化产品的这一分类方法采用了 2007 年的《商品名称与编码协调体系》（HS 2007），文化服务分类使用了《国际收支手册》第六版（BPM6）以及《扩大的国际收支服务分类》（EPOBS）。《2009 年联合国教科文组织文化统计框架》指定了《商品名称与编码协调体系》（2007）中的共计 85 个编码为文化产品，并且将之归类在六个文化领域下。此外，《商品名称与编码协调体系》（2007）中的另外 84 个编码被确立为文化产品的设备和辅助材料，与文化产品归入同样的类别中。

六个领域包括这些产品分类：

A. 文化和自然遗产：古董（2 个编码）；

B. 表演和庆典用品：乐器（13 个编码）、录音媒体（6 个编码）；

C. 视觉艺术和手工艺品：绘画（3 个编码）、其他视觉艺术（12 个编码）、手工艺品（7 个编码）、珠宝（8 个编码）及摄影作品（2 个编码）；

D. 图书和出版物：图书（3 个编码）、报纸（2 个编码）、其他印刷品（6 个编码）；

E. 视觉和互动媒体：电影和录像（3 个编码）；

F. 设计和创意服务：建筑和设计（1 个编码）。

联合国世贸组织报告收集的所有用于比较分析的方法论中，《2009 年联合国教科文组织文化统计框架》是唯一一个提供完整服务列表的。根据《国际收支手册》（第六版）和《扩大的国际收支服务分类》规定，《2009 年联合国教科文组织文化统计框架》提议将 9 个类别的服务确立为"文化服务"，需要特别注意的是《扩大的国际收支服务分类》中的新编码，例如 8.4.1 和 8.4.2，这代表着对复制或经销视听产品与服务以及其他艺术产品服务的特许。这些新的编码有可能弥补贸易统计中的文化创意产品的知识产权所缺失的价值。

四 联合国贸发会议

表 1 文化创意产品国际贸易统计方法论比较

领域	子 群[1] / 产品分类	选定的方法论及其文化创意产品的定义[2]						
		1. 欧洲文化产业		2. 南方共同市场	3. 创意产业[3]		4. 联合国教科文组织	5. 联合国贸发会议创意经济
		欧盟统计局	芬兰		英国	意大利		
遗产	Ⅰ. 手工艺品	—[4]	—	—	—	C	C	C
	地毯	—	—	—	—	C	—	C
	庆典用品	—	—	—	—	—	C	C
	纸制品	—	—	—	—	—	—	C
	纺织品	—	—	—	C	C	C	C
艺术	Ⅱ. 表演艺术	C[5]	C	C	C	C	C	C, R[6]
	音乐（CD、磁带）	C	C	C	C	C	C	C
	乐谱		C		C	C	C	—
	乐器	C	C		C	C	C	C, R
	Ⅲ. 视觉艺术	C	C	—	C	C[7]	C, R	C, R
	古董	C	C	—	C			
	绘画	C	C	—	C		C	C, R
	摄影作品	—	C				C, R	C, R
	雕塑	C	C	—	C	—	C	C

续表

领域	子群(1) / 产品分类	选定的方法论及其文化创意产品定义(2)						
		1. 欧洲文化产业		2. 南方共同市场	3. 创意产业(3)		4. 联合国教科文组织	5. 联合国贸发会议创意经济
		欧盟统计局	芬兰		英国	意大利		
媒体	Ⅳ. 出版物	C	C	C	C	C	C, R	C, R
	图书	C	C	C	C	C	C	C
	报纸	C	C	C	C	C	C	C
	其他印刷品	C	C	C	C	C	C	C
	印刷设备	—	—	—	—	—	R	R
	Ⅴ. 视听产品	—	C	C, R	C	C	C, R	C, R
	电影	—	C		C	C	C	C
	视听产品后期制作设备			R	C	C	R	R
	广播设备	—	C	R	C	C	R	R
功能创意	Ⅵ. 设计	—	—	—	C	C	C	C, R
	建筑设计	—	—	—	C	C	C	
	时尚用品	—	—	—	C	C	—	
	室内设计	—	—	—	—	C		C, R
	玻璃工艺品	—	—	—	C	C	C	C
	珠宝	—	C	—	C	C	C	C, R
	玩具	—	—	—	—	C	—	C
	Ⅶ. 新媒体	C	C	R	C	C	C, R	C, R
	录制媒体	C	C	R	C	C	C	C
	视频游戏	—	—	—	C	C	C	C
	电脑设备	—	—	—	C	C	R	R

注：（1）领域和子群的定义是基于联合国贸发会议（UNCTAD）对创意和相关产品的分类，在其他分类方法中，定义可能会不同。

（2）选定的方法论的术语：欧盟统计局：ComExt 分类；芬兰：《组合法编码》（CN）；南方共同市场：《南方共同市场统一编码》（NCM）；英国：《英国标准产业分类》（UK SIC）；意大利：《经济活动分类》（ATECO）；联合国教科文组织：《商品名称与编码协调体系》2007 版（HS 2007）；联合国贸发会议：《商品名称与编码协调体系》2002 版（HS 2002）。

（3）《英国标准产业分类》（UK SIC）和意大利的《经济活动分类》（ATECO）是经济活动的分类，这里列出了这些活动的相应产品与服务。

（4）—：这个部门/产品群在这种方法论中既没有被确定为创意产品也没有被确立为相关产品。

（5）C：这个部门/产品群在这种方法论中被确定为创意产品。

（6）R：这个部门/产品群在这种方法论中被确定为相关产品/辅助设备和材料；只有南方共同市场（MERCOSUR）、联合国教科文组织（UNESCO）和联合国贸发会议（UNCTADI）的分类将这些类别确立为相关产品。

（7）意大利的《经济活动分类》（ATECO）将艺术画廊和艺术品拍卖活动列入“当代艺术”的类别，但是在这一类剧中没有提供任何详细编码。

毫无疑问，与其他研究和统计标准相比，作为文化统计最重要的两个分类，联合国科教文组织和联合国贸发会议的统计方法比其他方法包含了更广泛的产品分类。而这两个机构的宗旨就是提供通用的标准。二者也有区别，在不断加入信息服务新门类和数据的可获得性上，存在着差异。

我国没有专门的统计文化贸易数据资料，统计艺术品国际贸易的数据资料更是少之又少。相关部门对文化产品和服务进出口数据收集渠道、统计口径都有差异。如国家统计局统计报告，商务部进出口贸易统计，新闻出版总署统计图书音像产品进出口数据，国家版权局统计版权贸易情况，外汇管理局相关统计，海关对部分硬件类文化产品进行统计，等等，这些数据各有统计标准。

海关统计标准是以进出口实际贸易为准的统计方法。它采用国际通用的《商品名称及编码协调制度》（简称《协调制度》），已经成为国际贸易管理的重要基础和工具，应用于现行的关税及进出口环节税（消费税和增值税）的征收、原产地管理、检验检疫、军控和环保管理以及我国实施的各类非关税措施。

以艺术品进出口贸易为例，《协调制度》按商品的生产门类、自然属性和功能用途分为21类97章，由6位品目和子目、4个层级构成。其中艺术品主要集中在第97章，其他文化商品分散在其他品类（见表2）。

表2　《协调制度》中艺术品名类

章　目	编　号	商品名称
第97章 艺术品、收藏品及古物	9701	油画、粉画及其他手绘画，但带有手工绘制及手工描饰的制品或品目4906的图纸除外；拼贴画及类似装饰板
	9702	雕版画、印制画、石印画的原本
	9703	各种材料制的雕塑品原件
	9704	使用过或未使用过的邮票、印花税票、邮戳印记、首日封、邮政信笺（印有邮票的纸品）及类似品，但品目4907的货品除外
	9705	具有动物学、植物学、矿物学、解剖学、历史学、考古学、古生物学、人种学或钱币学意义的收集品及珍藏品
	9706	超过100年的古物

　　这种纷繁多样的统计，急需一个统一归口的统计报告来统一标准、统一科目、统一渠道、统一来源。这个问题源于我国计划经济时代长期形成的条块分割的状况，有待于进一步的体制改革和机制创新。但是，我们也应该看到，由于文化产业、创意经济是一个全新的产业形态，加之各国不同的统计制度和统计规范，对外文化贸易的统计在全世界都是一个难题。

文化贸易行业发展报告

中国电影对外贸易的现状、问题与对策[*]

刘　藩　周　婷

对外文化贸易作为最广泛的文化交流途径和特定的商业性交流模式，对国家文化发展具有强大的内驱动力和可持续性。在诸多文化产品中，电影是较易被跨文化受众接受的产品之一，应该也必须在对外文化贸易中发挥重要作用。近年来，尽管中国电影票房快速增长、电影市场呈现急剧膨胀的发展态势，但依旧难掩国产片输出困难的尴尬局面。国产电影国内收入与海外收入差距之大，折射出中国电影国内外市场发展严重不均衡的实际情况。确保国内票房稳步发展，同时又能开拓海外市场，扩大对外贸易量，是中国电影面临的难题。

一　中国电影对外贸易现状与问题

自 2001 年中国加入世界贸易组织以来，中国电影的海外票房从 2003 年的 5 亿元增长到 2010 年的 35.15 亿元，越来越多的影视作品在国际市场崭露头角。然而自 2010 年以来，对外电影贸易逐年递减，发展态势不容乐观。

根据中国电影海外推广公司的数据，2010 年中国电影海外发行的总收入为 35.17 亿元（人民币，下同），销往 61 个国家和地区，共计 205 部次；而 2011 年中国电影海外发行的总收入为 20.24 亿元（其中影片票房收入 10.42 亿元，影片后续产品收入 9.82 亿元），销往 22 个国家和地区，共计

---

* 本报告由刘藩、周婷撰写。刘藩，中国艺术研究院副研究员；周婷，中国人民大学研究生。

163 部次。2011 年中国电影海外收入比 2010 年下降了 42.45%。2012 年，我国电影年产量 700 多部，但全年只有 75 部数量不足总产量的 10% 中国影片销往 80 多个国家和地区，共计 199 部次，其中海外票房仅有 10.63 亿元，不到国内票房的 10%，比 2011 年海外营销的 20.24 亿元大幅度滑坡，减少 47%。2013 年上半年共有 23 部影片销往 19 个国家（地区），共计 88 部次，海外票房 5.41 亿元，约为国内上半年总票房的 5%。

从表 1 可以看出，年度海外票房最高的为《十二生肖》（2.1 亿元），排名第十一的《画皮 2》仅有 1600 多万元。其余没有进入此表的影片的海外收入就更少了。

表 1 2012 年海外票房前十影片一览

单位：万元

排　名	影　片	票　房	是否为合拍片	发行机构
1	《十二生肖》	21000.46	是	华谊兄弟
2	《消失的子弹》	8545.71	是	乐视影业
3	《逆战》	4381.76	是	北京乾坤星光
4	《桃姐》	3417.63	是	保利博纳
5	《我爱 HK 开心外岁》	2799.71	是	银都机构
6	《八星报喜》	2479.95	是	乐视影业
7	《魁拔之十万火急》	2198.00	否	青青树
8	《大魔术师》	2095.32	是	保利博纳
9	《止杀令》	1800.00	是	山东电影制片厂
10	《车手》	1779.03	是	银都机构
11	《画皮 2》	1656.35	是	华谊兄弟

1. 合拍片为我国电影"走出去"主力，合拍比例不断增加

合拍片收入占比继续呈上升趋势，从 2006 年的 58.8% 上升至 2010 年的 99.9%。2010 年达成出口协议的影片共计 47 部，其中 46 部为中外合拍片。

2011 年销往海外的影片共计 52 部（合拍片 50 部），合拍比例高达 96.15%。其中 14 部影片销往美国（合拍片 13 部），销售收入 8.59 亿元，占全年总和的 42.44%。7 部合拍片销往欧洲地区，总收入 1.75 亿元，占全年总和的 8.64%。此外，国产大片的出品公司主要集中在几家较大的公司，其中主要包括中影集团在海外发行 10 部影片（均为合拍片），票房发行总收入为 6.68 亿元，占全年票房发行销售总额的 33.00%；上影集团在海外发行 5 部电影（均为合拍片），票房发行总收入为 2.73 亿元，占全年票房发行销售总额的 13.49%；新画面在海外发行 4 部电影（均为合拍片），票房发行总收入为 2.71 亿元，占全年票房发行销售总额的 13.39%；光线影业在海外发行 4 部电影（均为合拍片），票房发行总收入为 1.23 亿元，占全年票房发行销售总额的 6.08%；银都机构在海外发行 3 部电影（均为合拍片），票房发行总收入为 1.03 亿元，占全年票房发行销售总额的 5.09%；保利博纳在海外发行 4 部电影（均为合拍片），票房发行总收入为 0.90 亿元，占全年票房发行销售总额的 4.45%。

2012 年销往海外的影片共计 75 部，合拍片为 46 部，比重高达 61.33%，销往 80 个国家（地区），共计 199 部次，海外票房销售总收入为 10.63 亿元。华谊兄弟在海外发行 9 部电影（均为合拍片），票房发行总收入为 3.38 亿元，占全年票房发行销售总额的 31.80%；乐视影业在海外发行 3 部电影（均为合拍片），票房发行总收入为 1.13 亿元，占全年票房发行销售总额的 10.63%；中影集团在海外发行 5 部电影（均为合拍片），票房发行总收入为 1.11 亿元，占全年票房发行销售总额的 10.44%；保利博纳在海外发行 4 部电影（均为合拍片），票房发行总收入为 1.04 亿元，占全年票房发行销售总额的 9.78%；银都机构（均为合拍片）在海外发行 4 部电影，票房发行总收入为 8637.46 万元，占全年票房发行销售总额的 8.09%。

2013 年上半年，销往海外影片共 23 部（合拍片为 19 部），销往 19 个国家与地区，海外票房为 5.41 亿元。华谊兄弟在海外发行 4 部影片（均为合拍片），票房发行总收入为 3.23 亿元，占上半年票房发行销售总额的 59.70%，成为海外票房主力。

2. 从影片类型看，传统动作类型片逐渐衰落，其余类型片发展不完善

21 世纪以来，动作类型片一直是对外电影贸易的主打类型。北美市场二十多年来的外语片票房排名中，票房表现突出的中国电影不到 10 部，其中较为著名的有《卧虎藏龙》（2000）、《英雄》（2002）、《十面埋伏》（2005）、《功夫》（2005）、《霍元甲》（2006）、《功夫梦》（2010）、《叶问2》（2010）等。此类动作类型影片收益在对外电影贸易中占有绝对主导作用。

2005年，《功夫》《十面埋伏》《无极》《七剑》4部古装功夫影片的海外票房就高达15.7亿元，占当年全部海外收入的95.4%；而2006年《霍元甲》《夜宴》《墨攻》《无极》《宝贝计划》5部影片的海外收入达到9.6亿元，占全年海外收入的83%；2008年《功夫之王》《赤壁（上）》《投名状》《见龙卸甲》等6部影片的海外销售收入高达16.5亿元，占全年海外收入的65.27%。

近几年国产影片海外收入逐渐降低，首先与这类影片质量降低、数量减少有直接关系。2011年至2013年上半年，尽管名列海外票房榜首的仍然是以动作见长或以动作为主要类型元素的大片，依次为《辛亥革命》《十二生肖》《一代宗师》，但是相对来说，近几年的动作影片、功夫影片票房号召力较之前有所减弱，无法形成具有电影产业意义上的类型集群效应，不能完全肩负起中国电影"走出去"的重任。一方面，根据回报递减定理，这种曾经令西方观众耳目一新的、通过合拍方式"走出去"的古装武侠类型商业大片，由于题材和类型的单一，已逐渐令外国观众餍足。可以说，这一类型已经被过度开发到衰竭的程度，以致其海外票房每况愈下。另外，国内电影产业发展不完善，其余类型影片如爱情片、青春片、警匪片、悬疑片、惊悚片等因为经验不足、品质不佳、缺乏差异性风格、故事创新乏力以及文化折扣等因素，无法走出国内市场，因此也不能填补动作类型片低迷时期的海外票房之空缺，缺乏海外竞争力。

表2　华语电影美国票房排行榜前20位

单位：美元

排　名	电影名称	票　房	发行年份	导　演
1	《功夫梦》	176591618	2010年	Harald wart
2	《卧虎藏龙》	128078872	2000年	李安
3	《英雄》	53710019	2002年	张艺谋
4	《红番区》	32333860	1996年	唐季礼

排　名	电影名称	票　房	发行年份	导　演
5	《霍元甲》	24623719	2006 年	于仁泰
6	《飞龙再生》	22108977	2003 年	陈嘉上
7	《功夫》	17104669	2005 年	周星驰
8	《超级警察》	16270600	1996 年	唐季礼
9	《简单任务》	15318863	1996 年	唐季礼
10	《铁马骝》	14695000	2001 年	袁和平
11	《一个好人》	12716953	1997 年	洪金宝
12	《黑侠》	12504289	1999 年	李仁港
13	《醉拳 2》	11555430	2000 年	刘家良
14	《十面埋伏》	11041228	2004 年	张艺谋
15	《飞鹰计划》	10405394	2000 年	陈勋奇
16	《双龙会》	8359717	1989 年	徐克
17	《饮食男女》	7294000	1994 年	李安
18	《喜宴》	6933000	1993 年	李安
19	《满城尽带黄金甲》	6566773	2006 年	张艺谋
20	《霸王别姬》	5216888	1993 年	陈凯歌

3. 国家战略对国产电影"走出去"支持力度太小，有待进一步提高

在"走出去"环节的激励政策上，对电影业并没有特殊的政策安排，甚至相关政策出台还晚于动画与电视剧行业。例如，国家新闻出版广电总局从 2009 年开始实施《国产影片出口奖励暂行办法》。从当年年底起，首次对符合条件的国产或合作拍摄的出口影片，按照票房收入或合同销售额予以奖励。按照新规定，国家电影主管部门每年对能提供相关证明材料的国产影片给予海外票房 2‰的奖励、对中国合拍影片给予海外票房 1‰的奖励。随后，2010 年，国务院颁布《关于促进电影产业繁荣发展的指导意见》，这一举措大大促进了我国电影业的发展。

就目前情况看，我国政府在对外宣传方面的投入不少，比如花费巨资扶持了中央电视台电影频道在世界很多国家的落地。但由于节目质量和运营问题，海外观众很少看这一频道的节目，政府的扶持效率低下，资源浪费严重。相反，国家对以市场化方式对外输出电影工作的扶持力度依然很

小。这表面上表现在对民营企业扶持不够，实际上是扶持机制不完善，扶持方式有待进一步优化。因此，我们建议，对电影对外贸易中输出电影的国内企业进行出口补贴、奖励，鼓励企业以市场化的方式输出电影，培育企业的海外发行营销能力。

鼓励企业经营创新，探索中国电影的合拍合作、国际发行和对外贸易，是政府应当承担的重要任务。目前在这方面政策缺位、扶持不足，根本原因在于政府没有从战略上给予重视。

二 解决问题的方法与对策

中国电影对外贸易是一个复杂而庞大的课题，既涉及微观的电影创作、制作、发行、营销等环节，又涉及宏观的国家文化政策、外交政策、国家发展战略。它既受遗留的历史积习影响，同时又是一个与国际电影强国博弈的过程。中国对外电影贸易想要在国际市场上站稳脚跟，还需从多方面进行考虑。总的来看，要提升中国电影贸易的水平，必须从影片质量、国家政策以及海外发行渠道等多方面进行切实的改良。

（一） 影片内容

1. 采用本土题材普世化表达，改变表述方式，改良叙事策略

中国电影在"走出去"的过程中必须从内容方面入手，采用"中国题材、国际化表达"的方式打造质量过硬的电影品牌。从影片内容上看，应强调话题、主题的共同性和视角的差异性，将中国主题与世界元素有机结合。同时，应规避企图吸引西方眼球的、电影节导向的东方主义展示，从丰富的传统文化以及社会现实着手，打造具有中国气息的影片。为了避免文化折扣带来的观影隔膜，在表现中国题材的同时加入全球气候变暖、科技发展、城市化等一系列全世界关心的话题也将有利于中国电影的"走出去"。不仅如此，从价值观层面来说，应将通行全世界的价值观注入影片，如在影片中加入爱情永恒、生命至上、平等自由等普世理念，以吸引国际观众。

2. 深化类型片的发展，打造具有国际市场竞争力影片

按照中国对外电影贸易以往经验，动作、功夫类型片因以动作见长，相对其他类型影片具有较少的文化折扣。因此，从电影类型角度来看，仍应以动作大片为主力，扩展"动作＋爱情""动作＋科幻""动作＋喜剧"等杂糅类型，在原有基础上丰富动作类型片样式，打造国产电影品牌。

同时，应深化其他类型影片的发展，按类型规律逐步完善其余影片，探索出既符合类型规律又能展现我国独特文化魅力与元素的影片。从世界各国成熟的类型片发展经验来看，印度的歌舞片、韩国的纯情爱情片、泰国的小清新青春影片、日本的侦探片都独具特色，在国际电影市场上具有一定的票房号召力和感染力。我国电影人可以在借鉴其他国家有的类型片海外市场经验的基础上，结合本土题材，合理综合创新，探索适合对外贸易的新类型。

3. 培养具有国际票房号召力的电影明星与导演，进一步完善与深化造星机制，提升导演水平

国产电影的海外拓宽之路不仅受影片内容的制约，也受阻于缺乏具有国际票房号召力的明星与导演。明星作为电影生产力之重要组成部分，直接关系到观众对影片的认可度，因而对电影市场产生巨大的影响，但国内真正具有国际电影市场票房号召力的明星并不多。20世纪八九十年代出现了以李连杰、成龙、周润发、杨紫琼、巩俐等为代表的具有国际影响力的东方面孔，但现在新的明星接班人青黄不接，难以为继。

以成龙的成功经验为例，从角色上看，成龙所扮演的现代国际刑警、超级特工以及其他"好人"形象，完全与当今世界的主流思想合拍，充当了保护世界安宁、与犯罪做斗争的正义角色，引起了全世界观众强烈的心理共鸣。这些角色往往立体多面，结合了坚韧不拔的严肃精神与幽默滑稽的玩世不恭态度，在不公正的制度面前善于反叛和挑战，在无法躲避的困境中乐观坚强，往往能绝处逢生。除了角色承载的多元普世价值观外，成龙身体力行不断探索电影动作特技，为动作影片制造了一个个超越身体极限的视觉奇观。这些较少文化折扣的视觉元素连同成龙本人对特技的献身精神构筑了成龙的明星形象。在现实生活中，永远在公共场合身着唐装的成龙展示的形象仍然是"龙的子孙"。

时至今日，大多数早年出道的华语电影明星已经或者正在老去，而同时全世界电影观众却在不停地更新换代，有国际市场的明星老龄化在一定程度上削减了华语电影的吸引力。解决这个问题的对策是：第一，我国的青年演员应积极提升自身专业素质，以真正的实力来争取观众认可，俘获海外观众；第二，华语电影造星平台应进一步优化，吸纳和培养更多的青年演员，同时还应建立畅通的"台阶"机制，持续加码扶持新人的成长，为国际化华语明星的培育输送源源不断的"鲜料"。

除了明星外，导演作为吸引观众的"金字招牌"，也必须对其加大发掘和培养的力度。目前，有大片制作经验的成名导演是华语片海外吸金的中坚力量，如张艺谋、李安、陈凯歌、王家卫等知名导演。然而从大陆电影市场来看，不少老一辈电影导演如张艺谋、陈凯歌等的创作观念无法与当下年轻观众消费心理准确对接，也无法适应国际市场的主流需求（比如《金陵十三钗》），因此亟须调整创作和市场定位。而第六代导演又难以逾越自我表达的局限，仅有少数优秀作品能够在国际电影节展上有所斩获，通过卖断版权的方式输出海外。以贾樟柯为例，从《小武》到《天注定》，贾樟柯以影像的方式呈现了当下中国社会的现实经验，在现实中注入了强烈的人文关怀。不同于好莱坞虚构的非现实主义题材，贾樟柯影片中类似于纪录片式的叙事和镜头语言将焦点集中在当代普通人生活的展示上，增加了影片的民族意涵和文化维度，成为世界理解中国的一种特殊方式。不可否认，贾樟柯影片频频在国际重大电影节展上获奖，为中国电影走向世界提供了优秀的范本，但贾樟柯类型的影片基本无法在国际主流院线上形成强大的票房影响力。

在导演方面，华语电影的当务之急是培养、扶持既具有较高艺术品位，又能体现华语电影美学趣味、适应国际电影市场的年轻导演。

（二）市场层面

1. 确立层级市场，以具有文化亲缘性的华语文化国家为突破口，逐渐打开海外市场

具有文化亲缘性的国家在文化贸易输出过程中文化折扣较小，有利于文化产品的传播与接受。如以哈萨克族文化为题材的新疆本土电影《鲜花》，讲述一个饱含浓郁哈萨克族气息的唯美故事，然而由于文化隔阂，影片在除新疆维吾尔自治区外的国内省份反响平平，但却在邻国哈萨克斯坦获得了高度的文化认同。就中国对外文化贸易的文化亲缘性市场而言，国产电影"走出去"的过程中应根据文化亲疏关系，建立海外电影层级市场。因此，新加坡等以汉语为官方语言的国家、世界华文地区以及文化同根性的日、韩等国都应该作为我国的文化亲缘性市场。实际上，东南亚儒家文化圈国家一直就是华语片最大的海外市场，未来仍然会是我们应当重点开发的市场。日本、韩国、东南亚等深受儒家文化浸染的国家，应该作为我国电影"走出去"的"第一站"。有策略地拓展这些文化亲缘性市场，逐步拓展其余文化亲缘性市场，如伊斯兰文化国家市场等，进而辐射到全球市场，是较为合理的选择。

2. 进一步加强对外合作拍片，增加国产影片"走出去"过程中的应对风险能力，优化资源配置，进而实现全球资源整合

合拍片是整合资源、加强国际合作的重要方式，也是国产电影对外贸易的重要方式。目前中国已经与韩国、日本、美国、法国、意大利等多个国家进行了合作拍片项目，其中一部分优质合拍片还取得了票房和口碑的双丰收。在进一步提升合拍片水平方面，一个可选的策略是：深入研究多年来合拍片的成功经验，形成合拍片营销渠道、投资规模、电影类型、目标市场等方面的系统资料库，在合作交流中提升国产影片的制作水平、发行模式，吸收借鉴好莱坞以及其他国家的电影产业经验，增强国产电影的风险应对能力和国际竞争力。

多年来，我国的中外合拍片在发行方式上，采取的都是外方负责全球发行，我方享有大陆地区版权并负责大陆市场的发行。这种发行和合作方式，相当于我方提前买断了合拍片的大陆版权，操作上比较稳妥，但却失去了世界大市场的可观利润。近年来，我国制片企业正在逐步探索和外方全球分账的合拍和合作发行模式。比如在《云图》的合拍中，新原野娱乐传媒有限公司用 500 万美元获得中国内地全媒体发行权，用 500 万美元获得全球 9.3% 的股份，拥有 15 年的全球版权收入。此后，一切发行收入新原野仍然可以分到 9.3%。所有的导演、制片人、演员都是以股东身份分红，新原野先拿 75%，他们拿 25%，等投资收回以后，产生利润的 50% 再分配给其他股东。作为中方的发行公司，新原野拿到了 30% 的最惠发行佣金待遇。可以看出，中国电影企业已经通过更为复杂和科学的分账方式，参与全球化合拍片的分账。未来，这种趋势会更加明显。

3. 树立国际发行营销观念，通过国内影片制作方和国内外发行机构等多方联动，完善中国电影海外营销渠道，推动中国电影的海外发行

完善的电影产业链要求电影具备强大的发行营销体系。国内电影发行渠道和方式方法日益丰富，发行效果日见成效，然而海外发行情况不甚乐观。国内电影制作公司应树立国际发行营销观念，将视野从国内扩展到国际，将企业的产业链拓展到全球市场。瞄准海外市场的发行机构，应配合制作团队在影片制作初期就介入发行，从电影各个环节，包括参展、放映等方面有策略性地包装和宣传影片。针对输入国家文化习惯制定特定的宣传策略和发行模式，努力打入当地的主流商业市场。

从渠道上看，除了商业院线的电影放映外，发行公司还应考虑电视台、互联网等影视传播终端，最大程度地增加电影的放映渠道。除了版权与放映收入外，国产电影还需积极举办和参加海外的华语电影节展，增进外国观众对国产影片的了解。

（三）国家政策

1. 加强政府力量与市场力量的结合，深化体制改革，效仿相关国家政府扶持经验，通过政府力量推动电影"走出去"

由于我国电影产业的体制和机制尚未健全，政府扶持力度亟待提高，尤其是在我国电影"走出去"的初期，国产影片海外发行模式尚未成熟，单纯依靠市场力量无法在国际电影市场的博弈中取得理想的市场份额，因此，在尊重市场规律基础上，政府应借鉴相关国家经验，出台相应政策为国产电影"走出去"保驾护航。

在历史上，不论是发达国家美国、法国，还是与我国毗邻的韩国，在本国电影发展史上都有成功的政府扶持经验。以韩国为例，韩国政府为保护本国电影，在 20 世纪 80 年代进一步深化电影配额制改革，强制规定韩国电影院每年每个厅都必须上映满 146 天的国产电影；全国电视台播放的本土电影也必须达到一定时长比例，在很大程度上抵御了好莱坞影片的文化攻势。电影配额制确保韩国电影维持了 40% 以上的占有率，极大地保护了韩国电影的本土生存空间。另外，电影审查制度的取消、分级制度的确立在很大程度上解放了电影创作受到的意识形态管制，为电影创作提供了巨大的发展空间，促进了影片质量的提高。所有这些举措在 20 世纪 90 年代中后期振兴了韩国电影，并极大地拓展了海外市场。

从第一次世界大战开始，美国便通过各种政治手段和经济手段向全世界推销电影和电视节目、录音唱片以及其他大众文化产品，为好莱坞降低税收，优惠外币兑换率，订购影片，甚至充当海外商业谈判代表。事实上，在罗斯福执政期间，好莱坞电影成为推销美国形象、美国民主，向世界出口美国生活方式的重要载体。20 世纪二三十年代，很多欧洲国家实行了电影配额制度，如法国实行了按 4:1 的比例放映法国电影和美国电影的配额制度，对此美国政府威胁要收回法国的债务，并对所有的法国商品增收关税，美国电影协会则威胁要发起对所有法国电影的抵制行动。经过一番讨价还价，1936 年两国最终达成协议，法国同意减少对电影进口的限制，以换取更大范围的向美国出口商品的关税减免。在美国的税收政策中，电影业一直是被扶持的对象，尤其当电影业遭遇低潮时，美国政府更会推出大幅的税收减免政策，这些减免政策一直维持到 20 世纪 80 年代中期。美国政府不断积极促进国际性知识产权保护条约的缔结，并通过软硬兼施的手段促使其他国家加强对美国知识产品的保护。美国不仅通过国际性协议要求其他国家增加版权保护，还设立了专门的机构来监视其他国家版权保护的执行情况，并发布专门报告。同时，运用外交手段帮助好莱坞消除海外贸易壁垒。为了突破其他国家的关税壁垒、配额制以及其他保护民族电影业的措施，好莱坞电影业一直与美国的贸易与外交部门保持紧密的协作，商业部、美国贸易代表、美国大使馆乃至美国总统都为美国电影进军海外市场提供了很多实质性的帮助。

可见，在国产电影产业力量不足、无法拓展海外市场的实际境遇下，政府应通过强有力的政策扶持，保护国产片发展空间，拓展国产片海外发行空间。尤其是，在国家大力提倡发展我国文化软实力的大背景下，以国家力量从战略层面介入电影的对外贸易和国际发行很有必要。

2. 加强宏观调控布局，充分利用政策杠杆，扶持对外电影贸易，坚持顶层设计与基层突破相结合，建立健全电影国际发行长效机制

电影主管部门应加强宏观调控和顶层设计，培养具有国际视野的相关电影人才与电影机构，加大对国有和民营海外发行公司的资金和政策支持，通过税收优惠、财政补贴等经济杠杆先让一部分部门、企业、人才和机构"走出去"。

电影对外贸易作为文化贸易的一部分，受到国际商贸博弈结果的影响。长期以来，好莱坞电影业一直与美国的贸易和外交部门保持紧密协作。商业部、美国贸易代表、美国大使馆乃至美国总统都为美国电影进军海外市场提供了很多外交帮助。除了利用贸易杠杆为国产电影政府最大化利益，同时从长远看，相关部门应建立海外发行机制、电影出口财税机制、政府宏观布点机制，出台科学、可操作性强的政策，保证中国电影"走出去"的长远发展。在鼓励国产电影"走出去"的同时，相关主管部门应加大优质资源"走进来"的扶持力度，推进中国电影国际制作、传播企业资本构成的多元化。

在具体操作上，还要将顶层设计与基层突破相结合，鼓励民营企业大胆创新商业模式，探索电影国际发行新经验，国家给予合理扶持。尤其是，要鼓励一部分民营企业突破现有制度和束缚，不断优化电影的国际发行营销模式。比如，民营性质的华狮影业专注于华语片北美市场的发行，成立四年多以来，积累了不少经验和教训，但企业经营一直比较艰难。这种有创新精神的华语片海外发行企业，国家应当给予适当的支持。

中国电视剧对外贸易发展报告*

2012～2013 年，我国电视剧行业发展迅速，成就斐然。在市场效应趋好环境下，企业数量不断增长，产量连年上扬，交易量不断扩大，市场前景广阔。但也存在着产能过剩的泡沫化风险。电视剧"走出去"的路还很长。

一　行业概况

电视剧行业在我国是一个具有行政许可的垄断行业。对外，外资涉足影视行业的形式只有联合摄制、协作摄制、委托摄制三种；而对境内资本从事电视剧制作业务已基本放开。从整体看，电视剧行业的政策准入门槛较低，产量丰富，市场需求广阔。

1. 行业企业数量众多

截至 2013 年，持有《广播电视节目制作经营许可证》的机构数量已达 6175 家。《电视剧制作许可证》分为《电视剧制作许可证（甲种）》（俗称"甲证"）和《电视剧制作许可证（乙种）》（俗称"乙证"）两种。"乙证"由具备制作电视剧申请资格的机构按管辖权范围向广电总局或省级广播电视行政部门申请并批准取得，仅限于该证所标明的剧目使用，有效期一般不超过 180 日。目前，国内持有"乙证"的电视剧制作机构连续两年制作完成 6 部以上单本剧或 3 部以上连续剧（3 集以上/

---

*　本报告由金元浦策划、制定框架，金元浦、王瑞津等参与调研、研讨，由王瑞津撰写，由王林生修改，金元浦最后修改审定。王瑞津，中国传媒大学硕士，文化传媒企业管理人员。

部）的，可向广电总局申请并批准取得"甲证"，"甲证"有效期为2年，期内对持证机构制作的所有电视剧均有效，期满持证机构可以申请延期。

表1　2007～2013年持有《电视剧制作许可证（甲种）》的机构数量

单位：个

年　份	2007	2008	2009	2010	2011	2012	2013
机构数	117	117	132	132	129	—	137

一般业内认为，只有取得"甲证"的公司才有可能是致力于行业深耕的专业户，而不是出于"投机""洗钱""捧人""玩票"等目的进场的"游资""混混"和"票友"。由此可见，虽然持有"甲证"数量的机构不断增多，但就总量而言，在电视剧领域真正具备资质和企业心的专业机构并不多，增长也日渐趋缓。

2. 行业产量连年增长

从电视剧制作量看，2012年，中国国产电视剧产量达到创纪录的1.7万集。这一数据较2011年国产电视剧14942集的数量增长了13.77%。事实上，自2003年起，国产剧年产量已过万集，产量大且连续多年稳居全球第一。

从电视剧发行量看，2012年，中国电视剧总发行部数大幅增加，达到612部，同比增加50部；总发行集数达到19659集，同比增加2941集。同期，中国国产电视剧发行部数为506部（占比82.68%），同比增加37部；发行集数17703集，同比增长18.48%。2006～2012年发行的国产电视剧中，每部电视剧平均集数从27.58集增加到34.99集。

3. 交易额与市场前景广阔

近年来，随着中国电视剧行业的相关政策放宽以及各种扶持政策的出台，电视剧产业得到了迅速发展。2006～2010年，中国电视剧交易额从48.5亿元增长到59.2亿元，年复合增长率只有5.11%。

2011年，中国实现电视剧交易总额76亿元，同比增长28.38%。2012年，中国电视剧交易额达到110亿元，同比增长44.74%。其中，电视剧播出版权交易额80亿元，电视剧网络版权交易额30亿元（见表2）。2011～2012年中国电视剧交易额大幅增加，主要原因是售价较高的精品剧数量不断增多以及网络渠道的强势崛起。

表2 中国电视剧交易额

单位：亿元

年　份	2007	2008	2009	2010	2011	2012
交易额	51.4	50.7	54.8	59.2	76	110

但从市场前景看，虽然国内市场巨大，但行业天花板已然初现。新崛起的视频网站和传统的实体音像制品能够提供一定的发行量，但现阶段电视剧发行渠道90%以上靠电视台，而电视台的播出时间与相应的电视剧容纳量相对固定，其中珍贵的黄金档更是有限。同时，接近发达国家水平的电视网络覆盖、寡头式竞争与对外出口乏力，已基本扼杀了行业新增量的可能。

4. 产能过剩，存在泡沫化趋势

从整体看，我国电视剧产量虽高，但由于各种原因，质量参差不齐，存量更是惊人。国家广电总局同期发布的数据显示，中国每年电视剧产量和播出比为5:3，近3年来电视剧审批数目和已播出数目比为10:1，存在严重的产能过剩。

同时，随着国家对宏观经济的调控，能源、房地产领域的收缩以及对文化产业的扶持与鼓励，越来越多的资金涌入电视剧行业。煤老板、房地产老板转身投资电视剧行业的例子屡屡见诸报端。盲目跟风、一哄而上使大量游资涌入，一方面加剧了行业的泡沫，另一方面导致行业的利润不增反降。

总体而言，我国虽然是电视剧大国，但同时存在着巨大的隐忧，可以说是"大而不强"。对内，产业结构亟待调整；对外，加快"走出去"的步伐不失为解决供需失衡的一种选择。

二　对外贸易发展概况[①]

（一）贸易逆差大

电视剧的对外贸易是我国文化"走出去"工程中的重要内容。虽然21

---

① 本部分由金元浦策划、制定框架，金元浦、欧阳神州等参与调研、研讨，由欧阳神州执笔，由金元浦最后修改审定。欧阳神州，中国人民大学硕士，机关工作人员。

世纪以来我国在政策保障层面不断加强，但我国电视剧对外贸易领域"西强我弱"的状况仍未得到明显改善。

无可否认，目前中国已成为全球生产、消费电视剧最多的国家，然而，虽然有如此庞大的产量和市场，我国电视剧进出口情况却常年呈现贸易逆差。

表3　中国电视剧进出口情况

单位：万元

年　份	2011	2010	2009	2008
进口额	34564	21450	26887	24293
出口额	14649	7483.5	3583.6	7524.95

由表3可见，近年来，我国电视剧年对外出口额度徘徊在一亿元左右，2009年受国际金融危机波及，更是暴跌至3000余万元。与此相对的，进口量却稳定维持在二三亿元，达到出口量的2.5倍甚至3倍多，贸易逆差虽然在逐年缩小，但仍相当严重。

横向比较美、日、韩等影视产业发达的国家，中国电视剧的输出量和影响力更是相形见绌。以2008年为例，我国电视剧出口总额约7525万元，这仅与韩剧出口到中国的金额基本持平，而当年韩国电视剧出口总额达1.05亿美元。近几年，国产剧输出有所提升，2011年我国电视剧出口额逾2000万美元，但同年韩国的电视剧出口额高达2.52亿美元。

2012年来，国产电视剧集中涌现出一批精品，在国际上赢得了很高的声誉。但从根本上讲，我国电视剧贸易逆差、出口乏力等重大问题在很长一段时间内将持续存在。

（二）合拍片一冷一热

近年来，为了确保节目的制作质量与文化元素对跨国受众具有吸引力，并在产品的发行环节可以获得外国政府的政策支持，近几年中外合拍电视剧成了拓展海外市场的新方式。比如上海新文化传媒投资集团、上海文广新闻传媒集团与西班牙加泰罗尼亚电视台合作拍摄的《情陷巴塞罗那》，北京华录百纳影视有限公司与日本NHK合作拍摄的《苍穹之昴》，北京中北电视艺术中心有限公司与俄罗斯 RENTV 合作拍摄的《猎人笔记之谜》等作品，都是中国电视机构与非华语区主流传媒机构深度合作的结晶。其中《苍穹之昴》更是在日本取得空前成功，并斩获亚洲彩虹奖。

但是，根据国家广电总局的相关规定，合拍剧不能在黄金档播出，这种"保护政策"无疑在某种程度上削弱了外资进入的积极性。近几年，纯粹意义上的"合拍片"已不多见，海外合作多以剧本引进或导演、演员个体加盟等形式进行。

值得一提的是，自 2008 年 1 月 1 日起，中国台湾、香港与内地合拍的电视剧在符合一定要求的前提下，各项政策受到与内地制作剧集的同等对待，这意味着黄金档将为陆港、陆台合拍剧敞开大门，使其享受与内地剧的"同等待遇"。政策松绑之下，合拍剧持续升温，中国台湾、香港等地区与内地在电视剧领域各个环节的交流与合作都已常态化，资源配置与优势互补值得期待。

（三）行业传统难题有所突破

曾经有人笑言，国产电视剧出口"卖的是白菜价""播的是东南亚""影响是巴掌大"。如今这三大传统问题有了新的突破。

目前，亚太地区占我国电视剧出口比例的 2/3，也就是说，目前我国电视剧出口地区仍在与我们文化背景接近的国家和地区，对于市场更广但文化差异较大的欧美地区所占的市场比例不大。但在 2013 年，中国电视剧海外市场可谓亮点频出：《媳妇的美好时代》红遍非洲，《金太郎的幸福生活》在缅甸热播，《甄嬛传》《还珠格格》亮相美国主流电视台。价格方面，《甄嬛传》更有望打破低价格局，在美国的卖价比国内卫视首轮播出的价格高得多。与热播剧同时涌现的一批具有海外号召力的演员、导演，无疑为后续产品扩大海外影响力奠定了良好基础。

（四）出口主体格局与发行模式有所变化

影视节目出口主体企业有了明显变化。除中国国际电视总公司在出口数量和金额上依然发挥主渠道优势外，北京、上海、江苏、广东、浙江、湖南等地的一些民营影视机构上升优势逐渐显现。2009 年数据显示，湖南快乐阳光互动娱乐公司、浙江华策影视公司在出口总量上分别占 6.1% 和 5.1%。

2010 年上市的华策影视被业内誉为中国"电视剧第一股"，其赢利模式恰恰在于将电视剧制作的中间环节全部交给市场，重点放在剧本与发行两头。其"左手发行优势，右手海外资源"的海外发行模式，开创了一条影视产业"走出去"的新路。

（五）出口题材偏窄，但趋于多元化

由于中华文化的辐射，我国向境外输出的剧种曾经以古装为主，包括武侠剧、历史剧和名著改编剧等，六小龄童版《西游记》是最早出口海外并产生广泛影响的国产剧，随后，《三国演义》《红楼梦》《雍正王朝》《笑傲江湖》《天龙八部》先后在很多国家，尤其是东南亚国家引发收视热潮。

近几年，走出国门的电视剧题材更加多样化，包括了都市剧、家庭伦理剧、话题剧等。《蜗居》《杜拉拉升职记》《裸婚时代》《媳妇的美好时代》等反映中国现代人日常生活的都市剧，不仅使国外的电视观众更加了解现在中国人的日常生活和追求，而且与古装剧版权售出价格的差距逐渐缩小。

（六）新媒体渠道崛起

随着国产剧的影响力日益扩大，国外出现了不少中国电视剧的忠实粉丝，甚至在论坛建立了专门讨论中国电视剧的版块，并由类似国内"字幕组"的志愿者为大家做义务翻译。

但是，由于这些翻译都是义务工作，翻译水平参差不齐，进度更是难以保障，仅靠这样的民间力量不是长久之计。同时，由于版权问题，海外的观众观看中国电视剧往往只能选择"翻墙"，长此以往，将会影响中国电视剧在海外的发展。

三 对外贸易存在的问题

（一）政策层面

政策问题无疑是中国电视剧产业发展瓶颈之一。党的十八届三中全会提出，要使市场在资源配置中起决定性作用，而过去的表述是基础性作用。从"基础"到"决定"二字的改变，意义十分重大。这是我国社会主义市场经济内涵"质"的提升，是思想解放的重大突破，也是深化经济体制改革以及引领其他领域改革的基本方针。就电视剧行业而言，既然承认电视剧市场化、承认电视剧是一种商品，那么与我国经济发展方式需要转变一样，我国电视剧行业的发展同样需要转变，政府管理也要尽量尊重市场经济与产业发展的规律，尽量不要用简单粗暴的"一刀切"等行政手段进行干预。

我国电影除了管得太多外，还有一个问题就是帮扶不够。韩国政府补贴支持韩国电视剧出口，随后利用市场机制取得长线效应的做法值得借鉴。这个问题在本文后面还有详细论述。

（二）产品内容层面

一是技术：出口门槛高，技术不达标。

二是编剧、配乐、服装、道具、化妆、拍摄手法：跟风之作、粗制滥造多，一哄而上的抗战剧、泡沫剧比比皆是，"非主流"造型雷倒众生，韩国观众经常吐槽中国电视剧服饰老土、演员造型不够美。

（三）文化价值层面

要实现跨文化认同，电视剧的题材不是决定性的，类型也不是决定性的，关键是如何表达，如何实现人性的共鸣，就是大家常说的，重要的不是拍什么，而是怎么拍。拍得好了，即使是《甄嬛传》这样的"辫子戏"，依然在全球范围内具备相当的现实感与人性的深度；拍得不好，即便所谓的现实题材，也难免显得轻浮做作、不合时宜。

《人民日报》曾刊文指出，同样是讲述女性成长的宫廷剧，《大长今》比《甄嬛传》的价值观正确。"甄嬛刚刚入宫时还是一个心地善良、简单纯朴的女孩，但在残酷的宫廷环境中，经历了一系列惨痛教训之后，她终于懂得了一个'真理'：在残酷的宫廷斗争中，你必须学会比对手更加阴险毒辣，你的权术和阴谋必须高于对手，才能立于不败之地。也就是说，你必须更坏才能战胜对手。最后，甄嬛终于通过这种比坏的方式成功地加害皇后并取而代之，这就是《甄嬛传》传播和宣扬的价值观。"与之相对，长今虽然同样在宫廷中受到了恶势力的加害，但她"没有通过比坏的方式战胜后者，而是始终坚持自己的道德立场和做人原则"。这样，作品的主题就是"只有坚持正义才能最终战胜邪恶"。

事实上我们知道，无论是长今始终如一的"正能量"，还是甄嬛异化蜕变的"血泪史"，绝大多数观众拥有辨别是非的能力。在这里我们更需要探讨的是电视剧作为一种传播意识形态的特殊商品，在满足观众心理需求之余是否需要倡导更为积极向上的价值观的问题。特别是涉及文化输出的时候，我们的艺术作品还肩负着向海外的观众传递国家价值、塑造国民形象的重大责任，这一问题就更应当严肃对待。

用文艺作品提升国家形象、实现政治诉求的做法其实早有先例，当年日韩关系紧张的时候，韩国就将热门剧《冬季恋歌》引到日本，极大地缓和了民间的对立情绪，促进了两国人民的交流与亲善。

对于《甄嬛传》"比坏"的价值观问题，制片人曹平曾解释说："《甄嬛传》的成功，还是因为我们有批判主义色彩，揭露封建王权对社会和人性的摧残。很多年轻人看完电视剧都说不要回到从前，要珍惜现在的生活。这就是我们拍戏的诉求。"即便如此，电视剧在全球化和本土化两极趋向的全球传播格局中，扮演着文化使者和商业赢利机器的双重角色，以经济波及效益和对国家形象的构建等方式表现出来，从而使政府偏好和经济效率偏好不谋而合。单从国家形象构建而言，相比较《大长今》给人留下的阳光、励志的形象，《甄嬛传》给人的感觉无疑是晦涩而阴暗的。

总而言之，《甄嬛传》无疑是近年来国产电视剧难得的佳作，在很多方面的成功经验都值得国内同行学习效仿。但就对外文化输出而言，在满足受众需求的同时，如何进行有效的、正面的价值观输出，也是值得进一步深思的问题。

四　对策与建议

（一）制度帮扶＋市场化运作

目前我国电视剧营销方式还不够多元化，更多依赖版权交易和少量的植入广告。韩国通过制度帮扶支持韩国电视剧出口，随后利用市场机制取得长线效应的做法值得借鉴。

1997 年亚洲金融危机使韩国经济遭受重创，为了尽快摆脱经济危机，韩国政府根据市场的发展变化，迅速调整国内产业结构，开始向文化产业进军。1998 年韩国政府正式提出"文化立国"发展战略，将文化产业作为 21 世纪发展国家经济的战略性支柱产业。1999 ~ 2001 年韩国政府先后制定《文化产业发展五年计划》《文化产业前景》和《文化产业发展推进计划》等一系列战略政策，明确了文化产业发展战略和中长期发展计划，并相应推出一系列重大举措，推动文化产业发展。

就电视剧领域而言，韩国政府采取了强力干预与扶持政策，具体措施包括：通过立法对国内电视台播出进口剧目进行限制（主要针对日本电视剧）；对出口电视剧实行补贴政策；设立产业振兴基金，通过政府出资、融资、社会团体捐助等多种渠道筹集基金，形成官民共同合作的投融资运作方式等。就这样，通过立法保障、政策引导、资源协助三种管理方式，2003 年，韩剧出口额已经达到 3698 万美元，成为韩国最大的输出品。而据一些分析人士指出，如果加上一些合拍剧、盗版等因素影响，韩剧的实际出口额现在已达数亿美元。其出口市场以中国、日本、新加坡等亚洲国家为主，一些经典剧目甚至还出口到俄罗斯、埃及和阿拉伯半岛等地。

同时，韩剧中常重复出现饮食、旅游、时尚、服装、科技等类型的植入广告，比如《大长今》掀起了全球范围内的韩国美食风；《想你》女主角尹恩惠的发型、衣饰乃至唇膏颜色都成了潮流女生的效仿对象，韩剧中反复出现的咖啡屋和汗蒸房成了韩剧迷必去的旅游胜地；甚至《冬季恋歌》中裴勇俊标志性的眼镜和短发，都成了当时亚洲女性的择偶标准。这些"韩流"现象的背后，离不开政府发展服务业、旅游业、时尚业产业链的一整套"组合拳"。

这种跨产业链的整合方式，我国近年来也多有尝试，比如电视剧《男人帮》，除了常见的广告植入、版权收入外，还增加了后续产品开发环节。赞助商围绕着剧情和主演孙红雷的微博做了不少营销活动。但是在我国这只是小范围内的赢利模式尝试，缺乏宏观环境的对接与整体性战略把控。

总之，若能通过恰当的制度帮扶和充分的市场化运作，使政府偏好和经济效率偏好不谋而合，使两者以一种互动的方式向前发展，最终完全可以开创共赢甚至事半功倍的局面。

（二）中国电视剧"走出去"路线图

1. 市场划分

严格按照地域或既有市场格局进行划分都是不科学的，按照文化要素可划分为五级市场。

（1）优势市场：中国香港、中国澳门、中国台湾、新加坡、马来西亚等华语国家和地区。

划分依据：同文同种，不需要翻译；历史沿革、社会习俗、伦理结构比较类似，容易取得理解并唤起共鸣；大中华资源整合优势。

1999年港台用《还珠格格》挽救收视率，从此陆续引进内地电视剧如《大宅门》《人间四月天》《康熙王朝》等；翡翠台也先后引进《康熙微服私访记》《宰相刘罗锅》《雍正王朝》等。内地剧近年越来越抢眼，《步步惊心》在香港播出时被编排到夜间十点半，但收视率丝毫不受影响。曾有香港业内从业者评价道："香港地方小、人又少，各方面非常安定，电视剧能做的大题材、时代背景的东西基本上没有，只有生活上的小品，题材选择上内地电视剧宽很多。内地电视剧的场景也丰富很多。"在台湾，从两岸合拍琼瑶剧开始，台湾观众已经开始注意大陆的演员和制作。近些年，台湾本土由于制作成本受挤压，只能拍小制作的青春偶像剧。而大陆的《康熙王朝》《雍正王朝》《少年天子》等电视剧开始凭借大时代、大场面、大演员"征服"了台湾观众。最极致的是《甄嬛传》，这部戏2013年4月在台湾开播，此后就不断被重播，和大陆一样，"一开电视就是甄嬛"，现在已经快一年了，热度依旧。

（2）相似市场：东亚、东南亚等地区的国家。

划分依据：文化背景相似，受儒家文化影响，承接港剧影响力。

近日，中国国际广播电台与缅甸国家广播电视台就电视剧的缅甸语版译制、推广及播出事宜达成协议。《金太郎的幸福生活》是缅甸首部缅甸语配音的外国电视剧。《辣妈正传》也将陆续在中国香港、中国台湾、韩国、新加坡、越南、柬埔寨等多个国家和地区首播，展现中国新一代"辣妈"的风采。

（3）高地市场：欧美。

划分依据：本土行业水平高，竞争激烈，并在全球具有主流话语权，存在一定的文化隔膜。

（4）新兴市场：巴西、印度、俄罗斯、伊斯兰国家等。

划分依据：人口多，经济发展迅速，文化背景各异，市场潜力巨大。

（5）待开发市场：非洲等。

划分依据：文化种族差异较大，但由于本土制作尚不成熟，大局上政治关系稳定，所以并非全无机会。

上海广播电视台下属五岸传播有限公司总经理何小兰告诉记者，2013年末，在原国家广电总局牵头下，中国国际电视总公司等联合到南非参加当地电视节，仅五岸传播有限公司一家收到的非洲各国"看剧意向"就有近20项。中国都市情感剧格外受宠，一些坦桑尼亚观众曾告诉中国记者，看《媳妇的美好时代》不存在理解障碍，因为中国家庭的情感纠葛、婆媳关系等与非洲家庭故事有相似之处。由此可见，非洲市场存在极大的潜力。

2. "走出去"路线图

巩固优势市场，主攻相似市场，洞察欧美市场，培育新兴市场，不忽视待开发市场。

对于优势市场，要发挥资本、制作等独到优势，同时兼收并蓄，注意吸收各地精华为己所用，构建一个影响力辐射整个华文世界的"大中华文化圈"。比如电视剧《倚天屠龙记》就集合了新加坡知名演员郭妃丽、陈秀丽，台湾知名演员苏有朋、贾静雯，内地实力派演员张国立、张铁林、王刚、高圆圆，以及香港知名导演赖水清等在亚洲范围内都极具号召力的明星大腕，为后续的出口打下了坚实的群众基础。

对于相似市场，要通过政府介入、国际合作等方式打破贸易壁垒，利用地缘优势，召开推广会，同时运用市场化的宣传发行手段，推高人气，实现突破。

对欧美市场，要学习其成熟经验。先投放地面频道投石问路，然后逐步让真正适合欧美观众口味的国产好剧落地。

新兴市场值得重视，但我国与俄罗斯、印度以及伊斯兰国家文化差异较大，更多需要提高产品的多元化属性，以适应不同的文化需求。

待开发市场的经济回报或许有限，但隐性收益和长久效益值得期待。最大的障碍就是语言问题，建议培养专门的翻译人才，力求将中国电视剧原汁原味地传达给非洲观众。

需要注意的是，按照文化要素分为五级市场格局之后，每一级市场内部依然需要细分。因为地区不同，外国人的收视习惯、对于中国电视剧的喜好也不一样。

欧美主流电视台引进中国电视剧的数量微乎其微，但欧美观众特别喜欢在网络上观看中国武侠剧和琼瑶剧。《步步惊心》《还珠格格》《甄嬛传》《仙剑奇侠传》《倾世皇妃》《天外飞仙》等以及金庸武侠剧的人气都很高。除了古装剧外，琼瑶剧也有不少忠实的欧美粉丝，即使没有配音、没有字幕，许多观众也会被琼瑶剧里缠绵悱恻的感情感动得泪流满面。

所以，国产剧若想成功逆袭欧美，网络是一个不错的窗口，可以有组织地翻译一些优秀的国产剧目放到论坛上，待引起较大反响后，进入主流电视台就不是梦。

日本和韩国偏爱武侠剧和历史剧。日本对中国电视剧的一大引进方向是深具中国特色的武侠剧。尤其是金庸同名小说改编的作品更是广受欢迎。日本引进中国电视剧的另一大方向是历史剧，《三国演义》《水浒传》《大明王朝》《孙子兵法》等都拥有稳定的观众。《还珠格格》《情深深雨濛濛》《包青天》《步步惊心》《宫》等在韩国也有大批的粉丝。这一部分作品，中国电视剧目的优势显而易见，但"酒香也怕巷子深"，最重要的是需要成熟、公平的市场机制和专业的海外发行团队。

东南亚则对偶像剧和武侠剧毫无抵抗力。由于早期的港台优秀剧目《上海滩》《我和僵尸有个约会》《包青天》在当地已拥有良好的观众基础，再加上后来的《宰相刘罗锅》《孝庄秘史》《天外飞仙》《倚天屠龙记》《三国演义》等，中国电视剧在东南亚的影响力与日俱增。

广告业对外文化贸易年度报告

高　超*

2012 年，我国服务进出口规模再创历史新高。进出口总额首次超过 4700 亿美元，跃居世界第三。广告服务贸易既是现代服务贸易的重要内容，也是文化贸易的主要组成部分，在服务生产、引导消费、推动经济增长和社会文化发展等方面发挥着重要作用。近年来，服务贸易的国际发展趋势表明，传统服务贸易在服务贸易中的重要性逐步减弱，而以广告等为代表的新兴服务贸易出口亮点纷呈；服务进口由降转增，贸易顺差持续稳步扩大，在国际服务贸易中的重要性日益增强。截至 2012 年底，广告业市场总体规模已跃居世界第二位。中国广告经营额占国内生产总值的比重达 0.9%，比 2011 年上升了 0.24%。2012 年经济发展相对缓慢，对广告市场造成一定的冲击，广告市场增幅明显放缓，成为这一年广告公司经营中遇到的主要挑战。本文分析了中国广告业发展现状、广告业贸易概况以及我国广告业贸易发展特点，并从广告公司、广告产业、广告产业集聚、广告政策的角度阐述了中国广告业对外文化贸易发展的症结，从政府、产业、公司和人才层面给出对策建议，以期促进广告产业"走出去"。

一　中国广告业发展现状

广告业与一个国家经济发展紧密相关，对于经济发展具有一定的拉动作用，反过来又附着于其他行业的发展。2012 年国内外经济增长放缓抑制了广告业的发展，权威研究机构 CTR 最新发布的《2012 年上半年中国广

---

*　高超，中国传媒大学博士研究生。

告市场回顾》显示，2012年上半年，传统媒体的广告刊例花费同比仅增长3.9%，增幅为近五年来最低。但首批国家级广告创意产业示范园区的初建、广告公司在业务上的拓展与产业链的延长都为下半年广告业的强力反弹贡献了力量。就整年来看，国家级广告创意产业示范园区的发展与新媒体技术的变革引领了2012年中国广告业的总体走向。以下将从宏观和微观两大视角来考察2012年广告业的发展，微观视角又对广告业的三大主体——广告主、广告公司、广告媒介分别进行探讨。

（一）宏观政策环境

2012年广告市场增幅收缩的同时，政府正在逐步推进对广告产业的扶持措施，实施了一系列支持广告产业发展的政策，如《国家"十二五"时期文化改革发展规划纲要》和国家工商总局印发的《广告产业发展"十二五"规划》（以下简称《规划》）。该《规划》是"十二五"期间国家服务业发展规划体系的重要组成部分，也是我国首个纳入国民经济与社会发展规划体系的广告业中长期发展规划。

国家建立广告产业园是大力支持广告业的重要措施，广告产业园作为国家财政专项拨款扶持的一种"创新型聚集式"的产业发展模式，是近年来中国广告业关注与讨论的热点。广告创意产业园区的发展既是发展文化产业的需要，也是广告业转型升级发展的需要。全国已有20个广告产业园区挂牌开展工作。多年来中国广告产业集中度低，高度分散且弱小，效率和利润都较低。要改变这种状况，就需要对广告产业实行集聚式发展。总局于2012年3月印发了《国家广告产业园区认定和管理暂行办法》，对国家级广告产业园区的认定和管理进行了初步规范。

（二）广告业主体的发展

1. 广告主

第一，广告主信心低迷，营销预算减少，预算方式也有所变化。

2012年中国经济增速回落，经济危机带来的余震还在持续，上半年GDP同比增长7.8%，其中二季度增长7.6%，创三年来新低。广告是一个地区或国家的经济晴雨表，经济的不景气也导致2012年中国广告市场整体表现低迷。CTR 媒介智讯的调查显示，2012 年，国内广告主广告投放信心低迷，2013 年仍将延续。虽然调查数据表明广告主对国民经济发展抱有信心，但对行业和本企业的信心明显下滑。受到信心低迷的影响，广告主在2012 年的营销预算有所减少（见图 1），预计 2013 年也仍将以谨慎观望为态势。调查中，增加费用、减少费用、费用不变的广告主分别为 50%、15%、35%，各项比例与 2012 年基本持平。在预算分配和使用方式上也有变化。直接向媒体购买广告的企业比例增加，在本次调查中占了四成。这对广告代理公司而言，是一个危险信号，广告主的自主购买能力可能会越来越强。广告主对终端卖场及活动推广费用的增加意愿比较强，在"三网

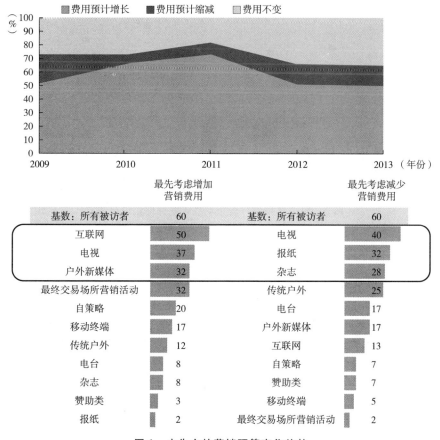

图 1　广告主的营销预算变化趋势

说明：其中，N 为设定的基数，且 N = 60。

资料来源：CTR 媒介智讯 2013 年广告主营销趋势报告。

融合"、多屏互动的趋势下，广告主开始将目标转移和分散，平面媒体面临被削减的危险（见图1）。

第二，新晋网络广告主增多。

2012年中国互联网广告市场规模进一步扩大，但较2011年涨势有所放缓，呈现平稳增长。艾瑞最新数据显示：2012年全年新晋网络广告主达8585个，累计投放费用约16.6亿元。2012年3月和8月出现广告主新增高峰，其中，8月新晋广告主投放累计达19585天次。从投放规模看，新晋广告主月度贡献额占整体投放费用平均为1.5%。

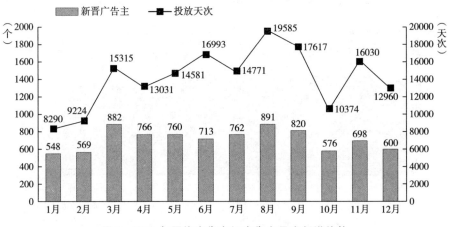

图2 2012年网络广告市场广告主月度新增趋势

资料来源：AdTracker 2012年1～12月基于对中国300多家网络媒体品牌图形广告投放的日监测数据统计，不含文字镜及部分定向类广告。

第三，房地产类广告主数量位居第一。

市场从细分行业来看，新晋广告主中，房地产类广告主数量位居第一，显著高于整体市场份额，约占2012年全部新晋广告主的22.4%，主要集中于楼盘宣传。而且，房地产广告主2012年积极投身互联网营销。

零售及服务类广告主新增量同样较大，行业分布比例较市场整体情况提升5个百分点，其中，商业零售服务、广告公司和照相馆/冲印服务类广告主纷纷加入互联网营销行列（见图3）。

2. 广告公司

截至2012年底，全国广告经营单位达37.78万户，广告从业人员

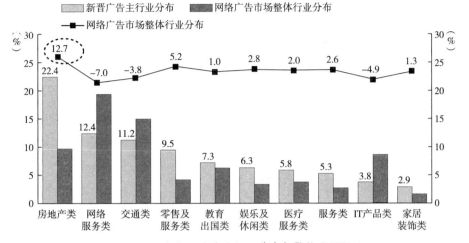

图 3　2012 年新晋广告主行业分布与整体市场对比

说明：占比情况按选择频数而非投放预估费用。

资料来源：AdTracker 2012 年 1～12 月基于对中国 300 多家网络媒体品牌图形广告投放的日监测数据统计，不含文字链及部分定向类广告。

217.78 万人，分别同比增长 27.41%、30.14%。广告市场活力不足，广告公司经营状况明显下滑。2012 年与 2011 年相比，上半年营业额增长的被访广告公司同比下降 13.3 个百分点，约 52.9%，略高于 2009 年的 48.5%；营业额下降的被访广告公司同比上涨 10.8 个百分点。2012 年上半年税后纯利润增长的被访广告公司占 47.7%，与 2011 年同期相比下降 12.3 个百分点。被访广告公司税后纯利润下降的比例为 24.2%，高于 2011 年 10.6 个百分点。

2012 年广告公司继续进入整合期，发展呈如下特点。第一，广告公司的产业规模不断扩大。受资本和技术的刺激，广告服务业的产业链条逐渐拉长，传统的广告代理公司开始介入产品及服务生产的上游等产业链，全方位渗透。媒介广告资源代理及销售业务一直以来都是本土广告公司的经营强项，然而伴随广告主媒体广告投放由硬广告向整合传播转移，加之媒体节目创新和广告创新热潮的推动，广告公司业务也开始由简单的广告资源代理向植入营销、媒体资源整合营销方向转型，基于广告主需求，将媒体资源进行整合。第二，广告公司经营模式由单一经营逐步转向多元化经营。一般来讲，广告公司主要可以通过以下途径实现多元化经营：①内部发展，指从广告公司内部发展新的业务，进入新的产业。近几年来，广告公司大量进入新媒体营销领域。广告主在新媒体领域广告预算的增长，促使越来越多的广告公司业务由广告代理向提供数字技术与网络技术服务、内容营销、增值服务转化，这也带动了广告公司业务的多元化。广告公司越发关注数字营销传播的本质在于对数字媒体的策划和数字技术的支持，如分析广告效果以及获取消费者数据的技术与能力。②外部并购或联合。众多广告公司，尤其是综合型广告传媒集团以并购或拓展业务方式，快速介入数字营销，整合数字营销资源，不断拓展营销模式，如数字营销、内容营销。联合是指两个或两个以上的媒介，打破地区、部门和所有制界限建立一种媒介联合体。多元化可以保证媒体企业集团在激烈的市场竞争中既保持其市场份额，又能获得市场生存，克服在市场不景气时的危机。

3. **广告媒介**

第一，电视依旧是广告投放的主导力量，但广告份额逐年下滑。

2012 年电视仍是国内第一大广告投放媒介。电视广告受众范围广、传播效果强、灵活度高等特点使其拥有庞大的观众群，其规模仍占据广告市场的最大份额。不过近三年来其媒介份额有逐年下滑的趋势。软硬件设备的不断优化，IPTV 用户量的稳步增长，促进了电视搜索和电视媒体定向广告的发展。借由网络电视可以实现更为精准的定向广告投放。据央视市场研究（CTR）报告，2012 年上半年传统媒体的广告刊例花费同比增长 3.9%，低于 2008~2011 年的同期水平。

第二，互联网广告持续快速增长。

互联网的持续增长继续引领媒介广告市场的增长。根据引力传媒报告，2012 年上半年，中国互联网广告保持了 25.7% 的稳定增长。艾瑞咨询最新数据显示，2012 年第三季度网络广告规模为 213.7 亿元，同比增长 43.8%，环比增长 15.9%。前三季度累计中国互联网广告市场规模为 539.1 亿元，2012 年全年中国互联网广告市场规模预计突破 750 亿元。在网络广告市场份额中视频广告增幅最大，已成为网络广告市场增长的主力。艾瑞咨询数据显示，2010Q1 视频媒体市场份额为 4.8%，2011Q1 份额为 7.4%，2012Q1 份额为 8.5%，而 2012 年视频贴片广告份额已经提升至 9.4%，份额快速提升。尤其是网络视频行业中的热门剧集和电视节目点击率较高。

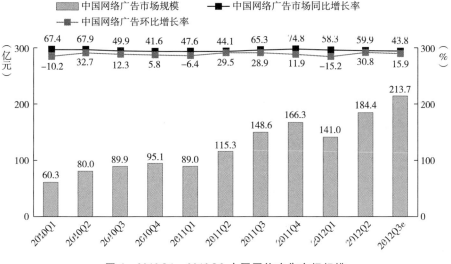

图 4　2010Q1～2012Q3 中国网络广告市场规模

电商平台在网络广告中的份额不断提升。以淘宝（含淘宝网和天猫）、京东商城为代表的电商企业，不仅为企业提供了销售平台，也提升了企业的营销空间，电商行业的发展打破了传统市场营销和商品销售的局限。新的营销形式不断诞生，如淘宝 TANX 平台、淘宝联盟等。这些都将进一步推动网络广告的发展。

2012 年，中国的移动互联网市场正在进入一个高增长期，移动应用广告平台目前发展最快，市场规模增长到 12.6 亿元，预计 2013 年及未来几年还会保持高增长率。移动营销中 APP 应用营销是目前移动网民最主要的使用媒介，引起了广告主的极大关注，市场规模增长很快。

2012 年，社会化营销的大趋势仍在继续。社会化营销中的微博、微信营销等已然颠覆了大众传播的方式，并成为企业营销新方向。伴随着大数据时代的到来，数据库营销引发了营销变革。

第三，户外广告增长势头将变缓，移动互联网将迎来进一步发展。

2012 年，户外广告花费实现了 17.5% 的增长。不过，这股势头将从 2013 年开始放缓，群邑预测 2013 年和 2014 年户外广告花费的增幅分别为 9.7% 和 9.3%。与此相对的是，截至 2012 年底，手机网民规模达到 4.2 亿，在网民总体中的占比升至 74.5%；手机用户中的 3G 用户较 2011 年增长了 81.3%。移动广告将在广告营销中扮演越来越重要的角色。

二 广告业贸易概况

全球广告产业正在经历重大战略转型，即整合营销传播转型和数字营销转型，技术驱动的大数据时代推动了精准营销大趋势。这也对广告园区和广告公司提出了新的要求，即如何服务广告产业的转型升级和如何应对这种转变。

（一）全球广告业发展形势

第一，全球广告业并购热度不减。

广告业界的合并、收购屡见不鲜，早已成为全球广告业发展的常态。纵观国际上各大广告集团的发展史，基本上都是一部合并收购史。2012年和2013年国际上广告公司的并购也风起云涌。这其中包括传统媒体间的强强联合、传统媒体收购新媒体与新媒体的反击。2012年6月，WPP集团收购业界最著名的独立数字营销公司AKQA。同年9月，日本电通以50亿美元收购英国安吉斯媒体集团，此举标志着拥有百年历史的传统广告公司向数字广告公司的重大转型。新媒体也在收购，2013年3月，Facebook收购了微软的一个广告技术平台，用于更好地评估网站的广告效果。

2013年，国际广告业的一个重大事件是诞生了广告界的"巨无霸"。美国宏盟集团与法国最大广告公司阳狮集团合并。合并之前，宏盟和阳狮分别是世界排名第二、第三的广告集团，合并后的新公司将超过WPP集团，成为全球最大广告传播集团。有分析称，合并后的新公司将控制美国40%的电视广告市场份额。

第二，以新媒体为依托的广告公司加速分割全球广告市场，不断吞噬广告巨头的利润。

新技术对广告营销产生了巨大而又深远的影响，技术革命使得消费者的生活以及广告信息传播形态都发生了改变。品牌与科技创新的理念相结合是这个时代的趋势。以新媒体为依托的广告公司不断涌现，它们虽然历史短，但以技术为优势，迅速抢占市场，挑战传统广告公司地位，并试图绕开充当媒介代理的广告公司，直接从广告主手里取得预算。以Facebook

为例，公司已经在多个国家设立了广告销售团队，它的定向广告模式和社区广告模式（Social Ads）吸引了大量全球知名品牌。Facebook 十分重视技术的应用，定向广告是基于美国 Double Click 公司提供的 DART 这一技术平台设计而成的。互联网公司如谷歌在 2012 年前半年的广告收入已经超过了 100 亿美元。新媒体已成为广告主日益青睐的投放平台，成为广告公司的合作伙伴。全球社交网络广告收入持续增长，艾瑞咨询整理 eMarketer 2011 年 9 月的数据发现，全球社交网络广告收入飞速增长，每年保持 20% 以上的增长率。2009 年收入仅为 23.8 亿美元，2011 年已冲破 50 亿美元大关，预计到 2013 年，全球社交网络广告收入将近 100 亿美元。

第三，中国和印度等新兴市场将带动全球广告业增长。

环球网报道，全球第三大广告传播集团法国阳狮集团（Publicis Groupe）称，中国和印度等新兴市场带动 2012 年全球广告市场达到 4640 亿美元。阳狮集团下属的实力传播集团（Zenith Optimedia）发表报告称，未来三年，中国、印度、俄罗斯和巴西将占据全球广告业支出增幅的 33%。

对于全球广告主而言，中国市场具有重要的战略意义。中国文化力量正在崛起，并越来越受到重视。为了降低欧美经济衰退对其的不利影响，大多数广告巨头早已通过并购或联盟的方式投资中国市场达数年之久。例如法国阳狮集团和美国 IPG 广告公司都想从中国的快速发展中分一杯羹，正计划在中国建立从事数字广告的业务部门。

（二）国内广告业贸易发展概况

随着世界经济全球化进程的加快和中国经济的不断发展，中国广告产业在迎来前所未有发展机遇的同时面临来自跨国广告公司新一轮强势扩张的冲击。中国允许外资广告公司进驻标志着中国广告市场全球化时代拉开序幕，截至 2012 年，中国已变成全球第二大广告市场，中国的广告业不断发展，在全球扮演越来越重要的角色。广告作为高附加值服务贸易中的重要组成部分，出口快速增长，比 2011 年增长 18.2%。从进口的情况看，2002～2006 年的进口额分别达到 3.94 亿美元、4.58 亿美元、6.98 亿美元、7.15 亿美元、9.55 亿美元；2003～2006 年的年增长率分别为

16.08%、52.51%、2.42%、33.52%。2002～2006 年的出口额分别达到
3.73 亿美元、4.86 亿美元、8.49 亿美元、10.76 亿美元、14.45 亿美元，
2003～2006 年的年增长率分别为 30.42%、74.52%、26.76%、34.33%
（见图 5）。从总差额情况看，近年来我国广告、宣传服务的国际服务贸易
由逆差迅速转变成为顺差，说明我国的广告、宣传服务的国际竞争力显著
增强，2002～2006 年的进出口差额分别为 -0.22 亿美元、0.28 亿美元、
1.50 亿美元、3.61 亿美元、4.90 亿美元，2003～2006 年的年增长率分别
227%、436%、139.88%、35.93%。

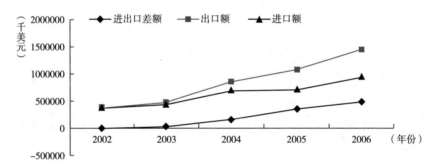

图5　2002～2006 年我国广告、宣传服务业进出口概况

资料来源：中华人民共和国国家外汇管理局网站。

三　我国广告业贸易发展特点

1. 跨国广告公司挤压本土广告公司

全球最大的广告巨头都希望在中国占据一席之地，它们带来了雄厚的
资金、先进的企业管理制度和成熟完备的商业模式与文化理念，挤压相对
弱小的本土广告公司，抢占我国广告市场的主导权，使得本土广告公司面
临严峻的挑战。如阳狮锐奇将其数字广告商业模式用到中国在线搜索、展
示和视频广告上。中国已成为全球最重要的媒体市场之一，网民数量位居
全球第一，全球广告集团纷纷抢占中国网络广告市场，并购中国数字广告
公司。当然，这些广告巨头也面临不少挑战，例如如何处理与中国政府的
关系、如何与本土公司整合、如何与中国互联网企业打交道等。

2. 广告创意中国元素的全球化

2012 年国际广告节上出现更多中国元素，中国广告的影响力不断提升。随着中国经济持续发展，中国的市场空间逐年增长，中国广告与创意在国际上的影响力越来越强。中国在戛纳广告节屡获大奖，可以用广告形态向世人传播中国文化、中国式营销模式和理念。2013 年，戛纳国际创意节将再次迎来吉祥的"中国狮"。由中国广告协会主办的戛纳·魅力中国周活动是中国广告协会与戛纳创意节合作多年来组织的规模最大、规格最高的交流展示活动，以"国家日"命名的中国日主题论坛在戛纳创意节历史上尚属首次。中国由过去简单参与到现在成为广告节的主角，运用影像向世界展示了中国的创意。除了戛纳国际广告节外，中国在纽约广告节、伦敦国际电影节上均有不俗表现。2013 年釜山广告节举办了首届中国专题活动，中国元素、中国创意正在被全球关注。很多国际品牌在积极利用中国文化的一些元素进行广告创意，赢得了很多消费者的喜爱。随着中国影响力的扩大，中国创意和中国元素将有机会走向世界，但是中国文化中有很多内涵并没有被广告传播界深度挖掘，融入中国本土文化的创意元素未来也将是一个新的趋势。

四 中国广告对外贸易存在的主要问题

中国广告市场无可置疑地成为全球广告市场不可分割的重要组成部分。广告服务具有经济和文化双重属性，是商业营销和传播文化的重要手段。中国广告业除了商业功能外还肩负着向世界传播中华文化、提升国家形象、实现中国梦的重大使命。然而中国广告仍与世界同行存在较大差距，其对外贸易举步维艰，制约因素主要表现在以下几方面。

1. 广告制作、运营与拓展海外市场能力有待提升

首先，广告制作的软、硬实力都不够强。中国是制造业和出口大国，但中国品牌在国际市场的地位却与此极不相称，我国没有世界性的品牌。广告营销是从"中国制造"到"中国创造"转变，是打造"中国品牌"的先锋和重要工具。广告是知识密集、技术密集型产业，是智慧的行业、创意的行业。如果说广告制作所需的技术设备和材料是硬实力，那创意就

是软实力。与欧美相比，我国广告制作的硬件相对滞后，电脑绘画、电脑刻字、三维动画技术、大型灯箱的制作技术、拍摄技术、光绘图等技术大多落后于欧美发达国家水平。技术支持和创意不足是国内许多广告代理公司不得不寻找海外广告制作商或者跨国广告公司的重要原因。创意是广告的灵魂，是广告制作的"软实力"。然而中国广告产业的整体创意水平不高，与国际广告创意水平差距较大，广告表现形式存在严重的模式化，创意的开发精神匮乏。除了商业广告外，广告还应具有的诸如宣传公益和社会公共事业、传播文化的功能还没有被重视起来。在美国，广告还充当公民参与政治生活的渠道，对美国政治有巨大而深远的影响。在中国，虽然重视公益广告的制作与传播作用，但广告还做不到传播公共议题和政策方针的政治作用。

其次，广告公司运营能力不强，在海外的本土化进程困难重重。中国的广告产业转型仍面临困境，其中本土广告公司的核心竞争力有待提升。中国的广告公司对目标市场状况缺乏及时、准确的信息。对海外的调研与营销能力不强，对本土的文化、政策、法律不够了解。本土广告企业海外经营需要做细致和扎实的市场调查研究工作。我国文化企业拓展海外市场时往往缺乏系统的考察研究，缺乏有针对性的、正确的系统分析评估，导致企业海外经营被动，制约了企业"走出去"步伐。

2. 广告产业市场集中度低

中国广告产业存在的核心问题是市场集中度的问题。无论从统计数据还是实践经验都可看出中国广告产业长期以来面临着公司数量多、规模小、竞争力弱的问题，缺乏规模效应，零散化运作，使其在与广告主和媒体的博弈中以及与跨国广告公司的博弈中处于相对弱势地位。广告产业园建设是实施广告战略的一项重要内容。建设广告产业园是国家实施大力支持广告业的一个重要措施，但广告产业园整体处于摸索发展阶段，在发展初期难免出现各种问题。有些地方广告产业园建设盲目跟风，不考虑当地经济发展实际情况，前期投入巨额资金，后期空置，回本慢，赢利难，造成资源浪费，造成"盲目化""地产化"和"空壳化"等问题。

3. 广告产业对内政策缺乏系统性

制度因素成为解决当前中国广告产业发展的重中之重。首先，虽然国家对广告产业支持力度不断增加，但政府对于广告业发展的政策整体缺乏系统性或者对一些广告产业园区发展定位不够清晰，没有对广告产业进行长期有效的产业规划。另外，广告的海外服务贸易支持机制不健全。广告协会等行业组织尚未发挥应有的作用，不能独立地对广告产业和市场行为进行有效的自律和监督。其次，中国广告行业法律制度不完善，政府监管力度不足，欺骗性的虚假广告屡见不鲜，容易使大众对广告产生一种排斥心理。

4. 广告对外服务贸易支持机制不健全

首先，广告对外数据统计体系不完善、不健全，研究人员在研究广告进出口以及政府决策、企业运营情况的过程中，很难获得准确的广告对外贸易的基础数据资料。数据类型少、数据公布不及时、各种统计数据纷繁复杂、同一门类的统计结果不统一甚至相差甚大、统计口径不统一等弊病都容易误导研究人员花费不必要的时间对数据进行加工、分析以获得目标数据。

其次，国家对海外文化市场的调研不足，为企业提供的参考数据不够。企业若想拓展海外市场，必须要进行国外市场的调研，国家在这方面做得还远远不够，增加了企业调研负担和"走出去"的困难。很多进行对外文化贸易的企业表示前期海外调研成本巨大，单靠企业自身来做往往力不从心。海外调研上的困难使得一些广告企业"走出去"动力不足，或者由于对海外市场调研不充分、不精确、不及时而导致的在海外市场收益不高甚至损失惨重更挫败了企业"走出去"的信心，削减了海外扩张的动力。

5. 广告服务贸易人才匮乏

广告是人才密集型产业，我国缺少广告创意或营销人才以及熟悉目标市场、有经验的贸易人才，使得广告对外传播和营销功能没有充分发挥出来，对国家和社会的贡献还远远不够。我国极度缺乏外向型、复合型广告经营人才，广告服务贸易的前期策划缺乏对海外市场调查，本土广告人不理解海外消费者心理、文化等诸多原因，使广告不能根据国外城市消费水平和消费者心理来策划，制约了广告服务的出口效率和效益。

五　广告对外贸易发展对策

1. 政府层面

中国文化贸易总体处于粗放型发展阶段，需要一系列倾斜性和保护性政策来扶持，引导其向资本密集型和技术密集型转变，需要健全文化服务贸易的创新机制，搭建和完善广告对外贸易政策扶持体系。政府要宏观着眼，根据循序渐进原则，以市场为主导，遵循市场经济规律，积极进行制度、职能和行为的创新。广告产业园区规划建设是落实广告战略，发展广告产业的重中之重。结合城市发展远期规划，并考虑广告产业园未来发展的辐射范围以及与周边经济的关联性，合理规划广告产业园的建设规模，将广告产业园纳入整体规划中，确保对广告产业规划的科学性和预见性，更好地为广告产业及广告产业园区发展营造良好的经营环境和投融资环境，激励园区内广告公司的发展。要支持发展广告集团，鼓励实力强劲的公司通过资本并购和联合重组等方式壮大规模。建立广告代理制度和广告专业资格认证制度。应充分发挥商务部的作用和功能，利用已有平台，推进广告服务贸易与其他文化贸易方式的优势互补，加大文化出口的推动力度，增强中国文化产品和服务的国际竞争力，加快外贸增长方式转变。搭建国际文化市场的信息收集、研究和发布机制，所有从事对外文化贸易的人员和企业都可以共享国际文化市场信息。构建文化贸易数据统计指标体系，做好调研、规划、咨询、协调、评估等具体工作。充分发挥广告协会的纽带作用，积极促进各有关部门的整合，改变条块分割的不利局面，形成合力。

2. 产业层面

广告业需要借助向创意产业的升级来进行解构和重构调整。广告产业园区具有集聚效应，是我国广告产业跨越式发展的"助推器"。它的发展既是发展文化产业的需要，也是广告业转型升级发展的需要。我国的广告产业市场集中度低，要改变这种状况，就需要对广告产业实行集聚式发展，广告产业园建设是实现广告产业集聚化、集约化、规模化、规范化、专业化、品牌化乃至国际化的一个极为有效可行的路径，对于提升广告产业竞争力具有重要意义。

因此，在开展广告园区规划和建设时，要结合地方特色，找准定位，进行差异化发展，使当地广告产业园建设更具竞争力。在进行广告园区规划时可以从以下几个角度考虑。一要着眼于广告业的整合发展和可持续发展，并结合城市资源和专业能力定位。二要明确广告产业园的主业和功能，明确入驻产业园的企业与产业园的关系。告别地产模式，打造文化和创意品牌的模式，制定科学合理的激励政策，积极引导新型广告业态企业入驻园区，推动广告产业转型升级。三要重视广告产业链的衔接，为广告园区里的企业提供相对稀缺的公共资源。广告产业园区应是一个价值链、企业链，在相互链接的过程中形成的一个提供综合服务如政策服务平台、人才的培训平台、公共技术平台，应成为政企之间、企业之间、国内外广告同行之间交流的桥梁。

3. 企业层面

广告产业要想"走出去"，广告企业就必须与国际市场对接，充分利用国内和国外两个市场，以扩大广告的市场份额为目标，在制作、管理、运营等方面与国际接轨。

第一，创意策划与国际市场调研相结合。

依托创意和技术提升中国广告的制作水平。充分运用广告策划过程中内容与形式的辩证关系。坚持内容与形式相结合原则，使广告创意与国际接轨，注重广告创意的国际化表现技巧，即将中国元素与国际化表现形式巧妙结合。

中国广告创意走向国际市场的区域定位要考虑市场接受能力。中国广告出口公司也要考虑文化因素和地缘关系。广告企业的前期调研要充分，对目标市场的人口、经济、政治、法律、文化进行全面考察和分析。

第二，资本运作与国外本土化相结合。

本土广告公司应该根据自身特点设定经营战略，提高公司的核心竞争力。在政策法规的引导下，企业应积极通过兼并重组等资本运作，在适宜的条件下，进行资本运作实行并购、整合，在激烈竞争的环境中变大变强，形成具有国际影响力的广告公司。

4. 人才层面

加快培养服务贸易专业人才，要注重广告人才培育平台和广告创意策划中心的建设。加快培养和引进金融、会计、法律、评估、保险、信息、商务中介等服务贸易急需的专业人才和管理人才。推动高等学校、职业院校服务贸易实务学科建设；采取"引进来、走出去"的办法，积极培养我国文化产业和对外文化贸易急需的复合型人才，并加大海外文化产业各领域专业人才的引进。

中国对外演艺业发展报告

马　明 *

　　演艺业作为文化产业的重要子业态，近十年来依托文化体制改革的深入推进和文化市场的繁荣发展，在演出剧目创作、演出市场主体、剧目营销及观众拓展等产业链环节取得了令人瞩目的成绩。其中，国有文艺院团在"转企改制"推动下，组建了一批上规模、高层次及具有国际影响力的演艺集团；民营演艺企业紧抓演艺业改革的时机，在文化市场中不断分实做强，年度演出场次和观众上座率等均实现了稳步增长。

　　2012 年，文化部下发的《"十二五"时期文化产业倍增计划》指出，演艺业的发展目标是："十二五"期间，建设 10 家左右覆盖全国主要城市的全国性或跨区域的文艺演出院线，打造一批深受人民群众喜爱、久演不衰的精品剧目，形成 1 ~ 2 个国际知名的演艺产业集聚区，大力拓展农村演艺市场，基本满足城乡居民对演艺的消费需求，为实现从演艺大国到演艺强国的跨越奠定基础。

一　中国演艺业的发展现状

　　近三年来，我国演艺业在文化产业繁荣发展的背景下，无论是演出场次、票房及观众人数等市场规模指标，还是艺术表演团体、剧目原创等微观主体内在要素，都呈现了稳步上升的趋势。

1. 演出市场持续增长态势

2010 ~ 2012 年，我国演出市场的场次数、票房和演出收入都呈现持续

---

* 马明，北京舞蹈学院副教授。

稳步增长的态势。2012 年全年演出总计 200.9 万场次,比 2011 年增长 10%。其中农村地区的演出场次居首,达到了 95.1 万场次;旅游演出和公共文化服务类的演出场次比重偏低。

演出收入方面,2012 年演出总收入 355.9 亿元,其中票房总收入约 135.0 亿元。各类演出票房收入分别为:专业剧场演出 61.2 亿元,占总票房的 45.3%;演艺场馆演出 27.8 亿元,占总票房的 20.6%;旅游演出 32.7 亿元,占总票房的 24.2%;演唱会演出 13.3 亿元,占总票房的 9.9%。

2. 艺术表演团体规模稳步增长

艺术表演团体是我国演艺业的主要组成部分,其主要是指由文化部门主办或实行行业管理的专门从事表演艺术等活动的文化机构,涵盖了戏曲、话剧、歌舞剧、木偶、皮影等众多艺术门类。根据国家统计局数据,近十年来,无论是我国艺术表演团体的整体规模、从业人员,还是演出市场收入都保持着稳步的增长。全国各级艺术表演团体,在繁荣演出市场、传播先进文化、开展艺术教育等方面均发挥着重要作用,为推动社会主义文化大发展、大繁荣做出了重要贡献。

2003 年,全国共有各类艺术表演团体 2601 个,2011 年增长至 7055 个。全国的文艺表演团体在所有制方面主要以公有制(国有、集体)和其他所有制(民营、私人)为主,且多数集中在县市级。2012 年全国共有演出团体 13000 余家,其中国有演出团体完成改制的有 2102 家;民营演出团体 10000 余家。

艺术表演团体的所有制方面,以 2011 年为例,国有文艺表演团体 2213 个,集体艺术表演团体 291 个,其他性质 4551 个。在行政区域分布方面,中央共有 17 家艺术表演团体,省(区、市)级为 249 个,地(市)级为 755 个,县(市)级为 6034 个。

艺术表演团体从业人员也一直呈现增长的趋势,从 2003 年的 137059 人增加到了 2011 年的 226599 人,增幅达到65.3%。演出场次从 2003 年的 38.5 万场次增加到了 2011 年的 154.72 万场次,增幅约为 4 倍。总收入从 2003 年的 400867 万元增长至 2011 年的 1540263 万元(见表1)。中国演出行业协会在发布的《2012 中国演出市场年度报告》中指出,2012 年国有演出团体人员结构的统计显示，在职人员约 15.9 万人，表演人员、创作人员、营销人员数的比值约为 10∶2∶1，人力资源配备比例失调。

表1　2003～2011 年全国艺术表演团体主要统计指标

各项指标	2011 年	2008 年	2005 年	2004 年	2003 年
从业人数（人）	226599	184678	141678	142081	137059
演出场次（万场次）	154.72	90.53	45.9	42.5	38.5
总收入（万元）	1540263	803030	527146	485625	400867
演出收入（万元）	526745	133077	98268	93304	71781

演出收入方面，根据道略文化产业研究中心分析，2010 年，中国演出市场收入达到 108 亿元。根据中国演出行业协会发布的《2012 中国演出市场年度报告》，2012 年全国演出市场总收入 355.9 亿元，其中专业剧场演出比重占到了总票房的 45.3%，演唱会演出所占比重较低，仅为总票房的 9.9%。

3. 剧目原创和演出硬件有所提升

近三年来，全国各级艺术表演团体加大了对公用房屋、排练场所的建设力度，院团演出硬件设施条件有所改善。2010 年，全国艺术表演团体公用房屋建筑面积 465.53 万平方米，比上年增加了 8.87 万平方米，增长 1.9%；排练练功用房 128.72 万平方米，比上年增加 9.18 万平方米，增长 7.7%。在演出原创剧目方面，各级艺术表演团体表现稳定。其中，话剧、儿童剧、滑稽剧团原创首演剧目数增长较为明显，京剧的原创首演剧目数呈现递减趋势（见表2）。

表2　2009～2011 年全国艺术表演团体原创首演剧目数

单位：部

原创首演剧目	2009 年	2010 年	2011 年
所有艺术表演团体	1578	1578	1578
话剧、儿童剧、滑稽剧团	87	103	143
歌剧、舞剧、歌舞剧团	64	68	98
歌舞剧、轻音乐团	246	207	271
乐团、合唱团	100	22	32
京剧	48	36	35

同时，各地先后兴建了一大批功能完善、设施完备的艺术表演场馆，演映场次逐年增加，为艺术院团提供了更优质的演出保障。艺术表演场馆机构数从 2008 年的 1944 个增长至 2011 年的 1956 个，同期，场馆演出场次从 740 千场次增长至 1040.7 千场次（见表3）。演出票务方面，目前全国演出票务公司约 200 家，其中拥有票务系统的票务公司十余家（永乐票务、大麦网、中演票务通等），作为演出项目的总代理机构，向上下游各个环节提供综合性服务。没有票务系统的票务公司约 200 家，均作为二级分销渠道，开展票务销售业务。

表3 2008～2011 年全国艺术表演场馆机构数和演出场次

艺术表演场馆指标	2008 年	2009 年	2010 年	2011 年	2012 年
场馆机构数（个）	1944	2137	2112	1956	1966
场馆演出场次（千场次）	740	606.3	811.2	1040.7	—

在贯彻中央关于推进公共文化服务建设方面，各级文化主管部门通过政府购买、演出项目补贴以及资金奖励等方式推动了"送戏下乡"等公共性演出，进一步解决艺术表演团体公共性演出难、转点难、搭台难的问题。2005 年，文化部、财政部正式实施了流动舞台车工程。截至 2010 年底，中央财政共安排专项资金 3 亿元，为剧团和基层文化机构配备了 969 台流动舞台车。2010 年，全国各级艺术表演团体共利用流动舞台车演出 11.41 万场次，观众达到 1.14 亿人次。

4. 艺术院团改制工作取得重大进展

近年来，国有文艺院团"转企改制"数量逐年增长，"转企改制"工作取得了显著成效。中央和省级政府有关职能部门共出台了 40 多项院团改革的配套政策。截至 2010 年底，全国文化系统承担改革任务的 2086 个国有文艺院团中，已有 461 个完成"转企改制"，转企完成率达到 22.1%。截至 2012 年底，全国 2103 个承担改革任务的文化系统国有文艺院团（不含保留事业体制院团），已有 2100 个完成和基本完成"转企改制"、撤销或划转任务，占总数的 99.86%。转制后的艺术表演团体，按照"面向市场、增强活力"的要求，积极探索和建立新形势下推动院团发展的工作机制，在经济效益和社会效益方面均取得新进展。

二 中国对外演出现状和特征

中国演出市场仍处于培育和发展阶段，对外演出的整体局面依旧处于演出贸易逆差和演出交流乏力的局面。据中国经济网数据，2007～2008年，中国主要的 25 个演艺剧目的出口总额为 8549.49 万元。2009 年，中国境外商业演出团组约为 426 个，演出场次 16373 场，实现演出收益约为 7685 万元。而事实上这个收益的数据只相当于一部百老汇音乐剧在中国市场的收入。2010 年，共有 302 个演艺类项目走出国门进行商业演出，演出总场次 25908 场，出口总收入约为 2765.6 万美元；2011 年，共有 126 个演艺产品（项目）走出国门（境）进行商业演出，演出场次为 8090 场，出口总收入约为 3171.9 万美元。2011 年，国家艺术院团演出推广交易会上，国家京剧院、中国国家话剧院、中国歌剧舞剧院、中国东方演艺集团有限公司等 9 个国家级艺术院团，分别与相关单位签约各类演出共 571 场，金额达 1.15945 亿元。可见，中国演艺公司在对外演出贸易这条路上依旧面临着非常激烈的竞争和压力。

（一）中国对外演出贸易主要呈现出三方面特点

1. 国有院团重对外交流，民营院团重对外贸易

中国演艺公司对外演出贸易的主体可以分为以中国对外文化集团为代表的国有演艺院团和以天创国际演艺公司为代表的民营演艺剧团两大类。其中国有院团的对外演出活动多偏于促进文化交流和提升文化影响力（见表 4），民营演艺院团则以对外演出盈利为主要目的。以中国对外文化集团公司（CAEG）为例，其是在原中国对外演出公司（CPAA）和中国对外艺术展览中心（CIEA）的基础上组建而成，旗下拥有 19 家全资境内外企业以及多家控股、参股企业。截至 2010 年，集团公司共向海外派出各类艺术团组达 216 个，在世界 80 个国家和地区的 210 个城市演出 19700 场次，现场观众超过了 3750 万人次，海外演出场次和现场观众人次分别占集团海内外演出总场次和总观众数量的 88.1% 和 94.1%。2011 年中国对外文化集团共举办了 6000 余场大中小型各类海外演出，其中商业演出项目占 60%

以上，演出遍及世界五大洲近50个国家和地区的370多个城市，观众总量超过1000万人次。

表4 2011～2012年部分国有院团对外演出主要剧目

剧目名称	演出机构	演出地点	演出时间
英文版《天鹅湖》	上海芭蕾舞团	日本	2012年11月
《逐梦天涯》	广西南宁市艺术剧院	美国	2012年6月
《阿依达》	中国国家大剧院（联合）	日本	2012年7月
京剧《赤壁》	北京京剧院	奥地利、匈牙利	2012年6月
《多彩贵州风》	贵州民族歌舞剧院	澳大利亚	2012年2月
《丝路花雨》	甘肃省歌舞剧院	美国	2011年11月
歌剧《图兰朵》	中国国家大剧院	韩国首尔	2011年6月
《武林时空》	中国对外演出公司	欧洲四国	2011年4月

民营剧团在对外演出贸易中更为艰辛。以天创演艺为例，自成立起便专注于大型演艺项目策划制作和国际演艺项目经纪业务，先后制作了《天幻》《梦幻漓江》《功夫传奇》等七大常态品牌剧目。《功夫传奇》是其对外演出的首部剧目，2005年在北美进行了长达5个月的巡演，共计150场次，观众达11万人次，票房总收入300万美元。2009年，《功夫传奇》进入英国伦敦大剧院，连续演出27场，观众上座率为60%。2009年底，天创国际投资354万美元在美国密苏里州布兰森市收购了"白宫剧院"。2012年1～4月《功夫传奇》在西班牙、葡萄牙两国巡演112场。对于大部分的民营剧团而言，现在依旧处于探路和积累经验的阶段，对外演出贸易整体实力依旧非常弱。2009～2012年，各民营剧团对外演出的剧目主要有《龙狮》《功夫传奇》《云南印象》《大梦敦煌》等。

2. 民族演艺产品表现突出，以剧目输出贸易为主导

中国对外演出贸易目前依旧以杂技、功夫剧和民族舞台剧为主，国际演出市场主流的音乐剧和歌舞剧演出则显得较为缺乏。国家文化部外联局数据显示，以杂技为主的民族演艺产品的对外演出创汇额比重达到了80%，表现极其突出。2002年赴美商演的14个团组中有11个为杂技团。从中国对外演出的剧目类型看，普遍性集中在杂技和功夫剧方面。以杂

技综艺舞台剧《龙狮》为例，该剧是 1997 年由中国对外演出公司和加拿大太阳马戏共同投资的剧目，在长达 10 年零 9 个月的首轮世界巡演中，《龙狮》足迹遍布全球 60 多个城市，共演出 3843 场，上座率保持在 90% 以上。观众累计约 900 万人次，票房收入约 9 亿美元，年平均票房为 6000 万美元。但是，在过去的 5 年间，杂技和功夫剧的海外市场逐渐萎缩。大部分专家认为，这是由于中国杂技团体在海外市场繁杂，彼此之间恶性竞争，缺乏有影响力的剧目，加之国际经济形势的原因致使杂技、功夫剧的海外订单锐减。在继续保持民族歌舞和杂技类剧目比较优势和品牌影响力的基础上，最近两年部分对外演出机构开始逐渐向多元化类型剧目拓展。例如，有着"可移动的敦煌"之称的舞剧《大梦敦煌》，是兰州歌舞剧院出品的中国国家舞台艺术精品剧目。截至 2011 年 9 月底，《大梦敦煌》已在全国 32 个城市与欧美多个国家演出 920 场，观众逾百万人次，累计票房收入近亿元，成为中国舞剧"多演出、多产出"最为成功的典范。

同时，无论国有还是民营演艺院团，几乎所有的对外演出都是通过剧目的直接输出完成的（见表 5）。演出公司对外演出中依旧以单纯的剧目贸易为主，演出版权贸易的比重依旧较低。剧目输出贸易的形式使得国内演出公司除了获得演出合同所议定的收益外，无法分享更多的演出收益，更重要的是相较于版权贸易输出，剧目输出无法在海外市场形成规模演出场

表 5　2011～2012 年国家文化出口重点项目目录（演出）

项目名称	项目单位	区　域
美国布兰森白宫剧院经营管理项目	天创国际演艺制作交流有限公司	北　京
沧州杂技团杂技表演	沧州杂技团	河　北
原生态阿希达组合	内蒙古新思路文化艺术发展有限公司	内蒙古
中国昆曲海外演出	苏州昆剧院	江　苏
安徽省杂技团赴美定点演出	安徽演艺集团有限责任公司	安　徽
民族歌舞剧《槟榔·古韵》	甘什岭槟榔谷原生态黎苗文化旅游区	海　南
藏族原生态歌舞乐《藏谜》	九寨沟县容中尔甲文化传播有限公司	四　川
民族歌舞《多彩贵州风》	多彩贵州文化艺术有限公司	贵　州

次，市场影响力低。并且中国演艺公司的海外活动基本为单次演出项目业务，与院团、院线相关的对外合资、兼并及收购等业务寥寥无几。

3. 缺乏规模推介平台，对外演出各自为营

中国现在还没有真正意义上的对外演出推介平台，每年举办的诸如中国国际演出交易会基本还是仅限于国内院团、经纪公司以及剧场，尤其缺乏一个由国家主管部门或协会所主办的，能够邀请国外知名院团、演出商及经纪公司为主的对外演出交易会。因此，导致各个对外演出机构各自为营，没有统一的支持平台，不仅分散了竞争力，而且直接导致了院团在国际演出市场中的恶性竞争。以杂技对外演出为例，20世纪八九十年代，各个省市的200多个杂技团都参与了对外交流演出，一时间在国外造成了较大的演出规模。但是，之后由于各个团体之间为了争夺国外演出市场，恶意压低演出费用，缩小演出规模，使得杂技对外演出从2000年之后完全陷入了低潮。随后出现了演出场次越多、平均收益越低的恶性循环。

（二）中国对外演出面临的竞争和挑战

从20世纪80年代开始，各国文化产业开始了持续繁荣的发展，文化贸易比重不断提升。联合国教科文组织（下文简称"UNESCO"）在其出版的《文化、贸易和全球化：问题与答案》一书中指出，在过去20多年中，文化商品的国际贸易额呈几何级数增长，世界50家跨国媒体娱乐公司占据了当今世界95%以上的文化市场份额。

虽然中国在对外演出及其他文化贸易方面实现了稳步持续增长，然而，与美国、欧盟及日本这些传统的文化经济强国相比，我国演艺业的对外演出竞争力却令人担忧。例如，我国具有国际水平的演出团体对外演出收入平均每场不到4000美元，即使是在海外演出价最高的芭蕾舞剧《天鹅湖》，每场也只有约3万美元的收入，而海外著名乐团在上海的单场演出价就高达33万欧元。中国杂技在海外的每场演出价格只有1000~6000美元不等，且多数只是简单的劳务输出，缺乏具有自主知识产权和品牌的演出剧目。

二 国际对外演出市场的格局

作为文化市场中表现最为活跃的演艺业，与图书、电视、电影及网络文化产品一样，在跨国化中也面临对外贸易和竞争的议题。2000 年之后，西方发达国家为了产业升级和稳固对外文化贸易的优势，纷纷加速了对外演出活动的频率。从国际演出市场的宏观格局可见，英国、美国及日本等国依旧是引导欧洲、北美和亚洲演出市场的中坚力量。

这一时期，发达国家的对外演出活动突出表现为以下几点。

1. 大规模制作的音乐剧和歌舞剧开始成为国际演出市场中的核心产品

各个国家的演出制作公司、艺术教育机构及文化主管部门积极投身于大型剧目的创作，寄希望于成为国际演出市场中的流行指标。例如，《大河之舞》自 1995 年 2 月在都柏林首演以来，已经在全世界演出超过 1.2 万场次，现场观众达到了 2500 万人次，《大河之舞》的 DVD 影碟在全球销售超过 1500 万张。2009 年 12 月到 2010 年 2 月，在长达两个半月的时间里，《大河之舞》的热浪席卷了中国 13 个城市，连续演出 60 场。《大河之舞》所到之处，场均上座率达九成以上，很多场次达到满场，甚至出现了加座的情况。

2. 大型传媒集团纷纷涉足演出领域

演艺产品和传媒产品之间的渗透趋势加速，演出市场的传统剧场媒介开始出现了数字化和网络化的创新探路。这种竞争趋势也促使各国的文化研究者、艺术研究者开始对于演出市场话语权以及文化主权都提出了诸多的不同看法。

3. 对外演出贸易不再依靠单纯的剧目输出

近年来，对外演出贸易中更多的对外演出机构开始通过版权贸易、对外直接投资剧院和剧场以及本土化合资经营等方式开拓国际演出市场，从而推动了演出市场相关剧目、人才及资金等竞争要素的跨国化流动。例如，2006 年，美国百老汇音乐剧《狮子王》就曾在中国创下演出 101 场、吸引 16 万观众、取得 7200 万元总票房收入的纪录。2011 年，上海亚洲联创文化发展有限公司通过版权引进制作的中文版音乐剧《妈妈咪呀》，仅首轮北京巡演就达到了 112 场，吸引 14 万名观众走进剧院，取得 4500 万元的票房佳绩。2012 年，音乐剧《猫》中文版在上海站的第 50 场演出后，票房也已突破了 3000 万元大关。

综观当前中国演艺业在全球文化舞台上的现状，既要面对海外演出市场的激烈挑战，又得不断地在文化体制改革的背景下，发展和提升本土演艺企业的竞争力。

4. 对外演出贸易方式多样化发展

对外演出贸易方面，美国和英国以版权输出和境外合资公司演出为主，而日本和中国则仍然以剧目输出为主。其中英国通过版权输出实现了剧目的本土化演出，从 2002 年到 2010 年，仅英国音乐剧《妈妈咪呀》就出现了韩国版本、瑞士版本及中国版本。中国版的《妈妈咪呀》在 2011 年缔造了 8500 万元票房佳绩。日本四季剧团 2004～2009 年演出英国音乐剧《猫》共 1563 场公演，吸引了 177 万观众。

从 2004 年开始，英、美等国加速在中国和印度等国家演出市场设立合资演出公司和共同经营剧院的步伐。例如，2007 年，百老汇倪德伦集团在中国建立新纪元倪德伦公司"中国百老汇院线"。2008 年，中国对外文化集团与英国卡麦隆·麦金托什公司正式对外宣布，将联合投资成立音乐剧制作合资公司。2012 年，由"音乐剧之父"安德鲁·韦伯创立的英国真正好公司和中国亚洲联创公司正式结盟，在《妈妈咪呀》中文版成功运营基础上计划继续推出《猫》和《歌剧魅影》。

四 中国对外演出贸易的战略措施

国际演出市场竞争的议题是以多元文化发展为背景，即不以单纯的经济性表现作为竞争优势的衡量标准，应该强调创新、开放和包容。综观自第二次世界大战之后的国际演出市场，以美国和英国为首的传统经济强国不断致力于拓展国内演出市场，提升对外演出贸易，从而赢得国际演出市场的话语权。美、英两国通过打造纽约百老汇、伦敦西区以及大型演出节事活动，将更多西方经典演出剧目推向其他国家。在获得巨额票房的同时，对于当地演出市场及文化领域都形成了一定的同质化影响。对于正在培育和发展中的中国演出市场而言，在经历体制改革阵痛的同时，必须直面海外演出市场的冲击和挑战。

（一）对外演出剧目内容方面

1. 创作和生产符合国际演出市场观众的剧目

从英国和美国对外演出市场的剧目内容优势中看到，其投身海外演出的演艺产品以音乐剧和大型歌舞剧为主。这两种剧目类型在降低"内容折扣"和迎合观众需求方面确实具有一定的优势。然而，当前国际演出市场的观众对于包含多种艺术元素的音乐剧和歌舞剧表现出了空前的热情，这就对准备或正在"走出去"的中国演艺企业提出了要求。面对国际演出市场的竞争，需要更理性和宽容的开放态度，既能让别人的剧目在中国找到舞台，更重要的是让本土演艺产品能够被国际市场的观众接纳。不能一味地专注于杂技和民族歌舞剧目，必须创作和生产符合国际演出市场观众的剧目。这就需要重新梳理不同演艺产品的国际观众群，观众普遍需求较高的演艺产品应该作为目前对外演出的重点，观众需求较低的可以作为对外交流的重点，让演出市场和演出交流合理分工，充分利用好国内外的演出资源。

2. 利用核心演艺精品，提升国际演出市场竞争优势

在对外演出市场上，各国都围绕核心演艺产品展开贸易竞争。美国音乐剧对外演出占到了其对外演出贸易的一半以上。而反观国内演出市场，各类演艺产品均衡分布，缺乏核心的竞争产品。中国目前的可利用演出资源依旧比较分散，必须集中力量在核心演艺精品的创作、开发方面，也就是说在演艺产业"走出去"的战略上必须首先进行排位。对于承载中国文化的演艺精品必须进行重点投入，对于国际演出市场容易接纳的剧目应该进行重点推介。

（二）对外演出机制方面

1. 梳理国有和民营对外演出机构的职能

国有和民营对外演出机构在演出市场资源方面呈现明显的不均衡状态。国有对外演出公司首要职能是完成具有公共性的对外交流。因此，政

府直接或间接扶持的对外演出公司和组织应该集中精力在拓展文化演出交流、提升演出剧目影响等领域。而实现对外演出贸易的目标则应该以商业型的民营演出机构为主，让民营对外演出机构在夯实自我的前提下，努力尝试"走出去"。

2. 举办对外演出国际交易会和设立演出贸易协会

目前国内对外演出的交易平台是由中国演出家协会主办的年度中国国际演出交易会和中国上海国际演出交易会。但是这些交易会的主要参与者基本上是以国内的演出商和院团为主，能够在这些交易会上达成或签约的对外演出合同则是寥寥无几。对于中国演出企业的"走出去"战略，必须建立一个有国际影响力的专业性演出交易会，邀请各国主要的演出经纪公司和表演团队参与，提供给中国及国外演艺企业展示的平台，只有这样，才能出现更多如《云南印象》等对外演出成功的案例。按照市场经济发展规律，加快培育以演出公司为主体的对外演出贸易行业协会，整合行业力量，树立出口品牌，充当政府和企业之间沟通的桥梁、企业参与国际合作的纽带。

3. 利用财政杠杆扶持对外演出贸易

针对当前中国对外演出规模不大、剧目种类分散的现状，为了提升在国际演出市场中的竞争优势，应该对涉及对外演出业务和剧目的公司给予税收优惠政策或者演出补贴。可以每年从国内演出市场税收收入中按照一定比例建立对外演出专项发展基金，由文化部或直属机构运营该项基金。明确给予能够在海外演出超过规模场次的（如50场）公司或团体资金补贴，从而鼓励推动更多的演出公司进入国际演出市场进行竞争。同时，可以尝试进出口银行在出口信贷额度方面给对外演出予以适当倾斜，积极为对外演出贸易出口项目提供保险支持。

4. 推动以版权输出为主导的对外演出贸易模式

当前中国剧目输出型的对外演出贸易虽然演出风险相对较低，但是对外演出票房也相对较低，无法与剧目实际收益挂钩。版权输出型的对外演出贸易模式，避免了剧目输出中烦冗复杂的演出流程，降低了贸易壁垒，加快了资金回收。在积极创作和生产优秀的剧目基础上，应该鼓励对外演出公司积极输出剧目版权，提升对外演出的贸易收入，拓展海外演出市场。

（三）对外演出相关内容层面

1. 建立健全演出市场数据监测和贸易统计

当前，我国文化主管部门和演出行业协会在演出数据和演出贸易统计方面依旧处于非规范的状态，也凸显了对外演出贸易监管的缺位。这就导致了我们无法较为精确地判断对外演出的市场规模、剧目类型、观众票房以及社会影响力等。国内各级省、市没有实时票房统计制度，行业年度报告统计口径差异较大。因此，可以借鉴百老汇联盟的周票房制，首先，应该在上海、北京及广州一线演出市场建立数据统计收集和监测试点平台，为分析和判断演出市场提供有力的数据保证；其次，统筹各级文化主管部门和统计局，逐渐完善对外演出剧目的类型、主创团队、演出票房及演出影响力等要素的备案和数据统计。

2. 深化和旅游节事市场的有机整合

国内旅游演出产值已经占据了整个演出行业 1/3 的比重，其中除了部分实景演出之外，大部分旅游演出中旅游与演出比重极其不协调，使得演出活动只是旅游消费中的附带品，这对于演出市场的长线发展极其不利。特别是对于演出艺术节事活动，没有固定的场所和运营团队，经常游离于各个城市，不但未能推动地方经济发展，在巩固演出市场基础和培养观众方面亦没有明显的推动作用。参考爱丁堡演出艺术节，稳定的长效机制是其具备国际竞争优势的基础，在此基础上才能够推动整个演出市场的繁荣。

总而言之，21 世纪国际演出市场活动将更加频繁，各国拓展对外演出贸易和推动演艺公司跨国化经营也已成为秘而不宣的共识，在宏观文化竞争背景下，对于中国参与国际演出市场而言，最关键的方法就是充分利用能够产生竞争优势的要素，提升国际竞争力。面对西方国家大型演出剧目在国内市场的票房佳绩，中国对外演出贸易则显得疲乏无力。从演出资源大国"蜕变"为演出市场强国，中国演艺业依旧有很漫长的路程要走，需要推出一大批国际观众认可的演艺精品，需要更多能够肩负对外演出竞争的大型演艺集团。在推动核心演艺产品和对外演出贸易的过程中不断提升市场竞争力，进而提升文化贸易和文化影响力。

对外动漫产品贸易发展报告

苏　锋[*]

2004 年以来，我国政府通过政策创新积极推动动漫产业的发展。如今，10 年过去了，动漫产业取得了前所未有的成绩，对外贸易得到了长足进步。但是，问题依然存在，严重制约着中国动漫产业的对外贸易。在这样的背景下，需要对 2011～2012 年度，以及过去 10 年的中国动漫产业的对外贸易及国际化经营进行现状评价和问题分析。同时，有必要依据动漫产业的行业特点，预测其发展趋势，从而提出对策建议。

一　中国动漫产品对外贸易年度发展现状

（一）进口情况

1. 动画电视进口

根据国家统计局的统计数据，2011 年，动画电视片进口总额为 702.01万元，占各类电视节目进口总额（54098.62 万元）的 1.3%（见表 1），进口动画电视片的时长为 279 小时，占进口电视节目总时长的 1.28%（见表2）。从进口金额角度看，进口动画电视片在经历了 2009 年和 2010 年的低潮后，2011 年的进口金额从低谷回升，已接近 2008 年的水平。从进口来源的角度看，美洲、欧洲和日本这些传统的动画产业发达国家和地区，仍然是我国主要的动画电视来源地。

---

　*　苏锋，管理学博士，教授，硕士生导师，东北大学秦皇岛分校动画产业研究所所长。

表1　2008～2011年全国进口电视动画片（金额）

单位：万元

项　目 ＼ 年　份	2011	2010	2009	2008
电视节目进口总额	54098.62	43046.75	49145.63	45420.67
动画电视进口总额	702.01	247.00	127.50	878.26
从欧洲进口动画电视总额	161.00	110.00	34.00	403.00
从美洲进口动画电视总额	491.01	—	—	—
从美国进口动画电视总额	401.01	136.00	74.00	334.25
从亚洲进口动画电视总额	50.00	—	—	—
从日本进口动画电视总额	50.00	1.00	19.50	45.01

资料来源：国家统计局网站。

表2　2008～2011年全国进口电视动画片（时长）

单位：小时

项　目 ＼ 年　份	2011	2010	2009	2008
电视节目进口量	21790	22197	21426	20550
动画电视进口量	279	—	—	—
从欧洲进口动画电视量	65	—	—	—
从美洲进口动画电视量	205	—	—	—
从美国进口动画电视量	165	—	—	—
从亚洲进口动画电视量	8	—	—	—
从日本进口动画电视量	8	—	—	—

资料来源：国家统计局网站。

2. 动画电影进口

2011年，全年引进动画电影10部，与上映的10部国产动画电影（颁布许可证数量为24部）共同创造了16.4亿元的国内市场票房，其中，进口片票房为13.3亿元，占81%（见表3）。其中2011年《功夫熊猫2》创造了6.17亿元的票房纪录，几乎占到进口动画电影票房的近50%。

2012年共有12部进口动画电影上映，创造票房约9.6亿元；而国产片虽然有21部上映，但票房仅为4.5亿元左右，而且分布极不均匀，《喜羊羊与灰太狼4》一部片就贡献了1.58亿元，有60%的影片不足1000万元。

2011~2012年国内动画电影市场有以下特点。

第一，进口动画电影票房仍然占据国内动画电影市场的大半江山，但市场份额在下降，从2011年的81%下降到2012年的69%，国内动画电影份额上升。

第二，进口动画电影的数量在提高，2012年的数量比前一年增长20%。

第三，国内市场动画电影的平均单片获利能力在下降，进口动画电影的单片票房从2011年的1.33亿元下降到2012年的0.8亿元，下降幅度为40%。与此同时，国产动画电影的平均单片票房从2011年的0.31亿元下降到0.21亿元，下降幅度为32%（见表3）。造成这种状况的主要原因在于竞争的严酷。

表3 2011~2012年国内市场动画电影各项指标一览

年 份 项 目	2011	2012
国内市场放映动画电影总数（部）	20	33
国产动画电影数量（部）	10	21
进口动画电影数量（部）	10	12
国产动画电影占动画电影总数的比例（%）	50	64
进口动画电影占动画电影总数的比例（%）	50	36
国内市场动画电影总票房（亿元）	16.4	14.1
国产动画电影总票房（亿元）	3.1	4.5
进口动画电影总票房（亿元）	13.3	9.6
国产动画电影票房占动画电影总票房的比例（%）	19	31
进口动画电影票房占动画电影总票房的比例（%）	81	69
国产动画电影单片平均票房（亿元）	0.31	0.21
进口动画电影单片平均票房（亿元）	1.33	0.8

资料来源：根据相关数据整理。

（二）出口情况

从 2008 年起，我国核心动漫产品出口每年都大幅度持续增长，呈现较好的发展势头（见表 4）。

表 4   2009～2012 年中国核心动漫产品出口情况

单位：亿元

年　份	2009	2010	2011	2012
金　额	3.19	5.1	7.14	8.3

另据国家新闻出版广电总局 2012 年 5 月 1 日第八届中国国际动漫节上公开的数据，2011 年，全国各影视机构共出口动画片 146 部 20 万分钟，金额 2800 多万美元。而 2010 年出口动画片时长为 17 万分钟，2006 年只有 4.5 万分钟。

1. 动画电视出口

根据国家统计局资料，2011 年对外出口动画电视片的总金额为 3662.39 万元。动画电视出口表现出以下几个特点。

第一，韩国成为我国动画电视片出口的第一大市场，约占动画电视总出口额的 1/3，遥遥领先于其他市场，表现最为抢眼。而且在过去的 4 年中，保持了大幅增长的态势（见表 5），说明我国动画产品在韩国已有了稳定的市场。

表 5   2008～2011 年中国动画电视出口情况

单位：万元

年　份 项　目	2011	2010	2009	2008
动画电视出口总额	3662.39	11133.19	4455.99	2947.79
向韩国出口动画电视总额	1246.74	271.82	7.00	—
向中国香港出口动画电视总额	757.16	—	—	—
向东南亚出口动画电视总额	511.09		—	
向欧洲出口动画电视总额	365.27	2199.04	520.03	64.00
向美国出口动画电视总额	380.55	369.19	800.00	
向中国台湾出口动画电视总额	218.60	—	—	
向日本出口动画电视总额	78.00	—	—	

资料来源：国家统计局网站。

第二，中国香港、东南亚地区与我国文化相近，地理相邻，文化折扣相对较小，是我国文化产品的传统市场。

第三，美国、欧洲和日本等市场是传统的动画产业消费国，观众欣赏动画产品的品位高。与此同时，这些国家和地区又是竞争激烈的市场，是世界各国动画产业必争之地。目前我国动画电视片的现有制作质量（内容和形式）没有优势，只能处于市场的低端。从出口量的角度看，近4年的出口金额波动较大，说明我国动画电视在这些市场还没有建立稳定的市场地位。例如对欧洲市场出口额在2010年曾达到2199.04万元，但在2011年大幅降低，只有365.27万元（见表5）。在美国市场，2009年曾达到800万元，但在2011年只有380.55万元。

但是，从这些国家和地区进口我国电视剧、电视节目和纪录片的情况来看，这些市场对中国文化和中国文化产品保持浓厚的兴趣，从长期角度看，是我国动画电视出口主力市场。例如对美国市场的电视剧出口额和电视节目出口额都居我国两类电视产品出口的首位（见表6）。

表6 2011年各类电视片出口一览

单位：万元

国家和地区	动画电视出口金额	电视剧出口金额	电视节目出口金额	纪录片出口金额
韩　　国	1246.74	455.57	1737.10	34.79
中国香港	757.16	2000.40	3125.75	151.17
东 南 亚	511.09	2203.40	3403.93	557.00
美　　国	380.55	6501.10	9261.04	843.00
欧　　洲	365.27	42.20	567.07	86.50
中国台湾	218.60	2068.28	2401.48	108.50
日　　本	78.00	939.46	1042.89	14.12
非　　洲	67.00	148.00	253.81	38.81

资料来源：国家统计局网站。

2. 动画电影出口

目前国内没有关于动画电影出口的统计数据，从相关报道可以看出，目前中国动画电影主要出口韩国和中东国家（见表8），与动画电视片出口市场类似。

表7　2012 年主要动画电视出口一览

	公司名称	作品名称	内容题材	出口情况
1	江苏卡龙动漫	《云彩面包》	3D 立体剪纸艺术动画片	在韩国 KBS 电视台播出
2	武汉博润通数码科技有限公司	《木灵宝贝》	以成长、奇幻为题材，以帮助、关爱、坚持梦想为主题的长篇系列动画片	在韩国大型少儿教育电视台——ENS 教育电视台教育频道黄金时间播放
3	哈尔滨品格文化传播有限公司	《云奇飞行日记》	飞行题材的动画片	在韩国 KBS 电视台播出，获得法国戛纳秋季电视节最佳动画片奖
4	宁波民和影视动画股份有限公司	《少年阿凡提》	少年冒险的励志类三维动画电视系列剧	中东最大电视发行代理商已和出品方签约，负责含半岛电视台、卡塔尔电视台在内的中东 22 个国家 300 多个电视台的代理发行；伊朗电视台和印度电视台
5	上海今日动画影视有限公司	《泡泡美人鱼》	—	德国、法国和澳大利亚
6	华强文化科技集团	《熊出没》系列	搞笑、剧情、童话	已出口至俄罗斯、意大利、美国、伊朗等 50 多个国家和地区；有些在迪士尼儿童频道播出
7	南京蓝海豚公司	《马可波罗历险记》	传奇故事	与中央电视台、意大利国家电视台等共同投资；土耳其 TET 电视台、阿拉伯卫星电视中心将购买播映权

资料来源：根据相关报道整理。

表8　2012 年主要动画电影出口一览

	公司名称	作品名称	内容题材	出口情况
1	北京文华东润投资有限公司	《大闹天宫》	神话动作，3D	登陆越南、韩国希杰院线
2	吉林禹硕动漫游戏科技股份有限公司	《青蛙王国1》	3D 动画特种电影	在土耳其最大的少儿动漫频道 TRT 及埃斯基谢希尔电影院线轮番播映

续表

	公司名称	作品名称	内容题材	出口情况
3	黑龙江新洋科技有限公司	《探索地球村》	大型三维动画片	在土耳其最大的少儿动漫频道 TRT 及埃斯基谢希尔电影院线轮番播映
4	中国动漫集团	《小企鹅波鲁鲁冰雪大赛车》	3D 立体冒险类动画电影，家庭组合装	在韩国院线上映
5	天津北方电影集团	《兔侠传奇2》	—	与韩国、俄罗斯等国家签署购买拷贝的协议

资料来源：根据相关报道整理。

3. 漫画出口

国内漫画出口主要面向代表着不同漫画风格的东南亚市场和欧美市场，成绩斐然。

在向东南亚市场出口的公司中，以天津神界漫画公司为代表。2006 年，天津神界漫画公司出品的日文版漫画《水浒传》在日本市场全面发售，标志着中国原创漫画作品打入日本漫画市场实现了零的突破。2010 年，日文版漫画《三国演义》在日本正式面世。按照天津神界漫画公司与日本学研社的协议，首批日文版《三国演义》将进入日本国内中小学校的课堂、图书馆，以及面向大众读者市场的书店、便利店。如今，四大名著系列已进入日、韩、英、法、越等近 20 个国家和地区，全球发行 550 万册，收入达 1700 万元，其以发行数量多、出口金额大、发行范围广成为中国文化产品"走出去"的成功典范。2011 年以来，神界漫画公司在经营模式上进行了创新尝试，从原有的版权出口到全球同步全产业化跨媒介授权。2011 年推出的《济公》系列，授权领域包括期刊连载、平面图书、苹果商城、手机动漫、网络付费漫画、动画片改编、周边衍生品、电视动漫画八大跨媒介领域；图书同步授权中文简体版，中文繁体版，越、意、泰、韩、日 7 个不同地区及形式版本，为国产漫画产业化推广及"走出去"提供了新的思路。几乎同时，2009 年，中国漫画家夏达的长篇漫画《子不语》得到日本集英社推荐，正式登陆日本，连载于日本青年漫画杂志 ULTRA JUMP，成为内地首部打入日本主流漫画杂志的原创漫画。2011 年，夏达的另一部作品《长歌行》继续在漫画杂志

ULTRA JUMP 上连载。可以看出，中国漫画家不仅可以凭借像四大名著这样传统的中国文化元素占据日本及东南亚市场，也可以有像夏达这样的漫画家以细腻画风表达对情感、世界和自然的人文关怀。

在向欧美市场漫画出口的公司中，以北京天视全景文化传播公司为代表。与天津神界漫画公司力推本公司作品形成对比的是，该公司以漫画版权出口为主营业务，介于中国漫画作者和国外出版社之间，为国内众多漫画作者提供代理服务。具体的业务方式主要有三种。

第一，参展签售。自 2005 年以来，天视全景公司每年"陪同"中国漫画作者参加安古兰漫画节、法国圣马洛漫画节、里尔漫画节、巴黎书展、德国埃尔兰根漫画节、意大利拿波里漫画节等，并在现场由漫画作者签售。例如中国漫画作者聂崇瑞在 2010 年安古兰漫画节的新书发售会上，以签售 647 本打破了该漫画节 38 年的单本销售纪录。

第二，版权授权。天视全景公司首先以版税分成结合版税预付方式购买中国漫画作品的出版版权，与中国作者签订授权协议；继而将该作品版权授权给合作的国外出版社，并在出版后获取一定比例的销售分成。截至 2012 年，天视全景公司在欧洲出版了 127 部中国漫画，涉及漫画作者 53 人，作者年龄从 20 多岁到 70 岁，版权输出到法国、德国、意大利、英国、美国、巴西等十多个国家。

第三，合作创作。具体有两个方向：一是与国外出版社一起协助国内漫画作者的创作，使作品更加适合海外漫画市场；二是根据国外出版社及漫画编剧提供的漫画脚本，寻找国内漫画作者，合作创作漫画作品。应该说，上述三种方式均以市场需求为导向，逐次递进，不断贴近市场，适应市场，实现了中国漫画作者、中介公司、国外出版社和国外消费者创作和消费的统一，为中国漫画"走出去"探索了成熟范式。

如果把漫画产业与动画产业在国际化经营方面做一对比，漫画在"走出去"的过程中，无论在东南亚市场，还是在欧美市场，可以进入当地市场的主流渠道（如日本的 *ULTRA JUMP*），与当地著名的出版社合作（如日本的集英社、欧洲排名前十五位的漫画出版社），合作方式也从单纯的版权出口转向合作创作，取得了良好的社会影响。这些方面均强于动画产业在相应方面的业绩表现。

二 中国动漫产品对外贸易存在的问题

（一）政策层面

1. 扶持出口的政策有待进一步细化

2006 年，国务院颁发的《关于推动我国动漫产业发展若干意见》（国办发 32 号）是我国发展动漫产业的纲领性文件。其中第八条规定：支持我国动漫企业开拓海外市场，适当补助动漫产品出口译制经费。通过"中小企业国际市场开拓资金"渠道，积极鼓励和支持优秀国产动漫作品和产品到海外参展。对企业出口动漫版权可适当予以奖励。上述规定对于"动漫产品出口"和"优秀国产动漫作品和产品"没有明确界定。而"适当补助""适当奖励"和"积极鼓励和支持"也没有明确规定补助和奖励的幅度，不利于具体操作，极易挫伤企业的积极性，也会导致政府部门的权力寻租。

2. 重视原创，对服务外包重视不够

2004 年以来，国家政策在突出原创、突出中国元素背景下，对动漫产业的服务外包重视不足，甚至将外包定位于导致我国动漫产业缺乏竞争力的主要原因。事实上，纵观世界动漫产业发展历史，主要动漫产业发达国家均经历过利用本国劳动力价格优势，积极拓展外包出口的发展阶段，与一般产业的代工生产（OEM）起到相同的作用，为产业的品牌战略和产业升级奠定基础。

（二）产业层面

1. 专业的动漫产品外贸公司缺乏

当前我国动漫企业普遍规模小，缺乏专业化国际营销人才和能力，需要专业化的外贸公司为动漫制作公司提供产业支持。而目前国内专业的影视作品外贸公司主要有国营的中国国际电视总公司和中国电影海外推广公司，以及中国电影集团和华谊兄弟、新画面、保利博纳、银都机构等民营的电影制作公司，承担着电视片和电影片的海外发行推广工作。但是，由

于专业的外贸公司数量相对较少，而且现有的电视纪录片和电影大片是我国影视作品外销的主力，外贸公司难有更多的精力顾及动漫产品。同时，与上述国有和民营企业相比，动漫公司进入国际市场的时间要晚得多，在选题、制作理念等多个方面，难以适应国际市场的要求，难以引起专业外贸公司的兴趣。

2. 专业的动漫行业协会缺乏作为

我国各级动漫产业行业协会大多在 2004 年以后成立，成立时间较短，运作不规范，介入动漫企业经营活动的程度低，在动漫产业发展过程中处于边缘化地位。更由于动漫产业大面积深度亏损，动漫企业拖欠会费的现象普遍，使得动漫产业行业协会的经费来源受到限制，抑制了行业协会有效开展工作。原本可以在信息交流、咨询服务、人才培训、行业维权、反映诉求等方面大有作为的行业协会，现在却处于无所作为的状态。

（三）企业层面

大多数动漫企业对出口重视不足。究其原因，动漫企业对国内市场的严峻程度没有清晰认识，对国内市场寄予过高希望。因此，在 2012 年全年 22 万分钟的动画片产量中，绝大多数的动漫作品瞄准国内市场，只有极少量动漫产品可以出口海外市场。具体表现为以下特点。

第一，从动漫产品的内容看，出口海外市场的动漫作品缺少清晰的目标市场和定位，或者将在国内发行的动漫作品直接投放到海外发行，没有考虑国际市场的需求差异；过多强调"民族的才是国际的"，忽视文化折扣对我国动漫产品的影响；制作质量粗糙，难以满足国际市场的需求。

第二，从产品的销售渠道看，大部分出口海外的动漫作品还没有进入国际市场的主流渠道，特别是没有进入主流院线和主流电视系统，产品覆盖面窄，市场影响力弱，不利于产品品牌、公司品牌和地区品牌的培育和形成。

第三，从产品推销形式看，从 2004 年起，政府有关部门组织国内动漫企业参加东京、昂西等国际著名动漫节或动漫展，在世界动漫界刮起了"中国风"，但由于经营理念、文化差异以及组织实施方面的因素，参展效果并不理想，真正达成高质量的输出和合作仍然屈指可数。

（四）学术层面

从世界范围来看，尽管好莱坞大片（包括迪士尼的动画片）在世界各地的影院屡屡卷起吸金狂潮，但主流的国际贸易研究一直默认一般产品为其研究对象，文化产品的国际贸易不在研究范围之内。真正学术意义的研究是从 20 世纪 70 年代初期开始的，当时 Nordenstreng 和 Varis（1973）受联合国教科文组织的委托，对电视节目的流向进行了追踪，发现美国主导了该领域的国际贸易。随后开展的文化贸易研究很大程度是针对美国文化对其他国家的文化侵略，而且主要由传播学者和社会学者开展研究。到了 20 世纪 80 年代后期，加拿大学者 Hoskins、Mirus 和 Rozeboom（1989）才引入了"文化折扣"这一概念，开始了有针对性的研究。时至今日，文化贸易领域的研究成果仍然很零散，没有形成完整的理论体系。因此，文化产品的国际贸易研究长期被遗忘。

在国内，受体制因素影响，长期以来，文化领域重视对外宣传，不重视对外贸易，导致对文化贸易领域的研究长期不能得到重视，不仅对文化贸易研究的学者极少，而且开设文化贸易专业的大学也只有两所。更何况，"动漫"无论作为一种艺术形式，还是作为一种商品形式，都处于以电影和电视为主导的文化产品中的边缘地位。因此，动漫产品的国际贸易研究无可避免处于边缘中的边缘。因此，当 2004 年我国政府积极推动动漫产业发展时，学术界对于动漫产品的特点、经营模式及其国际贸易状况非常陌生，学术研究零散且表面化。10 年过去了，尽管研究文献大量涌现，但鲜见高质量的研究成果。

世界范围内的学术漠视、国内研究的匆促上阵，都不能为中国动漫产业的国际化战略提供有效的理论支撑和决策借鉴，这就直接或间接导致了中国动漫产业在国际化战略问题上的决策失误和产业政策的错位。

上述四个层面既相互独立，又相互影响。例如，动漫企业在产品创意、目标市场选择、推销渠道选择及推销手段等方面的管理水平不能适应国际市场的要求，使动漫企业对国际市场产生了畏难情绪。这种情绪直接影响了政府在制定动漫产业整体发展战略时将国内市场确立为主要目标市场，而无意中又影响了学者们的研究导向，导致更加忽视对动漫产品国际贸易和动漫企业国际化战略的研究，更加难以为动漫企业的国际化战略和政府的外向型政策提供理论依据，使动漫企业更加依赖国内市场。而国内市场由于体制、市场和法律等方面的因素，市场环境极为严峻，造成了行业内85%的企业亏损。由此，产生了政府、企业、学术界在产业发展战略问题上的一致性，也导致国内市场的恶性循环。

三　中国动漫产品对外贸易的发展趋势

1. 从经营模式角度看，联合制片与外包出口是两种主要模式

动漫产业的联合制片与外包出口，既相互独立，又紧密联系。

1985年以来，以深圳翡翠动画公司成立为标志，开始了我国动漫产业的外包历史。近30年时间过去了，外包仍然是我国动漫企业的重要利润来源，既解决了动漫公司的生存问题，又保存了动漫企业的员工队伍和经营实力。更重要的是，通过外包，学习和掌握了动漫行业的国际惯例，提高了动漫企业的管理水平，增进了与国际动漫业界的联系与相互了解，扩大了企业的市场知名度，为进一步的联合制片和原创开发奠定了基础，很多参与外包的动漫企业由此走上了进军国际市场和自主原创的道路。

2005年，上海今日动画影视有限公司与法国公司联合制作《中华小子》，并在法国电视3台播出，取得了良好的经济效益，扩大了中国动画在欧美市场的知名度和美誉度。这是我国动漫产业以联合制片和预售形式进入世界主流市场和主流电视渠道的早期成功案例。其后，北京辉煌动画公司（《三国演义》，2008）、青岛四维空间公司（《小老虎》，2009）、中国电影集团（《藏獒多吉》，2011）、青青树动漫公司（《魁拔之十万火急》，2011）、上海今日动画（《泡泡美人鱼》，2012）、中国动漫集团（《波鲁鲁冰雪大冒险》，2013）分别与日本、法国、韩国等公司合作，均取得了良好的业绩。当前，联合制片已经成为我国动漫企业进入国际市场的有效方式和途径。

联合制片可以使来自不同国家、拥有不同资源和优势的各方联合起

来，参与包括融资、剧本创作、前期制作、中期制作、后期制作和发行的一个或多个经营领域，共同完成一部动漫原创作品，构建一个成熟的产业链条，使动漫公司和投资各方都处于一个赢利可观的良性循环之中。这样，一方面可以使各自不同的优势资源实现互补，增大成功的概率；另一方面，可以分散风险，化解困难。

对于中国动漫企业来说，参与国际联合制片可以获得两方面的显著收益：一方面，从制作的角度看，联合制片从动漫创意开始就有中外各方创作团队的加入，共同协商确定剧本，为适应国内外市场的需求奠定基础；另一方面，从销售的角度看，通过对国外重要的播出和发行系统的预售，取得了 50% ~70% 的制作费用的融资，既解决了动漫企业的主要资金问题，又为动漫产品找到了市场和销售渠道，降低了动漫企业的经营风险，提高了动漫企业的内生活力和生存质量。

通过联合制片，可以使中国动漫企业能够从单纯的中期外包加工向产业两端靠拢。向上游可以参与动漫创意和动漫剧本的确定，向下游可以参与动漫作品的发行和衍生产品开发。同时，通过进入国际市场，能够了解和熟悉市场经济条件下动漫产业经营理念和运作规则，对于仍处于艺术家主导的中国动漫产业来说，尤为重要。

身处全球化时代的今天，必须将全球市场作为自己的经营舞台，在全球范围内配置资源。因此，要运用"外包制作"和"联合制片"的经营手段，尽快走出国门，迈进国际市场，真正实现动漫企业从生存到壮大的跨越性蜕变。

2. 从技术应用角度看，云计算开始介入动漫制作

近 10 年来，好莱坞大片从《泰坦尼克号》《黑客帝国》到《魔戒三部曲》《怪物史瑞克》《功夫熊猫》《阿凡达》等，依靠以计算机集群为硬件的技术手段，制作动画和特效，创造了无可比拟的视觉震撼。无论是影片的整体运算时间，还是单个镜头的工作量，都屡创新高，引领世界动漫产业的潮流，实际上在无形中设立了世界动画电影的画面质量标准，同时也几乎囊括了近十年电影票房的前十名，为全世界电影制作起到了强烈的示范效应。

云计算技术的介入激励着中国动漫产业与世界动漫产业接轨。2009 年12 月，东莞市科技馆发起"科教动漫创意产业联盟"，25 家企业于 12 月

30 日签订协议，共同推进"云计算"在动漫产业中的应用。在 2012 年中国国际动漫节上，中南卡通与阿里云正式对外发布消息，浙江中南集团卡通影视有限公司采用云计算渲染比传统电脑渲染提高了 40 倍效率，并降低了 40% 的成本，阿里云渲染 4 天就可以完成普通专业电脑 2 年 10 个月的工作量。

2013 年 8 月面世的国产首部 3D 动画电影《昆塔·盒子总动员》（以下简称《昆塔》）更是在国际标准引导下的典型代表。在电影筹备之初，《昆塔》的制作方浙江博采传媒有限公司就确立了明确的目标，拍一部国际化的动画电影，这意味着产品本身的质量要符合国际化标准。但是，国内现有的集群渲染技术很难在短时间内完成高精度渲染的要求。如果博采传媒通过自身能力来解决《昆塔》的渲染问题，则意味着需要购买 6000 台服务器，自建渲染农场，耗时可能长达三年，渲染成本也将达到 1.2 亿元左右。迫于资本和时间的压力，对《昆塔》的制作方来说，这几乎是个不可能的事情。而阿里云为此提供了 6700 台高性能计算机，强大云计算助阵后期渲染，日夜不停地进行影片视效渲染，累计计算量超过 1000 万小时，完成全片 12 万多帧画面的渲染工作。而且更为关键的是，费用只需上千万元。

可以预见，随着越来越多的各地计算中心的出现，云计算产业生态的完善，越来越多的动漫公司会采用云计算方式，改善动漫企业的经营，提高动漫企业的竞争力，为中国动漫"走出去"提供技术保障。

四 中国动漫产品对外贸易的发展对策

尽管中国动漫产业在走向国际市场的道路上已经取得了长足进步，但在动漫产业总产值中所占比例仍然较低，对动漫产业的拉动作用还有很大的增长空间。2012 年，我国动漫产业总产值达到 759.94 亿元，而同年我国核心动漫产品出口额为 8.3 亿元，对外出口的产值占动漫产业总产值的比例只有 1.1%。为此，需要动漫业界及社会各界共同创造一个良好的生态环境，促进动漫产业的对外贸易与国际化进程。

1. 业界高度重视

中国动漫产业经过了近 20 年的市场化探索，以及 10 年来的高速发展，已经到了转变发展方式的关键时刻。过去 10 年，中国动漫产业主要以国内市场为导向，依靠"政策红利"，以制度创新和体制创新为第一推手，推动产业启蒙式发展，同时也是粗放式发展。但由于体制和市场等多方面原因，国内市场环境极为严峻，严重阻碍了动漫产业的健康成长。未来 10 年中国动漫产业必须"走出去"，充分利用国际、国内两个市场，以市场需求为主要拉动力，依靠"管理红利"，走集约化发展道路，为中国动漫产业开拓新的市场空间。"走出去"的经营之路，既是对中国动漫产业发展现状的反思与超越，又是对动漫产业发达国家产业发展路径的总结与提升，其前瞻性和指导性必定引领产业的进步和成长，对于促进中国动漫产业的蓬勃发展将产生至关重要的现实意义。

为此，需要业界高度重视，制定相应的整体发展战略：在目标市场选择上，巩固东南亚等传统市场，着力发展美国、欧洲和日本等高端市场。在经营模式上，以外包出口为基础，积极扩大联合制片的应用深度与广度。在出口方式上，从动漫产品出口逐步带动资本输出，从委托代理向海外设立企业法人转化。在产品种类上，从单一的动漫产品向多品种的动画、漫画、游戏及相关产品的深度融合。为了达到上述目标，在制作手段上，加速应用云计算技术，促进制作成本的降低和动漫内容的创新，适应国际市场的需求。在企业管理水平上，广泛吸收我国一般产业国际化经营的成功经验，以及动漫产业发达国家的行业惯例，努力提高动漫企业的管理水平。通过技术与管理水平的提高增强我国动漫产业的国际市场适应能力和国际竞争力。

2. 学术研究先行

过去 10 年，我国发展动漫产业的最重要的教训之一，就是关于动漫产业的学术研究严重滞后于动漫产业发展实践。其主要原因在于动漫产业长期处于经济社会生活的边缘化地位，学术界对于动漫产业关注不够。当国家发出推动动漫产业的号召之后，学术界没有做好相应准备。以致在动漫产业的整体发展战略和政策导向方面缺少理论依据，影响了政策效力的发挥，浪费了大量资本和政策资源。

今后 10 年动漫产业的发展应吸取过去的教训，应以学术研究为先导，以国际化经营为导向，以动漫产业发达国家的国际化经营为借鉴，针对我国动漫产业国际化经营过程中存在的问题，从企业、产业和国家层面开展研究，为国家的政策制定和企业的经营决策提供理论支撑。

更为重要的是，通过学术研究，使动漫企业和政府深刻认同国际化经营对于动漫产业国际竞争力的构建，以及我国文化软实力的培育的重要性和必要性，减少对于国际化经营的担心和顾虑，鼓舞进军国际市场的勇气和士气，从而促进全社会资源围绕国际化经营的有效集结，形成"走出去"的共同愿景与氛围。

3. 企业战略重视

过去 10 年，是中国动漫企业以国内市场为导向的 10 年，是以完善产业链条、以衍生产品开发为主要利润来源的 10 年。而未来的 10 年，是面向国际市场，充分利用两个市场，促进国际、国内两个市场互动的 10 年，是以播出环节为主要利润来源的 10 年。可以说，国际化经营是动漫企业在不同的文化、法律、市场和行业惯例之间的平衡和资源配置，对动漫企业管理水平提出了更高要求。但国际化转型是中国动漫走向成熟的必经阶段，也是提高国际竞争力的必要手段。因此，动漫企业在目标市场、产品内容、产品类型、经营方式、人员构成等方面必须做出相应的调整。例如，以往在国内市场主要以儿童市场为目标市场，而国际市场，特别是发达国家市场是面向全年龄段的观众，动漫艺术的表现内容和表现形式均有所区别。在产品类型上，不仅应关注传统电影动画片和电视动画片，还应关注由于通信技术的发展而产生的手机动漫和网络动漫。在输出渠道上，不仅要进入国际市场的电影院线和电视播出系统，还要进入国外手机系统。尤其需要关注的是，网络技术的成熟，视频网站的出现，为动漫产品的播映和传播提供了新的重要渠道，与前三种渠道相比，后者的传播覆盖面更广，远远超过前三种，而且对于观众更方便观看，不受时间和地点的限制。

尤其需要特别注意的是，在动漫产品内容和表现形式上，要处理好民族性与国际性的关系。一方面，要积极从中国传统绘画写意风格和民族装饰造型风格中借鉴视觉元素，塑造人物造型和场景；从中国戏曲和民歌中吸收听觉元素，刻画人物和渲染气氛。以水墨丹青之妙韵，配以黄钟律吕之谐趣，形成视觉与听觉的完美融合。从而突出区别于美、日等国动漫产品的创作风格，形成我国动漫产品的国际竞争力。另一方面，无论是传统的绘画和音乐表现形式，还是民间传说和历史典故的艺术内容，都闪烁着中国古老哲学"天人合一"的底蕴，对于西方世界的观众来说，有一个接受和理解的过程。因此，在强调"民族性"的同时，还要考虑与国际市场观众需求的妥协与折中，在妥协中求得民族性的张扬。过多强调民族性，难以取得国际市场的认同；过于强调国际性，难以形成我国动漫产品的差异性和竞争力。在妥协与坚持中实现我国动漫产业的国际化经营和中华文化的传播。

4. 行业协会服务

动漫产业的国际化转型需要行业协会坚持服务宗旨，以会员企业的需求为工作起点，针对会员企业业务发展需求设计服务内容和服务手段，在信息交流、咨询服务、人才培训、行业维权、反映诉求等方面开展工作，为动漫企业的国际化经营和可持续发展提供产业支持。

信息交流方面，对于内部会员企业：通过国际市场监测，为行业、企业提供统计资料和年度报告，使会员企业了解最新的市场、价格、技术、管理、法律等方面信息，为会员企业实施国际化经营提供决策依据；对于外部企业和机构：通过出版简报刊物、设立网站，宣传会员企业，为会员企业搭建对外合作的中介平台。通过行业调查和行业统计，摸清产业发展的基础数据资料，掌握产业结构、产品结构、企业规模与效益状况，及时向政府有关部门提供行业信息，反映企业诉求，强化与政府有关部门联系，为政府政策制定和执行提供参考意见。

咨询服务方面，在行业调查和行业统计的基础上，针对动漫企业开展国际化经营所遭遇的困难与问题提出应对措施，对国际化经营的发展趋势进行预测分析。

人才培训方面，从行业发展的角度，充分利用行业协会拥有的信息、技术和人才的优势，通过举办讲座论坛和经验交流会，为动漫企业培训管理人员、技术人员，提高企业人员的国际化经营的素质与能力。

行业维权方面，通过行业调查，充分发挥行业协会在企业与政府之间的桥梁与纽带作用，针对国际化经营过程中的侵权和盗版问题，向政府有关部门及时反映，维护会员企业的合法权益。

商业推广方面，通过举办和组织企业参加各种海外展览会，提供翻译、布展和商务等专业化服务，帮助企业了解国际市场需求，寻找合作伙伴。

5. 政策导向扶持

针对目前的政策短板，创新政策设计，提供全过程、全方位的政策支持。

所谓全过程，是指动漫产品的经营全过程，包括动漫产品的创意环节、制作环节、销售发行环节和衍生产品的开发环节。目前的优惠政策主要针对创意环节和销售发行环节，对于动漫外包（制作环节）和联合制片没有具体优惠政策。而动漫外包是我国当前动漫企业的重要利润来源，对于动漫企业的生存和发展有着重要意义。因此，可以参照我国软件业服务外包的有关规定，使动漫企业享受优惠税收等方面政策。而对于我国动漫企业走向国际市场的重要方式——联合制片，目前尚没有明确的优惠政策。因此，可以借鉴国际做法，出台相应优惠政策。例如，1998年韩国出台了动漫产品记分系统（Korean Animation Score Counting System），分别对于创意的提出、脚本、形象设计、台本、导演等15个选项赋予分值，每部动漫片总分为22分，达到16分视为国产动漫片。如果采用合作制片方式，达到13分或30%的生产成本可视为国产动漫片。这项政策有利于促进韩国动漫产业联合制片的具体实施。又如，中国是合拍协议的签约国，可以参照国际上的惯例，对于我国参与国际合拍制片的项目，并且确实在国际市场取得了很好的票房价值和收视率等市场效益，经过评选可以给予配套补贴，从而达到既引导动漫企业联合制片走向国际市场，又能有利于出精品的政策效果。

所谓全方位是指扶持政策不仅针对动漫企业，所有有助于动漫企业国际化经营的利益相关者都可以得到不同程度政策支持，从而减少过程短板，有利于在全社会范围内调动资源，形成促进动漫企业国际化经营的环境氛围。例如，行业协会是服务动漫企业的主体。我国行业协会大多由行业主管部门转制形成，主要依靠会员缴纳会费生存。而我国动漫产业由于长期处于经济结构的边缘地位，企业赢利水平低，企业自身的生存都是问题，难有动力缴纳会费，拖欠会费的现象十分普遍。导致动漫行业协会大多处于经济拮据的状态，严重影响行业协会的活动开展。因此，我国应在财税和资金支持上加大力度，支持动漫行业协会的设立和活动。在税收上，基于行业协会的非营利性，政府应对行业协会的收入给予更多减税和免税优惠，以促进其可持续发展。在资金支持上，设立政府扶持行业协会发展专项基金，专门用于补贴动漫产业行业协会的发展。在资金拨付方式上，可以采取直接和间接方式。对于建立初期经费确有困难的动漫行业协会，给予必要的公共资金资助。对于在帮助动漫企业"走出去"过程中确实起到突出作用的动漫行业协会可以给予持续、稳定的资金支持，以此调动动漫行业协会的积极性和主动性。政府还可以通过购买协会服务项目，间接实现对行业协会的支持。例如，政府可以授权行业协会进行有关资格认证和作品评奖。

6. 动漫教育配合

我国现有 5000 多家动漫企业，其中 80% 是在 2004 年以后成立的。这些企业大多由动漫艺术家发起或脱胎于动漫工作室，企业主要领导人有着浓厚的艺术家情结。同时，由于企业规模小，平均注册资本只有 160 万元，只好将有限资金用于动漫制作人员身上，无力雇用经营管理类人才，导致动漫企业的生产制作管理、市场营销、财务管理、人力资源管理、战略管理等方面存在严重缺陷，与国际化经营的要求不相适应。

基于这样的背景，提高动漫企业的管理水平就成为当务之急。

第一，从近期看，对现有动漫企业的主要负责人和管理者进行在职培训是可行办法之一。培训的形式可以采取动漫企业主要管理人员参加的 EMBA 学历教育和各种短训班。讲授的课程以实用性和技能性为主，针对动漫企业国际化经营过程中存在的问题，提出解决方案。

第二，从长期看，对现有动漫学院和动漫专业的课程体系进行国际化转型就成为必然选择。现有的动漫专业开设的课程大部分为艺术类课程，如素描、色彩、图案、专业技法等，有少许软件类技术课程，几乎没有管理类课程。专业方向、顶岗实习、校企合作、毕业设计、创新能力培养等其他教学活动均围绕传统意义上的动漫制作展开。而国际化经营不仅要求动漫企业的人员掌握相应的理念和技能，而且需要从根本上提高企业的管理水平，构建国际竞争力。因此，在课程的设置上，应从动漫产品国际贸易、动漫产品国际营销的理论和实务等课程入手，逐步扩展到动漫企业的生产运作管理、营销管理、财务管理、人力资源管理和战略管理等企业管理课程，全面提高动漫专业学生的企业管理视野和学术水平，为动漫企业的国际化经营提供人力资源。

综上所述，通过构建以动漫企业为核心的商业生态系统，创造一个适宜动漫企业"走出去"的宏观和微观环境。相信在不久的将来，中国动漫必然迎来"中国学派"的再次复兴，在世界范围内大放异彩。

中国游戏产业对外贸易年度报告

柴冬冬[*]

随着当代网络信息技术的飞速发展，我国的游戏产业也获得了前所未有的发展机遇，目前已成为年市场销售额超过 600 亿元、消费人数上亿的巨大文化产业门类。在国家文化产业"走出去"战略引领下，游戏产业的海外出口也节节攀升，目前已成长为文化"走出去"的主力军，为国家经济发展做出了重要贡献。然而，中国游戏产业的对外贸易还面临着诸多亟待解决的问题，如海外市场布局不合理、全球化精品缺乏、产品同质化严重及缺乏当地文化认同等，需要国家、企业在多个层面上努力，使游戏产业"走出去"获得源源不断的动力支撑。

一 对外贸易现状

（一）产业概貌

近年来，政策体系的不断完善为我国游戏产业营造了良好的发展环境。2010 年，文化部实施了动漫游戏产业"走出去"扶持项目，最终确定对 16 家游戏企业"走出去"项目进行扶持，支持企业参加海外知名展会、产品译制及海外推广。2011 年，文化部发布《互联网文化暂行管理规定》，并开展《网络游戏管理暂行办法》的评估工作，对网络游戏的经营主体、内容管理、运营活动等诸多方面做出了系统的规定，同时制定了严格的处罚措施，以进一步规范网络文化（游戏）市场，为保障

---

* 柴冬冬，中国人民大学博士研究生。

网络游戏产业的健康发展提供更全面、更具针对性的管理措施。

2012 年，文化部在《"十二五"时期文化产业倍增计划》中进一步明确了游戏产业的发展方向，提出要重点增强游戏产业的核心竞争力，推动有民族特色的、健康向上的原创游戏发展，提高游戏产品的文化内涵，鼓励研发具有自主知识产权的网络游戏技术、电子游戏软硬件设备，优化游戏产业结构，促进网络游戏、电子游戏等游戏门类协调发展。鼓励游戏企业打造中国游戏品牌，积极开拓海外市场，严厉打击网络游戏"私服""外挂"等侵犯知识产权的行为。我国在游戏出口、搭建国际交流平台、完善相关法规、创新人才培养模式等方面给予了多项政策支持，并提出了未来 3 年网络游戏"走出去"的总体目标。

另外，2013 年《国务院关于促进信息消费扩大内需的若干意见》明确提出要全面推进"三网融合"，加快电信和广电业务双向进入。再加上新闻出版总署与广电总局的合并，大部制改革的推进，更为网络游戏出版提供了巨大的发展契机。

总体上看，近年来我国游戏产业仍在进一步向前发展，市场规模逐步扩大，产值不断增加。2007 年我国游戏市场（包括 PC 网络游戏、网页网络游戏、手机网络游戏、PC 单机游戏等）实际销售收入首次突破百亿元大关，达到 107.6 亿元；2012 年这一数字则攀升到了 602.8 亿元，年均增长率达到了 42% 左右。最新统计数据表明，2013 年 1～6 月中国游戏市场实际销售收入已达到 338.9 亿元人民币，比 2012 年 1～6 月增长了 36.4%，2013 年全年的销售收入则有望达到 700 亿元。

中国游戏市场销售主要由三大板块构成，分别是网络游戏市场实际销售收入、移动（网络）游戏市场实际销售收入和单机游戏市场实际销售收入。而网络游戏市场实际销售收入又可细分为客户端网络游戏市场实际销售收入、网页游戏市场实际销售收入和社交游戏市场实际销售收入。2012 年网络游戏市场实际销售收入 569.6 亿元，市场占有率为 94.5%；移动（网络）游戏市场实际销售收入 32.4 亿元，市场占有率为 5.4%；单机游戏市场实际销售收入 0.75 亿元，市场占有率为 0.1%。2013 年 1～6 月，网络游戏市场实际销售收入 313 亿元，市场占有率为 92.4%；移动（网络）游戏市场实际销售收入 25.3 亿元，市场占有率为 7.5%；单机游戏市场实际销售收入 0.6 亿元，市场占有率为 0.1%。毫无疑问，在现有的游戏市场格局中，网络游戏产业是绝对的主力军。

另外，近年来我国游戏企业的数量也取得了稳步增长。根据粗略统计，截至 2011 年底，全国的网络游戏开发运营企业有 820 多家，手机游戏开发运营企业有 250 多家，网页游戏开发运营企业有 320 多家，游戏机类生产企业有 1200 多家，游戏机经营娱乐场所有 31000 个左右。全国游戏行业大小企业有 33590 家。

（二）对外贸易现状

1. 出口方面

与整体游戏市场中网络游戏的"领头羊"地位相对应，网络游戏也已成为最成功的文化"走出去"市场翘楚。2011 年，国产网络游戏的出口额达到 4.03 亿美元，相比 2010 年的 2.29 亿美元增长了 76%。2012 年，国产游戏出口规模继续稳步增长，收入达到 5.87 亿美元，同比增长 45.7%。尽管增速有所回落，但 2012 年新增 54 家公司共计 66 款国产网络游戏出口海外，2010~2012 年，累计出口国产网络游戏产品数量已经突破 260 款，参与出口的网络游戏企业接近 100 家，国产网络游戏海外出口收入稳步增长。

在产品结构上，2012 年出口的国产原创网络游戏中，网页游戏数量增加，达到 103 款，比 2011 年增加 46 款，同比增长 80.7%。

在出口模式上，我国网络游戏走向海外大致有四种不同的运营模式。

第一，授权代理模式。这种模式主要是与国外游戏运营商签署代理合作协议，将产品运营权交给代理一方，出口方则负责提供已开发好的游戏产品，并参与后期的技术层面运营维护和版本升级的一种出口形式。其收益可以包括一次性版权购买费用以及后期运营的提成。这是目前中国自主研发网络游戏最主要也是最为简单和最早的一种出口方式。如完美时空的《诛仙 2·时光之书》《武林外传》《完美世界》（国际版）等游戏的国际运营就是如此。

第二，独立运营模式。主要是指企业具有一定技术、资本实力之后，在海外设立子公司独立运营自身的游戏产品。这种运营方式使企业可以完全掌握海外市场的各种数据，及时了解客户需要，并且独享海外收益，对于以后针对国际市场的研发、母公司的游戏出口也有很大的帮助。近年，随着中国游戏企业在海外运营经验的不断丰富和自身资本实力的增强，很多企业已不再满足于简单授权代理海外出口模式，纷纷展开海外并购，以发展自己的独立运营模式。仅2010年，就发生了3次规模较大的海外收购。九城以2000万美元获得美国网游开发商Red 5 Studios多数股权；完美时空以2100万美元全资收购日本网游代理公司C&C Media，获得100%股权；盛大则通过6000万美元和价值2000万美元的盛大游戏股票，收购美国游戏分销和内置广告平台Mochi Media。另外，其他主流的网络游戏企业，如腾讯、畅游、金山、网龙、麒麟、趣游等都在海外开设了自己的子公司，如趣游的全球分支机构已达到25个。这些企业的海外运营范围覆盖了东南亚、北美、日韩、中国港台等诸多国家和地区。

第三，联合运营模式。主要是指国内企业和国外企业联合运营（包括合作研发并联合运营项目），并进行收入分成。目前，这种模式在海外的应用并不是特别广泛。主要见于一些市场发展较为成熟，竞争异常激烈的地区。比如完美世界在进入韩国市场时，就和韩国知名游戏运营商NEXON公司共同出资，成立一家全新的合资企业，运营管理企业在韩国的在线游戏业务。相较于设立子公司，这种方式更易进入当地市场，能更有效地利用当地企业的营销、服务资源，以及时、有效了解客户需求，降低整体风险。

第四，全球整合模式。这种模式不同于单纯的海外独立运营和联合运营模式，而是基于二者的有机整合。具体是指，网络游戏企业立足全球，通过收购海外游戏企业，将全球游戏产业的设计、生产、运营、服务等资源进行有机整合，进行全球化运作。其海外分支机构完全实行本地化发展，不仅会帮助母公司进行产品研发和运营，同时还在本地进行产品研发。研发出的产品不仅在当地运营，同时在全球范围内推广。完美世界、盛大游戏都采用海外研发全球运营的方式，比如完美世界北美研发团队Cryptic Studios研发的《无冬之夜OL》，是一款由美国人开发的典型的欧美游戏，但其版权却属于中国企业，这款产品不仅会在海外进行运营，同时会引入中国，进而在全球推广。它是在近两年我国游戏产业海外运营经验不断成熟和市场规模不断壮大的基础上出现的。

值得注意的是，随着移动互联网的发展和移动上网设备（主要指智能手机、平板电脑等）的爆炸式增长，一种全新的从制作商直接到平台运营商的（主要指各大移动设备商的网上应用商店，如 App Store）移动网游戏运营模式日渐成熟。借助应用商店的全球性和网络性的全球性特点，使国内游戏制作商的产品一旦成功上传到应用商店就具备进行海外推广并获取海外收入的能力。这种模式除了传统的网络游戏巨头的加入外，更多的吸引那些资本实力不足、不具备海外直接发行能力、不被代理商采购的中小游戏企业。它的存在为丰富网络游戏产品，提升中小企业的开发热情，提供了不可多得的机遇。一些优秀的国内原创移动网游戏作品，如《捕鱼达人》《二战风云》等在进行相应的本地化后，在海外拥有了不错的市场销量。

海外市场分布方面。2012 年出口的中国原创网络游戏总量为 177 款，出口至海外 100 多个国家和地区。出口到中国港、澳、台地区的游戏 113 款，东南亚地区的游戏 110 款，东亚的日本、韩国地区的游戏 79 款。出口到欧洲、北美、南美地区的游戏分别为 50 款、37 款、11 款。2012 年，亚洲地区仍旧是中国原创网络游戏出口的主要地区。

在全部 177 款出口游戏中，有 169 款出口至亚洲地区。其中出口中国港、澳、台的总计 113 款，108 款产品出口到中国台湾地区，69 款产品出口到中国香港，55 款出口到中国澳门。中国台湾地区一直是中国原创网络游戏出口的重点区域。2012 年，这种态势并没有发生变化。出口到东亚的日本、韩国地区游戏数量 79 款。东南亚地区也是中国原创网络游戏出口的一个重点区域，2012 年，中国原创网络游戏在东南亚地区依然保持强劲的发展势头。在全部 177 款出口游戏中，共有 110 款出口到东南亚地区，有 62 款产品出口到越南，61 款出口至马来西亚，51 款出口至泰国，50 款出口至新加坡。上述四个国家成为中国网络游戏出口东南亚的核心区域。2012 年，在加强对亚洲及欧美地区出口力度的同时，中国原创网络游戏对包括巴西、俄罗斯、土耳其在内的新兴市场的出口力度也在不断加强。2012 年，有 33 款游戏出口至俄罗斯，21 款出口至土耳其，11 款游戏出口至巴西。

可见,中国网络游戏的海外出口在东亚、东南亚市场逐渐平稳,在南美、俄罗斯、中东地区逐步开拓,出现了新的增长点。

2. **进口方面**

2012 年,文化部共通过了 53 款进口网络游戏(包括网络游戏资料片)的审批,较 2011 年增加了 11 款。在 2012 年进口的 53 款网络游戏中,由韩国公司开发的网络游戏共有 27 款,占总数的 50.9%;由日本公司开发的网络游戏共有 9 款,占总数的 17%;由美国公司开发的网络游戏共有 8 款,占总数的 15.1%;由中国台湾公司开发的网络游戏共有 4 款,占总数的 7.5%。除此之外,从白俄罗斯、俄罗斯、法国、芬兰、瑞典进口了各 1 款网络游戏。

在 2012 年的 53 款进口网络游戏产品中,客户端游戏 40 款,网页游戏 6 款,移动网游戏 7 款。从网络游戏载体来看,40 款客户端游戏中,韩国 23 款,美国 5 款,日本 5 款,中国台湾 4 款,德国、冰岛和白俄罗斯各 1 款;6 款网页游戏中,美国 3 款,韩国 2 款,日本 1 款;7 款移动网游戏中,日本 3 款,韩国 2 款,法国和英国各 1 款。从游戏类型来看,角色扮演类游戏共有 30 款,射击类游戏 8 款,休闲类游戏 6 款,社交类游戏 4 款,战争策略类游戏 4 款,体育类游戏 1 款,等等。

总的来说,2012 年我国进口的网络游戏产品中仍以韩、美、日等国的客户端游戏为主,运营进口产品公司也以腾讯、数龙、第九城市、幻方朗睿等大公司为主,进口的游戏类型也更为丰富。

二 发展特征

(一) 出口规模不断扩大,新兴市场不断开掘

2007 年以来,随着游戏产业整体迈上一个新台阶,游戏的对外出口也成为我国文化产业出口增速最快的产业。2012 年,共计有 177 款我国自主研发的网络游戏出口海外,较上年增加 35.1%,实际收入达 5.7 亿美元,共涉及完美世界、盛大、腾讯、畅游、趣游、炎龙科技、第七大

道、凯特乐游等传统和新锐企业 40 家。辐射范围既涵盖了传统的东南亚、东亚、欧美等传统的重点出口区域，又进一步向南美、中东、俄罗斯等新兴增长区域扩展，海外市场分布不断合理、完善，中国游戏已经出口到 100 多个国家和地区。另外，除传统的客户端游戏外，网页游戏、移动（网络）游戏、社交游戏（如"开心农场"）成为新的出口增长点。

（二）政策支持力度加大，网络游戏成为主导

自国家确立"文化强国"发展战略，大力推动文化产业"走出去"以来，包括国家新闻出版广电总局、文化部在内的诸多主管部门进一步加大了对游戏产业的相关政策支持力度。国家新闻出版广电总局的"中国民族网络游戏出版工程"与"中国原创网络游戏海外推广计划"对扶持国产原创网络游戏精品力作及优秀企业，推进我国网络游戏企业"引进来"与"走出去"，积极参与国际市场竞争，扩大国际合作与交流起到了重要的推动作用。2012 年，新闻出版总署又推出"数字出版内容国际传播平台应用示范项目"，将具有国际运营与服务价值的内容以符合用户消费行为的形式，聚集在中国数字文化国际传播服务平台上，并与主要的全球数字内容销售渠道实现对接，从而实现中国优秀文化内容资源"走出去"。该项目的实施，也将极大地促进中国网络游戏走向海外。与此同时，由中国出版协会游戏工委联合社会力量举办的中国游戏产业品牌活动国际数码互动娱乐展览会（China Joy）也已经成为国内外游戏出版企业展示新产品、交流新经验、研讨新趋势、进行商务洽谈的重要平台，为游戏产业的对外贸易提供了重要契机。整体看，2012 年，网络游戏成为文化"走出去"战略的重点支持产业，良好的政策环境为我国游戏海外市场的增长发挥了重要的拉动作用。

（三）出口模式多元并存，全球化意识确立

近年来，我国游戏企业的海外运作模式已摆脱了单纯的版权授予模式，走向了独立运营、联合运营、全球整合（包括应用商店式的全球互联网销售）等多渠道并重的多元模式。一些有实力的国内大企业如完美时

空、腾讯、盛大等正在不断通过并购、合作等方式，组建自己的全球运作产业链，参与全球游戏产业的竞争体系中，涵盖了游戏研发、发行、宣传等产业链的多个环节，一种垂直整合运作模式正在逐步建立。应该说，全球化已经成为整个行业的共识，最突出的表现是产品批量化的出口趋势。以往，中国网络游戏都是各个企业借助自身的出口渠道实现产品的出口，而进入 2012 年，"抱团出海"模式逐渐成为共识，一些具有实力的网络游戏企业整合自身海外渠道和相关经验，搭建了海外进出口平台〔如完美世界为网络游戏产品进出口而打造的完美世界海外进出口平台（PWIE）于 2012 年正式推出，截至 2012 年底，入驻 PWIE 平台的产品超过 180 款〕，以一种开放的运营模式将这些资源与其他企业特别是一些中小游戏企业共享，帮助这些企业走向海外。

（四）国产游戏份额加大，文化影响不断增强

贸易数量方面，2012 年，我国有 177 款原创网络游戏出口，进口数量为 53 款；市场比例方面，进口游戏在我国的市场份额为 41.3%，而我国自主研发的互联网游戏产品则在国内占据了 58.7% 的市场份额，运营收入达到 314.7 亿元，同比增长 23.8%。可见，相较于其他文化产业门类，我国游戏产业实际处于顺差状态，而越来越多的出口份额也意味着我国游戏产业对外和对内综合影响力的增强。这种影响力不仅仅是对我国游戏产品认知度和海外运作模式的认可，更深一层的是对中国文化的认可。事实上，在中国出口的游戏产品中，蕴涵中国传统文化的游戏题材一直是出口的热点，特别是在东南亚市场备受欢迎。在 2012 年的美国 E3 展以及德国科隆游戏展上，包括《笑傲江湖》《九阴真经》等中国网络游戏受到外国用户的广泛好评，海外用户对中国游戏在内容、动作以及引擎技术创新等方面都给予了高度认可。此外，一些全球知名的海外游戏开始尝试将中国文化元素加入游戏中去。如《暗黑破坏神 3》设置了新职业武僧，《异域》所有的战斗基本包含着中国传统的五行元素，体现了海外市场对中国游戏（文化）的借鉴，也是我国文化凭游戏走向世界的重要见证。

三　问题与对策

（一）以精品大作实现差异化突围，走重点突破与协同带动之路

尽管近年来我国游戏产业在海外市场规模不断扩大，营收也逐步提升，但很多游戏在题材、内容、玩法上大同小异、"换汤不换药"，存在着严重的同质化现象。不仅如此，中国游戏还在技术创新上乏力，缺乏如《魔兽世界》等能够影响全球的精品化制作。同质化和平庸化的产品，一方面可能使国内同行之间恶性竞争，扰乱整体对外市场布局，降低我国游戏产品的海外竞争力；另一方面容易造成玩家的审美疲劳，降低对中国游戏产品的品牌认可度，总体上不利于我国游戏产业对外出口的健康可持续增长。因此，必须在保持出口规模性增长的同时，注重提升产品的技术水平、创新水平、差异化水平，效仿国外领导企业的产品推出模式，倾力打造数款既保有中国特色，又融合世界游戏产业发展大趋势，具有全球普适性的游戏精品之作。事实上，得益于全球互联网特别是移动互联网的急速发展，国外的游戏产业也处于"井喷"状态，其数量、题材、类别、操作模式等也是多种多样，令人眼花缭乱，当然也不乏同质化现象。因此，如何从既存在市场、文化壁垒，又竞争极其激烈的异地市场脱颖而出就成为中国游戏企业面临的最基本问题。此时，强调产品的差异化，走精品突破路线对我国企业而言就显得不可多得。同时，还应加强产品的品牌化运作，在后续产品跟进和后期服务上不断完善，注意协同衍生资源（如同时推出多个版本及注重游戏对其他相关产业的协同带动等），走"重点突破与协同带动"的海外游戏发展模式。

（二）以目标市场需求为基准，研发、推广游戏

从实际出口结构看，我国游戏产品出口最多的市场集中在中国港澳台、东亚及东南亚三个地区，占据整体出口量的半数以上。其中主要原

因就在于这些区域位于我国的周边，在历史上不同时期均受过中国文化的影响，与我国的贸易交流活动一直比较频繁，因此文化折扣相对较低，对带有中国风格的游戏产品接受度高。而西亚、欧美及非洲、南美洲等市场却不同，它们在文化、信仰、习俗、价值观、历史上均与我国存在很大差异，历史上与我国的文化交流活动也不频繁，因此一直是我国游戏出口的薄弱地区。当然也跟某些地区经济不发达、网络基础设施不健全有很大关系，但我们更应看到的是，总体文化结构上的差异造成了现状使然。

当然，文化折扣是不可避免的。我国游戏行业在正视这一现实基础上必须努力降低文化折扣带来的消极影响，这主要依靠企业在研发产品时明确其市场定位，即企业在明晰我国游戏出口海外市场的分布现状基础上，针对目标市场的文化特点、互联网及经济基础划分市场梯队，按照不同市场的文化接受诉求推出不同的产品。以目前的实际出口格局看，我国海外游戏市场大致可分为三个层级，中国港澳台、东南亚及日韩为第一梯队，北美和欧洲为第二梯队，南美、中东及非洲地区为第三梯队。因此，我国游戏企业应当充分认识这一现状，在实际"走出去"过程中采取先易后难、由浅入深的总原则。在推出产品时在题材、背景设计、内容选择、玩法上首先利用目标市场熟悉的本地文化符号，然后再植入中国文化元素，如此才有可能降低文化折扣，更易于被当地消费者接受。即便无法完全做到以当地人的价值观、思维模式从事游戏的研发、设计，也应努力寻找横跨区域、种族、语言的共鸣因素，本着求同存异、具体问题具体分析的原则进行海外推广。同时，无论是企业自身抑或是政府机构都应建立完备的调研评估体系，在上马、审批项目时，都应对推广区域予以调研，对项目整体风险、收益进行评估，做到产品市场定位上的精准无误。此外，在具体的运营过程中也应当灵活多变，可先授权代理运营，待取得一定成绩后再寻求自营。

（三）完善游戏人才培养链，实现核心研发层和外围协同层并行发展

从根源上讲，中国游戏产业的"走出去"，最关键一环还是在于人

才（管理、研发、推广等）的培养。尽管目前全国各大专院校竞相开设游戏开发相关专业，但从实际从业者数量和从业者水平（专业素质及工作经验等）上看，与游戏产业发达国家相比，我国还存在不小差距，特别是高端创意性人才和管理人才的匮乏，已构成制约游戏产业全面发展的瓶颈。对此，我国必须着力加快游戏专业人才的培养，使其从流于形式的口号层面，转向切实可行的操作层面。使游戏人才的培养，既要注重基础性、普遍性，又要突出重点性、针对性；既要涵盖核心的研发层面，又要涉及调研、策划、美术、技术、测试、管理、维护等诸多环节，着力打造合理的、完整的游戏人才培养链条。具体来说，应当做到以下几点。其一，继续建立健全大专院校的游戏人才培养机制，使其涵盖由职业教育到大学的各个层次。其二，由国家出面设立各种游戏产业激励机制，比如设立游戏设计奖项、创意奖项，对乐于从事游戏行业且取得一定成就的人才给予适度的资金奖励和相关考试优惠。其三，纠正网络游戏在公众中的不良印象，使公众对游戏文化形成正确认识，千方百计制止游戏引发的不良社会问题，营造健康良好的游戏文化氛围。其四，可参考韩国的模式（韩国先后成立韩国游戏产业振兴院、韩国软件振兴院、影像物等级委员会、游戏文化振兴协议会等诸多专门机构协助游戏产业的发展）设立相关的游戏研究院、游戏学院等专门机构，进行游戏人才的培养和游戏技术、文化的研究。

（四）进一步完善政策布局，引导游戏出口有序发展

目前我国在游戏产业对外贸易方面的政策布局并不完善，应着力做好以下几点。一是进一步完善相关法律体系，采取有效措施保护知识产权，为国产游戏企业提供适度的贸易保护措施，严厉打击抄袭、恶性竞争等不良行为。我们知道，一些企业为了盲目求得海外市场份额，或是直接复制抄袭他人创意成果，或是以低俗不健康内容为题材，这不仅扰乱了出口秩序，而且使海外市场对中国原创游戏能力和水平产生了误解，长此以往，不利于中国游戏的品牌形象建立和海外运作的健康发展。二是加大资金和税收支持力度，建立鼓励支持游戏出口的财税机制，鼓励金融企业加大对游戏企业的支持力度。积极倡导鼓励担保和再担保机构

大力开发支持文化产业发展、文化企业"走出去"的贷款担保业务品种。三是积极组织参与各种展会与赛事，扩大与深化对世界各地区游戏产业机构、组织的交流，并建立合作机制，向海外大力推广中国游戏。国内方面，应继续做大、做好 China Joy 等国际型的游戏展览会，在国外要积极参加东京电玩展、德国科隆游戏展及美国 E3 等全球知名的大型游戏展会，使中国原创游戏走上世界游戏产业交易展览平台。此外，还应当充分利用中国（深圳）国际文化产业博览交易会等大型赛事，举办"游戏产业论坛"及大型电子竞技赛事，向世界推广中国游戏，扩大中国游戏产业的世界影响。

（五）突破重娱乐传统，大力发展工具化、应用性游戏项目

尽管中国游戏产业对外出口开展得如火如荼，景象蔚为大观，但其性质却几乎无一例外都是消遣娱乐。这里的问题是，尽管游戏在多数情况下是以人的休闲娱乐为基础，然而我们不能忽视的是，游戏作为一种应用性工具所产生的社会价值却一直存在。事实上，在游戏产业高度发达的美国，早在 20 世纪 90 年代伊拉克战争时期，其军方就以计算机游戏实战模拟来训练士兵，成效较为明显。不仅如此，游戏在医疗、教育、航空等领域都存在极大的价值。相关实验表明，简单的 2D 幻幻球游戏和宝石迷宫游戏使参与者的压力平均减轻了 60%，原因在于其能够分散游戏者的注意力，美国东卡罗李纳大学的卡尔门罗尼洛博士认为："研究结果赋予游戏以新功能，我相信在抑郁症等疾病的治疗方面也能够广泛运用。"也就是说，游戏在工具化方面具有广阔的市场前景，特别是在游戏已经获得更多社会认可的欧美市场，则更是如此。因而，我国游戏企业应适时在工具游戏领域发力，开启海外出口新的增长极。

目前的情况是，中国的游戏产业本身还处于一个低端发展阶段，基本上游戏是作为发展经济和休闲娱乐的手段，游戏的深层价值还未得到有效的发掘和主流的话语认可，这势必会影响到企业的对位投资，进而在相应的海外市场也难以获得竞争力。因此，当务之急在于：一方面，政府加速出台措施引导社会舆论，刺激应用性游戏在相关行业的需求，从而拉动企业投资，以带动出口的增长；另一方面，企业应当在海外市场积极发掘目

标客户，迅速进入工具游戏市场。值得欣喜的是，我国第一款由军方主导研发的军事游戏《光荣使命》已经诞生并正式投入市场，而也有资料表明解放军新兵战士借助"光荣使命"网上对抗赛对提高射击水平起到了很大的促进作用，可见，如果运用得当，工具化应用性领域将成为游戏产业新的刺激增长点。

（六）以社会效益为突破口，加速推进游戏新形象的建构

游戏的休闲娱乐性在现实生活中往往被抛入片面性论断中，即认为游戏会使人不务正业甚至暴力、堕落，游戏似乎天然就具有不良导向，特别是当下青少年网络成瘾所造成的不良社会影响更使游戏成为"洪水猛兽"的代名词。应该说，关于游戏的片面性言说，恰恰成了当下游戏产业发展的重要阻碍因素。实践已经证明，经济的发展离不开其所在的社会场域，社会场域的内部结构、整体话语氛围间接影响着经济的结构、方向及需求。以此来说，我国面临的问题是：一方面，整个社会经济需要依托于游戏产业的积极带动，以寻求新的增长点；另一方面，游戏的形象并未在主流社会话语中获得新的阐释，仍被贴上不良的标签。如此，就造成了游戏产业需要继续深化发展以带动经济前行但却未获得基础性的社会话语氛围支撑的问题，究其原因，可能与我国目前政策体系的不完善、大众观念尚未完全转型、游戏企业的运营与推广、游戏产品不良性被放大及其自身固有的娱乐性相关。如若无法处理这一问题，我国游戏产业就无法获得最自由的发展空间与最强有力的动力支撑，其对外贸易也就更无法取得实质性突破。

破解这个问题的对策在于，以经济效益的成功助力社会效益的突破，建构游戏的新形象。其一，已取得良好经济效益的游戏企业当加快回报社会（国内和国外），加大对慈善事业、社会事业的资助，为自身品牌赢得好的口碑。其二，在产品开发上游戏企业当以质量上乘和内容健康向上为中心，特别是在国外市场，它直接关系着我国文化产品的整体形象建构。其三，加大对工具性游戏的投资，让游戏真正从可有可无的"副业"变成不可或缺的"正业"。其四，政府加快出台相关措施着手解决未成年人网络游戏成瘾问题，暴力、色情、赌博等违法内容问题，虚拟游戏物品及财

产问题三大直接影响游戏形象的主导问题，具体可从健全法规与舆论导向着手，此外政府主管部门也要摆正自身对游戏产业的矛盾心态，确立发展健康与实用的游戏产业总方针。总之，游戏社会效益的扩大，将直接影响整体社会态度的改善，是游戏产业持续发展的必要基础，当游戏成为健康、实用的象征后，无论是国内市场还是国外市场，我国游戏产业都将具有获得突破式发展的前提。

（七）加大单机游戏研发投入，进一步优化出口结构

同网络游戏的出口"领头羊"地位相比，单机游戏出口无论是数量还是影响似乎都显得微不足道，这也同国内整体的游戏市场格局相对应。应该看到，当前的单机游戏市场还存在很大的开拓空间，欧美单机游戏《使命召唤8》首日在欧美销量就达到650万份，半个月销量达到了10亿美元。然而，我们仍未开发出一款风靡全球的能够同FIFA系列、NBA系列、极品飞车系列、荣誉勋章系列、使命召唤系列、超级房车赛系列等国外知名单机游戏相抗衡的产品，更别说形成产品系列，只有《仙剑》系列刚刚开始在韩国崭露头角，但仍未在全球获得广泛认可。因此，在着重发展网络游戏和移动游戏的同时，单机游戏的开发也应被提上日程。特别是当今网络游戏面临着同质化和劣质化的现状，用户兴趣度呈下降的趋势，单机游戏的零花费、即时性与自主性将会吸引更多的用户，可以说，开发数款精品单机游戏可成为厂商弥补市场缺失的重要策略。

从实际产业发展现状看，单机游戏应向创意性和精良性两个方向发展。创意性更多指向了对硬件要求不高的小游戏，它更注重可玩性和趣味性。精良化则指向了对PC配置要求更高的大型游戏，由于大型单机游戏具有更好的视听效果与更专业的操作性，因此它更注重游戏的体验性。特别是当下个人电脑硬件配置的普遍提高，制作精良的单机游戏将会受到更多的用户青睐。需要特别注意的是，大型单机游戏的开发除了需要雄厚的技术实力以外，还需要良好的品牌形象建构，要知道国外的知名单机游戏大多以系列的形式不断推出，其更注重以一种品牌的形式聚拢与保持用户群。特别是在竞争激烈的国际市场，大型单机游戏的推出，定要经过充分

的论证、调研与技术打磨。此外，我们还应注意到当下的单机游戏网络化倾向，开发单机游戏在考虑到网络的交互性功能时，应当尤为注意保持单机游戏的核心游戏性，做到定位的精准。

四 趋势展望

（一）海外出口将持续增长，网络游戏仍是出口主力军

尽管目前世界整体经济形势不容乐观，特别是中国游戏企业海外上市步伐趋缓，融资金额呈现下滑状态（如盛大网络退出纳斯达克，联游被纳市摘牌），但从近十年出口形势和目前国内游戏企业发展态势来看，中国游戏的海外贸易仍将持续增长。随着互联网的全球化普及，以网络为基础运行的游戏仍是国际市场的主力军，因此我国的游戏出口，仍以网络游戏为主。2013 年 1~6 月，中国自主研发网络游戏海外出口实际销售收入达到 29.5 亿元，比 2012 年 1~6 月增长了 161.1%，半年的增长率是 22.7%。可见，网络游戏仍以较快的速度增长。这与中国游戏企业较好的产品定位、市场营销与持续增强的产品品质不可分割，随着企业综合实力和运营经验的不断提升，未来中国游戏的海外影响力将日渐增强。

（二）移动网络游戏和网页游戏将成为重要的出口增长点

2012 年，我国网络游戏出口已经形成客户端游戏、网页游戏、移动网络游戏等全面发展的趋势，客户端网游的一家独大情况已经一去不复返。2012 年，我国原创网页游戏海外出口实际销售收入为 2.28 亿美元，较上年增长 79.5%，而原创移动网络游戏海外出口也较上年增长 33.3%，达到 0.08 亿美元。这与移动游戏和网页游戏投资小、回报快、风险低及受众基础广泛密切相关。此外，国外市场在知识产权保护、市场运作秩序及付费模式上，有着较好的环境，这也促使很多传统的游戏开发商和新兴的移动游戏研发商特别是中小企业，增加了对海外移动游戏市场和网页市场的研发热情。仅从网页游戏看，目前国外某些区域的发展不一定就比国内更

好，如昆仑万维就看准了日、韩网页游戏市场的相对滞后，而做到了日、韩网页游戏市场的第一名。另外，苹果 APP Store 为全球 155 个国家或地区提供服务，安卓智能手机在全球市场占有率更是超过 70%，这使得 APP、安卓具有了天然的国际性，而移动网络游戏则是用户在 APP 及安卓上最为主要的一个应用，应该说移动游戏也有巨大的发展机遇和空间。因此，我国游戏企业应当以海外市场的现实情况来调整自己的产品结构，对新兴游戏门类予以适当的关注。

（三）"引进再输出"模式将成为游戏出口的又一重要突破点

所谓"引进再输出"是指通过引进海外知名 IP（动漫、游戏、影视等）形象，然后融合进中国文化元素进行二次创作，在国内市场磨合之后，再推向海外。这种方式的优势在于它借助海外市场熟悉的视觉形象进行产品推广，有效地提升了观众接受度，相对降低了文化折扣，为企业迅速占领市场赢得了先机。2012 年获得金翎奖，并且在国外颇受欢迎的网络游戏《圣斗士星矢 Online》采取的就是这种方式。因此，在当前文化折扣仍是我国对外文化出口的一大阻碍因素以及我国游戏产品还相对缺乏世界知名形象时，采取"引进再输出"模式将会成为我国游戏出口的又一重要突破点。不管怎样，对外文化贸易的最重要原则还是在于经济价值，如何以最有效的方式开拓市场以获取经济利益，才是文化企业"走出去"首先需要考虑的问题。

（四）全球整合运营是未来企业全球化的必然趋势

随着经济全球化的进一步深入，游戏企业进入全球资本运作体系将成为行业发展的必然，这就需要企业整合全球的研发设计、生产推广，构建全球化产业链条，走因地制宜的多元运营之路。2012 年，许多走向海外的新游戏都充分了解市场需求和运营规则，寻求全球优质的游戏资源，以实现效益的最大化。比如《九阴真经》在美国的成功推广，就借鉴了当地企业的策划理念；完美世界的《圣斗士星矢 Online》借助全球资源整合、文化引进再输出等创新方式，提升了自身在世界市场的竞争力。

（五）依托"开放平台"是未来中小企业"走出去"的主流模式

网页游戏和移动网络游戏的快速增长，将带动大量的中小企业走出国门，然而中小企业由于资金、技术、管理等方面的劣势，尚无能力建构自己的全球化运作体系。此时就需要借助大企业的平台，以营收分成的形式，共同开拓海外市场。事实上，大企业也需要弥补自身资源上的短板，与小企业合作，实现共赢。在市场环境的驱动下，2011年开放平台模式逐渐流行开来，并受到了业界的重视。腾讯、完美、360等大企业开始搭建自有平台，通过企业的用户资源或是海外运营资源，吸引小企业合作运营网络游戏，并参与营收分成。此举有效地推动了市场份额的扩展，提升了中国游戏产业在海外的整体竞争力。可以预见，这一趋势将在未来成为主流模式。

中国艺术品进出口贸易分析

王长松　杨　乔[*]

艺术品贸易已经成为世界经济舞台上一个蓬勃发展的新兴领域，经济全球化的日益深化更加速了艺术品的跨国流通，形成一个全球性巨大的艺术品市场。文化部文化市场司在《2012中国艺术品市场年度报告》中指出，2012年，我国艺术品市场在国内文化产业九大类中排名第一，占据重要地位。

不同于一般贸易品，艺术品往往体现了一个地区、民族与其祖先活生生的联系。除了具有一般产品上的经济价值，它更多代表了科学、历史、文化、艺术及美学价值等诸方面的意义。同时，艺术品作为文化产品的重要内容，还体现了一个国家、民族或团体的成就、价值和信仰等方面，在形成共同的身份认同感和归属感进程中发挥重要作用。

2012年，商务部等十部委发布的《文化产品和服务出口指导目录》指出，艺术品是具有弘扬中华民族优秀传统文化、有利于维护国家统一和民族团结、有利于发展我国同世界各国人民友谊、具有比较优势和鲜明民族特色的国家重点文化出口品种。因此，研究艺术品的进出口贸易，对发展繁荣我国的文化产业，进而弘扬我国优秀文化具有重要的现实意义。

近年来，中国文化产品和服务"走出去"步伐加快，竞争力不断增强，取得了较大的进展。2010年，核心文化产品和服务出口额分别达到

---

　　* 王长松，对外经济贸易大学公共管理学院讲师，文化与休闲产业研究中心副研究员；杨乔，对外经济贸易大学硕士研究生。

116.7亿美元和30亿美元。2011年，核心文化产品进出口总额为198.9亿美元，同年1–7月，艺术品出口份额最大，出口额为42.8亿美元，同比增长27.6%；视听媒介的出口排名第二，出口额为23.6亿美元，同比增长28.2%。

一　艺术品的界定与数据统计

艺术品是典型的具有文化内涵的文化产品。联合国教育科学及文化组织（UNESCO）把文化产品定义为"传播思想、符号和生活方式的消费品。它能够提供信息和娱乐，进而形成群体认同并影响文化行为"。艺术品的突出特点是物质生产与文化内涵相结合，以实用物品或装饰用品为载体，同时具有审美性和艺术性，体现文化价值。

所谓艺术品国际贸易，是指艺术品在国际的跨境交易或交换。按照艺术品国际贸易中的流向，可以将艺术品国际贸易分为艺术品出口贸易与艺术品进口贸易。艺术品出口贸易是指在异国将本国出产或者收藏的艺术品与其他国家（地区）进行交易或者交换的活动；艺术品进口贸易是指一国与其他国家（地区）交易或者交换由该国（地区）出产或者收藏的艺术品的活动。

我国没有专门的统计文化贸易的数据资料，统计艺术品国际贸易的数据资料更是少之又少。相关部门对文化产品和服务进出口数据的收集渠道、统计口径都有差异。如新闻出版总署统计图书音像产品进出口数据，国家版权局统计版权贸易情况，海关对部分硬件类文化产品进行统计，然而这些数据又各有统计标准。其中，海关统计标准采用国际通用的《商品名称及编码协调制度》，简称《协调制度》（Harmonized Commodity Description and Coding System，HS）。这已经成为国际贸易管理的重要基础和工具，应用于现行的关税及进出口环节税（消费税和增值税）的征收、原产地管理、检验检疫、军控和环保管理以及我国实施的各类非关税措施。

《协调制度》按商品的生产门类、自然属性和功能用途分为21类97章，共由6位品目和子目、4个层级构成。其中艺术品主要集中在第97

章，其他文化商品分散在其他品类（见表 1）。

表 1　《协调制度》中艺术品名类

章　目	编　号	商品名称
第 97 章　艺术品、收藏品及古物	9701	油画、粉画及其他手绘画，但带有手工绘制及手工描饰的制品或品目 4906 的图纸除外；拼贴画及类似装饰板
	9702	雕版画、印制画、石印画的原本
	9703	各种材料制的雕塑品原件
	9704	使用过或未使用过的邮票、印花税票、邮戳印记、首日封、邮政信笺（印有邮票的纸品）及类似品，但品目 4907 的货品除外
	9705	具有动物学、植物学、矿物学、解剖学、历史学、考古学、古生物学、人种学或钱币学意义的收集品及珍藏品
	9706	超过 100 年的古物

二　国际艺术品贸易市场的发展概况

在 2012 年国际商品贸易中，第 97 章商品进出口数量为 14951855 件，金额共 622182098 美元。2013 年上半年，第 97 章商品进出口数量为 6053254 件，金额共 453962129 美元。

海关统计数据显示，第 97 章商品 2012 年和 2013 年上半年国际出口额变化不大，其中，日本、美国、中国香港、英国、加拿大及荷兰占据大部分出口市场；而进口额变化较大，2012 年进口额最多的 6 个国家或地区分别为中国、英国、印度、美国、中国香港和法国（见图 1），而 2013 年上半年则变为泰国、法国、美国、俄罗斯、中国香港和中国（见图 2）。泰国进口数量及金额得到很大提高，中国进口金额总排名略有下降，而印度则被挤出前 20 位之外。当然这些变化也与 2013 年统计数据信息不全有关，但可以肯定的是 2013 年第 97 章商品的交易金额将远远超过 2012 年。

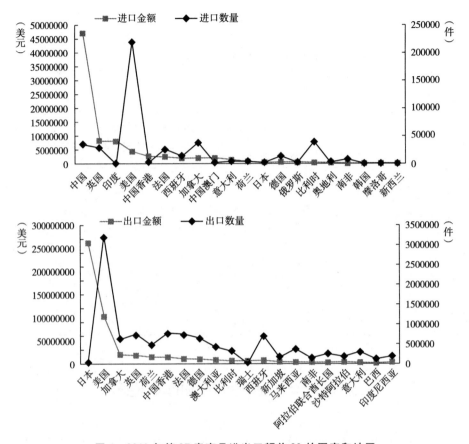

图1 2012年第97章商品进出口额前20的国家和地区

三 中国艺术品进出口贸易的特征

从统计出来的数据来看国际艺术品进出口市场，美国、日本和英国等国家仍为艺术品贸易大国，中国保持较大的贸易顺差。而中国香港地区始终占据了巨大的艺术品贸易市场份额，其今后的贸易力量不可小觑。

1. 艺术品进出口额总体顺差

2012年1月到2013年6月，我国艺术品进出口总额逐年递增，且增速较大。总体来看，2012年，出口增速远大于进口增速。但2013年2月以来，艺术品进口额飞速发展，进出口贸易差额逐步缩小。与我国文化贸

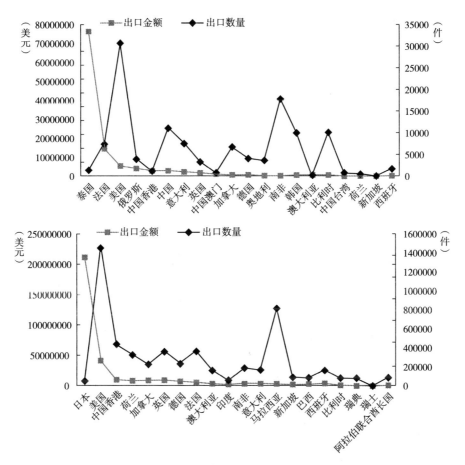

图 2　2013 年 1～6 月第 97 章商品进出口额前 20 的国家和地区

易总体逆差的状况不同，艺术品的对外贸易总体为顺差，且与发达国家的顺差有逐年扩大的趋势（见图 3）。

我国艺术品进出口总额虽逐年递增，但波动较大。2012 年，艺术品的出口经历了两个飞速发展阶段，一个是 3～5 月，另一个则发生在 11～12 月。月际出口额在 12 月达到了顶峰，为 76597000 美元。而 2013 年，艺术品的出口额月际波动较大，且整体出现下滑趋势。2012 年，艺术品进口额变化不大，虽在 5～7 月经历了较大的波动，但整体发展平稳。3 月最低，为 1024000 美元，6 月为峰值，达 34086000 美元，与 2011 年各月相比都有所增长，5 月增幅最大，为 144.9%（见图 3）。

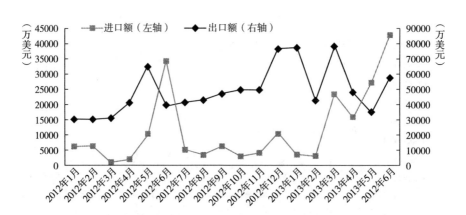

图3　2012年1月～2013年6月中国第97章商品进出口额变化

2. 出口市场较集中

我国的艺术品出口目的地主要集中在日本、欧美等发达国家。其中日本是我最大的出口国，除日本、美国和欧盟各国外，中国香港也是我国艺术品的主要出口地区。我国艺术品出口目的地国家（地区）前10位依次是：日本、欧盟、加拿大、英国、荷兰、中国香港、法国、美国、德国和瑞士。2013年上半年，泰国成为我国艺术品第二大出口目的地国家（见图4、图5）。

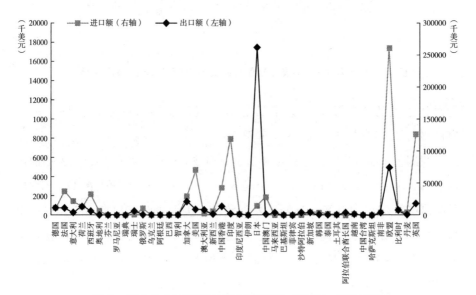

图4　2012年中国第97章商品贸易国（地区）进出口额

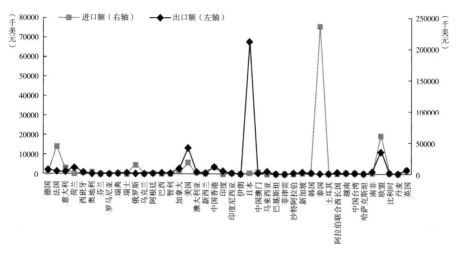

图5 2013年1～6月中国第97章商品贸易国（地区）进出口额

四 结语

1. 中国没有单独的艺术品贸易数据统计，散落在各个相关部门，统计口径差异较大，致使研究艺术品进出口贸易不够精确。因此，完善文化贸易统计系统，特别是艺术品贸易统计系统势在必行。

2. 以海关统计中的第97章商品为例分析艺术品进出口贸易情况发现，中国艺术品贸易存在顺差现象。中国艺术品的出口能力具有巨大的优势，在将来的艺术品贸易中需要继续保持这种优势，并不断提升科技含量和服务质量，营造品牌产品。

3. 中国艺术品的主要出口市场为美国、日本、欧盟，还有中国香港和台湾地区，因此，需要深度挖掘其他国际市场，减少"文化折扣"的影响，培养文化"走出去"的能力。

附表1　2012年和2013年1~6月第97章商品进出口额前20位国家（地区）

单位：千美元

2012年						2013年1~6月					
国家和地区	进口数量（件）	进口金额（美元）	国家和地区	出口数量（件）	出口金额（美元）	国家和地区	进口数量（件）	进口金额（美元）	国家和地区	出口数量（件）	出口金额（美元）
中国	35028	47037884	日本	45482	263110633	泰国	1320	76185200	日本	49249	213262930
英国	29428	8462360	美国	3223566	102129492	法国	7469	14069972	美国	1453273	41114258
印度	488	8022219	加拿大	629864	20945439	美国	30752	5507372	中国香港	435067	10303291
美国	219845	4504659	英国	753074	18159616	俄罗斯	3968	4218757	荷兰	315153	8709227
中国香港	3256	2782801	荷兰	489084	14874696	中国香港	1304	2880953	加拿大	225157	7957129
法国	25892	2492389	中国香港	771381	14399906	中国	10967	2808120	英国	359323	6483045
西班牙	14340	2147445	法国	768492	11269202	意大利	7481	2285485	德国	231528	5963418
德国	38174	1947776	德国	647010	11054627	英国	3261	1523506	法国	357267	4311936
澳大利亚	2062	1836534	澳大利亚	438535	8376204	中国澳门	809	886648	澳大利亚	163422	4144235
比利时	3858	1382637	比利时	324900	6655982	加拿大	6671	776631	印度	54510	3342090
瑞士	4519	901779	瑞士	11321	6259706	德国	4203	661989	南非	142629	2728366
日本	3513	731827	西班牙	719662	6201930	奥地利	3686	422658	意大利	167285	2697116
新加坡	12713	684363	新加坡	165777	4262694	南非	17800	405074	马来西亚	90143	2209395

续表

国家和地区	进口		国家和地区	出口		国家和地区	进口		国家和地区	出口	
	数量（件）	金额（美元）		数量（件）	金额（美元）		数量（件）	金额（美元）		数量（件）	金额（美元）
			2012 年						**2013 年 1～6 月**		
俄罗斯	2293	621514	马来西亚	370519	3512842	韩国	9870	311657	新加坡	81672	2143665
比利时	39122	511840	南非	158693	3268232	澳大利亚	283	298020	巴西	86366	1910945
奥地利	2722	351058	阿拉伯联合酋长国	258351	2994876	比利时	10034	198288	西班牙	155507	1871036
南非	7687	293048	沙特阿拉伯	193681	2864069	中国台湾	785	177895	比利时	74302	1551743
韩国	991	287541	意大利	309956	2759298	荷兰	523	162430	瑞典	67150	1203931
摩洛哥	682	282653	巴西	131771	2398529	新加坡	112	157285	瑞士	656	1196055
新西兰	92	265784	印度尼西亚	202118	2082356	西班牙	1611	149610	阿拉伯联合酋长国	81527	1054338

数据来源：海关信息网，http：//www.haiguan.info/onlinesearch/TradeStat/StatOriSub.aspx？TID = 2。

附表 2　2012 年和 2013 年 1～6 月中国第 97 章商品进出口额变化

单位：千美元，%

第 97 章　艺术品、收藏品及古物进出口总值表				
月　份	出　口	进　口	出口同比	进口同比
2012 年 1 月	30230	6213	178.7	77.1
2012 年 2 月	30230	6213	178.7	77.1
2012 年 3 月	31018	1024	89	24.4
2012 年 4 月	40663	1774	102.3	11.7
2012 年 5 月	64710	9863	144.9	71
2012 年 6 月	38833	34085	120	295.5
2012 年 7 月	41134	4870	102	257
2012 年 8 月	42627	3600	86.9	242.6
2012 年 9 月	47355	6395	83.3	165.8
2012 年 10 月	49532	2742	82.8	149.4
2012 年 11 月	49436	3997	39.5	32.3
2012 年 12 月	76597	10480	42.6	108.6
2013 年 1 月	77179	3617	244.8	23.8
2013 年 2 月	42805	3070	128.1	− 26.8
2013 年 3 月	78271	23123	137	193.5
2013 年 4 月	47986	15606	98.5	280.7
2013 年 5 月	34950	26880	48.9	232
2013 年 6 月	57818	42656	48.9	105.8

数据来源：海关统计咨询网，http://www.chinacustomsstat.com/aspx/1/NewData/Stat_ Data.aspx? state = 2&month = 1&year = 2012。

附表 3　2012 年和 2013 年 1～6 月中国对贸易国（地区）进出口额

单位：千美元

2012 年			2013 年 1～6 月		
国家和地区	出口额	进口额	国家和地区	出口额	进口额
德国	11055	684	德国	5963	662
法国	11269	2492	法国	4312	14070
意大利	2759	1383	意大利	2697	2284
荷兰	14875	902	荷兰	8709	59
西班牙	6202	2147	西班牙	1871	150

续表

2012 年			2013 年 1~6 月		
国家和地区	出口额	进口额	国家和地区	出口额	进口额
奥地利	39	351	奥地利	120	423
芬兰	175	13	芬兰	123	59
罗马尼亚	288	0	罗马尼亚	49	0
瑞典	675	50	瑞典	1204	17
瑞士	6260	57	瑞士	1196	65
俄罗斯	762	622	俄罗斯	182	4219
乌克兰	91	2	乌克兰	97	41
阿根廷	353	2	阿根廷	241	0
巴西	2399	46	巴西	1911	5
智利	1283	0	智利	461	0
加拿大	20945	1948	加拿大	7957	777
美国	9107	4568	美国	41114	5507
澳大利亚	8376	139	澳大利亚	4144	298
新西兰	767	266	新西兰	258	21
中国香港	14400	2783	中国香港	10303	2881
印度	840	8022	印度	3342	43
印度尼西亚	2082	88	印度尼西亚	954	20
伊朗	380	2	伊朗	358	8
日本	263111	946	日本	213263	93
中国澳门	224	1837	中国澳门	49	887
马来西亚	3513	4	马来西亚	2209	13
巴基斯坦	56	0	巴基斯坦	9	0
菲律宾	187	10	菲律宾	59	3
沙特阿拉伯	2864	0	沙特阿拉伯	777	0
新加坡	4263	239	新加坡	2141	157
韩国	958	288	韩国	670	312
泰国	798	99	泰国	208	76185
土耳其	1075	46	土耳其	534	23
阿拉伯联合酋长国	2995	4	阿拉伯联合酋长国	1054	6
越南	291	21	越南	389	9

续表

2012 年			2013 年 1～6 月		
国家和地区	出口额	进口额	国家和地区	出口额	进口额
中国台湾	786	125	中国台湾	405	178
哈萨克斯坦	25	0	哈萨克斯坦	31	0
南非	3268	293	南非	2728	405
欧盟	76599	17393	欧盟	35112	19663
比利时	6660	512	比利时	1552	198
丹麦	690	193	丹麦	169	57
英国	18160	8462	英国	6483	1524

数据来源：海关统咨询网，http：//www. chinacustomsstat. com/aspx/1/NewData/Stat_ Data. aspx?state = 2&year = 2012&month = 12。

中国对外出版及版权交易年度报告[*]

本部分将总结 2003 ~ 2012 年我国版权输出活动的主要特点，分析主要
输出地的基本情况，找出问题，指出不足，提出对策。

一　2003 ~ 2012 年我国版权输出分析

（一）我国版权贸易现状分析

2003 ~ 2012 年我国版权输出量总计 38455 种，占版权贸易总量的
21.2% 。版权引进输出比也在不断变化，从 2003 年的 8.2∶1 缩小到 2012
年的 1.9∶1。由于版权输出数量的大幅增长，我国版权贸易逆差现象出现
了明显改观。说明在国家大力发展文化"走出去"战略下，版权贸易取得
显著的成效，如表 1、表 2、图 1 所示。

表 1　2003 ~ 2012 年引进版权汇总

计量单位（册、盒、张、件、部、集）

年份	合计	图书（期刊）	录音制品	录像制品	电子出版物	软件	电影	电视节目	其他
2003	15555	13058	1068	564	180	478	132	10	65
2004	11746	10451	331	159	143	483	176	2	1
2005	10894	10131	90	114	155	401	0	3	0
2006	12386	11490	150	108	174	434	29	1	0
2007	11101	10255	270	106	130	337	1	0	2

* 本报告由金元浦策划、制定框架，金元浦、崔春虎等参与调研、研讨，由崔春虎整理撰
　写，金元浦修改审定。崔春虎，中国传媒大学硕士，中央电视台工作人员。

续表

年份	合计	计量单位（册、盒、张、件、部、集）							
		图书（期刊）	录音制品	录像制品	电子出版物	软件	电影	电视节目	其他
2008	16969	15776	251	153	117	362	—	2	308
2009	13793	12914	262	124	86	249	—	155	3
2010	16602	13724	439	356	49	304	284	1446	0
2011	16639	14708	278	421	185	273	37	734	3
2012	17589	16115	475	503	100	189	12	190	5

表2 2003~2012年输出版权汇总

年份	合计	计量单位（册、盒、张、件、部、集）							
		图书（期刊）	录音制品	录像制品	电子出版物	软件	电影	电视节目	其他
2003	1427	811	473	0	35	0	0	108	0
2004	1362	1314	4	4	39	0	0	0	1
2005	1517	1436	1	2	78	0	0	0	0
2006	2057	2052	0	0	5	0	0	0	0
2007	2593	2571	0	19	1	0	0	2	0
2008	2455	2440	8	3	1	3	—	—	—
2009	4205	3103	77	—	34	—	—	988	3
2010	5691	3880	36	8	187	—	—	1561	19
2011	7783	5922	130	20	125	5	2	1559	20
2012	9365	7568	97	51	115	2	0	1531	1

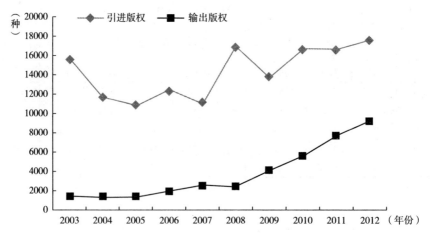

图1 2003~2012年我国版权引进和输出变化

（二）我国图书版权输出特点

1. 主要输出地从东亚逐渐扩展至欧美地区

从国家版权局公布的 2003～2012 年统计数据来看，亚洲地区的输出地主要集中在韩国、日本、新加坡三国，以及我国的台、港、澳地区。10 年中，对这 6 个国家和地区的版权输出数量达 17420 种，占总数的 52.92%。欧美地区的输出地主要集中在美国、英国、德国、法国、加拿大、俄罗斯。对这 6 个国家的版权输出数量达 7787 种，占总数的 23.65%。这说明，我国内地的图书版权从华人核心文化圈向东亚文化圈，乃至西方主流文化圈拓展，成绩显而易见。

2. "走出去"政策的推动使输出量大大增加

自 2003 年全国新闻出版局会议正式把中国出版"走出去"战略作为我国新闻出版业发展的五大战略之一后，一系列重点工程从 2005 年相继被推出，对我国图书版权输出起到了重要的促进作用。如"中国图书对外推广计划"自 2006 年起，已同美国、英国、法国、德国、荷兰等 56 个国家和地区的 351 家出版社签订了资助出版协议，资助出版图书 1690 种；分别于 2009 年和 2010 年启动的"经典中国国际出版工程"和"中国出版物国际营销渠道拓展工程"，对我国 2010 年图书输出种数的高增长，起到了至关重要的作用。正是在"走出去"政策以及一系列具体项目的推动下，我国版权输出量从前 5 年的 12197 种变为后 5 年的 34774 种，增长了近 2 倍。

表 3　2003～2012 年我国图书版权输出地概况

单位：种

年份	美国	英国	德国	法国	俄罗斯	加拿大	新加坡	日本	韩国	中国香港	中国澳门	中国台湾	其他
2003	5	2	1	11	1	0	9	15	89	178	0	472	28
2004	14	16	20	4	0	0	30	22	114	278	94	665	67
2005	16	74	9	7	6	0	43	15	304	169	1	673	117
2006	147	66	104	14	66	25	47	116	363	119	53	702	228
2007	196	109	14	50	100	13	171	73	334	116	38	630	727

续表

年份	美国	英国	德国	法国	俄罗斯	加拿大	新加坡	日本	韩国	中国香港	中国澳门	中国台湾	其他
2008	122	45	96	64	115	29	127	56	303	297	47	603	536
2009	267	220	173	26	54	10	60	101	253	219	10	682	1028
2010	1147	178	120	121	11	86	375	214	360	534	6	1395	1144
2011	766	422	127	126	40	15	131	161	446	366	19	1644	1659
2012	1021	606	352	130	104	104	173	401	282	440	1	1781	2173

版权贸易逆差在一定时期依然会存在，但贸易逆差逐年缩小。21 世纪初，我国图书版权贸易逆差严重，随着国家文化"走出去"战略的实施，加上我国出版人的共同努力，我国版权输出在数量上和种类上都在逐年增长，2012 年，贸易逆差缩小到 1.9∶1，但因为各种因素影响，我国版权贸易逆差在日后还将持续一段时期，形势依然严峻，版权贸易还有很大的成长空间。

表 4　2003～2012 年我国图书版权引进地概况

单位：种

年份	美国	英国	德国	法国	俄罗斯	加拿大	新加坡	日本	韩国	中国香港	中国澳门	中国台湾	其他
2003	5506	2505	653	342	56	39	132	838	269	335	2	1319	520
2004	4068	2030	504	313	20	80	156	694	250	264	15	1173	473
2005	3932	1647	366	320	49	39	140	705	554	204	43	1038	345
2006	2957	1296	303	253	38	40	156	484	315	144	2	749	4213
2007	3878	1635	586	393	92	33	228	822	416	268	0	892	1013
2008	4011	1754	600	433	49	59	292	1134	755	195	4	6040	450
2009	4533	1847	693	414	58	73	342	1261	799	398	0	1444	1052
2010	5284	2429	739	737	58	111	335	1766	1027	877	24	1747	1468
2011	4553	2256	881	706	55	133	200	1982	1047	345	1	1295	1254
2012	4944	2581	874	835	48	122	265	2006	1209	413	5	1424	1389

（三）我国图书版权主要输出地分析

我们将 2003～2012 年我国主要图书版权输出地分为英美、法德、东

亚、我国台港澳和俄罗斯、加拿大及其他地区5组，分别分析10年来版权
输出量的变化情况。

1. 英美地区

从图2可以看出，2003～2012年，我国在英美地区的图书版权输出量
增长迅猛，从2003年的7种上升至2012年的1627种，增长231倍，10
年的总量达到5439种。其中增长较快的是英国，从2003年的2种增至
2012年的606种，增长了302倍；对美国的输出量大多时候多于英国，10
年间增长了203倍（从2003年的5种增至2012年的1021种）。10年中后
5年的输出量明显高于前5年，后者共4794种，是前者的7倍有余，除
2008年有明显下降和2011年有小幅回落外，其余几年上升明显。

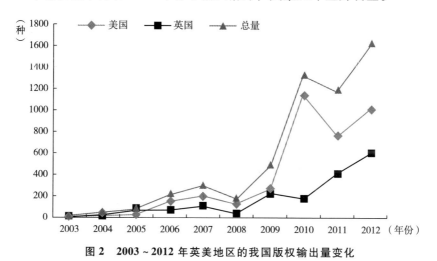

图2　2003～2012年英美地区的我国版权输出量变化

2. 法德地区

从图3可以看出，2003～2012年，我国在法德地区的图书版权输出量
虽然与英美地区有一定的差距，但是增长的速度亦非常迅猛，从2003年的
12种上升至2012年的482种，增长40余倍，10年的总量达到1569种。
输出法国的版权数除了2009年有明显降低外，总体处于稳步上升的态势，
从2003年的11种增至2012年的130种；对德国的输出量则时有升降，起
伏较大，最高的2012年有352种。10年中后5年的输出量明显高于前5
年，后5年共1335种，是前5年的5倍有余，除2007年有明显降低和
2005年有小幅回落外，其余几年都处于上升状态。

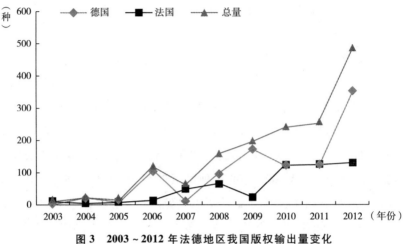

图3　2003～2012年法德地区我国版权输出量变化

3. 东亚地区

如图4所示，2003～2012年，我国在东亚地区的图书版权输出量高于法德地区，低于英美地区，从2003年的113种上升至2012年的856种，增长6倍多，10年的总量达到5188种，分别是英美地区和法德地区的0.95倍和3.3倍。其中对韩国的输出量一直高于日本和新加坡，处于稳步上升的态势，最高的2011年达到446种，是2003年的5倍；日本和新加坡则旗鼓相当，处于交替上升状态，在2012年前者达到最高，为401种。10年中后5年的输出量明显高于前5年，前者共1745种，后者是它的近2

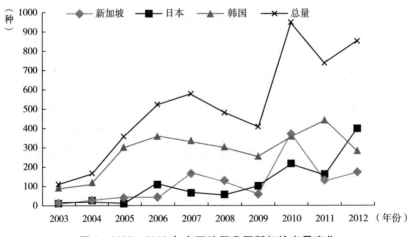

图4　2003～2012年东亚地区我国版权输出量变化

倍，除2008年、2009年、2011年3年有明显降低外，其余几年基本处于快速上升状态。

4. 加拿大、俄罗斯及其他地区

从图5可以看出，由于加拿大和俄罗斯地广人稀，我国在这些地区版权输出量比较低，但2003～2012年，版权输出也取得长足的进步，加拿大和俄罗斯分别从2003年的0种和1种都增长至2012年的104种，增长了100多倍。随着中国文化地位在全世界的提高、文化"走出去"战略的推动，我国对其他地区的版权输出同样迅猛，从2003年的28种到2012年的2173种，增长了76倍之多。10年中后5年的输出量高于前5年，与上述几个地区增长的幅度相比并不处于劣势，其中前者共7108种，是后者的5倍多。

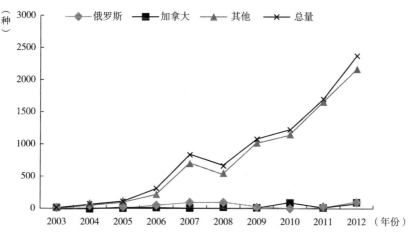

图5　2003～2012年加拿大、俄罗斯及其他地区我国版权输出量变化

5. 我国台港澳地区

由于我国台港澳地区与祖国内地同根同源，因此一直是我国内地图书版权输出的重要地区，输出量大大高于上述三个地区。从图6可以看出，2003～2012年，内地在台港澳地区的图书版权输出中呈现"两头快、中间稳"的态势，即2003年和2012年的增长明显，中间几年各自的输出量相差不大，总量达到了12232种。其中对香港和澳门地区的输出量10年来变化不大，处于小幅升降态势；对台湾地区输出量的曲线变化与总量相仿，2010年为1395种，是前一年的1.8倍。10年中后5年的输出量高于前5

年，但没有上述三个地区增长的幅度明显，其中前者共 8044 种，是后者的近 2 倍。

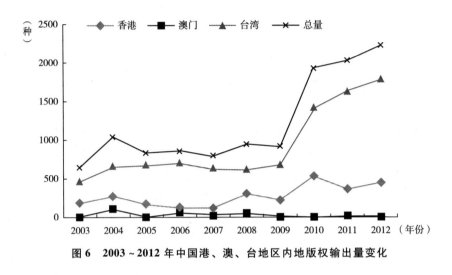

图 6 2003～2012 年中国港、澳、台地区内地版权输出量变化

二 国家政策推动我国版权输出力度状况

我国版权输出取得的骄人战绩离不开国家政策的支持，国家在政策、资金、税收等方面对版权输出提供了大力支持。

1. 全面构建"走出去"政策体系

2010 年 1 月 1 日，原国家新闻出版总署出台《关于进一步推动新闻出版产业发展的指导意见》（新政发〔2010〕1 号）（以下简称《指导意见》）。

《指导意见》首次明确界定了新闻出版产业涵盖的领域，并提出了推动新闻出版产业发展的五大重点任务。为保障发展目标任务的顺利完成，《指导意见》明确提出了六大主要措施和九项政策组织保障，包括细化了非公有资本参与新闻出版产业的方式和渠道，提出了打造"双百亿企业"的战略设想等。

2011 年 4 月，原国家新闻出版总署出台《新闻出版业"十二五"时期"走出去"发展规划》（以下简称《规划》）。这是新闻出版系统第一个

"走出去"五年规划,《规划》从定性和定量两个角度提出了"走出去"的具体目标、重点任务和政策举措,为今后新闻出版"走出去"工作勾画了蓝图,指明了方向。

根据规划,"十二五"时期我国将实现版权引进与输出比例降至 2∶1。鼓励企业生产更多的外向型新闻出版产品,保持出版物出口持续增长,到 2015 年实现出版物出口金额 4200 万美元。重点支持企业以动漫、网络游戏、期刊数据库、电子书等数字出版产品和服务开拓海外市场,进入国际主流市场,到 2015 年数字出版产品和服务出口金额超过 10 亿美元,年均增长 32%。

为鼓励和支持文化企业"走出去",原国家新闻出版总署 2012 年 1 月 9 日发布了《关于加快我国新闻出版"走出去"的若干意见》(以下简称《意见》)。《意见》在系统梳理已有政策、措施的基础上,将进一步加大支持力度,涵盖了十大门类 50 条扶持政策。《意见》提出,对实现"走出去"的新闻出版企业,在出版资源上给予优先配置和政策倾斜;支持出版集团公司和具有一定版权输出规模的出版社成立专门针对国外图书市场的出版企业,经批准可配备相应的出版资源;对列入"走出去"重点工程中的出版项目所需的出版资源给予重点保障;对"走出去"成效显著的完全外向型的非公有制企业给予特殊扶持政策。

2. 政府搭台拓宽合作通道

2011 年是新闻出版总署对外签署战略合作协议最多的一年。从 7 月与古巴共和国图书委员会签署合作谅解备忘录,推动中古两国互译经典开始,新闻出版总署分别与越南、印度、伊朗、克罗地亚、罗马尼亚、斯洛文尼亚、亚美尼亚、赞比亚等多国政府签署了合作协议。这些协议强调互派代表参加对方国家举办的国际书展,大力实施经典图书互译,加强人员交流等。签署协议的对象,多是一些以往与中国业界开展交流合作不多的国家。协议的签署,大大扩展了中国文化"走出去"的半径,使新闻出版单位在关注欧美主流市场的同时,兼顾了周边国家和拉丁美洲主要国家、非洲地区和阿拉伯伊斯兰国家。而以实施中外图书互译计划为抓手,又使得这些协议显得更加务实。

2011 年还是与国际知名出版传媒(601999)企业开展战略合作的"丰

收年"。这一年，与美国康泰纳什、美国国家地理学会、美国国际数据集团、美国赫斯特集团、南非 MIH 集团等签署了多项战略合作协议。与国际出版传媒企业签署的这些协议，更多侧重于借鉴其国际运作经验、充分利用其出版物渠道，使更多中国内容"走出去"，同时进一步拓宽合作领域、拓展合作内容。

3. 争取资金切实支持"走出去"

为了进一步鼓励"走出去"主体的积极性，国家新闻出版总署通过各种方式，加大投入，争取各方支持。

2011 年，在与政府直接资金扶持有关的项目中，仅采用项目管理方式资助外向型优秀图书选题的出版和翻译的"经典中国"国际出版工程资助资金就超过 1000 万元。此外，中国图书对外推广计划每年的资助额也都在1000 万元以上。在扶持企业参加重点国际书展方面，有关部门也在展位、展台装修等方面给予了持续的帮助。

更多的优惠和扶持来自政府在其他方面的推动。国家新闻出版总署密切关注各渠道有关"走出去"扶持政策性项目，积极引导企业争取利用。2011 年，为重点文化出口企业争取获奖资金超过 4000 万元，占商务部该项奖励总资金的 1/3 强。另有三家"走出去"企业获得财政部资助资金2700 万元。此外，国家新闻出版总署还向商务部推荐了一批"走出去"项目，以拓展"走出去"的空间和渠道。

三 版权输出存在问题的原因分析

我国版权贸易存在诸多问题，主要是：版权资源合理利用率低、版权贸易结构不合理、版权贸易的市场定位模糊不清、操作模式不灵活、引进与输出比例严重失衡、运营思路和手段与国际惯例相冲突、版权贸易从业人员素质偏低、量质失衡等。其产生原因为以下几方面。

1. 宏观层面原因分析

我国文化感召力弱，科学技术不够发达，运用市场的能力不高，出版业对世界图书市场把握不够，版权管理也存在一定问题，省市版权管理部门对版权贸易重视不够，管理力量不足，对新技术产生的新内容和形式还没完全适应。中西文化上的差异，图书阅读习惯、阅读心理的不同，给我国的版权贸易特别是版权输出造成了障碍。

我国版权贸易实行国有专营，行政垄断导致版权贸易低效，版权贸易不可能完全遵循市场经济体制的规则有效交易和竞争，导致版权市场化程度不高、版权代理门槛过高、市场优势难以发挥、代理业务狭窄等不利因素，国家文化输出政策支持力度有待进一步加强。另外，几个政府部门分管文化产业，造成条块分割、行业壁垒重重。

2. 中微观层面原因分析

版权输出的弱势反映出版界乃至民族原创力的缺乏，以及在国际文化交流中的弱势地位。我国出版业特别是出版集团创新能力差，没能实现资源的有效整合，未实现集团内部一体化，也没能按现代企业经营制度运行，结构不合理，不利于品牌效应的发挥。版权贸易工作与出版工作机制不匹配、发展速度与出版发展速度不匹配、发展战略和定位与出版发展的战略和定位不匹配。

版权贸易专门机构和人才严重匮乏。版权市场信息不畅通，版权作品的产生和使用"断链"，版权要素市场发育不健全，版权价值未能得到体现，版权增值能力差。版权贸易人才缺乏，我国目前从事版权贸易的人才多为编辑或总编室人员的兼职身份，很多出版社没有专门的版权机构，难以完全适应国际化专业分工的高要求，高素质翻译人才的缺失也极大地削弱了版权的价值，另外，从业人员的收入和处境（职称、晋级等）都比较尴尬，人员流失严重。

版权代理不成熟成为限制我国版权输出的"瓶颈"。无论机构数量、从业人员、提供的服务还是介入的流程都十分有限，无法满足需求，无法同国外的版权代理抗衡。版权委托代理人市场还没有形成，输出版权未形成规模，版权代理资源需求不足，缺乏经验和操作规范，对版权信息把握能力不足。

版权市场不规范，无序竞争和违规操作情况严重，诚信意识和法制观念淡薄，还没有完全按照市场经济的规律运行起来，我国的版权贸易观念是"以产定销"，而国际上是"以销定产"。此外，有的出版社不熟悉版权贸易的流程，大部分出版社受利益驱使，不维护市场，导致市场混乱、无序。

另外，对外出版信息沟通薄弱。出版者和读者之间的信息不通；出版者相互之间的信息不通，选题雷同，相互撞车；中间服务商（图书公司）与出版者之间、与消费者之间的信息沟通也不畅通，很少提供客户的需求信息，难以做到个性化服务。

四 促进版权输出发展

促进版权贸易健康发展要从如下三个层面同时着手。

1. 政府层面

（1）继续加大扶持力度。政府在文化输出方面的支持和推动作用，很大程度上决定着"走出去"的速度与强度。

政府管理部门在对外版权贸易竞争中的核心目标是保护本国出版企业的利益和搞好对外宣传，增强中华文化在世界范围内的影响力。因此，可以通过制定"倾斜性"甚至"不对称性"政策帮扶本国媒介获取优势以保护本国政治利益，又需要考虑全球一体化背景下的多边利益平衡。此外，政府除了政策上的扶持外，也可采用经济手段，以财政、税收、融资、投资等经济政策为杠杆，运用多种措施鼓励出版企业参与国际竞争，激励版权输出。

（2）建立市场化机制。政府应加快市场经济体制建立和完善的步伐，打破贸易壁垒和行业垄断，营造开放有序的市场新格局；建立科学、合理和规范的市场化运作机制，打破垄断经营，实现公平、公正、公开竞争。此外，政府应进一步完善版权贸易统计制度和统计口径，使统计数据能客观、准确地反映版权贸易引进和输出的真实情况。

2. 行业层面

（1）整合出版资源，发挥规模优势。我国出版业应该发挥出版集团的规模优势，从调整产业结构和产品结构入手，推进集团化建设，塑造新的市场竞争主体。产品开发要打破条块分割，实现跨行业、跨媒体开发，转变规模化经济模式，最大限度地开发和利用资源。出版企业输出版权应组建版权集团，以壮大输出版权的资源、人员、渠道力量；联合参加大型国际书展，集体推出自己的版权；共同策划对外宣传的方法、手段、策略和渠道；联合外设机构。出版集团自身也要引进先进版权及版权贸易运营理念，实现版权定位与出版定位统一：集约化发展，以集团为平台进行部署；专业化发展，规划专业领域和强势方向；多元化发展，围绕品牌建设进行相关衍生品的开发。不盲目引进与输出，利用国外出版商的产业链资源，立体开发经营，实现国内外出版资源统一整合，共同开发。

（2）促进版权代理的发展。要健全版权代理法律体系，对版权代理人员实行资格准入制度。行业力量要促进版权代理的专业化发展，应介入选题的策划，与出版社和著作权人深度合作，为图书、报刊、音像、广播、影视等多媒体全方位版权代理，将代理出版社为主变代理国内外作者为主。出版社可与版权代理机构实行专业化分工，避免不正当竞争。

（3）加强人才培养。一方面，要加强与文化、教育、外宣等部门合作，举办各种形式的学习班、辅导班、研究班等，提高人才综合素质和业务水平；选用海外学成归国专业人才，增加人才储备；有的放矢地选派一些外语基础好、业务素质强的人员赴欧美等地考察或短期进修。另一方面，不断加强国际化人才的集聚，大力推进引进人才方式的多样化，开创多形式、多层次、多渠道的创新模式，扩大人才国际化的流动趋势，聘用"洋教练"，取长补短，加快国际步伐。

（4）建立版权贸易协会，发挥行业协会作用。组建全国性的版权贸易协会，建立信息完备的专业网站，深入交流，维护我国出版社的合法权益，尤其是规范和解决我国目前出版社版权输出的盲目问题，使版权贸易更趋理性。

（5）建立文学海外推广基金。

3. 出版社层面

（1）实施外向型战略。出版企业"走出去"的关键是实施外向型战略，要放眼国际市场，从海外市场需求的角度统筹规划产品的内容和形式；在中国优秀文化的基础上进行深度开发；进行版权产品的综合立体开发、跨媒体开发和深度加工，实施图书出版产业与其他传媒产业的联动。要建立市场主体，组建业务范围立体化的文化企业集团，多渠道融资，推进文化创新。

（2）利用视觉文化传播输出版权。充分发挥图片、绘画、音乐、影视等形式作品的优势，促进版权输出。针对不同文化背景的国家和地区，使用生动的视觉形象取代部分纯文字内容，如以漫画或连环画形式推向国际市场，利用图解传达信息，开发音乐作品输出等。

（3）注重宣传营销。

创意设计产业对外文化贸易年度报告

欧阳神州[*]

在经济全球化与国际竞争日益激烈的宏观背景下，创意设计产业在产业结构优化升级与经济转型发展中的竞争价值日益凸显，成为经济社会发展中新的增长点与重要引擎之一。对于我国来说，创意设计产业发展正处于孕育与初步发展时期，伴随经济转型发展与经济结构战略性调整步伐的加快，本土设计产业发展程度直接影响"中国制造"走向"中国创造"的进程。近几年，党和国家对于设计产业重视程度日益加强，为设计企业与设计行业提供了较好的发展机遇。本土设计企业也积极开拓国内、国外两个市场，把握历史机遇，以更加开放、更加积极、合作共赢的态度致力于提高国际市场的知名度、美誉度与影响力，取得了一定的成绩。

但也应该看到，我国的创意设计产业整体发展水平与发达国家相比还有较大的差距，在发展过程中还存在诸多问题。现状与问题构成了对我国当前创意设计产业的发展尤其是产业国际化的挑战，如何有效应对这些问题、破解发展困境，成为我们必须直面的现实问题与迫切诉求。

一　行业发展现状

（一）产业概况

近年来，在国家提倡产业转型升级、经济结构战略性调整以及发展文

---

*　欧阳神州，中国人民大学硕士研究生。

化产业的大环境下，创意设计产业获得长足发展。其自身的地位随着设计企业能力的提升、社会媒体关注度越来越高以及国际奖项的效应而越来越突出。大型制造业企业也逐步形成规模较大的创新设计团队，新兴产业对设计的需求，直接拉动了设计产业的发展。

从近两年的创意设计产业发展实际情况来看，中国设计产业发展突出。"设计之都"的发展状况可以看作我国这一产业发展的风向标。值得特别提出的是，2012 年 6 月，北京正式加入联合国教科文组织创意城市网络，以科技创新、文化创新的鲜明特色成功当选"设计之都"，确立了北京设计在全球设计领域的领先地位。以"设计超乎想象"为主题的 2013 中国设计节暨第二届中国设计发展年会，于 2013 年 5 月在北京大兴亦庄开幕。设计节为期 3 天，以"共建瑰谷，共赢未来"为主线，旨在将国内外设计力量汇集于"中国设计瑰谷"，力促中国设计与各大产业产生密切联系，实现设计专家、设计组织、行业创新、区域发展等多方共赢，成为北京建设"设计之都"的重要支撑。在设计节现场，近 70 家企业 220 余件展品参展，机器人、眼动科技设备、防灾减灾无人航拍飞机等代表先进工业设计理念的展品集体亮相。下一阶段，大兴的设计产业发展将以北京地区唯一的设计产业园——"中国设计瑰谷"为平台，重点发展电子信息产品、汽车和服装设计、建筑和工程咨询设计、家居家装设计、传播设计以及设计产品展示交易设计五大领域，完善产业链，汇聚国内外设计力量，整合资源、集中智慧、共谋发展，实现设计专家、设计组织、行业创新、区域发展等多方共赢；巩固第二产业主阵地，完善新区产业链，创造一个集合"表彰奖励人才、促进成果转化、推进国际合作、促进产业升级"的设计合作新模式，推进制造业升级[①]。

深圳在积极参与国际化交流与合作中取得新进展。2012 年，在德国红点概念奖评选中，来自深圳的 6 件作品获奖；在随后的英国百分百设计展上，深圳工业设计代表团组织的设计企业达 38 家，获得多个奖项。2013 年 5 月，深圳设计首度受邀意大利佛罗伦萨设计周，其中深圳设计馆吸引了各方人士及媒体的聚焦关注：来自乐泡的钩、魔像、月光石，洛可可的

---

① http://beijing.qianlong.com/3825/2013/06/03/2502@8719559.htm.

高山流水、上山虎等近 60 件展品除了带有浓郁的中国风外，还体现了"设计融入生活"的设计潮流，贴合了"Crossing People"设计周主题①。这也是继中国台北世界设计大会、英国百分百设计展、德国 IF 和红点奖等战略合作伙伴之后，由"深圳制造"迈向"深圳设计"，向世界设计版图扩张的又一坚实步伐。2013 年 11 月 30 日至 12 月 3 日由深圳市人民政府主办，深圳市工业设计行业协会承办，国际工业设计联合会（ICSID）、中国工业设计协会、中国机械工程学会工业设计分会共同协办的"2013 首届中国（深圳）国际工业设计大展"，集中展示全球 25 个国家或地区 5000 余件作品，进一步展现了作为"设计之都"的国际形象。

从区域发展状况来看，我国目前专业设计公司有 10 万多家，主要集中于以北京为中心的环渤海地区，以上海为中心的长三角地区以及以广州、深圳为核心地域的珠三角地区。北京、上海、深圳作为中国三大创意设计之都，发展前景、发展程度与水平远高于国内其他地区。同时，这三大地区也集聚了设计行业诸多资源。

北京市创意设计产业的发展与整个文化创意产业发展背景紧密结合在一起。统计数据显示，在资产总量、年度收入与从业人员平均人数这三个指标上，北京市文化创意产业中设计服务行业稳步发展（见表1）。

表 1 北京市文化创意产业活动单位基本情况

项 目	资产总计（亿元）		收入合计（亿元）		从业人员平均人数（万人）	
	2012 年	2011 年	2012 年	2011 年	2012 年	2011 年
文化艺术	551.2	470.8	237.0	217.0	7.2	7.4
新闻出版	1514.6	1260.4	883.0	755.6	15.6	15.1
广播、电视、电影	1570.7	1326.0	680.3	553.5	6.0	5.5
软件、网络及计算机服务	6529.0	5436.5	3888.1	3342.5	69.8	61.3
广告会展	1050.0	1002.2	1256.8	1154.9	12.5	11.5
艺术品交易	817.5	464.4	705.6	492.2	2.8	2.5
设计服务	1163.7	920.0	443.0	369.9	11.9	10.1

① http：//www.gdida.org/newsContent.do? sortOrder = 3&newsId = 572.

项　　目	资产总计（亿元）		收入合计（亿元）		从业人员平均人数（万人）	
	2012 年	2011 年	2012 年	2011 年	2012 年	2011 年
旅游、休闲娱乐	934.5	713.9	849.0	706.6	11.1	10.6
其他辅助服务	1444.0	1348.4	1370.8	1420.0	16.0	16.9
合　　计	15575.2	12942.6	10313.6	9012.2	152.9	140.9

资料来源：《北京统计年鉴》（2013）。

其中，设计服务的增加值在整个文化创意产业中所占比例也相对有所发展（见图 1）。

相较于以往发展来看，从 2008 年开始，北京市设计服务行业发展步伐加快，五年之内，年度收入值将近翻了一番（如图 3）。

以上资料显示，北京创意设计产业集聚效应明显，规模较为庞大。设计企业、设计院所与设计人才聚集，拥有北京 DRC 工业设计创意产业基地、国家新媒体产业基地、798 艺术区、751 时尚设计广场、中国设计交易

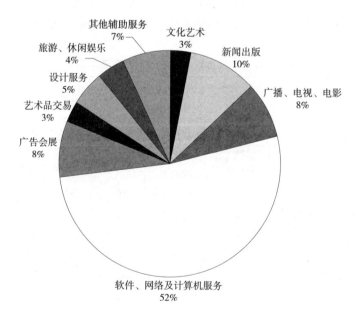

图 1　2011～2012 年北京市文化创意产业各行业增加值所占比例

资料来源：《北京统计年鉴》（2012）。

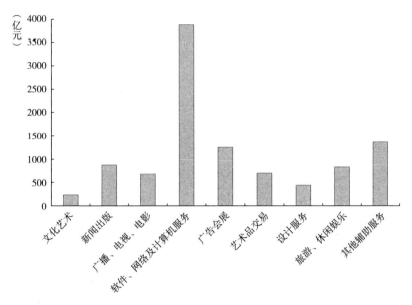

图 2 2012 年北京文化创意产业各项目收入

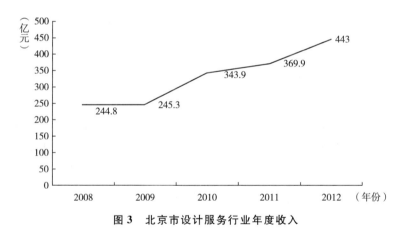

图 3 北京市设计服务行业年度收入

资料来源:《北京统计年鉴》(2013)。

市场等一批特色产业园区。可以说,北京创意设计产业在国内处于领先地位。截至 2013 年,全市共有规模以上专业设计单位 800 余家,设计产业从业人员近 20 万人,实现收入超过 1000 亿元。预计到 2020 年,设计产业年收入将突破 2000 亿元,北京也将建设成为全国设计核心引领区和具有全球影响力的设计创新中心。同时,北京创意设计产业的国际化发展取得了不错的成绩。其中，2012 年成功举办北京国际设计周、设计之旅、北京服装周等 400 余场设计活动，来自近百个国家的设计师齐聚北京。中国设计红星奖、北京国际设计周等品牌活动有效提升了"北京设计"的国际影响力。惠普、波音、英特尔、宝洁等 20 余家跨国公司在京设立了研发设计中心。①

北京作为"设计之都"加入联合国教科文组织创意城市网络，内部各区发展也有所不同。其中，西城区借助得天独厚的设计资源优势，成为"设计之都"核心区，2012 年，西城区设计企业总收入达到 164.6 亿元，利润 23.5 亿元。

上海工业基础雄厚，设计产业起步较早，发展较为成熟的主要是工业设计、时尚设计、建筑设计、软件设计等。近年来，上海依托加强工业设计相关材料、技术等研究和应用，以提高工业设计的信息化水平，提升行业企业设计创新意识和能力为抓手，通过支持工业企业与设计企业对接合作项目、开展设计创新示范企业认定、建设服务平台、建设基地载体和设立设计奖项，鼓励大型企业集团建立工业设计中心，鼓励各类企业设计服务外包，完善工业设计创新体系，推动工业设计创新成果产业化，促成设计产业与制造业深度融合，逐步打造出一批具有较强竞争力的工业设计龙头企业和品牌，如博路工业设计有限公司、意田工业设计有限公司等。同时，重点围绕城市规划设计、工程勘察设计、室内设计等领域，积极设计规划咨询、绿色建筑设计等产业链价值高端环节业务，繁荣建筑设计产业。其中，目前上海市绿色建筑拿到标识认证的已有 44 项。从统计数据看，2012 年，上海文化创意产业发展势头良好，从业人员 129.16 万人；实现总产出 7695.36 亿元，同比增长 11.29%；实现增加值 2269.76 亿元，按可比价格计算，比上年增长 14.43%，明显高于全市 GDP 增幅 3.3 个百分点；占全市生产总值的比重为 11.29%，比上年提高 0.42 个百分点；对上海经济增长的贡献率达到 20.2%（见图 4）。②

在上海文化创意产业中，软件与计算机服务业、建筑设计业经济规模

---

① 北京"设计之都"协调推进委员会：《北京"设计之都"建设发展规划纲要》，2013 年 9 月。
② 上海市人民政府新闻办公室网站，http://www.shio.gov.cn/shxwb/xwfb/u1ai10078.html。

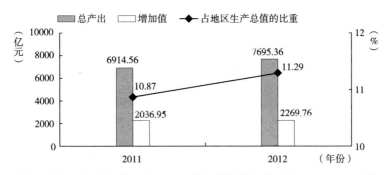

图4 上海文化创意产业总产出、增加值及所占比重（2011～2012年）

较大，占文化创意产业增加值比重分别为 17.4%、13.3%（合计占30.7%）。设计业持续保持两位数增长，对整个产业的发展贡献作用显著。2012年，文化创意产业中的工业设计业、建筑设计业增加值分别达196.54亿元和301.93亿元，共占文化创意产业增加值总量的22%，分别比上年增长15.3%和11.8%，对文化创意产业增长的贡献率达到27.8%，带动整个产业的迅速发展①（见表2）。

表2 2012年文化创意产业分行业总产出、增加值及其增长情况②

行　业	总产出（亿元）	增加值（亿元）	增加值比上年增长（%）
文化创意服务业	6803.14	1973.07	11
一、媒体业	433.39	143.82	-4.7
二、艺术业	201.05	67.25	15.4
三、工业设计业	527.29	196.54	15.3
四、建筑设计业	1235.63	301.93	11.8
五、时尚创意业	768.46	143.52	4.4
六、网络信息业	216.33	96.46	5.8
七、软件与计算机服务业	1138.65	395.33	10.4
八、咨询服务业	789.4	256.97	19.7
九、广告及会展服务业	887.09	214.67	16
十、休闲娱乐服务业	605.84	156.58	10.6
十一、文化创意相关产业	892.23	296.69	9.4
总　　计	7695.36	2269.76	10.8

① 《2013年上海市文化创意产业发展报告》，http://www.shanghai.gov.cn/shanghai/node2314/node9819/node9822/u21ai761760.html。

② 上海市人民政府新闻办公室网站，http://www.shio.gov.cn/shxwb/xwfb/u1ai10078.html。

表 2 数据显示，以工业设计、时尚设计、建筑设计等为主体的设计业在上海"设计之都"的良好建设氛围中持续保持两位数增长，增加值平均增幅超过文化创意产业增幅，设计产业已成为上海转变经济发展方式的重要驱动力、打造城市品牌的有效手段，也逐渐成为上海文化创意产业的主力军①。同时，上海文化"走出去"步伐加快，在全国率先建立了设计产业海外基地。

作为全国第一个获得联合国教科文组织授予"设计之都"称号的城市，深圳工业设计占据全国逾 50% 的市场份额。按照深圳工业设计行业协会的统计，全市拥有各类工业设计机构近 5000 家，从业人员超过 6 万人。设计产值增长在 25% 之上，工业设计所带来的附加值超过千亿元。② 近三年来全市工业设计斩获国际 IF 大奖 26 项，获得红点奖 26 项，超过全国获奖数量的半数以上。其中值得一提的是，作为深圳市"文化立市"、建设"设计之都"的核心载体、深圳"十一五"规划重点项目及深港创新圈"三年行动计划"工业设计领域合作核心平台的中国·深圳"设计之都"创意产业园共进驻以工业设计为主的创意设计企业 170 多家，其中全国性的龙头企业占 80%，包括嘉兰图、洛可可等中国工业设计领军企业以及靳与刘设计、叶智荣设计等 30 多家中国香港及欧美龙头设计企业中国总部和机构代表处，已经形成国内工业设计企业规模最大、龙头企业总部数量最多的创意产业园区，被业界誉为"中国工业设计第一园"。

（二）政策环境

近年来，党和政府对于设计产业的战略地位与价值意义的重视程度日益加强，中央和许多地方政府出台一系列促进设计产业发展的相关政策与规划指导文件，为设计企业与设计行业的发展提供了较好的发展机遇。

2010 年 8 月，工业和信息化部等十一部门联合印发《关于促进工业设计发展的若干指导意见》（以下简称《指导意见》），指出工业设计产业作

---

① http://roll.sohu.com/20130628/n380103768.html。
② 邓翔：《深圳设计"走出去"：核心竞争力在哪里？》，《南方日报》2012 年 5 月 22 日。

为生产性服务业的重要组成部分，对工业竞争力起着至关重要的作用。该《指导意见》从创新能力、人才建设、市场环境与政策支持等角度提出如何发展设计产业的措施。2011年12月国务院转发的《工业转型升级规划（2011~2015年）》提出要"大力发展以功能设计、结构设计、形态及包装设计等为主要内容的工业设计产业"。2013年，由工业和信息化部、发展改革委、环境保护部联合发布《关于开展工业产品生态设计的指导意见》（工信部联节〔2013〕58号），从工业产品生态设计对于促进生产方式、消费模式向绿色低碳、清洁安全转变角度深化了设计的先导性、基础性的意义与作用，并就此提出了工业产品生态设计试点、完善评价监督机制、技术开发等方面的建议与要求。除了在宏观层面上的政策制定与支持，在微观层面，政府在如何组织、发挥设计产业的潜力方面，同样为设计产业的发展提供了坚实的支持。为推动工业设计加快发展，工业和信息化部会同相关部门联合印发了《关于促进工业设计发展的若干指导意见》（工信部联产业〔2010〕390号），提出要建立优秀工业设计评奖制度，作为激励工业设计创新的重要手段。报经全国评比达标表彰工作协调小组批准，工业和信息化部组织开展中国优秀工业设计奖评奖活动。

与此同时，北京、杭州、上海等地纷纷出台了推进创意设计发展的政策文件，如福建省《2013~2015年福建省工业设计发展行动方案》，从工业设计公共服务平台、自主创新能力发展、工业设计集聚发展、成果转化、交流对接、人才队伍建设等方面明确了当前的发展要求与思路；2012年，北京编制了《北京"设计之都"建设发展纲要（2012~2020年）》，力图通过实施推进设计产业发展的国际化、产业振兴、城市品质提升、品牌塑造和人才助推五大工程，促成设计产业跨越式发展。

2013年9月，北京"设计之都"协调推进委员会印发了《北京"设计之都"建设发展规划纲要》（以下简称《纲要》），加强对创意设计产业的规划发展。《纲要》中明确指出，到2020年，北京设计产业年收入突破2000亿元。其中，近期目标见表3。

表 3 北京"设计之都"发展规划纲要主要指标

类别	序号	指标名称	单位	属性	2015 年
一、国际影响力提升	1	创建国际化设计机构	个	预期性	如北京 UNESCO 设计创新产业中心
	2	国际著名设计机构和研发设计中心落户数	个	预期性	＞50
二、设计产业发展	3	培育设计企业 100 强	个	预期性	100
	4	培育优秀中小型设计企业	个	预期性	一批
	5	建设"设计之都"示范基地	个	预期性	20～30
	6	设计产业年收入	亿元	预期性	1400
	7	年均增长率	%	预期性	＞15%
	8	从业人员	万人	预期性	35
三、设计品牌认知度和创新能力增强	9	知名设计品牌	个	预期性	40
	10	优秀设计成果	个	预期性	一批
	11	"设计之旅"挂牌站点	个	预期性	＞100
	12	外观设计专利授权量年均增长率	%	预期性	＞2%
	13	外观设计专利授权量	件	预期性	7000
	14	设计单位输出技术合同成交额	亿元	预期性	300
四、人才队伍建设	15	引进设计拔尖人才	名	预期性	＞50
	16	复合型设计人才	名	预期性	一批

注：根据 2013 年 9 月北京"设计之都"协调推进委员会印发的《北京"设计之都"建设发展规划纲要》整理而成。

　　《纲要》在力促创意设计产业对外贸易发展，着力实施国际化工程，融入全球创新设计网络方面，提出了相应的措施与指导意见。比如，要抓住国际发展潮流和先机，积极组织设计企业全面参与创意城市网络的各项活动。通过举办全球创意城市网络北京峰会，开展设计论坛及交易活动，搭建高端对话平台，加强与全球设计企业的全方位交流互动。具体措施包括加强亚太地区设计、鼓励企业加入全球分工体系、吸引国际知名设计机构来京、引入国际知名品牌活动、推动建立北京 UNESCO 设计创新产业中心等[1]。同时，

---

① 北京"设计之都"协调推进委员会：《北京"设计之都"建设发展规划纲要》，2013 年 9 月。

实施设计振兴贸易计划,加强设计对金融、商务、现代物流等现代服务业的提升作用,促进面向全球市场的服务外包。在人才建设方面,北京将建立相关评审制度,推出一批具有国际影响力的设计行业拔尖人才,鼓励其参与国际交流活动、开展国际合作项目、加入国际行业组织。

"十二五"期间,上海将致力于打造一批创意产业集聚区和创意产业服务平台,培育一批创意产业知名企业、品牌和人才,集聚全球创意资源,促进经济发展转型,形成产业要素资源集聚、市场主体活跃、产业布局合理、带动效应显著的创意设计产业发展体系,使上海成为更具影响力的国际"设计之都"。其中,先后出台的《上海市国民经济和社会发展第十二个五年规划纲要》《上海市文化创意产业发展"十二五"规划》和《关于促进上海市创意设计业发展的若干意见》等政策性文件给予创意设计高度重视。结合以上文件出台的《上海市设计之都建设三年行动计划(2013~2015年)》(以下简称《计划》)则就进一步落实"设计之都"建设发展,提出了非常明确的发展步伐与主要任务指标(见表4)。

表4 2015年上海"设计之都"发展主要指标

类别	序号	指标名称	单位	属性	2015年
一、设计产业能级提升	1	设计产业增加值年均增幅	%	预期性	>13%
	2	设计产业增加值占全市生产总值比重	%	预期性	>4.5%
二、人才结构优化	3	培育创意设计类领军人才和青年高端创意人才	名	预期性	100
	4	培育市级工艺美术大师	名	预期性	100
	5	引进有影响力的国际设计大师	名	预期性	>10
	6	引进有影响力的海外设计人才	名	预期性	100名左右
三、基地功能特色鲜明	7	创建国家级设计产业基地	个	预期性	2
	8	以行业设计为特色的设计之都特色产业基地	个	预期性	若干
	9	以设计为主要业态的文化创意产业园区	批	预期性	一批

《计划》通过立足上海市自身实际情况,大力推进设计产业发展,鼓

励"设计＋品牌""设计＋科技""设计＋文化"等新模式和新业态发展，从而使上海成为高端设计资源的集聚地，辐射和服务全国设计产业发展的核心驱动源，各种创意充分展现的舞台，到 2015 年，初步建成亚太地区领先、全球知名的设计之都，形成一批名人、名企、名牌和名品，最终将上海建设成为以技术先进、文化多元和面向国际为主要特征的知名"设计之都"、智慧城市、国际文化大都市。

"十二五"时期是我国工业转型升级的攻坚期。随着政府支持力度的加大和经济结构调整与产业升级换代的推进，在未来的 3～5 年，中国工业设计产业将保持快速增长的态势，同时，中国工业设计产业的规模、结构、地域发展模式和市场等均将发生较大的变化，进入一个新的提升发展时期。

（三）贸易情况

我国本土设计企业积极参与国际赛事进军国际市场，获得一系列国际奖项，提高了国际知名度。例如在 2010 年第六届文博会上，嘉兰图推出了第三代老人手机，该产品获得了当年 IF 设计大奖，并且在德国、法国等多个国家畅销。通过国际行业展会、客户介绍等渠道积极拓展客户范围，联合本土企业进军国际市场。2012 年 9 月 19 日，英国百分百设计展在英国伦敦 Earls Court 展览中心举行，领衔中国设计"军团"的嘉兰图备受瞩目，以其为"深圳派"代表中国设计再度挥师百分百。

设计企业也借助各种平台搭建本土企业与国际企业合作机制。据统计，第九届深圳文博会欧洲设计展团、土耳其展团等 42 家海外机构的展区面积占全馆面积的 13.7%。有来自欧洲、美加、东南亚等地区的 15890 名海外专业人士报名参会。主展馆 2 号馆的创意设计生活馆，与法国 Mai-sonde Mode，意大利 Apparati Effimeri、Lorelei Sound 等十余家欧洲知名设计企业的作品在一起的，还有本土的洛可可工业设计有限公司、嘉兰图设计有限公司、心雷工业设计有限公司等国内知名设计企业的作品。这一方面是由于深圳文博会主办方在海外招商和推介方面的努力以及文博会日益强大的影响力；另一方面也与我国本土设计行业的发展离不开。随着本土设计产业的设计水准、人才结构、赢利模式等方面的完善与发展，政策支持力度加大，本土设计行业国际竞争力逐步提升，对外贸易也相应获得发展。

随着越来越多海外参展商的加入，如今的深圳文博会已是世界文化集中展示的平台，涵盖的领域也更加多样。本届文博会除了创意设计生活馆提供多项海外文化产品展示外，海外投资商和参展商也将参加各类论坛和活动，如海外文化产业项目与产品采购合作需求发布会暨文博精品 App 发布仪式及签约仪式、深圳—欧盟文化创意产业投资推广暨企业对接会、中法文化之春专题活动等。从具体案例看，多年以来深圳市浪尖设计有限公司已经把文博会当成产品首发和拓宽海外市场的第一选择。在 2009 年第五届文博会上，浪尖展出了一批将中国传统文化与现代设计工艺相结合的新产品，其中一款"禅机"的手机，获得了国内外专业买家的一致肯定。近年来，浪尖设计陆续接到欧美及日本客户的订单，推出多款多系列主题产品。2009 年 11 月，浪尖设计创立了浪尖海外事业部，立足加拿大，为全球客户提供设计服务、设计咨询、模型制作、模具制造及产品集成服务。2012 年文博会结束后，韩国某品牌商十分看好浪尖设计自主研发的一款时尚防水手机，希望浪尖能够为他们设计研发一款同级别的三防智能手机。从洽淡到合同最终签订不到一周，该品牌就签下了 20000 台的首个订单。

另外，上海在全国率先建立了设计产业"走出去"的海外基地。联合国教科文组织"创意城市"（上海）推进工作办公室与意大利佛罗伦萨市政府签订了合作协议，共同建设"上海佛罗伦萨——中意设计交流中心"。开展了首届设计之都活动周，举办了国际电影节、动漫游戏博览会、室内设计节、时装周等一批大型活动，加大文化创意产业的推介、展示、交流和交易。①

二　行业发展特征与趋势

目前我国设计产业依托政府政策支持、国内外市场需求与技术发展的优势，近年来获得较快增长，不过与发达国家的水平相比，本土设计产业整体水平还远远不够。从地域发展情况、知识产权保护与品牌建设、高端

---

① 上海市经济与信息化委员会网站，http://www.sheitc.gov.cn/zxxx/660150.htm。

人才队伍建设、投融资环境、企业发展模式与抗风险能力等诸多方面来看，我国设计产业在日益激烈的全球化市场竞争中所面临的挑战较为严峻，在全球化设计行业中仍处于低端设计、低水平发展与低影响力与竞争力的不利地位，离设计产业"走出去"的真正实现还有较大差距。

我国设计产业对外贸易发展主要呈现以下特征与趋势。

（一）本土设计产业初具规模，但地域发展不平衡、产业模式处于发展探索期

我国目前本土设计产业在近些年较快发展的态势下，已经初具规模。从设计产业体系来看，我国初步形成了门类较为齐全的覆盖工业设计、室内设计、时尚消费品设计、建筑与景观设计、设计与城市规划、平面设计、服装设计、软件设计等诸多领域的设计体系。从设计的市场主体的类型来看，包括独立的专业设计机构、主要服务企业内部的设计部门以及从事设计研究和服务的科研院所[①]，类型多样。从设计发展的途径来看，主要表现为驻厂设计、专业公司设计、政府支持的设计机构以及院校工作室设计等几种形式，发展模式多元化。从设计行业从业人员来看，近些年来，设计从业人员稳步增长，人员素质有所提高，从业人员结构趋于合理。

我国设计产业发展仍存在不足与缺陷。地域发展不平衡，各地区、各行业分类、各领域发展不平衡，中国设计产业资源主要分布在东部地区，其中又以北京为中心的环渤海地区、以上海为中心的长三角地区和以深圳为中心的珠三角地区发展较为成熟，竞争力比较强，具有一定的国内外市场影响力。北京、上海、深圳作为"设计之都"，依托人才、资金、政策、市场等优势，涌现出一批知名的、有竞争力的设计企业，如嘉兰图、洛可可设计、东道设计等本土设计公司在国际市场上崭露头角，在产品设计国际大赛中也屡屡获得大奖，国外市场开发模式也步入企业发展的日程。但是，其他地区的发展则不突出。

同时，设计企业的赢利发展模式尚处于发展探索期。设计企业发展的

---

① 参见《设计业对外文化贸易年度报告》，《中国对外文化贸易年度报告（2012）》，第257页。

多元化，一方面体现了中国设计企业的灵活性与适应性强，另一方面也反映了日前条件下设计行业中不同管理发展模式在各自的小领域中具有的有效性，普遍适应性不强，同时暗含了各个模式之间难以形成合力，分散、多元、规模小的特点难以适应全球化背景下的国际市场的激烈竞争。整个设计市场体系赢利模式有待进一步发掘，面临着行业重新洗牌来适应全球化发展的趋势。

（二）对外贸易稳步发展，但与发达国家相比仍有较大差距，国际化发展的路径有待进一步发掘

近年来，我国设计企业积极进军海外市场，参与国际设计赛事，吸引国际同行的关注。中国设计产业的对外贸易发展，目前主要集中于参与国际设计大赛，通过国际行业展会、网络推介、项目合作等销售渠道来拓展市场，扩大知名度，不过力度还是不够，主要集中于少数企业；同时，对外投资与融资、参与国际设计市场项目、品牌营销等方面是本土设计企业国际化发展的软肋。国内设计企业参与国际市场的开拓，在"走出去"以及"如何走出去"之路上任重道远，相对单一的对外贸易发展的模式难以顺应时代发展要求，必须进一步加强国家合作、交流与竞争，站在未来设计产业发展的趋势与国际市场的需求角度，主动谋划，创新对外发展的方式。

（三）设计企业以中小型企业为主力，发展限制因素多，依附性强

由于设计资源分布不均，本土设计企业虽发展模式多元化，但规模普遍较小，以中小型企业为主，一些设计市场主体对政府政策依赖度高，对其他行业或产业的依附性强，融资能力不强，发展限制因素多，抗风险能力差，实力不强，行业发展体系脆弱。除了少数实力较强的企业，如嘉兰图、洛可可设计、深圳灵狮等设计公司能够依托设计技术与国际大奖的影响力，活跃在国际市场上并与国内外知名大企业进行项目合作，实现较快发展外，其他诸多企业还停留在低端、无序激烈竞争的状况，自身赢利能力还较差。这些迫切需要政府的统筹规划，从设计行业发展

的自身规律出发，采取多种手段，从政策、资金、法律等层面，积极扶持、引导相关企业做大做强。而这一点也反映出当前本土设计企业依附性强。

三　行业问题与对策

中国设计产业与国际水平的差距主要体现在原创能力不足、缺乏创意、缺乏高端人才、知识产权保护不力、企业规模偏小与投融资渠道不畅通、整体产业发展的水平不高，过于依赖市场、技术等因素来指导设计开发而缺乏将管理、文化等因素整合到运作体系中等几方面。为弥补这些缺陷，可以从以下措施着手。

（一）注重设计创新能力提升，培养具有国际视野、对接国际水准的高端人才

设计产业不仅能够反映出当代社会的经济、文化与技术风貌，更是设计师思想、道德、价值观的体现，设计创新能力的提升离不开人才这一最大的变量。要想促成设计成为一个产业，成为具有国际竞争力与影响力的产业，迫切需要一批高素质的设计人才，也需要能将设计成果投放到国内外市场的经营管理人才。但是从目前我国设计产业发展的实际情况来看，我国设计从业人员日益增加，总量逐步上升，但是有国际视野、眼光与水准的设计师相当少，也缺乏具有国际运营运作能力的高级经营管理人才。设计产业人才的结构、质量与数量还不能与我国设计产业发展现状与发展诉求相适应。在此情况下，应根据我国设计产业的发展阶段与未来趋势，站在未来发展的要求与市场诉求的角度，实施人才建设工程，注重提高从业人员素质，提升设计创新能力的培养，逐步培养一批具有国际战略眼光、对接国际水准的高端人才，鼓励创意设计行业"走出去"，积极参与国际项目的合作、参与国际交流活动与国际市场的竞争。

（二） 加强知识产权保护与企业品牌建设，提升产品附加值

与西方国家完善的知识产权保护机制与实施经验相比，我国对知识产权的保护力度还有非常大的提升空间。缺乏知识产权保护意识也成为常态问题而存在。在目前情况下，国内不少设计企业急功近利，为追求眼前利益与自身局部利益，往往选择模仿式设计进行设计开发，而非通过原创性或创新性设计来实现本企业设计产品的开拓。这种短视行为最终影响了企业自身乃至行业自主创新能力的提升，损害了原创性企业的合法利益，了设计行业的发展路径与进展步伐。因此，为进一步促进设计行业健康发展，不断提升国际竞争力与自身核心竞争力，必须加强知识产权保护体系的建设，强化行业自律与规范建设，建立健全设计行业知识产权保护的法律法规体系，加大执法监督力度，切实保障设计行业在统一开放、竞争有序的市场环境中得到发展。

同时，缺乏品牌建设意识也是制约我国设计企业做大做强与"走出去"战略实现的瓶颈之一。从实际情况来看，"中国的设计产业发展时间较短，缺乏文化的积累和技艺的传承，没有品牌价值的沉淀"[1]，本土设计企业缺乏对品牌建设的意义与价值的洞察，或是对如何加强品牌建设认识不够、理解不深、实行不力，品牌战略规划、品牌文化系统识别体系构建、品牌的管理等发展滞后，缺乏国际品牌竞争力与行业整体竞争优势，始终处于世界设计行业产业链的低端。在这样的环境下，设计行业的发展需要向微笑曲线两端延伸，向创新设计研发与品牌营销管理发展，不断提升设计水平与设计产品的推广营销，树立品牌意识，摆脱低端设计、无序竞争的困境与模仿抄袭谋取眼前利益的短视行为，增加产品的附加值。

（三） 健全设计产业投融资渠道畅通机制，整合资源，构建设计产业链与产业集聚

目前设计行业企业普遍存在融资渠道有限、融资困难、人才缺乏、企

---

[1] 谢杜萍：《中国设计产业的问题及对策研究》，《企业导报》2011 年第 16 期。

业规模小、抗风险能力弱、交易成本高等因素，严重制约着本土设计行业的发展。这与我国当前经济社会发展的程度有一定关系，同时也反映设计行业自身发展的一些问题。另外，设计企业之间也缺乏有效的协同合作，"缺乏系统设计能力与设计管理能力，在专业分工细分化的同时，缺乏专业间的融合与协作"①，产业链发展也不健全，产业结构还有待进一步转型升级。

要提升中国本土设计产业的发展程度与质量效益，首先，政府要从战略发展与行业转型的意义与高度上重视设计产业的发展，根据设计行业自身发展的规律，适时制定合理、科学的规划布局，健全该行业的投融资渠道，加大政策与资金扶持力度，提供税收优惠、项目支持、奖励贴息等多种渠道的资金支持，鼓励民间资本进入该行业，适度通过风险投资、股权基金等形式来为该行业注入资本，根据创意产业自身禀赋特点与发展规律，创新投融资形式，解决资金制约的问题。其次，积极促成设计产业领域公司制、市场化的科技条件平台建设，整合企业、科研院所的资源条件，政府搭建必要的技术、信息等公共服务平台，通过提供信息资源共享、国际交流合作、项目推介、品牌推广、政策环境支持等公共服务为企业发展乃至设计行业的产业链发展奠定基础，促成产业综合竞争力的上升。最后，可以鼓励相关企业联盟或协同合作，形成产业集聚与产业整体竞争力，共同"走出去"，联合开拓国际市场，共同承担国际风险，与国际市场接轨，加强国际交流与合作。

（四）整合中国元素，借鉴汲取国际经验，有步骤、分阶段打造具有"中国设计"的国际化设计企业群

民族的才是世界的。"本土文化的生命力才是中国经济、文化在全球化浪潮中获得活力的源泉"，"推动本土设计发展，为本土文化注入新活力，建构全球化浪潮中本土文化产业的道路"②。设计产业作为文化产业体系中重要的组成部分，能通过产品设计与拓展产品市场，将文化融入产品

---

① 中华人民共和国文化部对外文化联络局（港澳台办）、北京大学文化产业研究院编《中国对外文化贸易年度报告（2012）》，第258页。

② 蒋晖、周武忠：《全球化语境中设计的力量》，《艺术百家》2013年第1期。

推广，从而产生深刻的政治、经济、文化影响力，对提升一国软实力与综合竞争力具有十分重要的战略意义。

中国设计产业要走国际化之路，首先，必须充分发掘自身的优势资源，合理开发保护本土文化与民族特色，融合中国元素，这有助于克服民族品牌在创新表现上与国际品牌存在的差距，对产品、产业的属性定位上存在的一些偏差，只有这样，才能在国际日益激烈的竞争环境中获得国际传播力、话语权，提升本土文化软实力、巧实力与国际影响力，为实现从"中国制造"到"中国创造"与"中国设计"奠定好的基石。

其次，积极借鉴国际上好的做法与经验。从国际设计体系发展的层面来看，成熟的设计产业发展各阶段创意设计的受扶持力度、方向与参与主体等会有所差异，其体现出来的发展规律实际上可以为后起创意设计之国加以所借鉴（见图5）。

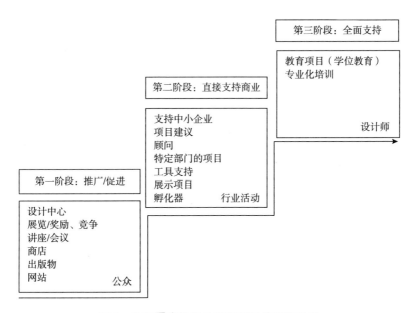

图5 欧盟国家设计产业创新政策演化阶段

资料来源：DESIGN 2005-The Industrial Design Technology Programme, http：//www. seeproject. org/casestudies/Design%202005%20 - %20Industrial%20Design%20Technology%20Programme, 2007。

我国可以取他山之石，针对自身所处的阶段与发展实际，优化利用经济全球化，积极采取适时的政策分步骤、分阶段予以有针对性的支持，促成国内设计企业做大、做强、做精，进而善于引导一些已经具备实力、国际竞争力强的龙头企业牵头走向国际市场，对接国际标准、瞄准国际市场、把握国际动态，将本国文化的元素合理、灵活、有创意性地融入整个国际设计体系中，参与国外重大设计会展、发展国际设计服务贸易、投资海外市场，打造具有"中国设计"的国际化设计企业群。

中国音乐产业对外贸易报告

佟雪娜[*]

　　自 20 世纪 50 年代出现密纹唱片以来，音乐产业已成为一种全球性现象，同时音乐生产和销售手段日益集中，"三大唱片公司"（环球音乐集团、索尼－BMG 音乐娱乐公司、华纳音乐集团）主宰全球音乐市场，它们各自拥有许多小的公司和厂牌，服务于不同地区和市场。音乐产业是当代社会文化产业的一个重要分支。尽管人们对于文化产业的概念和内涵有不同的认识和理解，但对于文化市场的"生产—营销—消费"环节是支撑文化产业发展的三个支撑点看法是一致的。音乐产业可以认为是以"音乐创造"为基础的，是各类形式的音乐产品的生产和提供音乐服务的经营性行业。除了创意生产环节，音乐产业还包括音乐服务、发行和销售环节的大量参与者，如音乐出版商、分销商、零售商、经纪公司等。音乐产业与其他产业的不同之处在于其"产品"，消费者对音乐"产品"需求的不断更新使得音乐产业具有独一无二的特点。

　　音乐产业的核心是音乐产品（媒介产品和表演服务产品）的市场营销和流通，其方向和目的均指向音乐受众（消费者）。而音乐产品的生产则是根据市场、根据消费者的需求。音乐产业覆盖内容广泛，是销售音乐作品、唱片和音乐表演的行业。包括从事音乐创作和音乐表演的音乐家，制作销售录音制品的机构和专业人员（如音乐出版商、制作人、录音棚、录音工程师、唱片公司、零售店、在线音乐商店、表演组织）、现场音乐演出提供者（票务代理、推广商、音乐表演场地、演出制作团队）、音乐职

---

　　* 佟雪娜，中国传媒大学副教授。

业经理人（管理人才、业务经理、版权律师）、音乐广播（卫星台和广播电台）、记者、教育工作者、乐器制造商等。随着技术的发展、音乐的全球化，人们对音乐产品的需求越来越多样化。音乐产品既体现为物质形式，也包含服务形式，如乐谱、CD 唱片、电视广播或电影音乐、酒吧等场所中的音乐表演或演奏、音乐厅和大剧院中的演出活动。随着技术不断进步、电脑及互联网服务的普及，音乐产品呈现多样化形式，以前人们常用的磁带、CD 等音乐产品逐渐被数字化音乐取代，如 MP3。

进入 20 世纪末之后，全球唱片业陆续出现几项警讯，例如销售成绩不好、网络音乐市场崛起、盗版问题加剧、大型唱片公司频频易手等，不过少数唱片公司高度垄断市场的局面依旧未变。

中国传统音乐产业盗版问题非常严重，赢利模式呈畸形状态，产业对外贸易情况一直不乐观。随着数字技术的发展，音乐本身的属性、音乐的传播规则都起了相应的变化，近十几年来，作为新兴的文化产业之一的数字音乐产业发展非常迅速。随着网络技术的发展、电脑的普及，众多音乐爱好者采用 MP3 数字音乐形式来保存音乐。他们从网上直接下载数字音乐，并频繁使用彩铃或更换手机铃声。数字音乐的快速性及便利性使 CD 唱片的需求骤然下降，但音乐产业技术的发展不是取代型的，而是叠加型的发展，技术上的进步给音乐产业带来了深层变革，使音乐贸易也出现变化。传统唱片发行渠道的地位逐渐衰落，而数字音乐成为主流。当音乐作品的乐谱层面、音响层面等各个层面转换为数字格式后，音乐艺术本体内容没有改变，但外在的表现形态发生变化，这种与数字技术相结合形成的音乐传播标志着音乐复制行为的全新时代的到来。在音乐文化中，传播媒介的出现，标志着音乐传播中"管理"的出现。

一　宏观环境与产业状况

国际唱片业协会（International Federation of the Phonographic Industry, IFPI）2013 年的全球数字音乐报告显示，全球传统唱片行业连续 11 年下滑，但数字音乐却连续 10 年上涨。2012 年，全球数字音乐的贸易总额值达 56 亿美元，2011 年为 52 亿美元，2010 年为 46 亿美元，数字渠道收入占唱片公司全球收入的比例为 34%，2011 年为 32%，2010 年为 29%。
2004～2010 年全球唱片业价值的跌幅达 31%，而数字音乐市场价值的增长
达 1000% 以上，全球合法的数字音乐服务约 500 家。数字音乐零售商向全
球范围扩展，2012 年初全球领先的数字服务已达 58 个国家。由此可见，
传统的唱片业不断地向数字音乐市场领域调整，数字音乐已经不仅是音乐
产业发展的一个重要方向，同时成为全球音乐产业发展的必然趋势。

中华人民共和国文化部官方网站《2011 中国网络音乐市场年度报告
（摘要）》显示，2011 年，我国数字音乐总体市场规模已达 27.8 亿元（以
网络音乐服务提供商、内容提供商总收入计），较 2010 年增长 20.8%。获
得文化行政部门审批、具有网络音乐业务经营资质的企业达到 452 家，比
2010 年增加了 28.7%。2011 年，在线音乐收入规模达到 3.8 亿元，比
2010 年增长了 35%。在线音乐用户规模为 3.8 亿人，较 2010 年增长了
6.5%。2011 年，中国无线音乐市场规模达到 24 亿元（内容服务提供商总
收入计），比 2010 年增长 18.8%。电信运营商无线音乐相关收入达到 282
亿元（包含功能费）。截至 2011 年底，中国无线音乐用户数近 7 亿，在移
动用户中渗透率为 45.7%（见图 1、图 2）。

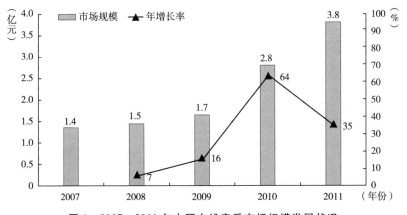

图 1　2007～2011 年中国在线音乐市场规模发展状况

目前，中国的数字在线音乐仍处于艰难探求发展过程。美国的 iPod +
iTunes 模式的成功是建立在苹果公司对数字音乐版权的有力控制及整个市
场的正版消费习惯基础上的。而中国在线音乐缺乏成熟的数字版权保护技
术和控制措施，国内人似乎已经习惯于免费获取音乐，消费意识有待提

高，中国政府的执行力度和管制措施还不够。因此，如果无法解决这些问题，中国在线音乐很难获得健康发展的机会。中国唱片公司数字收入的百分比达到71%，音乐销售大部分来自数字音乐，市场潜力巨大，然而多年来却一直受到高达99%的数字音乐盗版的困扰。中国互联网用户是美国的2倍，但人均数字音乐收入却只有美国的百分之一。中国总的音乐销售不如爱尔兰一个小国。2011年7月，百度和三大唱片公司（环球、索尼BMG及华纳）签署One Stop China协议，百度承诺会关闭深层链接的数字音乐侵权搜索服务，音乐用户可以通过受广告收入支持的合法服务"听"并免费下载音乐。One Stop China协议的破冰之举是中国最大音乐公司专业经验及创作能力与中国最大互联网公司影响力的深度结合，是中国音乐产业发展史上的里程碑事件，标志着中国合法在线音乐的进步与发展。

与在线音乐的困局相比，无线音乐业务自2003年在中国开展以来，展现了其巨大的市场潜力，市场规模在很短时间内快速扩大，电信运营商及各大门户网站都参与其中。中国无线音乐，尤其是开启彩铃服务之后，成为世界上绝无仅有的、繁荣的移动增值服务提供商市场，中国也成为世界上应用无线音乐最为广泛的国家。基于手机和移动通信网络的无线音乐代表着一种全新的音乐消费形态，智能音乐手机不仅是人们24小时不离身的音乐终端播放器，而且成为音乐爱好者自主创造和传播音乐的全新方式，带给人一种独特、便捷的音乐体验和享受。传统唱片公司也从无线音乐版权分成中改善了生存状况（见图2）。

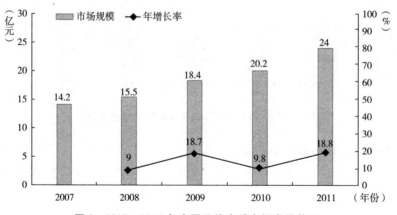

图2 2007~2011年中国无线音乐市场发展状况

中国众多的手机用户无数次小额支付彩铃让音乐消费者从之前购买唱片的核心消费人群扩展到数以亿计的移动人群，极大地拓宽了音乐产品的销售面。多年来，电信运营商依靠其垄断地位已经成功培养了音乐用户的付费习惯，这与盗版横行的在线市场形成了鲜明对比。无线音乐的网络具有封闭的特征，音乐下载由电信运营商统一控制收费，并且用户支付费用方式简单，没有经过授权的音乐产品不能在其平台上销售，因而无线音乐的发展较少受盗版的困扰，其数字音乐正版率大概达到了80%以上。无线音乐的成功运作使网络运营商、唱片公司、数字音乐服务商、终端设备制造商看到了数字音乐领域潜藏的巨大商机，因此在我国虽然网络盗版音乐最先出现，但从产业角度来讲是无线音乐的迅猛发展促进了在线音乐的成长，是无线音乐真正推开了中国数字音乐产业大门。

未来几年，无线音乐业务仍将是电信运营商的业务重点，具有很大的市场潜力。电信运营商发展的重点将放在移动增值业务领域，而无线音乐应用作为最为普及的网络应用之一，将成为电信运营商首要业务之一。在全球业务竞争的情况下，电信运营商将发挥固网和移动网络的协同效应，为用户提供多种路径，获取无线音乐产品和服务，这一过程离不开 CP、SP 及终端厂商的参与。随着 3G 的普及及电信运营商政策的调整，在努力加强无线音乐产业链规范管理的背景下，无线音乐服务商开始转型，丰富业务类型，拓展营收来源。

我国的数字音乐市场潜在用户群庞大，虽然中国数字音乐产业的市场条件仍不完善，数字音乐盗版泛滥，在线音乐销售额与美国等发达国家差距较大，但由于中国人口基数大、宽带高速普及、与世界同步的移动通信基础设施的建设，中国的数字音乐产业发展前景令人期待。

二　音乐产业贸易发展概况

（一）出口情况

2011 年，我国音像、电子出版物出口种数为 8077 种（次），录音出版物出口种数为 347 种（次），激光唱片出口种数为 347 种（次），录像出版物出口种数为 7730 种（次），DVD – V 出口种数为 7104 种（次），VCD 出口种数为 626 种（次）。音像、电子出版物出口数量为 77091 盒（张），录音出版物出口数量为 1345 盒（张），激光唱片出口数量为 1345 张，录像出版物出口数量为 75746 盒（张），DVD – V 出口数量为 69129 盒（张），VCD 出口数量为 6617 盒（张）。音像、电子出版物出口金额 35.17 万美元，录音出版物出口金额 0.25 万美元，激光唱片出口金额 0.25 万美元，录像出版物出口金额 34.93 万美元，DVD – V 出口金额 34.25 万美元，VCD 出口金额 0.68 万美元。

我国音像、电子出版物出口种数呈逐年下降趋势，2010 年为 10352 种（次），2009 年为 19771 种（次），而 2008 年为 16521 种（次）。录音出版物出口种数下降更为明显，2011 年为 347 种（次），2009 年为 1878 种（次），这与数字音乐产业冲击有关，与国际传统音乐产业整体呈下降趋势相符。出口金额也明显下降，2010 年为 47.16 万美元，2009 年为 61.11 万美元，2008 年为 101.32 万美元。

（二）进口情况

2011 年，音像、电子出版物进口种数为 14553 种（次），录音出版物进口种数为 11386 种（次），激光唱片进口种数为 11384 种（次），数码激光唱盘进口种数为 2 种（次），录像出版物进口种数为 691 种（次），DVD – V 进口种数为 691 种（次），电子出版物进口种数为 2476 种（次）。音像、电子出版物进口数量为 396287 盒（张），录音出版物进口数量为 147281 盒（张），激光唱片进口数量为 147279 盒（张），数码激光唱盘进口数量为 2 盒（张），录像出版物进口数量为 75489 盒（张），DVD – V 进口数量为 75489 盒（张），电子出版物进口数量为 173517 盒（张）。音像、电子出版物进口金额 14134.78 万美元，录音出版物进口金额 130.79 万美元，激光唱片进口金额 130.78 万美元，数码激光唱盘进口金额 0.01 万美元，录像出版物进口金额 13.32 万美元，DVD – V 进口金额 13.32 万美元，电子出版物进口金额 13990.67 万美元。

与往年相比，音像、电子出版物进口种数没有太多变化，但进口数量呈稳定上涨趋势，尤其以录音出版物、激光唱片和电子出版物进口为主。

进口金额也逐年上涨，尤以电子出版物进口金额最多。

（三）引进版权情况

2011 年，引进录音制品版权总数为 278 项，其中从美国引进 38 项，英国引进 13 项，法国引进 2 项，俄罗斯引进 1 项，加拿大引进 1 项，日本引进 21 项，韩国引进 2 项，中国香港地区引进 141 项，中国台湾地区引进 52 项，其他地区引进录音制品版权总数为 7 项。2011 年，引进录像版权总数为 421 项，其中从美国引进 289 项，英国引进 90 项，法国引进 1 项，加拿大引进 5 项，日本引进 10 项，韩国引进 9 项，中国香港地区引进 3 项，中国台湾地区引进 9 项，其他地区引进录像制品版权总数为 5 项。2011 年，引进电子出版物版权总数为 185 项，其中从美国引进 2 项，英国引进 9 项，俄罗斯引进 1 项，加拿大引进 1 项，新加坡引进 3 项，日本引进 3 项，韩国引进 25 项，中国香港地区引进 3 项，中国台湾地区引进 135 项，其他国家或地区引进电子出版物版权总数为 3 项。

我国音乐产业版权引进以美国、英国、韩国、日本以及中国港台地区为主，这些国家、地区相对来讲其音乐产业在世界范围内也属于领先地位。

（四）输出版权情况

2011 年，输出录音制品版权总数为 130 项，其中向美国输出 11 项，向英国输出 1 项，向德国输出 2 项，向法国输出 1 项，向加拿大输出 1 项，向日本输出 25 项，向韩国输出 51 项，向中国香港地区输出 1 项，向中国台湾地区输出 1 项，向其他地区输出录音制品版权总数为 36 项。2011 年，输出录像制品版权总数为 20 项，其中向韩国输出 2 项，向其他国家和地区输出录像制品版权总数为 18 项。2011 年，输出电子出版物版权总数为 125 项，其中向美国输出 21 项，向英国输出 5 项，向法国输出 2 项，向新加坡输出 42 项，向韩国输出 8 项，向中国香港地区输出 2 项，向中国澳门地区输出 18 项，向其他国家和地区输出电子出版物版权总数为 27 项。

我国音乐产业版权输出情况与引进情况相比，差距甚殊，唯一例外的是新加坡，我国从其引进电子出版物仅 3 项，向其输出版权达 42 项。

由以上数据可见，我国音乐产业对外贸易都存在严重逆差，在国际音乐市场上处于弱势地位。如何让中国音乐产业对外贸易出现转机，除了提高音乐产品本身的质量外，还需要协调各方利益关系，走专业化路线，告别"概念"阶段，进入"营销"阶段，构建出可赢利的音乐产业对外贸易体系，形成健康的音乐产业价值链，这是中国音乐产业重振的关键。中国未来的数字音乐对外贸易有一定的市场商机，伴随着与IT、通信等其他产业的融合，重新审视音乐消费者的习惯和心理，开发新的渠道，建立新的版权保护机制，实现新的赢利模式，是中国音乐产业发展的当务之急。

三　音乐产业贸易发展特点

（一）音乐生产及其贸易主体的泛化

在数字化时代，音乐创作主体不断泛化。除了传统的唱片生产和销售，大量个体音乐创作者、生产者在数字化网络空间中发挥着自己的创作才能，通过网络技术连接可以完成传统国际文化贸易中单个公司不能承担的市场功能，而巨大的互联网平台使中小音乐公司甚至个人有更多机会参与国际文化贸易。

在音乐个体生产者进行文化创作和生产过程中，他可资利用的文化资源来自全人类的共同文化遗产。无论是中华文化还是外国文化，音乐生产者实行"拿来主义"，并通过各种B2C、C2C电子商务平台进行个性化创意及贸易。电子商务平台与社交网站平台的连接，更加带动了电子商务平台产品的销售，使很多原来没有市场化意识的纯粹个人化音乐产品，在一定条件下可以转化为具有市场价值的文化产品和文化服务。

（二）音乐产业贸易壁垒功能减弱

数字音乐已经在全世界各个国家普及，在数字化浪潮袭击下，传统音乐产业日渐式微，而数字音乐的出现，网上虚拟的无穷无尽的无租金货架空间使得人们意识到数字集合论的一个原理：一个极大极大的数（长尾理论中长尾中的产品）乘以一个相对较小的数（长尾理论中每一种长尾产品的销量）仍然等于一个极大极大的数字。现实使得传统音乐在与数字音乐市场竞争的同时也发生了一些嬗变，因此原来音乐产业贸易通过设置显性或隐性贸易壁垒阻挡其他国家文化产品对本国过度入侵的方式，如产品配额制度、关税、产业补贴、内容限制等状况有所改变。在数字音乐时代，受众有了更多的文化产品接受渠道，文化产品的消费方式也有所改变，因此，为阻挡他国文化产品而设置的贸易壁垒，其功能在很大程度上得到削弱，甚至成为摆设。

（三）音乐贸易体现在线与非在线的融合

数字音乐时代到来后国际贸易由原来的实体贸易转变为两种。一种是非在线型，即不完全国际电子商务，主要是指录音录像制品等一些有形的音乐文化产品，如 CD 唱片、DVD 等，其进行国际贸易的交付方式除音乐产品实物交付环节以外，所有其他环节（包括询价、合同签订、订货、保险、支付等）均可以在网上通过电子方式予以实现。另一种是在线型，即完全国际电子商务，主要指数字音乐产品及其服务，它们原来依靠有形载体无形产品的直接贸易方式，在数字化条件下完全转变为通过电子网络方式进行支付、交割活动以及供货方的货物运送活动。这种全新的电子化交付方式使交易双方超越地理空间障碍进行交易，充分挖掘了全球数字化音乐产品和服务市场的潜力。

（四）盗版严重影响音乐产业对外贸易

我国的数字音乐盗版现象非常严重，对我国音乐产业与其他国家或地区之间的贸易运转极其不利。数字音乐盗版大致分为 P2P 及非 P2P 渠道（如博客、网络硬盘、论坛、网站、试听站点、智能手机客户端程序以及流媒体抓录程序），为了控制盗版，倡导所有中间环节的合作，包括分阶段响应系统、网站屏蔽、支付平台以及广告主，2011 年英国的唱片公司、信用卡公司和执法部门的合作就是"中间环节"配合的有力证据。除此之外，应进一步规范数字音乐版权有关规章制度，打造数字音乐版权集体管理制度，使较为分散的各个环节中的主体更加系统化，优化数字音乐的产业结构，合理配置产业资源，形成多元化产业价值链，促进音乐产业对外贸易各主体实现自身利益的最大化。数字音乐对外贸易存在诸多问题，尤其是数字在线音乐对外贸易价值流的不畅通，究其根源是版权保护没有做好，人们可以轻而易举地在网上获取任何音乐而无须支付任何费用。数字音乐的出现和传播带给人们方便快捷享受音乐的同时，更向版权保护提出了挑战。网络已经成为数字盗版音乐的最大传播渠道，免费音乐下载随处可见，P2P音乐文件共享越来越受利网络用户的青睐。而这种免费下载及文件共享未经授权的音乐作品，不仅直接影响了相关版权人利益，也打破了正常的国际文化贸易的流通，打击了原创作者创作的积极性，减少了音乐公司对新艺人投资的力度。由于音乐产品的收益是建立在版权保护机制基础上的，因此，打通版权保护这个环节，各链条之间互相衔接，我国音乐产业对外贸易的健康发展才会实现。

四　中国音乐产业对外贸易应对策略

在数字音乐市场尤其是无线音乐发展迅速的背景下，发展融合型的数字音乐对外贸易是当前的战略选择。及时地、系统地分析数字音乐市场，找出制约其良性发展的深层原因，从产业价值链的角度进行理论研究与总结，将有利于我国音乐文化产业的进一步发展。

（一）完善的法律体系是音乐产业对外贸易的根本保障

我国音乐产业有关政策不够完善，不利于音乐产品的出口。相比之下，美国建立了包括《版权法》《专利法》《商标法》《反不正当竞争法》《跨世纪数字版权法》《打击网络侵权及假冒伪劣法案》等一系列版权保护法律体系，形成了全球保护范围最广、相关规定最为详尽的法律系统；法国2007年通过了《创新和互联网法》，设立了一个新的独立的行政机构（HADOPI），专门针对数字音乐侵权进行管理和处罚；英国2010年制定新法律《数字经济法案》，规定可以向数字音乐侵权者发送侵权通知，如果侵权未明显减少，网络服务商按照要求对重复侵权者实施包括技术手段在内的处罚。以上各国针对网络环境和数字技术特点，对版权法做了重要的补充和修订，为音乐产业提供数字化版权保护，并采取分阶段响应措施，有效打击了数字音乐侵权行为。

当单纯的创新、合法的授权和有效的经济手段都无法全面解决数字音乐盗版的问题时，政府应该出面来保障一个公平竞争的环境。政府应设立专门机构来负责音乐产业对外贸易，并给予音乐产业一定的资金支持。

（二）打通国际贸易壁垒

近几年来，音乐行业与服务提供商（Service Provider，SP）合作风靡全球。合作主要有两种模式：一是音乐服务提供商开发自有品牌的音乐服务，如 TDC play，其购买音乐版权，提供音乐试听或下载等服务；二是与现有的音乐服务结合，如瑞典的 Spotify 和 Sonos 的合作，Spotify 的付费用户可以通过 Sonos 的"家庭音乐系统"（Multi-Room Music System）在家中任何一个房间在线欣赏音乐，这项服务可以在欧洲七个国家使用。在瑞典和芬兰，Spotify 与 Telia 合作，可以实现音乐消费者通过电视机欣赏音乐等。市场调研机构高德纳公司（Gartner）调查显示，2011 年，全球在线音乐销售额有望达到 63 亿美元，同比增长 7%，其中 Spotify 和苹果等在线音乐服务提供商得到了长足的增长。以 Spotify、Lastfm. com 和 Pandora 为代表的大量音乐订阅服务数量在不断增加。这些服务通常由第三方提供，例如 Facebook 和移动运营商。截至 2011 年，下载服务 7digital 在澳大利亚、马来西亚、新西兰和新加坡推出新店，业务范围已达 37 个国家。订阅服务 Spotify、WiMP 和 Deezer 也在快速跨国扩张，Spotify 的业务范围达 12 个国家。2011 年数字单曲下载的销售美国增长了 10%，英国增长了 8%，法国增长了 23%。数字专辑销售美国增长 19%，英国增长 27%，法国增长 23%，2011 年的全球音乐订阅用户数达 1340 万人，较 2010 年增长了 65%。

音乐是一种特殊的商品，不但包含了一般价值，更重要的是承载了巨大的文化价值。先秦《乐记》名句："凡音之起，由人心生也，人心之动，物使之然也。感于物而动，故形于声……"；"言之不足，故嗟叹之；嗟叹之不足，故咏歌之；咏歌之不足，不知手之舞之，足之蹈之也"。这些古代言论充分说明人们听音乐首先是对音乐本体艺术的追求，并非为物质利益。所以，只有音乐本身具有价值，采取相应策略才能获得真正的艺术与商业的双赢利。我国目前存在诸如盗版行为挤压了正版音乐网站的赢利空间、消费者版权意识薄弱以及法律滞后等问题，但是音乐产业仍然蕴藏着巨大的市场潜力和商机。

音乐产品包括两个部分。第一个是音乐核心产品。它是音乐市场上最重要、最基本的内容，是为满足产业价值链下游音乐消费者需求所提供的利益和效用。音乐消费者欣赏音乐，并在线下载音乐，不是为了获得音乐本身各种声音的构成，而是为了满足特定的心理需求和精神需求。尤其作为数字音乐产品，音乐消费者购买的不是有形的音乐实体，不是单纯听声音的发声方式和组合方式，而是由此得到的艺术享受，性情的陶冶和对美好事物的向往。对于人类生活经验的全部领域内的一切观念和事物，音乐几乎没有一样不能表现，当中世纪基督教精神或浪漫主义精神上升时，音乐在各种艺术中处于首位。这种核心产品作为商品形式进入在线音乐市场的流通领域，进行交换和交易。第二个是音乐服务。音乐服务是在线音乐市场下游的音乐消费者购买音乐产品所获得的一种综合性服务和各种利益总和，它可以带给音乐消费者更大的满足，音乐服务可提供一种全方位满足音乐消费者需要的保证，是保证音乐市场顺畅的客观要求，也是音乐市场各方不可忽视的重要因素。

音乐核心产品与音乐服务的整体构成了音乐市场核心，健康发展音乐产业就应该充分重视音乐核心产品与音乐服务，并努力将其发展成为一种音乐品牌。这种基于专业判断而制定的音乐品牌系统策略，包括音乐品牌形式、音乐品牌架构、音乐品牌管理体系等，是围绕音乐产业对外贸易战略目标而制定的品牌发展方向。它针对音乐产品和音乐服务，与市场进行有效组合，实现经营环境、战略方向、管理组织相协调的策略，使在线音乐创作者和生产者从不同方面创造出富有特色的音乐产品，以满足不同音乐消费者的不同需求。

（三）优化产业价值链，突出音乐贸易增值环节

目前我国音乐市场对外贸易中，由于电信运营商处于产业链的核心地位，掌握网络通路的便利条件，并与用户存在比较成熟的账单支付关系，所以运营商目前仍然是整个中国音乐市场的核心以及最主要的驱动力量。现在电信运营商已经在运筹跨过服务提供商（SP）直接与内容提供商

（CP）合作，如果运营商能够建立音乐的业务合作平台以及利益分享机制，确定恰当的分成比例，从音乐内容的制作、传播以及音乐应用的移动终端定制合作，使运营商、内容提供商及服务提供商和无线音乐用户形成一个利益共同体，将决定我国数字音乐产业对外贸易的发展方向。

菲利普·科特勒（Philip Kotler）曾指出：企业应快速有效地为产品"找到对应市场，并且寻找打造市场的良方，那就是应满足客户体验"。客户体验这一理念日益流行，不仅是指产品或服务的使用过程，也包括宣传、购买、售后服务等过程。百度、搜狐、腾讯等公司之所以取得成功，其原因之一就是非常重视并完善客户体验。企业的客户体验不是单点覆盖的，而是由多方面组成的，包括品牌形象、产品、服务以及用户付出的金钱成本、时间成本等。正是用户接触的感受差异，构成了用户对一家公司独特的体验认知。音乐业务作为增值业务的一种，其实质是将价值附加到客户所购买的产品和服务中。音乐消费者面对众多音乐产品信息，要根据其自身需求对音乐产品进行分析、比较和评价，虽然没有固定的评价模式，但也有其共同性的一般特点，如果音乐产品的用户体验很好，会对此音乐产品产生依赖感而重复购买，反之，就会产生选择后的失调。因此，数字音乐对外贸易的主体应时刻以客户需求为中心，不限于现有的资源范围，突破产业限制，引导产业向有利于创造客户价值的方向发展，从而为贸易各方创造利润。激发音乐产业贸易各环节主体的积极性，建立透明、公平的激励机制，促进音乐内容与终端应用的创新，鼓励和刺激更多成员加入音乐市场，做到产业链上每一个环节的价值提升和增值。价值链环节越完整，参与厂商越多，音乐内容供应越丰富，支持终端越充足，就越能带动音乐产业对外贸易的进一步发展。

区域文化贸易研究

北京文化贸易发展报告

李嘉珊　王海文*

统计显示，2012年，北京的文化产品和服务进出口持续稳定增长。文化产品进出口额达6亿美元，同比增长6.3%，其中出口额达1.6亿美元。从全国来看，北京地区文化产品进出口规模在各省（市）排名首位，占同期全国文化产品进出口规模的30.7%。文化贸易进出口总额达到30.54亿美元，同比增长15.55%。种种迹象表明，在建设社会主义文化强国和推进世界城市发展方略的背景下，北京对外文化贸易正迎来难得的发展机遇。

本报告盘点了2012年北京三个主要文化行业——演出业、广播影视业、图书版权业的贸易状况，分别探讨了贸易中存在的瓶颈和困难，并提出相应发展对策和解决措施。

一　北京演出贸易发展状况

总体来看，2012年，北京演出业在上年基础上稳中求进，既有旅游演出业的持续升温和演出机构运营模式的加速转变，也有演出产业多元化格局的初步形成。随着文化体制改革的不断深入，北京市新增注册的民营艺术院团呈井喷式增长。同时，海外经典音乐剧中文版的引进和北京京剧院的"唱响之旅"海外巡演可以算是该年度演艺对外贸易的典范。然而，在国际竞争日益激烈的今天，世界各国对文化产业的重视程度越来越高，我

---

* 李嘉珊，北京第二外国语大学教授；王海文，北京第二外国语大学副教授。

国演艺院团在加入国际演出市场的同时，也出现不少以往不被重视或未被发现的弊端。譬如，演出产业各方面人才发展不均衡，演艺院团市场生存能力不强等。北京的演出业要化茧成蝶，还需克服许多难关，才能最终成为与伦敦、纽约齐名的"东方演艺之都"。

（一）2012年北京演出业发展概况

2012年，北京演艺对外贸易发展稳中求进。贸易国家和地区涉及荷兰、比利时、德国、西班牙、美国、中国香港、法国、土耳其、加拿大、摩纳哥、朝鲜、菲律宾、日本、新加坡、中国台湾、希腊、瑞士、意大利，共18个国家和地区。演出近850场次，观众总数达89万人次，演出收入总计约823万元。

1. 2012年北京演出业发展状况

2012年，北京演出业整体发展水平较往年有所提高。演出收入与演出场次增加且艺术类别呈现多元化发展趋势。

2012年，北京演出市场的重头戏依旧来源于国内艺术团体，共计在京演出20732场，占总演出场次的95.3%，比上年同期增长7.68%。外国艺术团体在京演出932场，占全年总场次的4.3%，比2011年下降36%。中国港、台艺术团体及个人在京演出82场，占全年总场次的0.4%，较上年同期下降76%（见图1）。

2013年第一季度，北京全市共举办各类型营业性艺术演出活动5211场，吸引观众数量达209.8万人次，实现演出票房收入约2.83亿元，继续呈现较快增长的态势。

2.《关于鼓励和引导民间投资健康发展的若干意见》发布

2012年7月15日，文化部出台了《关于鼓励和引导民间投资健康发展的若干意见》（以下简称《意见》），《意见》高度肯定民间资本进入文化领域的重要作用，为创造民间资本进入文化领域的良好发展环境制定了具体措施。

近几年，在国家相关部门的政策支持和积极引导下，我国民营资本进入文化领域有了突破性的发展。文化部将联合财政、税务部门加强对民营文化企业的文化内容创意生产税收政策的研究，积极推动针对民营文化企

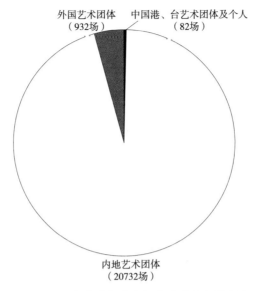

图1　2012年北京演出市场艺术团体分类占比

业的相关税收优惠政策出台。

（二）2012年北京演出业及对外贸易发展特点

2012年，北京演出业贯彻文化"走出去、请进来"政策，成果显著。北京演艺市场发展与建设更加规范，进一步助力北京演艺对外贸易的良性增长。

1. 演艺主体多元化，民营院团势头强劲

演艺对外贸易主体多元化发展，包含转企改制演艺院团、保留事业编制演艺院团、民营院团、中外合资企业。在演出总收入中，转企改制演艺院团占52.26%，保留事业编制演艺院团占24.4%，民营院团占14.8%，中外合资企业占8.2%，其他占0.34%。随着文化体制改革的不断深入，民营院团的发展速度和力度已经颇具成效。北京2011年底注册的营业性文艺表演团体有504家，其中民营艺术团体452家，占总数的89.7%，比2010年新增46家。而2012年6月，民营艺术院团已达530家，在北京2012年2.17万场营业性演出中，民营艺术院团占据了半壁江山。

2. 演艺地区继续拓展、贸易内容日趋丰富

贸易范围涉及欧洲、美洲、亚洲、北非等国家地区，欧美国家成为主要贸易对象。对外贸易类型继续丰富，除全球知名的中国杂技外，还包括京剧、芭蕾舞、音乐剧、民乐等内容。

作为中国声乐领域内第一个艺术家组合品牌，"中国三高"在2012年走出北京，走向全国，包括香港、澳门等地；同时声扬海外，先后赴美国、英国、德国等国家和地区巡演，让中国美声唱响世界。在一次次登台历练中，"中国三高"逐渐成为一个具有影响力、号召力的品牌，成为文化北京的一张崭新的名片。北京京剧院"唱响之旅"自2011年7月至2012年7月，历时一年左右的时间，先后在中国北京、上海、重庆、武汉、香港、台北，日本的东京、大阪、名古屋，土耳其的伊斯坦布尔，奥地利的维也纳，匈牙利的布达佩斯，捷克的布拉格等42个城市，完成了156场演出和50场讲座、50场展览。2012年9月12～23日，由北京歌剧舞剧院、中国杂技团、北方昆曲剧院组成的北京文艺演出团赴德国、土耳其演出，共准备了16个节目，包括民乐、舞蹈、杂技、京剧、昆曲等不同门类，且都是北京歌剧舞剧院、中国杂技团、北方昆曲剧院的代表作品。这些作品既有中国传统内容，也有与演出所在国相关联的元素。考虑两国观众的接受程度，节目都不长，内容也很紧凑，且加入了大量的摇滚乐元素，使得演出动感十足，活力四射。演出团还根据现场情况及时调整了节目单，在不同国家、不同地区上演的节目尽可能贴近当地观众欣赏习惯，反响热烈。北京交响乐团在谭利华率领下远赴欧洲，以"国际姿态和标准"连续在伦敦和欧洲第六度巡演，创下佳绩。北京当代芭蕾舞团携《霾》到荷兰、比利时和德国演出……像这样参与对外贸易的演出院团不胜枚举。

3. 世界经典音乐剧版权引进继续升温

2011年，《妈妈咪呀》版权引进，并制作中文版的成功试水，标志着"描红"时代的降临。《猫》中文版12月21日在京城"搭窝"，让等候多时的北京观众能够与传说中的"喵星人"进行一次零距离接触。

《猫》的运作模式与《妈妈咪呀》类似，首轮主要集中在京、上、广等一线城市进行巡演，之后再逐步向二、三线城市辐射。按照《妈妈咪

呀》票房过亿元的情况来看，此次重磅推出的《猫》可谓是前景一片
光明。

音乐剧若要在中国落地生根，必须遵循引进、"描红"、原创三步走的
原则已经成为业内共识。"描红"作为音乐剧最终迈入"原创"的必经之
路，虽然只是尝试和实践了制作、排练和演出运作方式，却是对中国音乐
剧的成长有着非常大的帮助，此外，利用这样一个中西合作的契机建立良
好的音乐剧团队，是对中国音乐剧更有意义的事。《妈妈咪呀》和《猫》
中文版成功为中国音乐剧市场打开了半扇门。

4. 特色演艺区强强联合，旅游演出再创新高

2012年6月，北京西城区政府分别与国家大剧院、中国对外文化集团
及北京人艺等19家在京演艺团体签署战略合作协议，标志着强强联手的天
桥演艺区建设进入一个全新的发展阶段。未来几年，天桥演艺区将在此基
础上建成大约30个演出剧场；打造7条特色街区，"一条演艺文化街、两
条老北京民俗文化街、一条民国新市区风情街、两条天桥斜街"，同时推
出多条特色旅游线路。将北京天桥演艺区建设成以历史文化为基石，以演
艺产业为主导，集演艺单位、文艺演出、文化展示、休闲体验、文化旅游
等功能于一体，具有中国特色、国际水准的北京演艺示范区。

北京作为世界闻名的旅游城市和国内重要的文化中心，其旅游资源和
演出资源优势可见一斑，旅游演出市场成果丰硕。截至2012年末，北京全
市共有16家以旅游演出为主的剧场。数据显示，2012年北京的旅游演出
剧场共计演出5379场，占全年总场次的25%；观众人数达262.6万人次。
行业总收入创下了2亿元的历史新高，较2011年增加7391万元，增长率
达到了58.6%。

5. 剧院资源深化整合，"院线制"带动实践创新

2012年，资源整合仍是演艺市场重头戏。对于各大剧院来说，在经历
了转企改制洗礼之后，其赢利能力成了衡量自身行业地位和生存能力的重
要因素。对此，如何充分利用剧场闲置资源、合理对接营业渠道成了诸多
剧院营业者担忧的难题。通过近些年来的不断探索、调整，北京已有多家
剧院转变了以往单打独斗的市场经营方式，组建了区域剧院联盟，开始发
挥不可替代的作用。剧院联盟将主要起到两个作用：服务和增值。

2012 年，北京演出剧场的"院线制"有了新进展，率先在全国试行"院线制"经营模式的保利剧院现已形成初具规模的 28 家剧场院线，实现了剧场从单一经营到行业经营的转变。剧场"院线制度"的形成，探索出了剧场多种经营的模式，辐射全国输出演出项目，并降低演出成本。

（三）2012 年北京演出业及对外贸易存在的问题

1. 高端演出票价过高问题仍未彻底解决

2012 年，各类演出总平均票价较上年同期下降了 16.9%，多功能剧场和小型剧场的票价都有很可观的降幅，而大型演出场馆票价同 2011 年基本持平。高端演出票价过高仍没有得到很好的改观。原因主要是：其一，部分艺术团体喜欢追求富丽堂皇的大成本作品，成本难以收回；其二，北京的演出场地相比其他城市租金费用更高，同时演出市场受到高税率的困扰；其三，旅游演出市场主要依托旅行社招揽顾客，而部分旅行社为赚取门票差额利润，导致部分票价虚高；其四，一些演出院团运作模式单一，经营管理理念陈旧，导致制作成本难以降低。

2. 艺术院团市场生存能力不足

2012 年北京演艺业迎来了两个转折点：其一是国有院团转企改制基本完成，转制率达到 99.86%；其二是民营演艺院团出现高速增长，占演出市场的半壁江山。北京演艺市场的活跃程度较以往大幅提高，优胜劣汰竞争机制的引入也使市场变得更为成熟。随着社会的发展与观众素质的提高，对演艺产品的质量要求也相应提高。演艺产品"请进来"让国人拥有更多的机会去接触和欣赏国际高水平的演出，因此，艺术表演院团必须要有创作思维、创作水平上的提高。

3. 演艺产业人才匮乏

北京演艺产业各类演艺人才不足，体现在演艺业高端创作与经营人才的不足，也包括能够整合多种资源的中间商的稀缺。

北京演出资源富裕，但由于缺少合理的运作管理，导致这些资源大多没有被真正挖掘出来。其原因归根究底是因为缺乏一座能够使演艺院团与观众相互沟通、相互接洽的桥梁，而这个稀缺的媒介正是中间商。演艺业高端创作与经营人才的缺失却使得符合当代审美和国际化要求的演艺作品难以推向市场，也导致原创文化作品的品牌运营能力难以提高。

4. 海外演出赠票问题严峻

一些演出团体试图利用虚幻的"面子工程"来抬高身价。与国内演出赠票行为类似，国外演出同样受到相同问题的困扰。部分演出团体在登上国外知名演出场所时，为证明巡演的成功，依靠赠票和邀请客户来提高上座率。

（四）北京演出对外贸易发展建议

2012 年，北京演出业仍有问题需要改进。报告主要从两方面入手，即从企业规划和政府职责方面进行剖析。

1. 院团发展层面

（1）加强人才培育，提高创新能力。

要真正做到与国际接轨，并站在国际大都市层次看待北京演出业的发展，我国专业性人才远远不够。

从人才的需求层面来看，可参照国外成功的专业教学经验，并结合北京演出业实际情况确定演出人才的定向培养。文艺院团和剧场的数目可以算是四面开花，而处于中间位置的节目经纪商却无人问津，整体呈现中间窄两头大的"哑铃状"。这种畸形的发展状况对演出业的长期发展来说是十分不利的。从人才的各方面素质来看，应着重培养高端演艺人才，尤其是演艺文化创意制作方面的人才。培育高端人才要紧抓民族文化自觉与自信，用开放的眼光制作满足国际市场受众需求的作品，合适的情况下要尽量争取国外优秀人才为我所用。

（2）积极开拓市场，转变运作方式。

如今演艺市场的竞争异常激烈，演艺院团要想在众多竞争对手中占有一席之地，就必须准确地对自身进行市场定位，充分发挥自身优势和特点。在开拓市场历程中，各演艺院团要以灵活的运作方式应对市场的变化。要加强市场调研，让演出制作更贴近生活、贴近实际，使大剧本和小剧本制作按市场需求协调发展、齐头并进。

演艺院团的海外演出要在国际竞争中保持文化自信，以国际化的理念进军国际演出市场。至于那些拿着政府财政补贴而在海外肆意赠票的"面子工程"应当立即禁止。唯有如此，才能使演艺文化最终达到产业国际化、贸易国际化，带动文化演出的经营理念、制作创意和演出水平整体提高。

（3）审时度势，借鉴海外。

第一，思维开放，不拘一格。

一部音乐剧创作灵感的来源是多种多样的，有时灵感的产生可能靠的是偶然，譬如百老汇第一部成功的音乐剧《黑魔鬼》就是偶遇剧院火灾事故而诞生的。制作人要抓住灵感，不拘形式，开拓思维。

第二，阶梯型"剧场群"层次分明。

对演出行业而言，单单依靠演出资源难以为继，符合行业发展的规划从某种意义上说甚至更为迫切需要。剧院的结构是按阶梯"剧场群"进行分类。第一类是国家级剧院，像著名的皇家歌剧院、皇家国家剧院和皇家莎士比亚剧院等。第二类是商业性剧院，这类剧院规模稍小，没有政府资助，生存是首要问题，在制景和演员阵容方面都节俭许多，在剧目选择上更要考虑观众的口味。第三类是实验剧院，规模更小，一般容纳上百人，大都是年轻人，衣着较为随意，剧目也多为新手作品。在百老汇也有类似的"剧场群"来带动演出业的发展。

从西区到百老汇，可以发现两个截然不同的地方有惊人相似的产业规划。错落有致的"剧院群"不仅不会因为竞争压力而导致此消彼长，反倒产生了区域性文化的共同繁荣，有利于高端演艺人才的培养。演艺聚集区的形成向演艺人员提供了一个更为广阔的舞台和前进的动力，同时也让观众能够拥有更多的选择余地和欣赏更多优秀的作品。

第三，以演艺为核心，促产业链发展。

西区作为一个国际化戏剧和娱乐中心，海外游客和剧目出口的增加成为其保持连续增长的最大依仗，加上与之相关的演出衍生品和剧院周边消费，西区全年消费总额十分可观。

第四，舞台标准化，制造批量化。

当观众走进剧场欣赏演出，舞台、音响等辅助设施的专业水平很大程度上决定了演出质量和观众心情。可以说，舞台是剧院的核心。在舞台布景的制作及演员的选择上英国皇家歌剧院是很好的范例。

2. 政府职责

（1）合理规划场所，健全法制建设。

近年来，党和政府高度重视文化产业的发展，出台了一系列政策作为助推动力，但在行业法规方面还有待健全。随着文化产业发展的不断深入，这些法律规范适用的范围将会越来越窄，应当立即做出调整，以覆盖文化产业的方方面面。可以从三个方面进行转变：一是，修改和完善《营业性演出条例》，切实保障演出主体和受众的合法权益；二是，适应国际演出市场经营管理规律和规则，与国内文化产业法规内容互补、协调；三是，专门制定演出业地方法规，调节演出业各方面的法律关系，对演出特殊性方面的内容应单独设章。

（2）调整产业结构，加速文化出口。

目前，我国民营企业对组建国际性文化交流平台的了解程度远远不够，对中间机构的赢利能力表现为质疑大于实践，调整演出产业结构的重担最终还是要落在政府身上。政府作为演出产业发展方向的带头人，需切实把握产业内各方面的平衡，提高资源利用效率，加快文化"走出去"步伐。

随着北京演出业的日益壮大，为鼓励和扶持北京乃至全国的演出院团走出国门，政府可主动构建国际性网络交流平台，通过交流平台加强国内院团与世界各国演出院团、演出机构的沟通合作，同时向国内演出团体提供文化出口渠道和跨境咨询服务等方式，加速外向型文化企业的培育。对于跨境咨询服务方面，交流平台应起到广泛收集世界各地消费者对不同文化产品的需求情况，为本土企业文化出口的题材和类型提供参考依据；并针对主要贸易国或地区的法律规范进行分类总结，提供给文化出口企业，避免不必要的纠纷和损失。此外，政府还可根据实际情况给当地演出院团和机构多样化的融资渠道来增强企业的国际市场生存能力，为我国文化产品国际化打下坚实基础。

（3）加大扶持力度，推动文化发展。

首先，应带动产业链的协调发展。用产业链的视角来看演出，一台成功的演出不仅要包含作品的创作与营销，还要拉动相关产业的发展。从这个角度看，"文化大发展、大繁荣"最终应起到的作用是带动社会全局的协调发展，而不仅仅是在文化领域内"孤芳自赏"。

其次，调整演出业高税收政策。剧场作为文化艺术的传播媒介，理应与赢利性的娱乐场所不同。关于剧场缴税的问题，要区分是文化设施或是经营单位。

最后，完善民营院团扶持政策。政府完全可以在剧场场租方面对生存能力还比较弱的民营院团给予一定优惠，通过公共广告宣传方式体现政策扶持。

二 北京广播影视贸易发展状况

2012年，国内广播影视业在如下方面取得了不同程度的发展。第一，深入推进电台电视台改革，广播电视舆论引导力显著提升。第二，加快推进农村广播影视公共服务体系建设，人民群众基本文化权益得到更好保障。第三，不断深化产业体制机制改革，广播影视产业发展实现新突破。第四，全面推进数字化，广播影视科技水平大幅提升。第五，切实加强"走出去"，广播影视国际传播能力明显增强。北京广播影视业在2012年也取得了不错成绩。精品力作不断涌现，是2012年北京广播影视的突出特点，诞生了电视剧《北京青年》《正者无敌》，纪录片《空中看北京》《笔墨春秋》《无与伦比的辉煌》等精品力作。在北京广播影视产业的蓬勃发展中，民营企业发展非常强劲。民营影视企业已成为北京广播影视业的生力军和骨干力量。

越来越多的广播影视企业还争相走出国门，在海外有了迅猛发展。2011～2012年，北京有18家企业、7个项目被评为国家文化出口重点企业和重点项目。2012年5月21日，大连万达集团以26亿美元并购美国AMC影院公司，占100%股权，拥有AMC的338个影院、4865块银幕，已成为全球规模最大的电影院线运营商。2012年9月25日，小马奔腾联合印度信实集团以3020万美元成功收购了美国数字王国，持有其70%股份。换了大股东的数字王国已正式落户北京，拟在京创建影视高端特效制作技术基地，以及文化中心、娱乐中心、主题公园等。为了鼓励更多企业走出国门，市广电局组织全市12家企业赴法国戛纳电视节参展，共展出电视剧31部、纪录片16部、动画电影1部，实现交易金额120万美元，达成合作项目（含意向）金额320万美元，为历年之最。此外，市广电局还组织北京海润影业、京都世纪、新浪网等影视文化制作、传播单位，首次参加班芙世界媒体节，积极扩大与国际同行的交流合作，受到广泛关注。

（一）北京广播影视对外贸易状况

2012 年，北京广播影视业持续稳定发展。北京电视节目进出口总额略有下降，贸易结构趋于合理化，对外贸易差额继续保持顺差，进出口来源以及去向趋于多样化。电影业方面，北京电影票房收入达历史新高，突破 16 亿元大关，一部名为《人再囧途之泰囧》的电影更是创造票房奇迹，也为中国电影人如何制作合大众口味的电影做出了榜样。中美双方就"允许更多的美国电影进入中国市场并提高美国片方分账比例"达成协议。中国将在此前每年引进 20 部美国电影的基础上增加 14 部美国进口大片，以 IMAX 和 3D 电影为主；美国电影票房分账比例从 13% 提高到 25%。这无疑为国产电影增加了竞争压力。回顾 2012 年的北京广播影视业，总收入的上升、节目质量的提高、技术的进步等表明其总体上取得了不错的成绩。2012 年北京广播影视业所表现出的特点更是令人欣喜。第二届北京国际电影节的成功举办，增加了北京在国际电影节的影响力，无疑会使整个中国电影市场受益。此外，首届国际动漫博览会以及第二十一届北京国际广播电影电视设备展览会的顺利召开也为 2012 年北京广播影视的发展做出了不小贡献。而民营资本的注入，以及微电影的不断兴起给北京广播影视的发展提供了新的动力。

1. 北京广播电视节目贸易总额略有下降，贸易结构趋于合理

根据国家新闻出版广电总局的最新统计数据，2012 年，北京电视节目进出口总额相较于 2011 年略有下降（见表 1）。

表 1 2009 ~ 2012 年北京电视节目进出口额

单位：万元

项 目＼年 份	2009	2010	2011	2012
进口总额	126	775	705	1083
出口总额	285.60	1508.37	5240.17	4180.84
贸易差额	159.60	732.37	4535.17	3097.84
贸易总额	411.60	2283.37	5945.17	5263.84

资料来源：北京市广播电影电视总局电视节目进出口统计年报。

从表1中可以看出，相较于2011年，2012年北京电视节目进口总额有所增加，由原来的705万元增长到了1083万元，而出口额却有20%左右的减少，从5240.17万元下降到了4180.84万元，但总体仍是顺差，达到了3097.84万元。这些数据无疑说明了北京电视节目在海外仍然是备受青睐的。

反观贸易总额，与2011年相比，2012年由5945.17万元下降到了5263.84万元，这一现象从侧面反映了2012年作为中国经济转型期中的重要一年，各个产业都在不断调整以及优化自己的产业结构，额度有所起伏亦是在所难免。进口额的增加则体现了如今的观众对国外电视节目需求的增加。但与往年不同的是，2012年，北京电视节目的进口对象不单单局限在中国台湾，对于美剧的引进也占据进口总额的一大部分，达到403.96万元，其中电视动画进口总额为380.45万元，纪录片为23.51万元。而在2011年进口额705万元中有605万元是产生在与中国台湾贸易当中的，二者相比，2012年的贸易结构更显合理。

出口总额方面的下降十分明显，由2011年的5240.17万元下降到了2012年的4180.84万元（见表2）。

表2　2011～2012年北京电视节目出口概况

单位：万元

年份	合计	欧洲	美国	其他
2011	5240.17	68.20	2759.50	2412.47
2012	4180.84	878.20	1243.86	2058.78

资料来源：北京市广播电影电视总局电视节目进出口统计年报。

可以看出，北京电视节目出口总额在2012年虽然有一定幅度的降低，但多表现在对美国出口的下降当中，由2011年的2759.50万元下降到了2012年的1243.86万元，然而对欧洲的出口额度却有大幅增长，从2011年的68.20万元增长到2012年的878.20万元，这些现象同样给出了一个信号，即2011年前北京电视节目出口对象过于单一，结构不甚合理，2012年这种现象得到了充分改善。

2. 北京电影市场票房首超 16 亿元，国产片市场份额十年来首次不敌进口片

截至 2012 年底，北京电影票房收入约达 16.1 亿元，比 2011 年同期增加 19.4%，占全国总票房收入的 9.4%，连续 7 年呈现快速增长发展态势，并连续 7 年稳居国内城市票房收入首位。而 2013 年一季度，全市新增广播电视制作经营机构 129 家；产量与收入方面，电视剧产量居全国第一，电影制作占全国半壁江山，电影票房收入比上年同期增加 1 亿元，累计收入 4.35 亿元，继续稳居全国首位。

目前，电影在文化建设中扮演的角色也越发重要。作为全国文化中心的北京市，在这一战略中起到了"领头羊"的作用。北京市还成功举办过两届国际电影节，取得了丰硕成果。2013 年第三届北京国际电影节将首次设立主竞赛单元，评选出在国内外业界有广泛公信力和认知度的奖项结果。

中国电影经过十年的发展已经走进一个十字路口，面临着如何构建中国电影文化的现实问题。同时中国电影应当参考美国电影发展中的文化战略，形成特色影视作品，向世界传播中国文化。国产片市场份额十年来首次未过半。2012 年有多达 34 部的进口分账大片汹涌来袭，似乎早已注定了国产片与进口片在票房上的胜负大局，尽管《人再囧途之泰囧》以及《十二生肖》等影片在年底强势发力，但也没能挽回国产片劣势（见表 3）。

表 3　2007～2012 年中国以及北京地区票房情况

单位：亿元

年　份 项　目	2007	2008	2009	2010	2011	2012
北京地区电影票房	3.65	5.25	8.1	11.8	13.2	16.5
中国国产电影票房	18.01	25.53	35.12	57.34	70.31	80
中国进口影片票房	11.7	17.88	26.93	44.38	60.84	88

资料来源：北京市广播电影电视总局行业统计年报。

（二）2012 年北京广播影视业发展特点

1. 国际关注度不断提高

北京广播影视业的国际影响力不断提升。2012 年，第二届北京国际电影节成功举办。260 部中外影片展映、52.73 亿元的电影洽商成果、几十场中外新片发布会、群众参与人次超过百万。电影节期间，上千家海内外主流媒体和重点网站将目光投向北京国际电影节。

第二十一届北京国际广播电影电视设备展览会以"品格媒体，品质生活"为主题在中国国际展览中心盛大举办。由来自全世界的广播电视管理者和技术人员等组成的代表团前来踊跃参观交流，将 BIRTV 作为新技术、新领域的平台。

这些展会的成功举办以及它们未来的发展前景都从侧面反映了北京广播影视业的国际地位在不断提升，受到的关注也在不断增多。

2. 国际交流渠道进一步拓展

北京广播影视业的国际地位近年来得到了很大的提升，其原因之一就是北京广播影视业一直在不断拓宽自己与世界其他各国各地区的交流渠道。2012 年 11 月 30 日，首届北京国际动漫博览会隆重开幕，吸引了数万漫迷，会聚了国内外 300 余家动漫相关企业和院校参展，还有近 500 家单位和院校参加了组委会组织的各类活动。

本次博览会期间国际动漫企业之间签订了十几项合作意向书和协议书，促进了北京动漫业与世界其他地区之间的交流。

北京在电影业、电视业等领域也在不断努力拓宽自己的交流渠道。北京国际电影节吸引了 640 家中外影视机构参加，共有 21 个项目签约，金额总计达 52.73 亿元，与上年相比增长 88.7% 以上，再次创下国内节展交易签约金额的数量之最。

而在 2013 年 11 月北京举办的文化博览会上，北京京文唱片公司、美国金莎集团、北京时代新纪元文化传播有限公司三方签署了大型中国风情秀《PANDA!》在美国拉斯维加斯驻场演出项目。作为本届文博会走出国门最大的文化项目，《PANDA!》于 12 月 19 日在美国拉斯维加斯金莎集团宫殿剧院全球首演。《PANDA!》用中国风情、国际理念、时尚表现把中国故事讲给世界。

3. 民营资本的介入为北京广电产业注入新的力量

伴随我国经济发展的不断优化改革，民营资本在国内各个产业领域不断扮演着越来越重要的角色。国家对民营资本进入国有垄断行业的态度不断明朗、支持力度不断加大。

国家在 2009 年《文化产业振兴规划》中曾经明确地提出鼓励民营资本、外资进入政策许可的文化产业领域，特别是要参与国有文化企业的股份制改造。文化部于 2012 年 7 月发布《关于鼓励和引导民间资本进入文化领域的实施意见》，民间资本进入文化产业也在不断获得政策护航。

广播影视作为文化产业中的重要组成部分，民间资本对其助力作用更是令人瞩目。国内的电视剧领域中，前二十大电视剧公司都是民营的，电影领域前五大电影公司里只有一家是国有的，而北京则拥有这些公司中的大多数，其中包括华谊兄弟、博纳影视、小马奔腾等享负盛名的企业。

2012 年 8 月，国家广电总局制定了《广电总局关于鼓励和引导民间资本投资广播影视产业的实施意见》。这些新政策以及民营资本已取得的成绩让大家看到了北京广播影视业发展的新希望。对民营企业需要加强引导和培育，切实采取措施促进民营广播影视企业成长壮大。

4. 微电影、大产业、新商业

所谓微电影，就是微型电影，又可以称作微影。微电影是指专门运用在各种新媒体平台上播放的、适合在移动状态和短时休闲状态下观看的、具有完整策划和系统制作体系支持的、具有完整故事情节的"微（超短）时（30～300 秒）"放映、"微（超短）周期制作（1～7 天或数周）"和"微（超小）规模投资（数千（万）元/部）"的视频（"类"电影）短片，内容融合了幽默搞怪、时尚潮流、公益教育、商业定制等主题，可以单独成篇，也可系列成剧。

微电影具有以下比较优势：第一，片长的优势；第二，成本的优势；第三，广告的优势；第四，传播的优势；第五，口碑的优势。

正是基于这些优势，微电影产业发展十分迅速。而北京更是微电影产业发展的先驱，在北京，有众多优秀微电影制作团队。有关微电影的各种重大节日庆典也多在北京召开，如中国微电影大典、中国大学生微电影节等。北京影视业的发展也因此得到了强劲的动力。微电影在中国处于刚刚起步的状态，许多问题还有待解决，比如微电影的赢利问题，微电影的宣传推广问题，微电影的内容质量问题，等等。但是，微电影产业的兴起为中国广播影视的发展注入新的活力，相信这股新生力量必定能够帮助中国、帮助北京广播影视业开创一个全新的时代。

（三）2012 年北京广播影视贸易发展中存在的问题

2012 年，随着我国广播影视产业整体上的发展，北京凭借其独特的资源以及环境优势，广播影视业也取得了不错的成绩。但是在优异成绩的背后同样隐藏着诸多问题，尤其是在如今国际化愈演愈烈的环境之下，面对来自国内国外的双重竞争压力，发现问题并尽快解决便成了北京广播影视业发展的关键所在。

1. 广播电视

单从广播电视业看，缺乏创新仍然是现阶段最大也是最难解决的问题。北京广播电视业还存在着无法使自己原创"走出去"的问题。另外，广播电视节目过度商业化和数量太多、质量太低问题也有待解决。

（1）能"引进来"，却难"走出去"。

回顾 2012 年北京广播电视节目，虽称不上光彩耀人，但也有亮点可圈。"引进来"无疑成了北京各卫视以及广播电台的王牌招数。最成功的案例当属浙江卫视的《中国好声音》，作为舶来品节目当中的佼佼者，"好声音"的成功究竟源于何处，又给北京广播电视业带来了怎样的启发？其首席执行官田明认为，节目成功的重要秘诀就是"国际模式、中国表达"。

但是，单靠"引进来"还是远远不够的，北京广播电视要实现真正飞跃式发展就必须要有自己的创新，只有创新才能发展。如果节目想要在中国乃至全球生根发芽，枝繁叶茂，就必须凸显中华民族的特色，北京本土的特色，调和西方文化基因与我国几千年积淀的东方传统文化土壤之间的矛盾，取其精华去其糟粕，适当在一些娱乐元素的运作模式上不断吐故纳新，这样才能保证有更强大的感染力和旺盛的生命力。真正做到"北京模式、国际表达"。

（2）广播电视节目过度商业化。

近几年北京广播电视商业化问题已经得到了很大缓解，很多节目在确保能够自负盈亏的基础上更多是站在观众角度去做节目。但是仍然有部分节目的过度商业化问题需要共同努力解决。商业化严重问题之一是收视率引发投资之战。商业化严重问题之二是植入式广告的大量投放。能否进一步缓解甚至根除过度商业化问题是未来北京广播电视业发展的关键。

（3）广播电视节目数量多、质量低。

如今的广播电视市场，节目数量多、质量低的问题仍亟待解决。国家新闻出版广电总局电视剧管理司副司长王卫平指出，电视剧市场存在着情感剧泛滥、题材范围狭小等问题，并将这些问题归结为制作公司受市场影响跟风创作；制作周期短，创作者沉淀时间不够；等等。针对电视剧产量过剩问题，北京成立了中国电视制作业协会，提出"减少产量、推出精品"的发展要求。

2. 电影

2012 年国产片市场份额十年来首次未过半，从侧面反映出国产片自身存在的问题。影片缺乏竞争力，原因很多，最关键的还是由自身质量偏低造成的。影片质量偏低与投资市场的混乱不无关系。

（1）广播电视业与电影业发展不均衡，影响整体发展。

北京广播电视业与电影业发展的不均衡主要表现在广播电视业的发展快于电影业的发展。当下中国电影市场年轻人是主流观众群体，他们在很大程度上已接受了好莱坞电影的"熏陶"，习惯了好莱坞电影的趣味。而国产电影类型化不成熟也不齐全，难以有效支撑市场，势必被好莱坞的类型片所占据。所以要打破广播电视与电影间发展的不均衡问题，首先要从自身出发，提高北京电影制作的质量。

（2）电影投资市场混乱，影响影片质量。

中国电影在过去两年经历了一次头脑过热的"大跃进"，大量游资热钱涌入，变相刺激了这个行业的不正常增长，导致制作门槛降低，创作质量水准也连创新低。在整体票房提升的同时，大量粗制滥造的低水平作品充斥电影院，制作人吹嘘的"大投资"换来的却是大烂片。

面对此种情况，加强电影投资市场的合理化规划异常重要。相关部门应该抓紧时间针对以上不合理行为做出积极回应，妥善制定对策以缓解并最终消除这种乱投资现象，给北京影视业一个健康的发展环境。

（3）北京郊区电影院环境仍需改善。

郊区县电影院满足居住偏远的市民的观影需求，为北京的电影地图填补了不少空白。然而这些郊区电影院的生存状况如何？能否满足郊区人们日益增长的精神文化需求？

以通州为例，2010 年前后，通州电影院装修完毕，重新开业，增加到如今的 3 个厅，其中一个能够播放 3D 电影。整个通州新增了一家汽车电影院，一家博纳天时影院，由原来的"光杆影院"变成了 3 家。让居民十分满意的是上片速度能够与城里同步，而相应的票价也由原来的较之城里更优惠变成了同一水平。但是，在观影环境和效果上比较差，特别是 3D 影片，难以满足观众的需求。通州电影院的上座率也不尽如人意，周一到周五上午不放电影，下午一两点钟开始放映。虽然周六、周日上午有电影，但观影人数依然较少。居民认为，即使经过了改造，通州电影院的条件还是不尽如人意。

由此可以看出，北京郊区电影院环境不尽如人意，仍然有很大的改善空间，需要有关部门给予更多的关注以及支持。

（四）北京广播影视对外贸易发展对策与展望

1. 完善国际化广电人才特别是创作型人才的培养及发现机制

广播影视业是一个高科技、高智能型的行业，信息产品的生产、经营和各个环节，都需要具有高素养、强烈的信息意识、精明的经济头脑、丰富的知识储量和较强综合分析能力的人才队伍。实行人才战略，一要实行体制上的转变。广播电视向产业化转变过程中，现在的管理机构的职能，有些要加强，有些需要转变。二要增加教育科研投入，加强人才培训。对广播电视信息从业者进行培训，让每一位从业者都能掌握最新的科学文化知识，在学习中找到创作的灵感。三要改革用人机制，彻底打破"任人唯亲"的观念，实行岗位竞聘，不分彼此，不分界限，让一批有真才实学、诚信肯干的人才，在重要岗位、关键岗位得到重用，得到锻炼，真正做到"能者上，庸者下"。四要有一定的人才储备。

2. 立足北京元素打造广电之都

作为中国的首都，北京，拥有得天独厚的本土优势元素：优秀的人才、丰富的资源、极高的被关注度等。这些特有元素都在为首都北京能够打造成为一座广电之都做着十足的准备。

3. 适应国际环境，扩大市场规模

首先，科学技术就是第一生产力，高科技成分渗透广播影视行业。我

们需要走出国门，走向国际化，学习西方广播电视业的先进科学技术水平，提高自身的能力。由于西方发达国家的广播电视业比我国先进，具有运行先进广播电视业的管理经验和运行模式，北京广播影视国际化，需要在这些方面加强学习，参考国外的先进经验。

其次，北京电影产业要积极借助优势资源力量，推动北京影视的发展。而所谓发挥特色就是指中国作为文明古国，而北京又是一座具有三千年历史的古城，本身的特色不言而喻，如果能够得到充分发挥，所带来的影响不可小觑。

最后，在发挥自己优势的同时，要有国际化的眼光，看清国际形势，适应国际环境，循序渐进打开国际市场。

三 北京图书版权贸易发展状况

2012 年，在北京市政府支持和业界的不断努力下，北京图书出版业的整体实力和国际竞争力在一定程度上得以提升，一些知名出版单位有意识、有实力、有计划地开始进军国际市场。图书出版业进一步向规模化、集约化、专业化发展，数字出版发展显著，传播能力显著提高。

（一）2012 年北京地区图书版权产业贸易发展概况

1. 产业主要经济指标持续向好

2012 年，北京图书出版产业快速发展，产业主要经济指标持续向好。网络出版、手机报刊、电子书等数字出版产业发展迅速，报纸、期刊、图书印数再创新高。北京市属出版社共计出版图书 1.08 万种，截至 11 月底，北京地区新闻出版业年度收入达到 619.3 亿元，同比增长 12.3%。图书出版"走出去"战略成效显著：从数量方面看，版权贸易呈增长趋势，尤其是引进版权数量增长较大；从质量方面看，贸易标的中科技、财经、学术类书籍等精品图书逐步增多。

2. 产业结构优化升级

随着出版体制改革进一步深化，图书出版产业高速发展，传统图书出版业进一步向规模化、集约化、专业化发展，图书出版新业态迅猛发展，图书出版产业体系、结构、布局不断优化，出版传播能力显著提高。

（1）数字出版增势明显。

2012 年 12 月 12 日，亚马逊中国的电子书店——kindle 电子书店——悄然上线。至此，国内三大网上书店——当当网、京东商城、亚马逊中国全部上线了电子书店。

（2）精品出版迎来发展契机。

2012 年，北京市继续加大对原创精品扶持力度，组织策划出版了一批精品力作。北京市还将多措并举大力扶持精品出版，建立有利于精品创作、出版、传播的激励机制；继续实施出版原创推新工程等，建立原创优秀文学作品与影视、动漫、网络等传播平台的结合途径，形成北京精品出版的品牌效益和规模效益。

（3）出版企业上市之路。

伴随着出版业转企改制的深入，一批出版集团准备冲击资本市场。根据国家新闻出版广电总局的统计数据，2012 年，包括知音传媒、中国出版集团、中国教育出版集团、中国科技出版集团等 15 家出版企业启动上市工作。

出版传媒企业已经有若干 IPO 先行者，如北方联合出版社、江苏凤凰出版传媒集团、湖北长江出版集团、中南出版传媒、时代出版传媒等，都已经实现 IPO 或借壳上市，其产品、业态、模式、人才等资源在上市后都有了新的发展。

一方面说明出版企业的资本需求量比较大，另一方面，国内出版机构的资本拥有量根本不足以参与国际竞争和市场覆盖，IPO 是其扩充资本的一个有力手段。众多出版传媒企业 IPO，将真正实现转企改制和内容资源的整合，推动其内部资源的整合和业务的有机融合。

3. **政府支持**

（1）提升国际影响力。

北京市政府积极将北京打造成为版权之都，提升国际影响力。目前，北京市已完成版权之都建设方案研究论证工作。为促进网络出版、手机报刊、电子书等新型业态的发展，2012 年北京市开展了网络版权保护的专项行动，建立长效机制，强化对出版发行、影视制作、动漫游戏等重点文化创意领域版权的专项保护。

（2）为"走出去"升温。

2012 年 1 月，国家新闻出版总署出台《关于加快我国新闻出版业"走出去"的若干意见》，对"十二五"末的主要目标提出了量化标准，版权输出数量突破 7000 项，并力争基本完成"走出去"国际布局。在这一利好政策的指引下，一些大型出版集团纷纷以全球市场为目标来运作，其版权输出更加积极，海外布局更加务实。2012 年 4 月，中国作为伦敦书展主宾国，在"新视角、新概念"的主题下，向全世界点亮了"中国概念"。输出版权 1859 项，为中英的文化交流、中国文化"走出去"谱写了新的篇章。

（3）提振民企信心。

国家新闻出版总署出台《关于支持民间资本参与出版经营活动的实施细则》（以下简称《细则》），首次提出要支持民间资本参与"走出去"出版经营，从事图书、报纸、期刊、音像制品、电子出版物等出版产品的出口业务和到境外建社建站、办报办刊、开厂开店等出版发行业务。对面向境外市场生产销售外语出版物的经营活动，还可以配置专项出版权。《细则》明确提出，支持民间资本在党报党刊出版单位实行采编与经营"两分开"后，在报刊出版单位国有资本控股 51% 以上的前提下，投资参股报刊出版单位的发行、广告等业务，提高市场占有率。

据统计，全国出版业内民营图书策划公司已达 1 万多家，民营图书策划公司出版的图书已占全国图书市场半壁江山。很多民资工作室从选题策划到市场销售，实际已介入图书出版的整个产业链条。8 月底，北京时代华语股份公司在美国投资的全资出版公司 CN TIMES INC 挂牌，首批投资100 万美元，计划每年出版 100 本中国版权图书，为中华文化"走出去"和中国作品走向全球做出努力。

（二）2012 年北京图书版权贸易主要特点

1. 文化产业融合与图书跨界发展

（1）热映影视剧的带动效应。

《少年 Pi 的奇幻漂流》位列图书飙升榜第三位，读者对图书的了解主要来源于李安导演 2012 年的同名电影新作，在美国、加拿大、德国、英国等国都进入了高中生必读书目之中，但在中国并未得到关注。而随着李安的电影作品在全球上映，《少年 Pi 的奇幻漂流》也被译林出版社引进出版中文版小说，在年末上市销售，周均排名均在前三位之中，不少读者表示原著作品远比电影剧情更加动人。

（2）少儿书籍贸易增长。

教育的受重视程度愈加凸显，在整个图书出版行业中，少儿图书出版是最具活力、发展最快、竞争也最激烈的一个板块，因此少儿图书出版也成为拉动并提升中国出版业的一支重要力量。2012 年，通过借助版权引进，尤其是对获奖图画书和经典作品的引进，提升了儿童类图书的整体出版质量。中国少儿出版传统单纯依靠卖书的赢利模式被悄然打破，各家少儿出版社尤其是品牌出版社探索多元化赢利模式，图书附加产值获利显著。

（3）旅游图书快速发展。

旅游业刺激了旅游出版市场的大幅增长。2012 年的旅游图书出版市场，关于自助游、旅游攻略、旅游指南类的图书层出不穷，从中也涌现出不少受市场青睐的畅销之作。目前旅游图书已经有很多种类，出版社更加侧重系列图书的出版以及有特色个性化作者的图书。

在经济刺激的作用下，人们对旅游的强烈需求激发出对旅游信息需求的狂增趋势，使得 2012 年旅游类图书出版获得了良好的平台，而 2012 年的旅游书销售热潮也为旅游书市场的未来发展进一步打下了良好的基础。

2. 热点事件引爆全国图书码洋增长

（1）党的十八大主题出版潮。

中国共产党第十八次全国代表大会于 2012 年 11 月召开，而中国共产党第十八次全国代表大会修订通过的新的中国共产党章程单行本——《中国共产党章程》也在 11 月迅速推出。作为学习十八大党章的重要辅助读物，此书上架销售成绩十分突出，出版后每周排名均在前十位之中。

（2）诺贝尔文学奖掀起"莫言热"。

2012 年 10 月 11 日，诺贝尔文学奖被中国作家莫言获得。莫言以及莫言的作品迅速在海内外引发关注，掀起了一股"莫言热"。获奖后的莫言作品瞬时成了抢手货，线上线下销售渠道一齐售罄。莫言获奖带给图书业的，除了相关书籍的热销之外，更带动了相关版权交易、文化衍生品等的效益发掘。

（3）版权成就文化。

京交会的"中国文学走出去"展区：以作家出版社为主，把铁凝、张炜、贾平凹、海岩等一批国内著名作家的作品推向国际市场。2013年是作家出版社创立六十周年，在中国文化"走出去"的国家战略和大趋势下，作家出版社立足专业文学出版领先优势，制定了以版权为核心，辐射传统出版、数字出版、影视制作和动漫等多领域的全新版权战略规划。此次作家出版社带来的"中国文学走出去海外推广计划"和"现代文学名著电影系列"，值得关注。

（4）图博会推动中国版权业融入世界。

北京图博会于2013年9月2日成功举办。北京图博会发起于1986年，历经27年的不断创新，北京图博会已发展成为集版权贸易、图书贸易、文化活动等功能于一体的国际出版交流盛会。据北京国际图书博览会组委会副主席、中国出版集团公司副总裁刘伯根介绍，第二十届图博会共安排海内外展台2267个、参展国家和地区76个、参展商超过2000家。其中，几乎所有的国际著名出版集团均参展，海外参展商比上年增长了8%。

3. 修订版新课标影响教育出版

2012年秋季开学，教育部公布的新修订义务教育阶段19个学科课程标准正式启动，数学、英语、物理、化学、生物、地理、音乐、美术、艺术、体育与健康等学科的起始年级，使用修订后并经教育部审定通过的教科书。

第八轮基础教育课程改革于2001年启动，新课标教材的十年，对于很多出版单位而言是空前发展的十年，不仅推动了大量新课标教材的出版，还带来了出版单位的个体发展乃至具有产业意义的诸多变化：一方面，教材出版力量重新洗牌，一批出版机构抓住市场机遇，通过对新课标精神的把握、作者组织、教材编写、跟踪实验、市场营销等各方面卓有成效地推进，获得了全新的发展；另一方面，市场竞争中"百花齐放"，优势力量正在显现，全国出现了几大教材出版基地。

（三）伦敦"奥运经济"助力图书贸易

作为全世界最具影响力的体育综合盛会，奥运会很大程度上可以成为举办国宣传本国传统文化的平台。英国文化拥有璀璨的历史，但是近年来一直受到美、日等国文化的挤压，英国试图借奥运之机输出本国的传统文化。

1. 伦敦书展的文化预热

伦敦国际书展由英国工业与贸易博览会创办于 1971 年，每年 4 月在伦敦西区 Earls Court 展馆举行，历时三天。伦敦书展经过近 30 年的发展，已逐步成为拥有 40 多个国家、1400 多个参展商的国际大型书展。中国以"市场焦点"主宾国身份参展，2012 年伦敦国际书展更是受到了国内外广泛的关注，可谓是伦敦奥运前的一次文化预热。

2. 奥运推动文化输出

2012 年 6 月 21 日到 9 月 9 日，"伦敦 2012 文化节"在英国伦敦举办。此次奥运文化节是 2008 年启动的"文化奥林匹克"活动的最终高潮部分。2012 年的伦敦艺术节已经在英国多个地区开幕，成为最大范围、最高质量和具有最广覆盖面的英国文化庆祝活动，并使整个英国的民众感受到了2012 年伦敦奥运会及残奥会的喜庆氛围。

版权贸易中的出口增长在很大程度上仰仗进口国对其文化的认可度。英国借奥运东风推动文化输出，也为本国图书出版贸易发展带来契机。

（四）2012 年北京图书版权贸易凸显的问题

1. 版权贸易生态环境失衡

我国版权贸易缺少统一的操作规范和行业规则，哄抬版税的恶性竞争依然存在，这种缺乏行业道德的做法，不仅会使国内的其他出版社和行业整体利益受损，同时也破坏了版权贸易市场的秩序和规范，阻碍了我国版权事业的健康发展。我国在对外版权贸易的版权保护立法、执法和经营方面，与国外一些发达国家的差距还比较大。

2. 图书版权业国际化程度不高

经过几年的发展，北京图书出版产业的国际化进程虽然取得了一定的成绩，但同产业国际化程度较高的国家和城市相比还有一定差距。北京发展图书出版产业缺乏国际化发展的整体规划，具有国际竞争力的大型出版企业数量较少，国际影响力较弱。

3. 图书版权业产业链不完整

北京图书版权产业发展过程中还未形成集群式发展，整个产业的运作未形成一个有序的链条。出版企业在开发、生产和营销等环节上缺乏密切的协同与合作，企业自身的产品和服务难以融入客户企业的价值链运行当中，产业链的整体竞争能力差。出版与印刷、出版与批发、批发与零售的关系不顺畅协调，很多出版社困于"三角债"，书店不结售书款，出版社不结印书款。

4. 融资渠道不通畅

近年来，北京市政府对于图书出版产业的金融投入在不断扩大，但由于使用条件严格、行政程序复杂等原因，远不能满足广大中小图书出版企业的需求。相对于不断扩大的金融需求，北京图书出版产业的金融供给明显不足。与此同时，民间借贷、中小企业上市融资、担保与再担保、风险投资与私募基金等融资渠道由于缺乏行之有效的对接机制和融资平台，无法发挥效用。民间借贷使用相对比较广泛，但范围很小，抑制了社会对文化创意产业的投资热情，融资渠道作用没有发挥。另外，由于创业板的门槛高、要求多，中小企业很难通过创业板上市发行股票实现直接融资。

（五）北京图书版权贸易发展对策与建议

1. 政府

（1）完善产业政策。

政府应该提供大力的支持，完善版权贸易立法和相关政策，做到政企互动。应加大对外宣传的力度，对现有实力较强的出版社给予政策上的支持，并在信息提供和数据统计方面提高服务水平，支持企业踊跃参加国际书展和国际图书贸易洽谈会，通过书展和书会的辐射力和影响力，提高北京图书产业的国际影响。

（2）推动中小型企业发展。

应加大对中小出版企业的税收优惠力度，加快出台专门针对文化创意产业投融资活动的法律法规。应进一步推进民营企业上市和发行企业债券工作，充分利用资本市场，针对不同类型企业特点建立多层次的资本市场体系。

2. 金融领域

（1）金融机构创新支持模式。

金融机构应开发适合图书出版产业的信贷产品，探索更加灵活的信贷模式，为企业提供更多的间接融资支持。

在综合考虑相关企业的规模特点、行业比重、盈利状况等因素基础上，科学制定有利于产业发展的信贷考核指标体系，优化信用评级制度、简化贷款审批程序。加强产业贷款的利率定价机制建设，根据风险预期在基准利率基础上实行差别化定价，对于重点项目给予浮动范围之内的适当优惠。

（2）构建产业融资体系平台。

构建综合性的多层次融资服务体系，各银行金融机构与担保公司、保险公司等非银行金融机构应加强合作，融合多种融资渠道，整合多种金融服务，形成囊括信贷、担保、保险等金融工具，既能与政府产业基金形成融合，又能与资本市场融资形成有效衔接的综合融资链条，为企业从创业期到成熟期提供包括银行贷款、股权投资、辅导上市等"一条龙"金融服务，从而构建多元化融资供给体系。应加强资本市场对文化创意产业的金融支持，鼓励企业通过资本市场进行股权、债权融资，扩大直接融资规模，针对企业特点建立多层次资本市场运作体系。

3. 相关企业

（1）提高数字出版质量。

虽然数字出版已是大势所趋，但传统出版企业在数字化建设方面还明显滞后，内容优势和技术优势有待整合。数字版权贸易的开展需要注意两方面的问题：一方面，数字出版需要事先获得内容版权的授权；另一方面，数字时代作品的创作群体和创作方式也在发生变化，出版社需要对数字作品的价值进行判断，还需要对作品的权利进行选择和掌握。

（2）借助产业链运作实现版权增值利用。

出版企业与相关企业合作实现版权增值利用需要借助产业链运作。出版产业链中具有某一环节优势的企业，应将更多资源集中于业已形成的优势环节，进一步凝聚核心竞争力；处于弱势的小型企业，应该专注于某一环节的出版业务，融入有利于自身发展的出版产业链中。使图书、报纸、杂志、网络、影视等通过互动，实现对内容资源的多媒体立体开发、深度加工和增值利用。

（3）塑造出版品牌，提升传播效果。

出版品牌日益成为出版业核心竞争力的重要组成部分。它反映了出版企业对社会公众的现实影响力、在行业发展中的竞争力以及获取行业资源的优势地位。

企业应注重实施品牌战略，按照国际文化市场需求对文化产品和服务进行深加工，借鉴国外先进的营销手段和营销方式，打造世界知名文化企业集团。

上海对外文化贸易年度报告

曾　军　段似膺[*]

一　2012～2013 年上海对外文化贸易概况

1. 基本统计数据

据商务部公布数据，2012 年，全国各省（自治区、直辖市、计划单列市）服务进出口初步数据统计，上海总金额为 1515.6 亿美元，同比增加 17.2%，占全国的 30.7%。其中，进口总金额为 515.3 亿美元，同比增加 8.9%，占全国的 23.1%；出口总金额为 1000.3 亿美元，同比增加 22.1%，占全国的 37%，实现贸易顺差 485 亿美元。2013 年上半年，上海已实现服务进出口总金额为 498.2 亿美元，同比增加 8.6%，占全国的 19.7%。其中，出口总金额为 291.4 亿美元，同比增加 6%，占全国 28.7%；进口总金额为 206.8 亿美元，同比增加 12.4%，占全国的 13.6%，实现贸易顺差 84.6 亿美元。总体上呈稳中有升的态势。其中，文化服务贡献度持续上升，2012 年上海进出口总金额达 15155778 万美元（其中出口 10002957 万美元，进口 5152821 万美元），在各项项目数据中，旅游 5739630 万美元（其中进口 5190307 万美元，出口 549323 万美元）、通信服务 29729 万美元（其中进口 16159 万美元，出口 13570 万美元）、专有权利使用费和特许费 350151 万美元（其中进口 320479 万美元，出口 29673 万美元）、咨询 1889458 万美元（其中进口 520220 万美元，出口 1369239 万美元）、广告宣传 317774 万美元（其中进口 69381 万美元，出

---

　*　曾军，上海大学教授，博士生导师；段似膺，上海大学博士研究生。

口 248393 万美元）、电影音像 6059 万美元（其中进口 4223 万美元，出口 1836 万美元）。2013 年上半年，上海进出口总金额达 498.2 亿美元（其中进口 2067580 万美元，出口 5152821 万美元），在各项项目数据中，旅游进口 776516 万美元，出口 572721 万美元；通信服务进口 16655 万美元，出口 9448 万美元；专有权利使用费和特许费进口 168903 万美元、出口 5264 万美元；咨询进口 257466 万美元，出口 797117 万美元；广告宣传进口 29017 万美元，出口 120979 万美元；电影音像进口 1834 万美元，出口 1230 万美元。

按照上海市文化产品和服务进出口分类，根据上海海关和外管局上海市分局统计，2012 年，上海文化产品和服务贸易进出口总额 168.8 亿美元，同比增长 3.7%，其中，进口 65.2 亿美元，增长 2.0%，出口 103.6 亿美元，增长 4.8%，实现贸易顺差 38.4 亿美元。按照国家商务部核心文化产品和服务分类，2012 年上海核心文化产品和服务进出口 32.4 亿美元，同比增长 10.6%，其中，进口 9.5 亿美元，下降 5.7%，出口 22.8 亿美元，增长 19.2%，实现贸易顺差 13.3 亿美元。上海文化出口重点企业和项目数量名列全国前茅，共有 39 家企业和 8 个项目被商务部等国家六部委认定为 2011～2012 年国家文化出国重点企业和重点项目。

2. 基本统计数据比较分析

其一，与 2012 年北京对外文化贸易相比较，总体差距在缩小。其中广告宣传占据绝对优势，电影音像差距悬殊。

其二，与 2012 年上海对外服务贸易其他领域相比较，对外文化贸易总量仍然较低，但所占比重在逐步上升。

其三，2012 年上海对外文化贸易结构性矛盾仍很突出。其中广告业、旅游业、信息服务业等一枝独秀，文化核心创意产业重要部门——如广播电视、电影、新闻出版、动漫游戏、设计等——还有很大的提升空间。

其四，上海对外文化贸易发展中的横向部门差异和纵向年度差异的影响因素较为复杂，既有各对外文化贸易行业自身的属性原因，也有特殊的政策导向影响，既有重大事件对某些行业的刺激，也有成为常态的行业发展惯性使然。

因此，需要在总体分析基础上，进一步对 2012 年上海对外文化贸易各部门、各行业、各领域的情况进行专题分析。

二 2012 年上海对外文化贸易各行业的特点和亮点

（一）出版业

1. 2012 年上海出版业贸易发展概况

2012 年，上海出版物进出口单位有五家：中国图书进出口上海公司、上海外文图书公司、上海远洋运输有限公司海图公司、上海香港三联书店有限公司、中国国际图书贸易集团有限公司上海分公司。共实现进出口5055.78 万美元，同比减少 248.09 万美元，下降 4.68%。其中，进口4501.42 万美元，同比减少 321.82 万美元，下降 6.67%；出口 554.36 万美元，同比增加 73.73 万美元，增长 15.34%（见表 1）。

表 1 2012 年上海出版物进口、出口汇总

总体指标	金额（万美元）	较 2011 年增减（%）
出口合计	554.36	15.34
进口合计	4501.42	-6.67
进出口合计	5055.78	-4.68

从出版物类别来看，可以分为图书、期刊、报纸、音像电子四类。其中图书进出口 3457.82 万美元，同比减少 256.06 万美元，下降 6.89%；期刊进出口 294.32 万美元，同比减少 54.18 万美元，下降 15.55%；报纸进出口 629.59 万美元，同比减少 96.9 万美元，下降 13.34%；音像电子进出口 674.05 万美元，同比增加 159.05 万美元，增长 30.88%（见表 2）。

表 2 2012 年上海出版物进出口按类别划分

总体指标	金额（万美元）	较 2011 年增减（%）
图书进出口金额	3457.82	-6.89
期刊进出口金额	294.32	-15.55
报纸进出口金额	629.59	-13.34
音像电子进出口金额	674.05	30.88

进口方面，图书进口 2907.75 万美元，同比减少 329.75 万美元，下降

10. 19%；期刊进口 293. 1 万美元，同比减少 52. 89 万美元，下降 15. 29%；报纸进口 629. 59 万美元，同比减少 96. 9 万美元，下降 13. 34%；音像电子进口 670. 98 万美元，同比增加 157. 72 万美元，增长 30. 73%（见表 3）。

表 3　2012 年上海出版物进口按类别划分

总体指标	金额（万美元）	较 2011 年增减（%）
图书进口金额	2907. 75	− 10. 19
期刊进口金额	293. 10	− 15. 29
报纸进口金额	629. 59	− 13. 34
音像电子进口金额	670. 98	30. 73

出口方面，图书出口 550. 07 万美元，同比增加 73. 69 万美元，增长 15. 47%；期刊出口 1. 22 万美元，同比减少 1. 29 万美元，下降 51. 39%；音像电子出口 3. 07 万美元，同比增加 1. 33 万美元，增长 76. 44%（见表 4）。

表 4　2012 年上海出版物出口按类别划分

总体指标	金额（万美元）	较 2011 年增减（%）
图书出口金额	550. 07	15. 47
期刊出口金额	1. 22	− 51. 39
音像电子出口金额	3. 07	76. 44

从国家和地区看，美英两国是上海出版贸易大国，美国进出口总额 1886. 57 万美元，同比增加 153. 7 万美元，增长 8. 87%。英国进出口 662. 02 万美元，同比减少 535. 69 万美元，下降 44. 73%。上海对两国的出口都有所增长，对美出口 182. 19 万美元，同比增加 102. 48 万美元，增长 128. 56%；对英出口 20. 56 万美元，同比增加 8. 92 万美元，增长 76. 63%。其他主要贸易国家还有新加坡、日本、澳大利亚、德国、法国、马来西亚、韩国等（见表 5）。

表 5　2012 年上海出版物进出口按国家和地区汇总

单位：万美元

国家和地区	进出口合计	进　口	出　口
美　　　国	1886. 57	1704. 38	182. 19
中 国 香 港	945. 31	941. 20	4. 11
英　　　国	662. 02	641. 46	20. 56

续表

国家和地区	进出口合计	进　口	出　口
新　加　坡	590. 71	508. 53	82. 19
日　　　本	469. 90	428. 36	41. 54
中 国 台 湾	226. 15	110. 31	115. 84
澳 大 利 亚	60. 47	34. 72	25. 75
德　　　国	48. 83	48. 73	0. 10
法　　　国	45. 24	42. 09	3. 15
马 来 西 亚	23. 26	0. 39	22. 87
韩　　　国	19. 39	19. 01	0. 38
其 他 国 家	77. 92	22. 24	55. 68
总　　　计	5055. 78	4501. 42	554. 36

2. 2012 年上海出版业贸易发展特点和亮点

（1）图书版权输出大幅增长。

统计数据显示，2011 年，上海共输出版权 1866 种，其中图书版权 296 种，录音制品 9 种，电影 2 种，电视节目 1559 种。2012 年，上海共输出版权 1863 种，其中图书版权 342 种，电子出版物 7 种，电视节目 1514 种（见表 6）。

2012 年版权输出的一大亮点是有 111 种图书成功输出至美国，连续两年有上百种图书输往欧美国家，实现了跨越性转变。对欧美国家的图书版权输出量大幅增长，2012 年输出图书版权共 342 种，同比增长 43.43%，占年度输出总量的 41.52%，较 2011 年的 33.45% 有显著提高。

表 6　出版物版权输出一览

	2012 年			2011 年		
	引进	输出	引进输出比	引进	输出	引进输出比
图　　书	1408	342	4. 12:1	1260	296	4. 26:1
录 音 制 品	318	—	—	209	9	23. 22:1
录 像 制 品	130	—	—	61	0	—
电 子 出 版 物	6	7	0. 86:1	22	0	—
电　　影	—	—	—	37	2	18. 5:1
电 视 节 目	182	1514	1:8. 32	731	1559	1:2. 13
合　　计	2044	1863	1. 10:1	2320	1866	1. 24:1

输出国家和地区方面，2012 年，向美国、新加坡、中国香港地区、中国台湾地区四地版权输出之和为 598 种，接近输出总数的 1/3（32.1%）。版权输出数量最多的国家和地区依次为：美国 289 种，新加坡 120 种，中国香港地区 106 种，中国台湾地区 83 种，德国 22 种，日本 22 种，韩国 20 种，英国 9 种，法国 1 种。与 2011 年相比，版权输出增幅最大的国家和地区是新加坡（增加 71 种），尤其在电视节目输出方面，增加一倍多。

输出类别方面，2012 年输出的 342 种图书中，输出最多的是科技类，为 122 种。上海文学图书的版权输出也在探索中不断前进。莫言、余华等当代作家作品先后被输出到西方国家，改变了以往向英语国家的版权输出主要集中在中医、食疗以及其他介绍中国传统文化和旅游类图书的局面。儿童文学作品版权输出领域也屡创佳绩。《大头儿子和小头爸爸》系列和《阅读树》系列等一批少儿图书被海外出版商购走。

（2）上海数字出版产品出口保持良好势头

上海市有网络出版许可企业 60 家，其中网络游戏企业 44 家，传统新闻出版企业 11 家，网络文学企业 2 家，综合类网络出版企业 3 家。

2012 年，上海数字出版新媒体领域（网络游戏、网络文学）海外出口继续保持较好表现。全年实现海外销售收入约 1.5 亿美元，同比实现两位数增长。网络文学企业盛大文学因处于上市前的缄默期，海外销售收入具体数字未披露，估计超过 1000 万元。盛大网络、巨人网络等 8 家新媒体企业获得 2011~2012 年国家文化出口重点企业称号。

（3）"中国最美的书"评选和上海书展提升国际传播力

为推进中外图书设计界的交流与合作，搭建中国书籍设计艺术走向世界平台，上海市新闻出版局从 2003 年开始，每年面向全国组织"中国最美的书"评选，以参加次年度的"世界最美的书"评选和展出。至今已有全国各地出版的 208 种图书获得"中国最美的书"奖项，并年年代表我国参选德国莱比锡的"世界最美的书"评选。十年来，共有 11 种图书荣膺"世界最美的书"奖项。"中国最美的书"不仅年年在国际上享有盛誉的莱比锡书展和法兰克福书展上进行展示，还被德国国家图书馆永久收藏。这一评选活动对于推动中国书籍设计艺术及我国设计家走向国际，传播中华文化起到了桥梁作用；对于促进中外设计艺术交流，提升中国现代书籍设计的水平提供了可资利用的平台；对于鼓励我国年青一代设计家创新发展，改变设计理念，冲出亚洲，走向世界，产生了积极作用和效果。

上海书展于 2011 年首次提升为国家级项目，上海市新闻出版局借此时机，经国家新闻出版总署批准，举办了首届"上海国际文学周"，邀请包括 2008 年诺贝尔文学奖得主法国作家勒·克莱齐奥、都柏林文学奖得主爱尔兰作家科尔姆·托宾、惠特布莱德奖得主英国女作家珍妮特·温特森等在内的多位海内外知名作家，以"文学与城市的未来"为主题，与中外读者共同交流。此项活动为内地各大书展首创，得到行业内外人士的广泛赞誉，极大地提升了上海书展及上海这座国际大都市的文化品质和影响力。在此基础上，2012 年上海书展更加注重探索中国出版文化的国际化发展空间并积极践行。第二届国际文学周聚焦高端论坛，以"影像时代的文学写作"为主题，首设上海国际文学周国际论坛。大卫·米切尔、乔·邓索恩、苏童、莫言、孙颙、陈丹燕、石田衣良、阿刀田高、波里亚科夫、黎紫书、吴念真、孙甘露、严锋、毛尖等海内外著名作家和文化名人济济一堂，在多达 24 场的活动中共同探讨文学、电影、写作对现代生活和人类精神世界的影响，推动城市阅读新风尚，促进国际文学交流。上海书展的"国际文学周"板块已成为提升上海新闻出版国际传播能力的一个新阵地。

（二）演艺业

1. 2012 年上海演艺业贸易发展概况

2012 年，上海市艺术表演团体演出共 3.192 万场次，其中国外演出近 400 场次，共计观众 1236.7 万人次，获得演出收入 32830 万元，其中演出场次和观众人次较多，较为热门的剧种有话剧、儿童剧、滑稽剧、戏曲和曲剧、杂技、木偶、皮影，而乐团、合唱团和歌舞团、轻音乐团的演出收入情况比较好（见表 7、表 8）。

表 7 艺术表演场所、艺术表演团体数（2010~2012 年）

单位：个

年 份	艺术表演场馆	剧院	艺术表演团体
2010	97	86	89
2011	103	90	102
2012	111	99	138

表 8　艺术表演团体情况（2012 年）

类　别		剧团数（个）	从业人员（人）	国内演出场次（场）	观众人次（万人次）
按隶属关系分	市级	18	3043	9344	374
	区级	118	5447	18464	869
	县级	2	34	169	4
按剧种分	话剧团、儿童剧团、滑稽剧团	31	1867	8553	231
	歌剧团、舞剧团、歌舞剧团	7	628	917	122
	乐团、歌舞团、轻音乐团	35	3560	4923	197
	戏曲剧团	25	1461	8705	241
	曲艺团，杂技团，木偶团，皮影团，马戏团	11	491	2769	255
	综合性艺术表演团体	29	517	3110	201
总　计		138	8524	27977	1247

对外演艺交流方面，2012 年，上海积极参加各项世界文化交流活动，经上海市文化广播影视管理局统计，上海的出访项目共计 317 批次 3441 人次，其中，商业演出 22 批，交流演出 93 批，涉及 56 个国家和地区。来沪项目共计 588 批次 10644 人次，其中，商业演出 414 批，交流演出 25 批，涉及 62 个国家和地区。演展收入达 1838.4 万元，共获得外方资助 233.5 万元。交流的类型以演出和展览为主，分别为出访 115 次和 46 次，来访 439 次和 90 次（见表 9、表 10）。

表 9　2012 年出访项目统计

项目类型	项目数量（批次）	分项比例（%）	上年数（批次）	环比增长（%）
演出	115	36.3	94	22.3
展出	46	14.5	41	12.2
采访摄制	55	17.4	85	-35.3
考察访问	71	22.4	61	16.4
人才交流与培训	17	5.4	18	-5.6
多边交流	13	4.1	24	-45.8
合　计	317	100.0	323	-1.9

表 10　2012 年来访项目统计

项目类型	项目数量（批次）	分项比例（%）	上年数（批次）	环比增长（%）
演出	439	3376.9	452	-2.9
展出	90	692.3	87	3.4
合作拍片	48	369.2	30	60.0
人才交流与培训	5	38.5	2	150.0
多边交流	6	46.2	17	-64.7
合　计	588	4523.1	588	0.0

2. 2012 年上海演艺业贸易发展的特点和亮点

（1）民间交流和商业运作逐步发展为"走出去"主体。

近年来，我国逐渐转变演艺业以文化交流、政治外宣为目的的"走出去"模式，积极尝试利用商业渠道和市场化运作推进中国演出的国际输出。在 2012 年上海市演出团体机构对外、对港澳台文化交流中，民间主办1015 次，远超过官方的 176 次。商业性质的交流也占到了多数，为 870次，获得展演收入 1722.8 万元，外方资助 138.2 万元。如已经形成一条从产品创作到市场营销的完整产业链的超级多媒体梦幻剧《时空之旅》，自2005 年推出以来，以剧目版权和管理输出的方式让《时空之旅》复制到全国各地。依靠良好的口碑效应，上海每年数量庞大的外国商务人士、旅游人士成了《时空之旅》的重要流动客源，在 7 年 280 万人次的观众中外国观众占 70%。2012 年，又开始拓展对外文化交流，与美国方面洽谈赴美巡演的意向，与中国台湾地区《联合时报》巡演的洽谈也在进行。

（2）以国际艺术节演出交易会带动原创剧目版权输出。

在 2013 年举办的第十五届中国上海国际艺术节演出交易会期间，中外各方以多种形式达成超过 255 项合作意向，其中中国文化"走出去"项目意向比重最高，为 115 项，"引进来"项目意向 82 项，国内机构间合作项目达成意向 58 项。共有来自 38 个国家及中国港、澳、台地区的代表参会，代表总数超过 500 人，参会机构为 300 多家，其中国外机构为 105 家。此外，爱丁堡艺术节、墨尔本艺术节、维也纳艺术节、新加坡艺术节、奥普斯经纪公司、美国主要大学城演艺中心联盟、澳大利亚昆士兰艺术中心等国外主流买家超过 40 家，占国外机构总数的 40%。

　　由中国上海国际艺术节中心联合委约制作、在交易会期间演出的三台中国原创节目，成为海外买家竞相洽谈的首选。谭盾与上海交响乐团合作的微电影交响诗《女书》，比利时布鲁塞尔音乐节、智利圣地亚哥艺术节、澳大利亚亚洲艺术节已明确表示签约意向。澳大利亚墨尔本艺术节已向中国国家话剧院《青蛇》发出邀请函，开始落实档期与技术条件等签约细节。上海戏剧学院原创音乐话剧《苏州河北》也在澳大利亚觅得知音。

　　交易会注重专业和实效，首次借鉴世界各大成熟交易会模式，在主会场特设 3 个"现场推介演出"专区，展厅变舞台，"看现场谈意向"渐成趋势。2012 年交易会还分别与上海现代戏剧谷、国家对外文化贸易基地、上海儿童艺术剧院合作设立了"国内商业戏剧创投会""国外及港台地区视频选拔推介会""中外儿童亲子节目视频推介会"等专业研讨会，主动让"演艺绩优股"浮出水面。

（三）电影业

1. 2012 年上海电影业贸易发展概况

　　2012 年，上海电影市场保持快速发展，电影放映产业规模持续扩大，市场主体、新增银幕数、电影消费能力创历史新高。《上海影视产业对经济贡献的报告（2012 年）》显示，2012 年，上海电影及电视产业为上海市全年经济生产总值贡献了 84 亿美元（约合人民币 533 亿元），为上海经济增值 22 亿美元（约合人民币 144 亿元），共提供就业岗位 7 万多个，人员收入达 24 亿美元（约合人民币 152 亿元）。其中，包含电影制作、发行和展览在内的电影产业，其生产总值约为 40.16 亿元。

　　上海市全年新建各类影院 32 家，151 块银幕，22191 个座位，较 2011 年分别增长 28%、46.6% 和 46.5%。截至 2012 年底，全市各类经营性放映单位 192 家，共 671 块银幕，136892 个座位。全年电影票房达到 13.2 亿元，较 2011 年增长 20.9%；共 3153.5 万人次观影，较 2011 年净增 361.3 万人次，增幅 12.9%；放映场次达到 95.9 万场，较 2011 年增长 26.2%。全市电影票房收入、观影人次、放映场次连续 6 年保持同步增长。据国家新闻出版广电总局统计，上海电影市场的票房收入在全国各省市排名第五；上海联和电影院线公司在全国影院的票房超过 16 亿元，排名全国院线公司第二。上海万达影城五角场店和上海永华电影城分别位列全国影院票房第四名和第七名。全年票房过千万元收入的影片共 41 部，过千万元影片的票房收入为 7.8 亿元，占全市总票房收入的 74.5%；过千万元票房收入的影院有 44 家，过千万元影院的票房收入达到 10.8 亿元，占全市总票房收入的 82.1%。具体如表 11、表 12 所示。

表 11　2012 年过千万元票房的影片名录

序号	影片名称	影片出品国	票房（万元）
1	《泰坦尼克号》	美 国	7977.29
2	《人再囧途之泰囧》	中 国	7462.17
3	《碟中谍 4》	美 国	6522.54
4	《少年 Pi 的奇幻漂流》	美 国	6143.06
5	《复仇者联盟》	美 国	5234.00
6	《画皮 2》	中 国	4879.04
7	《黑衣人 3》	美 国	4687.61
8	《蝙蝠侠：黑暗骑士崛起》	美 国	4531.77
9	《冰川时代 4》	美 国	3427.53
10	《十二生肖》	中 国	3224.95
11	《地心历险记 2：神秘岛》	美 国	3011.65
12	《超级战舰》	美 国	2948.58
13	《超凡蜘蛛侠》	美 国	2663.99
14	《一九四二》	中 国	2610.51
15	《敢死队 2》	美 国	2476.49
16	《喜羊羊与灰太狼之开心闯龙年》	中 国	2366.03
17	《马达加斯加 3》	美 国	2246.47
18	《普罗米修斯》	美 国	2115.93
19	《寒战》	中 国	1915.11
20	《异星战场》	美 国	1879.76
21	《谍影重重 4》	美 国	1870.50
22	《大侦探福尔摩斯 3：诡影游戏》	美 国	1861.82
23	《饥饿游戏》	美 国	1813.51
24	《听风者》	中 国	1793.82
25	《金陵十三钗》	中 国	1450.21

续表

序号	影片名称	影片出品国	票房（万元）
26	《战马》	美　国	1415.30
27	《诸神之怒》	美　国	1354.45
28	《环形使者》	美　国	1346.45
29	《龙门飞甲》	中　国	1288.88
30	《大魔术师》	中　国	1235.99
31	《大闹天宫》（3D 版）	中　国	1215.92
32	《全面回忆》	美　国	1116.76
33	《搜索》	中　国	1116.72
34	《四大名捕》	中　国	1074.57

资料来源：国家新闻出版广电总局统计资料。

表 12　2012 年过千万元票房的影院名录

序号	区/县	单位名称	票房（万元）	所属院线
1	杨浦	万达影城五角场店	7428.21	万达院线
2	徐汇	永华影城	6356.26	上海联和院线
3	黄浦	和平影都	5096.96	大光明院线
4	浦东	星美正大影城	5019.78	中影星美院线
5	浦东	新世纪影城	5018.12	上海联和院线
6	黄浦	大光明电影院	3375.91	大光明院线
7	闵行	上影希杰莘庄影城	3370.82	上海联和院线
8	浦东	万达国际影城周浦店	3317.40	万达院线
9	浦东	国金百丽宫影城	3246.06	上海联和院线
10	闸北	上影星汇影城	3119.70	上海联和院线
11	杨浦	今典世纪放电影院	3075.77	北京时代华夏今典
12	卢湾	新天地影城	3064.52	上海联和院线
13	长宁	上海影城	3006.02	上海联和院线
14	静安	环艺电影城	2805.33	上海联和院线
15	松江	地中海影城	2669.41	浙江大世界
16	徐汇	超极电影世界	2468.21	上海联和院线
17	徐汇	上海庆春电影院	2348.26	浙江时代院线
18	黄浦	世纪大上海影院	2298.76	世纪环球院线
19	浦东	世博国际影城	2282.45	上海联和院线

序号	区/县	单位名称	票房（万元）	所属院线
20	卢湾	国泰电影院	2174.60	上海联和院线
21	闵行	莘庄海上影城	2154.83	上海联和院线
22	长宁	龙之梦影城	2098.44	上海联和院线
23	虹口	金逸虹口龙之梦影城	2054.18	广州金逸珠江院线
24	闵行	世纪友谊影城	2052.73	世纪环球院线
25	嘉定	万达影城江桥店	1946.26	万达院线
26	浦东	喜玛拉雅海上影城	1937.28	上海联和院线
27	奉贤	南桥海上影城	1825.09	上海联和院线
28	浦东	中影川沙影城	1644.99	中影星美院线
29	普陀	博纳银兴影城	1585.82	湖北银兴院线
30	长宁	世纪仙霞影城	1557.51	世纪环球院线
31	虹口	星美国际影城	1537.71	中影星美院线
32	宝山	万达影城宝山店	1516.82	万达院线
33	闵行	七宝大光明影城	1446.45	大光明院线
34	宝山	希杰星星影城	1409.02	武汉天河院线
35	长宁	世纪天虹影城	1389.55	世纪环球院线
36	浦东	大地数字——上海南汇店	1339.89	大地数字院线
37	青浦	青浦永乐影城	1246.36	上海联和院线
38	嘉定	大地数字——上海罗宾森	1234.13	大地数字院线
39	浦东	佰迦乐大光明影城	1219.65	大光明院线
40	黄浦	上影华威影城	1186.30	上海联和院线
41	普陀	今典世纪中环影城	1140.78	北京时代华夏今典
42	浦东	上海科技馆	1110.13	未加入院线
43	闸北	新恒星影城	1059.19	广州金逸珠江院线
44	徐汇	新衡山电影院	1026.55	上海联和院线

资料来源：国家新闻出版广电总局统计资料。

2. 2012年上海电影业贸易发展特点和亮点

（1）上海国际电影节电影市场形成国际品质。

2013年上海国际电影节电影市场达成交易意向750多项，包括首次参展的大洋洲展商在内，平均每个展商有5项交易意向。项目市场入围的29

个项目吸引了 735 位买家，所有项目都有合作意向产生。

上海国际电影节电影市场已形成国际标准与品质，以"电影交易市场"与"电影项目市场"的结构呈现。作为电影节推动电影产业的核心平台，8 个新导演项目入围"中国电影项目创投"单元，与 21 个"合拍片项目"共同组成项目市场。李霄峰的《少女哪吒》获最具创意项目，高博的《跑火车》获最具市场投资潜力项目。陆一铜《纹身》、田原《水之彼岸》、罗冬《摩登时代》获"天工异彩"特别关注项目。

（2）政策奖励扶持电影创作。

优质原创电影是电影业"走出去"的基础，从 2011 年起，市委宣传部、市文广局相继出台了一系列的奖励政策。市文化专项资金年均拨款 2500 万元，设立"上海市电影精品专项资金"，重点扶持本市优秀影片的拍摄，支持电影摄制技术的创新发展，培养优秀青年电影人才，扶持新人新作，大力繁荣电影的创作生产。市文化专项资金每年投入 1500 万元，设立新（改）建数字影院补助资金，重点扶持市郊乡镇影剧院以及部分新建的乡镇社区文化活动中心（影剧场）的数字化改造，对改造成符合 2K 标准的数字影院，给予一次性 50 万元的文化专项资金补助。另外，对 5 年内在本市投资新建、改建符合 2K 标准的多厅数字影院（影厅数 4 个以上、座位数大于 600 座），硬件设施符合国家三星级电影院以上标准，年票房收入 500 万元以上的影院，按该影院上一年度票房收入的 3%，给予连续 3 年的补助。

此外，市委宣传部、市文广局从市文化专项资金中年均拨款 1000 万元，用于扶持每年举办的上海国际电影节，支持和完善上海国际电影节作为中外电影文化交流的推广功能、产业集聚功能和经济带动功能的建设。

（四）电视业

1. 2012 年上海电视业贸易发展概况

2012 年电视剧版权交易市场出现剧烈波动，迄今，网络播出的电视剧（下称网播剧）版权平均价格同比降幅超过 50%，伴随价格的下跌，国内电视剧生产总量下滑约 25%。从 2011 年四季度开始，市场网络播出剧交易量开始降低，同时，交易价格不再上涨。从 2012 年 3 月开始，网络播出剧交易价格开始下跌，经过过去一段时间下降，一线最热播的剧集价格，已经跌到了高峰时候的 1/3 左右。同为热播剧，从过百万元一集，跌回谷底的不足 10 万元一集，电视剧版权交易市场的泡沫一年内即被挤破。

这轮急速的价格下跌中，电视剧网络版权比较明显。而在电视台播出的电视剧版权价格，没有像往年一样，出现按年跌增的趋势，与 2011 年同期相比，价格相对比较平稳。从主要年份电视台情况可以看出，电视台周均播放时间和全年制作节目时间都有上涨（见表 13）。

表 13　主要年份电视台情况

类　别	2005 年	2010 年	2011 年	2012 年
发射台（座）	11	11	11	11
发射功率（千瓦）	170	172	172	172
公共电视节目套数（套）	25	25	25	25
付费电视节目套数（套）	15	16	16	16
周均播放时间（小时）	2871	3361	3399	3455
全年制作节目时间（小时）	62819	49507	42695	53274
广播电视卫星地面站（座）	1	1	1	1

2. 2012 年上海电视业贸易发展特点和亮点

（1）电视剧市场自发调节，新剧产量下降。

相比往年，2012 年大制作、豪华阵容、大成本的新剧寥寥可数。在当年上海电视节进行推广宣传的大型剧目，如《楚汉》《隋唐演义》《隋唐英雄传》《赵氏孤儿》《娘要嫁人》等，多是已经开始运作，目前正在拍摄中或刚刚杀青，并且在拍摄完成之前就已经完成了首轮销售。新推出的电视剧中，像兰小龙担任编剧的《好家伙》，小沈阳主演的《说书人》，小宋佳、陈思成主演的《小儿难养》，王丽萍担任编剧的《媳妇的美好宣言》都被业界看好，但这些电视剧的阵容与往年的大手笔相比，只能占到知名编剧、知名导演、知名演员三者中的一方面，而不能像往年那样做到"强强联合"。

2012 年是电视剧生产的"小年"，2012 年上海电视节能够给人留下印象、被电视台看好的剧目屈指可数。面对不稳定的政策、成本高涨和收购欲望降低而遭到挤压的赢利空间，大量制作公司选择了观望而非盲目的投入。因此，2012 年将会成为电视剧生产中的一个特殊年份：产量急剧下降、大制作电视剧几乎成绝响。这种变化是市场自发的调节，于 2013 年年中完成整个行业的再一次调整——演员片酬暴涨、大量公司为求产量粗制滥造的情况得到了遏制，从而使电视行业再次进入健康有序的发展阶段。

（2）电视节目交易走出影视展。

现在大多数电视剧交易不在电视节期间完成，取消"赶集式的"影视节目展呼声越来越高。与往年的影视节目展相比，2012 年参展的单位、设展的机构以及推出的剧目数量都有较大幅度的下降。前些年的电视节上，不少公司仅仅拿着一个剧本或者一个概念就进行"预售"，因此不少海报上每个主演后面，都印着"拟请"两个字，但在 2012 年的电视节上，像这样"卖概念"的电视剧大为减少。在参展的公司中，除"中国电视剧第一股"华策影视外，还有计划上市的新丽传媒、拉风影视、长城影视租赁了大面积的摊位进行推广宣传外，大量影视公司选择了在场外与电视台"私下接触"。

（3）电视节目输出集中华语地区。

在 2012 年的电视节目版权输出中，主要集中在讲华语的国家和地区，或者有大量华人居住的国家和地区。美国有大量的华人华裔，中文节目需求量较大。因此，美国成为电视节目最重要的海外市场，占输出节目总量的 11.76%。其次是新加坡，占输出总量的 6.7%。马来西亚、越南、加拿大、澳大利亚、印度尼西亚、坦桑尼亚等国家或地区的市场较小，输出量占总输出量的比例均不足 1%。

（五）艺术品产业

1. 2012 年上海艺术品产业贸易发展概况

近年来，珠三角和长三角地区一直利用自身优势，逐渐形成以上海和杭州为中心的长三角地区，及以广州为中心的珠三角拍卖地区。2012 年长三角和珠三角两地区拍卖市场份额逆势而上，均比上一年度有一定的提升。2012 年度，两地区市场份额迅速增加：长三角地区市场份额由 2011 年的 18.35% 上升至 21.30%，拍卖总额为 10.8 亿美元；珠三角地区市场份额由 2011 年的 3.92% 提高至 6.13%，拍卖总额为 3.11 亿美元，相比上年下降 12.74%，降幅相对其他地区较小。

其中，上海艺术品市场发展非常平稳，全年艺术品进出口总额为 1.2 亿元，其中进口额为 0.7 亿元，出口额为 0.5 亿元。随着中国艺术品市场的强势崛起，中国艺术品市场拥有更多的市场话语权和定价权。话语权的增强与中国艺术品拍卖公司近年来在全球地位的提升紧密相关。在"全球十大拍卖城市排行榜"中，我国有 5 座城市入围。其中，上海以 3.74 亿美元的成交额进入了全球前十名。在"全球十大拍卖企业排行榜"中，上海朵云轩以 1.51 亿美元位列全球十大艺术品拍卖公司的第七位。

2. 2012 年上海艺术品产业贸易发展特点和亮点

（1）上海自贸区保税拍卖可免除高额税费，打破中国艺术品贸易的瓶颈。

与国内其他拍卖行相比，自贸区内的所有拍卖都是保税拍卖，如果买家将拍得的标的物存放在保税区内或转运到国外，就不用支付 6% 的关税和 17% 的增值税。只有将拍品带出自贸区，进入国境内才需要缴税。这就意味着，价值 1000 万元的拍卖品可省下 230 万元的税费。

高税率已经成为阻碍中国艺术品交易的高地，上海自贸区内的保税政策将打破樊篱。自贸区内可以建立存储基地，举办拍卖会，吸引国宝回流，达到艺术品自由的国际贸易等，逐步成为亚洲的艺术品交易中心。

（2）上海国际艺术品交易中心打造全球化的文化交易服务平台。

上海国际艺术品交易中心一期已经建成 5000 平方米保税仓并投入使用，集保税仓储和保税展示区域为一体，二期规划约为 20000 平方米，将提供更大空间。三期规划在 6.01 平方公里的森兰国际社区内打造国际艺术园区，包括艺术商业街、全球化拍卖厅、美术馆、艺术酒店等，为国际艺术品展示、交流、交易、培训等活动提供更大的承载空间。

由上海外高桥（集团）有限公司和上海品藏文化艺术股份有限公司共同组建的上海外高桥国际文化艺术发展有限公司，希望借助自贸区的优势，打造全球化的文化交易服务平台，使来自全球的艺术家、艺术品、投资者和各种专业机构，都能在平台获得对接，得到国际艺术品交易的全程服务。

（六）动漫业

1. 2012 年上海动漫业贸易发展概况

据文广局的数据，2012 年，上海市动漫企业共获得营业收入 84221.3 万元，自主开发生产动漫产品收入为 18400.9 万元，拥有原创漫画作品 373 部，原创动画作品 65880 部，自主知识产权动漫软件 18 个，动漫舞台剧演出 444 场。外商投资企业营收 2373.4 万元。

从机构类型看，漫画创作和动画创作企业为上海动漫业的主力，分别获得营业收入 4515 万元和 70611.7 万元。动漫舞台剧创作企业虽然营业收入只有 450 万元，但却是 2012 年唯一实现收支平衡的企业类型，赢利 25 万元。而动漫软件开发作为新兴企业类型，成本 4228.6 万元，远大于收入 2780.5 万元，有可能成为未来的产业经济增长点。

2. 2012 年上海动漫业贸易发展的特点和亮点

（1）动画企业"走出去"模式更加多样。

2012 年，上海在"走出去"方面也体现了上海实力，动画企业"走出去"模式更加多样，涉及产品出口、服务出口及海外合作等多种模式。在产品出口方面，炫动传播的 52 集动画长片《兔子帮》、今日动画的《中华小子》分别被迪士尼频道相中，购买了其大中华区播映权及亚洲版权；河马动画的动画电影《超蛙战士之初露锋芒》在俄罗斯、德国、土耳其、泰国成功进入院线播放。在服务出口方面，幻维数码与梦工厂、迪士尼、新加坡 MEDIACORP、加拿大 COOKIE JAR 等国际知名影视动画公司合作，与多个国家和地区建立了服务外包业务。在海外合作方面，炫动传播的《罐头精灵》与孩之宝公司达成合作，成为其全球合作节目模式的推广范本，这也是孩之宝首次选用中国电视机构节目模式；动酷数码与迪士尼长期合作的系列电视动画片《小龙大功夫》，进入香港和台湾迪士尼频道播出，位居动画片收视率前三位；河马动画与全球最大在线影片租赁服务商 Netflix 合作，《超蛙战士之初露锋芒》的网络版当月正式上线。

（2）创新"来料加工"合作模式，在国外漫画发行市场立竿见影。

2012 年的漫画产品出口或合作，不像前几年以国内班底用汉语创作，然后译作多语种向各国输出。由于东、西方各国间文化差异较大，以及阅读习惯的不同，直接输出的漫画作品很难令外国读者产生共鸣，导致部分出口漫画的销量差强人意。也正因此，此前一直致力于引进中国漫画在欧洲发行的小潘出版社，由于亏损严重在2012年宣告破产。

与此同时，由熟悉当地市场的法国出版社主导故事创作、中国漫画家进行绘制的模式进一步扩张。2011年，由法国人帕特里克·马提编剧，我国漫画家聂崇瑞创作的《包拯传奇》在法国掀起"包拯热"。重新创作的剧本把中国传统公案转化为外国人容易理解的法律审判故事，配以版画风格的连环画式表达，使得包拯的人物性格不再像以往那般"神化"，显得更加国际化，作品推出后一个月内在法国销售8000多册。由于"来料加工"合作模式在发行市场立竿见影，随即主导了其后中国漫画在法国的经营路线。

虽然来自欧洲的定制"外单"源源不断，但是中国原创漫画的自我形象以及自主品牌始终未能建立起来，中国漫画要"走出去"并体现"中国芯"，还需在"来料加工"基础上早日实现独立创作，直接参与市场运营。

（3）中国原创漫画频频"出海"，获得多项国际漫画节奖项。

近年来，在文化"走出去"战略引导下，中国原创漫画频频"出海"。在2012年初举办的第三十九届法国昂古莱姆国际漫画节上，由天津动漫堂主笔尚效绘画、Richard marazano编剧、法国Dargaud出版的《S.A.M》荣获"青少年佳作奖"；在《纽约时报》评选出的2011年度"最佳儿童图画书"TOP10中，我国的《团圆》英文版榜上有名，这也是中国大陆首部入选此排行榜的本土原创图画书；2月17日，由中国著名漫画家寂地原著、阿梗绘制的《踮脚张望》获得由日本外务省举办的第五届"国际漫画奖"优秀奖；4月，加拿大摩科公司购买了北京电影学院动画学院在读研究生罗殷的漫画作品《隐匿城》改编拍摄权，该作此前曾在法国、意大利出版发行；5月，中国作为主宾国参加第三十届西班牙巴塞罗那动漫展，文化部产业司与天津滨海新区人民政府率中国代表团参展。其间，神界的《三国演义》、本杰明的《橘子》、莲羊的《龙肆》分别荣获国际漫画节评委会特别奖；6月13日，228册中国优秀原创漫画出版物被比利时专业机构正式收藏，中国优秀漫画首度集体进驻欧洲顶级漫画殿堂；在2012年美国圣迭戈国际漫画展上，美国知名独立漫画出版商黑马漫画宣布将出版来自中国山东青岛泽灵文化传媒有限公司的漫画作品《龙之重生》。

（七）游戏业

1. 2012 年上海游戏业贸易发展概况

2012 年，上海网络游戏产业全年产值（包括互联网游戏和移动网游戏市场）187 亿元，比 2011 年增长 25%，约占全国网络游戏产业的 31.1%。其中，互联网游戏产值（包括客户端游戏和网页游戏）约 167 亿元，约占上海网游总产值的 89%；移动网游戏（基于移动网络和智能终端的游戏）约 12.53 亿元，约占上海网游总产值的 6.7%。2012 年，国产网游出口数量约 70 款，海外市场收入超过 1.2 亿美元。

其中，网络游戏企业盛大网络海外销售收入约 5000 万美元，久游网海外销售收入约 1000 万美元，上海征途信息技术有限公司海外销售收入约 400 万美元，上海锐战网络科技有限公司海外销售收入约 400 万美元，淘米网络海外销售收入约 200 万美元，上海晨路信息科技有限公司海外销售 227 万美元，大承网络技术有限公司海外销售 86 万美元。

进口方面。2012 年，上海网络游戏企业运营的网络游戏产品中共有 40 款海外引进的游戏产品，其中客户端产品 37 款，网页端产品 2 款，多终端产品 1 款。从游戏类型上来看，27 款为角色扮演类游戏产品，13 款为非角色扮演类游戏产品。上海游戏企业运营的进口网络游戏产品主要以韩国的客户端游戏为主。随着上海本地乃至全国范围的网络游戏企业的研发实力逐渐增强，对于海外产品的需求也逐渐下降。当然一些如《魔兽世界》《星际争霸2》等高质量的游戏作品的引进在一定程度上有效提升了上海网络游戏产品的整体品质，并且也激发了本地企业进行高品质游戏研发的动力。相比之下，上海对网页端游戏产品的进口数量就十分少，这主要是因为国内一些网页端游戏产品基本上已经能够满足市场的需求。

2. 2012 年上海游戏业贸易发展特点和亮点

（1）网络游戏出口模式更加多样。

依托国际化大都市的优势，以及近年来主动拓展海外市场的经验，上海网络游戏企业"走出去"模式更加多样，从原来以产品海外出口获得授权金为主，发展到为其他国内企业产品代理海外发行，以及在国外设立子公司自建海外运营平台，取得明显成效。据统计，2012 年上海自主研发网络游戏产品出口约 70 款，占全国网络游戏产品出口总数的 26.9%，海外市场总收入 1.2 亿美元，约占全国网络游戏出口总额的 20%。

（2）中国国际数码互动娱乐展览会。

中国国际数码互动娱乐展览会（China Joy）由国家新闻出版广电总局、上海市人民政府等 13 个政府相关行业主管部门支持，中国出版工作者协会游戏出版物工作委员会、商务部外贸发展局、上海市新闻出版局、汉威信恒展览有限公司联合主办，至今已成功举办十届。2012 年第十届展会吸引了来自全球 30 多个国家和地区的 349 家创意企业，603 款各类游戏作品参展，展出面积约为 7 万平方米，四天展期共吸引 16.2 万观众到场参观，规模创历届之最，成为全球第二、亚洲第一的专业展会。

中国国际数码互动娱乐产业高峰论坛是 China Joy 最重要的产业会议，也是数码互动娱乐产业规模最大、规格最高、阵容最强的专业活动。论坛分"产业政策与环境""国际视野""流金岁月""开放、突破、转型"几大板块，成为政府机构传达产业政策、获取市场信息、了解产业发展状况以及吸收国内外企业意见、建议的窗口。

China Joy 搭建了中外优秀电子娱乐产品贸易、学术交流平台，通过发挥自身影响力和区位聚集效应，更好地服务于游戏出版产业和企业开展商务交流、寻求合作机遇的需求。第十届 China Joy 针对企业和专业观众的综合商务洽谈区，展区面积达到 12000 平方米，三天吸引海内外专业观众总计超过 2 万人。美国、新加坡、韩国、爱尔兰、中国台湾等国家和地区单设展台，整体参展。展区内专设的"创意产品展示区"，为各中小企业免费提供展示、交流平台。首次参展的上海文化产权交易中心以及各类投融资推介会免费为各中小企业提供商业拓展新渠道。据统计，三天展期合同交易金额达到 2 亿多美元。

（八）广告业

1. 2012 年上海广告业贸易发展概况

2012 年，上海广告业围绕"创新驱动、转型发展"要求，以实施国家广告战略为主线，贯彻稳中求进总基调，顺应形势稳步发展，在塑造品牌、展示形象，推动创新、促进发展，引导消费、拉动内需，传播文明、构建和谐等方面发挥了重要作用。

根据上海市工商行政管理局公布的数据，2012 年，上海外商投资广告企业营业收入同比增长 9.7%，产业增加值增长 7.8%，均高于全市平均水平。内资广告企业的营业收入同比下降 5.6%，产业增加值同比下降 13.5%。表 14、表 15 对 3226 户主营广告企业中的内资和外商投资广告企业的各项数据进行了详尽的差异比较分析。

表 14　2012 年上海市内、外资广告企业基本数据对照

比较项目		内资	外商投资
单位数量（个）		3015	211
从业人员（人）		40593	13885
人员占比分析	管理人员（%）	20	14
	创意设计人员（%）	23	22
	业务人员（%）	34	52
	其他人员（%）	23	12
广告营业收入（亿元）		501.8	576.2
均值	户均（万元）	1664.3	27306.5
	人均（万元）	123.6	415.0
广告业务利润（亿元）		38.4	33.9
均值	户均（万元）	127.4	1607.4
	人均（万元）	9.5	24.4
工资福利费用（亿元）		29.4	34.3
人均（万元）		7.2	24.7
营业税金及附加（亿元）		10.1	7.7
户均税费贡献（万元）		33.5	363.0
产业增加值（亿元）		73.3	74.4
户均增加值（万元）		243.1	3525.6

注：表内数据为 2012 年统计 4150 户广告经营单位的实际数据。

表 15　2012 年上海市内、外资广告企业业务数据对照

广告业务行业分布前五位排序	
内资广告企业	汽车、食品、服务业、信息产品和技术服务、房地产
外商投资广告企业	化妆品、食品、汽车、服务业、服装服饰

广告业务媒介分布前五位排序	
内资广告企业	电视、户外、互联网、报纸、室内展览展示
外商投资广告企业	电视、户外、互联网、报纸、广播

资料来源：上海市工商行政管理局。

2. 2012 年上海广告业贸易发展特点和亮点

（1）跨国广告公司依旧强势，本土广告公司创意投入加大。

上海广告业国际化的优势比较明显，著名的老牌广告公司如奥美、智威汤逊、萨奇等纷纷登陆上海，将国际先进的广告管理、广告创意和广告制作理论及经验直接带入上海广告行业。从数据分析，外商投资广告企业的各项户均和人均指标均明显高于内资广告企业，户均营业收入 2.7 亿元，是内资广告企业的 16.4 倍；户均营业利润 1607 万元，是内资广告企业的 12.7 倍；户均税收贡献 363 万元，是内资广告企业的 10.8 倍。在上海，内资广告企业正遭遇外资广告企业强力竞争。

然而，内资企业创意设计人员的比例有明显提升，并略高于外商投资广告企业的占比，显示出内资广告企业在创意设计方面的投入加大。从业务分布情况看，内资广告企业把目光投向了较具有发展潜力的信息产品和技术服务，显示出长远的发展眼光。而化妆品、服装服饰这些与跨国公司联系更为密切的时尚产业的广告业务则更青睐外商投资广告企业。

（2）上海广告业创意水平领先，在国内外著名广告节收获颇丰。

从广告作品获奖情况分析，上海广告创意水平居全国领先。2012 年，上海广告企业在中国国际广告节、戛纳国际创意节等国内外著名广告评选活动中收获了丰硕成果。在 2012 年中国国际广告节上，上海广告企业选送的作品获得长城奖（商业广告奖）的 5 个金奖、10 个银奖和 20 个铜奖，占等级奖总数的 28%；获得黄河奖（公益广告奖）的 3 个金奖、4 个银奖和 5 个铜奖，占等级奖总数的 32%。在 2012 年戛纳国际创意节上，上海广告企业选送的作品获得 1 个全场大奖、3 个金狮奖和 3 个银狮奖，占中国军团获奖总数的 44%（见表 16）。

表 16 2012 年上海广告企业选送作品获行业最高等级国际奖项名单

广告企业	作品名称	获奖奖项	颁奖活动
上海奥美广告有限公司	可口可乐（拉手篇）	全场大奖（户外类）	戛纳国际创意节
智威汤逊—中乔广告有限公司上海分公司	美加净牙膏	金狮奖（户外类、平面类）	
上海李奥贝纳广告有限公司	阳光装置	金狮奖（设计类）	

资料来源：上海市工商行政管理局。

（九）会展业

1. 2012 年上海会展业贸易发展概况

2012 年，上海一跃成为全国举办会展数量和面积最多的城市。目前，我国会展业地域分布较为集中。北京、上海、广州三大一线会展中心城市优势明显，其中 2012 年，上海展览数量达 806 场，相当于北京（430 场）和广州（377 场）的总和，展览面积达 1109 万平方米，也接近北京（562 万平方米）和广州（829 万平方米）之和。

2012 年，上海会展服务业的总产出达到 114. 65 亿元，增加值达到 46. 69 亿元，增幅高达 32. 7%，位居文化创意服务业增速的首位。从上海会展业的国际化水平来看，在国际会议举办方面，上海已跻身全球前 25 位，在国内仅次于北京（见表 17）。

上海的优势体现在城市的国际化程度较高，优越的金融环境有利于引进世界知名国际性展会、吸引外资展览企业投资发展。

表 17 上海国际会展情况（2010~2012 年）

年 份　　指 标	2010	2011	2012
举办国际会展次数（次）	232	227	265
国际会展展出总面积（万平方米）	577. 50	689. 32	826. 90

2. 2012 年上海会展业贸易发展的特点和亮点

（1）专业化国际会展助推文化贸易。

2012 年，上海国际印刷周吸引了来自全国 17 个省、市的 191 家企业参展，其中，上海印刷企业 83 家，外省、市印刷企业 108 家。使用展位 577 个，展览总面积达 1.6 万平方米。同期举办的印刷设备器材展来自国内外企业 280 家，展位数 801 个，展览总面积 1.7 万平方米。参观者近 3 万人次，达成合作意向 889 项。尖端产品的云集，相关高层论坛和技术报告会的举办和奖项评选、业务洽谈会等活动的举办，以及国内外权威机构、代表处的参与为上海国际印刷周的贸易洽谈奠定了基础。

表 18　上海博物馆、纪念馆情况（2012 年）

类　别	机构数（个）	馆内藏品实际数量（万件）	一至三级藏品（万件）	展览活动（个）	参观人次（万人次）
综合性	14	10.36	3.57	82	395
历史类	20	17.85	3.41	63	248
艺术类	8	103.59	14.27	24	205
科学类	2	28.11	0.45	8	345
人物类	17	8.88	2.33	39	65
行业类	22	134.11	0.77	64	173
高校类	10	6.23	—	22	19
其　他	16	5.38	1.62	24	72
总　计	109	314.49	26.44	326	1521

　　随着上海会展业的逐渐成熟，专业化特色也日益凸显，逐渐向细分产业延伸，国际艺术节演出交易会、上海国际电影节电影市场、中国国际数码互动娱乐展览会等各行各业的文化会展欣欣向荣，推动了相关领域的文化贸易。

　　（2）网上会展业发展提高会展业影响力。

　　2012 年，电子商务与交易平台大力推进、大宗商品市场以及专业市场等的建设，促进了工博会、跨采大会、华交会等国家级品牌展会的网上推广。配合世贸商城等展馆的常年展示，网上进出口商品博览会和国际专业展发挥了网络媒体的宣传作用，加强了对各类品牌会展、会议和重大节事活动的策划和宣传，提高了会展业的影响力。

　　（十）旅游业

　　1. 2012 年上海旅游业贸易发展概况

　　2012 年，上海市入境旅游小幅下降，出境旅游高速增长，旅游服务行业经济效益良好，旅游产业经济平稳增长。国内旅游市场的增长稳定，确保了旅游产业继续保持增长态势。2012 年，上海市实现旅游产业增加值1497.68 亿元，按可比价格计算，比上年增长 4.9%，占全市 GDP 的比重为 7.5%，比上年微升 0.1 个百分点；占第三产业增加值的比重为 12.4%，比上年下降 0.3 个百分点。旅游产业各相关行业增加值中，旅游商业、旅游住宿和旅客运输比重居前，分别为 39.9%、11.3% 和 11%

入境方面。2012 年，东南亚、欧美主要客源国游客明显减少，入境旅游人数出现小幅下降，上海市接待国际旅游入境人数 800.4 万人次，比上年减少 2.1%。其中，外国游客 633.03 万人次，减少 2.1%；港澳同胞63.33 万人次，减少 4.5%；台胞 104.04 万人次，增长 1.1%。国际旅游外汇收入 55.82 亿美元，比上年下降 4.3%。入境旅游者在沪人均花费843.51 美元，平均逗留天数为 3.34 天（见表 19）。

表 19　主要年份国际旅游入境人数

指　标	2000 年	2010 年	2011 年	2012 年
国际旅游入境人数（万人次）	181.40	851.12	817.57	800.40
外国人（万人次）	139.14	665.63	648.31	633.03
日本（万人次）	53.76	152.47	147.94	136.05
新加坡（万人次）	5.29	23.50	22.79	21.19
德国（万人次）	7.11	29.52	30.33	30.63
法国（万人次）	5.39	24.86	21.21	21.46
英国（万人次）	1.69	20.94	21.43	21.57
意大利（万人次）	1.88	11.49	10.99	11.73
加拿大（万人次）	2.25	20.97	18.69	19.52
美国（万人次）	13.78	80.79	82.17	80.48
澳大利亚（万人次）	3.23	21.33	21.52	21.47
港澳同胞（万人次）	17.62	77.47	66.34	63.33
台湾同胞（万人次）	19.88	108.02	102.92	104.04
平均每天来沪旅游人数（人次）	4970	23382	22399	21929
来沪旅游者平均逗留天数（天）	3.92	3.51	3.42	3.34
国际旅游（外汇）收入（亿美元）	16.13	64.05	58.35	55.82

在人民币升值、国内游线产品价格高企等因素推动下，出境旅游持续

高速增长。2012 年，上海市公民出境人数达 549.24 万人次，比上年增长
20%。经旅行社组织出境人数达 175.4 万人次，比上年增长 32.4%。出境
旅游目的地前 10 位国家和地区依次是：泰国、日本、韩国、中国香港地
区、中国台湾地区、美国、法国、印度尼西亚、新加坡、马来西亚。

2. 2012 年上海旅游业贸易发展的特点和亮点

（1）政策加资金支持推动上海建设世界著名旅游城市。

2012 年，上海设立旅游发展专项资金，对纳入上海"十二五"旅游发
展规划的重点领域、重大任务和重要创新等，对上海建设世界著名旅游城
市有成效或有突出贡献的基础性、公益性、功能性项目给予重点支持。世
博园区旅游设施综合改造项目、上海迪士尼乐园配套项目、枫泾古镇南镇
景区旅游基础设施项目、欢乐谷二期等首批 24 个旅游项目共获得 3423 万
元资金支持，涉及促进旅游产业发展项目、城市形象宣传项目、旅游公益
设施建设项目和重大旅游活动组织项目四个方面。

旅游发展专项资金政策的出台，对旅游基本建设项目和旅游活动项目
都有实质性的支持，对促进上海旅游业转型、推动旅游业发展具有重要意
义。2012 年，上海旅游业重点领域重大项目稳步推进。佘山国家旅游度假
区新一轮开发建设进展顺利，规划引导、政策配套、资金投入不断加强，
度假区配套设施和功能性项目建设进一步加快。上海国际旅游度假区建设
稳步推进，迪士尼项目市场运作、相关旅游资源整体开发深入展开。定位
为国际时尚业界互动对接的地标性载体和营运承载基地——上海国际时尚
中心也已投入运营，这些重大旅游项目的顺利推进为上海建设世界著名旅
游城市夯实了基础。

（2）邮轮旅游经济发展进入新阶段。

2012 年 9 月 15 日，"中国邮轮旅游发展实验区"在宝山吴淞口国际邮
轮港揭牌。这是国家旅游局正式批准设立的我国第一个国家级邮轮旅游实
验区，标志着上海邮轮旅游经济发展进入新阶段，明确了上海国际邮轮母
港、长三角组合邮轮母港、中国水上旅游门户的国家战略地位。2012 年，
随着吴淞国际邮轮码头、上海国际客运中心同时运营，上海港邮轮客流量
大幅增长，全年共出入境（港）各类邮轮 247 艘次，同比增长 4%；旅客
船员 50.3 万余人次，同比增长 52%。

（3）会展旅游繁荣。

2012 年 10 月 12 日，上海市旅游局与上海市质量技术监督局共同发布《会议经营与服务规范第 1 部分：会议服务机构》，成为中国会议服务业首个地方标准，进一步提升沪上会议服务业整体服务质量，助推会议服务业的专业化建设。

2012 年，上海会展旅游发展取得新突破，荣获"2012 中国最受欢迎会议目的地城市"华表奖；成功举办 2012 中国国际旅游交易会，展位总数达 2514 个，参展国家和地区达 104 个，规模为历届旅游交易会之最；推动 2012 中国商务旅行论坛、2012 全球 CEO 发展大会、2012 第三届亚洲邮轮大会等具有影响力的国际协会会议在沪举办；新增 10 位"会议大使"，聘请"会议大使"81 名。

三 上海对外文化贸易发展的宏观环境分析、主要问题及解决方案

（一）上海对外文化贸易发展宏观环境

1. 专项扶持资金项目和多项相关政策为上海对外文化贸易提供支撑

2013 年，上海市启动了文化"走出去"专项扶持资金项目，重点扶持新闻服务，出版发行和版权服务，广播、电视、电影服务，文化艺术服务等领域文化服务和相关产品的国际贸易，积极扶持网络文化服务、文化休闲娱乐服务、广告会展服务等领域文化服务和相关产品的国际贸易，同时也扶持文化用品及相关设备等领域的国际贸易。扶持方式主要有出口项目资助、贷款贴息、政府委托、房租补贴等。

其中，出口贸易资助主要是指对扶持对象为实现文化产品或服务项目出口而给予的一次性资助；对扶持对象为促进文化产品和服务出口而开展的海外渠道拓展项目给予的一次性资助。对扶持对象具有自主知识产权、积极实施并实现海外发行的单个电影、电视剧、商业演出、出版、动漫游戏等文化项目一般给予不超过 15 万元的一次性资助，重点扶持对象单个项目一般一次性资助不超过 30 万元。显示出上海市政府在扶持文化产品和服

务出口方面的力度和决心。

除了上海市政府专项扶持资金项目，中国商务部、中国进出口银行也于2012年提出了《关于"十二五"期间金融支持服务贸易发展的意见》（以下简称《意见》），按照"部门组织推荐，银行独立审贷"原则，充分发挥商务部与地方商务主管部门的政策优势和组织优势，以及中国进出口银行总行和经营单位的市场优势与资金优势，共同搭建金融支持服务贸易发展的合作平台，全面支持服务贸易发展。

《意见》把积极推进中餐、中医药、教育、体育、文化艺术、广播影视、新闻出版、动漫、网络游戏等有中国特色的服务贸易发展，拓展海外营销渠道，积极开拓国际市场视为主要任务，进行开发信贷产品、开拓中间业务、创新担保方式、完善配套服务几方面的支持。

文化创意产业发展方面，上海制定了多项创新政策，包括《上海市促进文化创意产业发展财政扶持资金实施办法（试行）》，共有122个平台项目和18个课题项目被列入扶持范围，市级财政扶持资金2.95亿元，撬动资金投入10.4亿元，其中区县配套资金1.15亿元；把文化创意产业的部分门类纳入营业税改征增值税试点，共入库增值税税收收入55.8亿元，试点企业4.08万户，占全部试点纳税人的比重超过1/4，有效打通了连接第二、第三产业增值税抵扣的链条，从制度上解决企业多环节经营活动面临的重复征税问题；制定发布《上海市文化创意产业紧缺人才开发目录》；在企业创新方面，开展首批30家上海市设计创新示范企业创建工作，试行文化创意类企业"集中登记"模式；在品牌建设方面，印发《关于本市加强品牌建设的若干意见》，成立市品牌建设工作联席会议，明确了一批重点推进的品牌；在知识产权方面，完成对《上海市专利资助办法》的修订，突出对文化创意产业发展的政策倾斜和支持。

2. 优化上海对外文化贸易发展环境

除了政策上的支持，2012年上海还在贸易服务、渠道拓展、信息平台建设和区域合作等多方面确立了重大建设项目。

完善文化贸易服务。不断探索文化设备保税租赁服务，探索自用设备、配件保税使用和仓储、保税物流、保函担保等多种方式，创新设立文化艺术品保税展示厅和保税仓库，启动艺术品交易中心建设，提供高效、优质的进出口代理服务，服务于国内外重点文化展会活动和各类文化企业。

海内外文化贸易渠道拓展。上海组团参加了香港国际影视展、法兰克福书展、洛杉矶艺术展、美国 E3 展及深圳文博会、中国服务贸易大会等国内外一系列重要文化贸易展会；举办江浙沪演出业务洽谈会暨长三角国际演出项目交易会，签订演出合同、意向 6000 余场次，比上一届增长近50%；开展了首届设计之都活动周，举办了国际电影节、动漫游戏博览会、室内设计节、时装周等一批大型活动，加大文化创意产业的推介、展示、交流和交易，积极营造全市文化创意创新氛围；在全国率先建立了设计产业"走出去"的海外基地；联合国教科文组织"创意城市"（上海）推进工作办公室与意大利佛罗伦萨市政府签订了合作协议，共同建设"上海佛罗伦萨—中意设计交流中心"。

文化贸易信息平台建设。新版中国文化贸易促进网上线，全面提升信息服务和电子商务功能。

推动区域合作机制。成立华东七省市对外文化工作联盟，连续两年成功承办文化部全国文化系统对外文化贸易工作会议，加快推动部市合作共建基地工作。

（二）上海对外文化贸易发展的主要问题

近年来，上海的对外文化贸易虽然取得了较大的成就，但仍然与上海国际化大都市地位很不相称，对外文化贸易发展面临较大的挑战，主要表现在以下方面。

1. 对外文化贸易范围不够广，市场培育困难

目前上海的文化出口范围主要面向亚太地区，产品主要进入中国港澳台地区及日本、韩国、新加坡、澳大利亚等地，能够进入欧美地区的产品还很少。中国文化部产业司网站发布数据显示，2011 年，世界文化市场的格局中，美国、欧盟、日本、韩国所占比重依次为 43%、34%、10% 和5%，而我国仅为 4%，其中大部分为依托廉价劳动力而获得成本优势的"硬件产品"，属于内容和创意的"软件产品"则比例不高。

究其原因，主要是文化软件产品地域性强、国际认同感不够。如电视

剧产业，在 2012 年的电视节目版权输出中，主要集中在讲华语的国家和地区，或者有大量华人居住的国家和地区。又以出版为例，图书"走出去"，特别是海外版权贸易和实物出口碰到的难题和瓶颈，集中反映出国际传播方面找市场难，花钱搞市场更难。比如，在海外办出版社，必须先投大量资金培育市场，出版社规模往往上不去；至于出版优秀的外文版图书，涉及好的选题和好的翻译，这些都需要资金投入；出口渠道建设更是一项高投入的工程，在几年时间内很难产生高的回报。海外市场的营销成本相对更大。

2. 对外文化贸易产品特色不明显，缺乏竞争力

上海缺乏有影响、有上海特色、适合海外观众的品牌文化服务产品，无法大规模打入国际市场以获得较高回报。以电视剧为例，中国是全球电视剧、动画和出版物生产第一大国，无论市场规模还是价格，都具有很大优势，但海外市场影响力十分有限；相对的，像英国、韩国等国的电视剧，尽管国内市场不大，但出口表现非常强势，2009 年英国热门电视节目海外销售收入达到 13.4 亿英镑，约合 20 亿美元。

我国低廉的劳动力这一国际贸易竞争优势在文化制造业这一文化硬件生产中得到延伸，但是在以文化创意为主的内容产业中却无法发挥作用。很显然，对外文化贸易不是简单的经济输出。"走出去"应该是国内竞争力向国际竞争力的延伸，加强产品的内容制作环节，打造富有上海特色的优质文化贸易产品，这是对外文化贸易健康持续发展的根本要素。

3. 文化企业经营范围、所有权等限制多

目前，非公有制经济投资兴办文化企业，除法律法规禁止或需要前置许可审批的项目外，还存在不少影响其发展的体制、机制弊端，如划地区运营限制、经营范围限制，市场准入和投资领域限制，不同所有制企业的不平等待遇等，十分不利于发展新型文化业态以及增强多元化供给能力，而数字技术条件下新的文化商业模式和商业业态的发展尤其需要开放的政策环境。

同时，文化内容产业和专业性服务产业之间没有形成全球化条件下的产业整合。单凭体制内条块分割，很难适应现代文化产业营造跨界融合式生态环境、打造全球化条件下的全能化产业链的实际需求，只有适时破除文化与非文化之间、国营与民营之间的体制机制壁垒，形成文化发展的联动合力，现代文化产业体系才有望逐渐建构成形。

（三）对上海对外文化贸易发展的建议

上海历来是中外文化交流的大舞台，也是中国经济最发达的地区之一，在发展文化服务贸易方面有巨大潜力。推进上海文化服务贸易发展，是一项长期的战略工程，需要进行系统深入的研究，以下试对推进上海文化贸易发展提出四点建议。

1. 理性选择政策扶持着力点，完善促进文化出口政策框架

考察这些年来"走出去"专项扶持政策可以发现，旧有的国家政策体系基本上是由其他行业政策照搬到文化行业中，是基于如何在同质化竞争中发挥"低成本优势"的政策支持。而 2013 年上海公布的扶持资金管理办法却把拥有自主知识产权作为扶持对象的必要条件，起到了良好的导向作用。然而，目前政策还没有对作品的创作者和制作方进行特别保护，对民营文化生产机构的竞争性生产力量的扶持也很少。

仅仅致力于渠道拓展、版权登记、国际认证等贸易环节的扶持，而没有涉及产业内部竞争力培育的政策体系显然是不完整的。如果缺少国内市场政策的支持，我国文化产业国际竞争力的培育就成了无源之水。文化产业国际竞争力生成的根本在于开放竞争环境下对生产者原创能力的扶持和权益的优先保护。政府力量的根本目标应该是鼓励产业创新、成就产业的可持续发展。

因此，发展对外文化贸易并非简单强调政策扶持，还应推出反垄断、知识产权保护、劳动保障等一系列配套政策和法律法规，增加透明度，保证文化服务贸易有序发展。进一步制定和完善有关文化贸易政策，提高文化产业的市场化程度和开放度，打破地区行政界限，加强工商、海关、文化版权统计等部门之间的协调配合，加快文化市场的整合、规范文化市场的秩序、完善文化市场的体系。

2. 立足城市文化遗产，重视文化资源利用与创新

文化是城市的生命，海派文化就是上海勃勃生机和活力的源泉。1843年开埠以前，上海文化从属于中国古代的江南吴越文化，吴越文化大胆开

放的冒险性格及雄健恢宏的拓边精神，构成"海派"文化的开创性特征。开埠后，西方文明首先登陆华夏大地，上海由一个小镇迅速蜕变为全国商业经济重心，中西大融会的"海派"文化随之形成。

目前上海共有 19 处全国重点文物保护单位、163 处市级文物保护单位以及 632 处 2138 栋市优秀历史建筑。此外，上海确立了中心城区 12 个历史文化风貌区，总面积为 27 平方公里。在 12 个历史文化风貌区内，共有 144 条道路和街巷受到严格保护。上海丰富多彩的文化遗产和对外开放理念，是发展文化贸易的内在动力和强大物质基础。

然而资源并不等于生产力，是需要以开放的心态去开发的。要为产品注入上海的文化要素，打造体现出上海文化特色、文化价值的对外文化贸易品牌和文化服务产品，离不开对文化资源的开发利用。如果开发一味迎合国际市场，对文化资源的精髓缺乏把握，很有可能会被他国借鉴和重新诠释，渐渐与原有的文化内涵相去甚远。

3. 培养引进经营人才，加强创意人才队伍建设

上海对外文化贸易发展的人才需求对象主要有两类：国际文化贸易经营方面的人才和各文化行业创意人才。

国际文化贸易经营方面的人才稀缺，使得国内企业对国际市场从产品定义、设计到产品管理、营销以及文化服务贸易法律法规等方面的认识都受到相当局限。要积极探索科学培育人才机制，运用产学研一体化模式培养国际化、应用型国际文化贸易专门人才；鼓励和扶持高等院校和中等职业学校开设文化贸易经营管理相关专业，与文化企事业单位共建培养基地；或对有关部门人员进行培训，总结经验教训，将成功模式进行推广。

要改善上海在以文化创意为主的内容产业方面缺乏竞争优势的局面，大力培养各文化行业的创意人才是必不可少的举措。应加快研究制定并出台文化贸易各行业原创产品制作的优惠政策和奖励办法，鼓励企业加大创意性人才在员工整体构成中的比重，增设相关培训和创意课程，为本科生和研究生开设与之相关的复合型课程。大力引进、吸纳全国乃至世界各地的各文化行业优秀人才落户上海，使上海成为对外文化贸易创意人才高地。

4. 发挥"国家对外文化贸易基地"作用，抓住"自贸区"机遇

"国家对外文化贸易基地"是上海独一无二的文化贸易平台。2012 年，国家对外文化贸易基地内已聚集 120 多家文化贸易企业，入驻企业的注册资本达 16.9 亿元，2012 年基地年贸易总额达到 17.2 亿元，税收贡献近亿元。

这一文化贸易平台的有效利用，将推动上海国际文化服务贸易平台进一步发展。依托这一平台，可以打造国内外知名文化企业聚集基地、文化服务进出口贸易基地、文化服务展示推介基地、文化服务贸易金融政策试验基地以及专业化文化服务贸易研究培训基地，搭建文化企业与海外市场沟通交流的桥梁；依托"国家对外文化贸易基地"内的上海文化产权交易所，探索新技术条件下的文化产权、版权的交易品种、交易方式、渠道策略和推广方式，推动文化服务产品交易市场的发展。

上海自由贸易试验区的设立，给对外文化贸易发展提供了难得的机遇。上海应借此机会，加快发展文化产业，壮大上海文化企业的规模与实力，培育一批具有国际竞争力的外向型文化企业和中介机构，培植一批国际知名文化品牌，积极开拓国际文化市场，为上海文化服务贸易出口奠定坚实的基础。

四 上海自贸区建立及其对上海对外文化贸易的影响

（一）上海自贸区建立与上海对外文化贸易扩大开放的机遇与挑战

2013 年 9 月 29 日，中国（上海）自由贸易试验区正式挂牌。该试验区总面积为 28.78 平方公里，相当于上海市面积的 1/226，范围涵盖上海市外高桥保税区、外高桥保税物流园区、洋山保税港区和上海浦东机场综合保税区等 4 个海关特殊监管区域。作为中国大陆境内第一个自由贸易区，其所承担的进一步扩大开放功能，以开放倒逼改革的"试验区"性质非常显著。文化服务作为自贸区重要组成部分，是其中最为重要，也是开放难度最大的领域。

1. 上海自贸区总体方案涉及文化服务内容的开放政策

根据《中国（上海）自由贸易试验区总体方案》，其中涉及文化产业

内容主要在第二章［主要任务和措施］第（二）节［扩大投资领域的开放］中的第 2 点［扩大服务业开放］："选择金融服务、航运服务、商贸服务、专业服务、文化服务以及社会服务领域扩大开放（具体开放清单见附件），暂停或取消投资者资质要求、股比限制、经营范围限制等准入限制措施（银行业机构、信息通信服务除外），营造有利于各类投资者平等准入的市场环境。"

中国（上海）自由贸易试验区服务业扩大开放措施中主要有三个方面涉及文化开放（见表20）。

一是商贸服务领域，关于游戏机、游艺机销售及服务，开放措施为允许外资企业从事游戏游艺设备的生产和销售，通过文化主管部门内容审查的游戏游艺设备可面向国内市场销售。

二是文化服务领域，关于演出经纪，开放措施为取消外资演出经纪机构的股比限制，允许设立外商独资演出经纪机构，为上海市提供服务。

三是文化服务领域，关于娱乐场所，开放措施为允许设立外商独资的娱乐场所，在试验区内提供服务。

表 20　上海自贸区服务业领域（节选）

三、商贸服务领域	
7. 游戏机、游艺机销售及服务（国民经济行业分类：F 批发和零售业——5179 其他机械及电子商品批发）	
开放措施	允许外资企业从事游戏游艺设备的生产和销售，通过文化主管部门内容审查的游戏游艺设备可面向国内市场销售
五、文化服务领域	
15. 演出经纪（国民经济行业分类：R 文化、体育和娱乐业——8941 文化娱乐经纪人）	
开放措施	取消外资演出经纪机构的股比限制，允许设立外商独资演出经纪机构，为上海市提供服务
16. 娱乐场所（国民经济行业分类：R 文化、体育和娱乐业——8911 歌舞厅娱乐活动）	
开放措施	允许设立外商独资的娱乐场所，在试验区内提供服务

2. 文化部针对上海自贸区确立的文化市场管理政策

2013 年 9 月 29 日，文化部颁发《文化部关于实施中国（上海）自由贸易试验区文化市场管理政策的通知》，进一步明确文化管理部门针对上海自贸区文化服务方面的政策调整与配套，其管理思路主要集中在以下方面。

首先，配合上海自贸区总体方案，明确在相关文化服务领域开放的范围。如允许在试验区内设立外资经营的演出经纪机构、演出场所经营单位，允许在试验区内设立外资经营的娱乐场所，允许外资企业在试验区内从事游戏游艺设备的生产和销售，通过文化主管部门内容审查的游戏游艺设备可面向国内市场销售等。

其次，对各文化服务机构服务范围进行限制，如演出经纪机构规定在"上海市内"、娱乐场所、游戏游艺设备生产和销售，限制在"试验区内"。

再次，对文化服务项目行政审批提出明确时间表，一般性演出经纪项目受理申请之日起 3 日内做出决定；涉外或涉港澳台的营业性演出、娱乐场所申请、注册外资企业等规定自受理申请之日起 20 日内做出决定。

最后，对行政审批事项的主体进行了明确规定："适用于在试验区内投资、设立企业的香港特别行政区、澳门特别行政区、台湾地区投资者和在国外居住的中国公民"。

3. 负面清单中涉及文化的内容

2013 年 9 月 29 日，根据外商投资法律法规、《中国（上海）自由贸易试验区总体方案》《外商投资产业指导目录》（2011 年修订），上海自贸区同时公布《中国（上海）自由贸易试验区外商投资准入特别管理措施（负面清单）（2013 年）》。负面清单中涉及文化的内容分散在 F 批发和零售业，I 信息传输、软件和信息技术服务业，L 租赁和商务服务业，R 文化、体育和娱乐业等门类（见表 21）。

表 21　上海自贸区负面清单

门类	大类	中类	特别管理措施
F 批发和零售业	F52 零售业	F524 文化、体育用品及器材专门零售	1. 除同一香港、澳门服务提供者投资图书、报纸、期刊连锁经营的出资比例不得超过 65% 外，其他国家或地区投资图书、报纸、期刊连锁经营，连锁门店超过 30 家的，不允许控股 2. 除香港、澳门服务提供者可以独资、合资、合作形式提供音像制品（含后电影产品）分销外，限制其他国家或地区投资者投资音像制品（除电影外）的分销（限于合作） 3. 禁止投资文物商店

续表

门类	大类	中类	特别管理措施
I 信息传输、软件和信息技术服务业	I63 电信、广播和卫星传输服务	I631 电信 I632 广播电视传输服务 I633 卫星传输服务	1. 限制投资电信、广播电视和卫星传输服务 2. 禁止投资各级广播电台（站）、电视台（站）、广播电视频道（率）、广播电视传输覆盖网（发射台、传播台、广播电视卫星、卫星上行站、卫星收转站、微波站、检测台、有线广播电视传输覆盖网）
	I64 互联网和相关服务	I641 互联网接入及相关服务 I642 互联网信息服务 I649 其他互联网服务	1. 除应用商店以外，投资经营其他信息服务业务的外方投资比例不得超过50% 2. 投资经营国内互联网虚拟专用网业务的外方投资比例不得超过50% 3. 禁止投资新闻网站、网络视听节目服务、互联网上网服务营业场所、互联网文化经营（音乐除外） 4. 禁止直接或间接从事或参与网络游戏运营服务
L 租赁和商务服务业	L71 租赁业	L712 文化及日用品出租	1. 除同一香港、澳门服务提供者投资图书、报纸、期刊连锁经营的出资比例不得超过65%外，其他国家或地区投资图书、报纸、期刊连锁经营，连锁门店超过30家的，不允许控股 2. 除香港、澳门服务提供者可以独资、合资、合作形式提供音像制品（含后电影产品）分销外，限制其他国家或地区投资者投资音像制品（除电影外）的分销（限于合作）
R 文化、体育和娱乐业	R85 新闻和出版业	R851 新闻业 R852 出版业	1. 禁止投资新闻机构 2. 禁止投资图书、报纸、期刊的出版业务 3. 禁止投资音像制品和电子出版物的出版、制作业务
	R86 广播、电视、电影和影视录音制作业	R861 广播 R862 电视 R863 电影和影视节目制作 R864 电影和影视节目发行 R865 电影放映 R866 录音制作	1. 限制投资电影院的建设、经营（中方控股） 2. 限制投资广播电视节目、电影的制作业务（限于合作） 3. 禁止投资广播电视节目制作经营公司、电影制作公司、发行公司、院线公司

续表

门类	大类	中类	特别管理措施
R 文化、体育和娱乐业	R87 文化艺术业	R871 文艺创作与表演 R872 艺术表演场馆 R873 图书馆与档案馆 R874 文物及非物质文化遗产保护 R875 博物馆 R876 烈士陵园和纪念馆 R877 群众文化活动 R879 其他文化艺术业	投资文化艺术业须符合相关规定
	R88 体育	R882 体育场馆	禁止投资高尔夫球场的建设、经营
	R89 娱乐业	R891 室内娱乐活动	禁止投资互联网上网服务营业场所（网吧活动）
		R892 游乐园	限制投资大型主题公园的建设、经营
		R893 彩票活动	禁止投资博彩业（含赌博类跑马场）
		R899 其他娱乐业	禁止投资色情业

4. 2013 年版上海自贸区与文化服务相关方案的基本特点及其问题

从以上情况可以看出，上海自贸区在文化服务领域扩大开放方案，总体姿态是相对稳健的，甚至可以称为保守的，并没有出现此前中外媒体及部分专家学者所期待的思想文化、意识形态、新闻媒体、文化生产等方面的"松绑"或"自由"。其基本特点可以概括为如下方面。

首先，文化服务被列入金融服务、航运服务、商贸服务、专业服务、社会服务等领域扩大开放相对靠后的位置。这意味着，在文化领域，服务的市场化并不意味着思想的自由化，文化管控与市场调配仍然将在相当长时期内是文化服务开放的主旋律。

其次，文化服务开放被严格限定在特定的物理空间范围，从而使文化服务开放真正具有"试验区"性质。因此，在未来三至五年时间内，各文化服务机构如何在试验区（部分项目是上海市）范围内积累进一步扩大开放的经验，则是值得关注的重点。

最后，从上海自贸区运行机制来看，以后会陆续推出"负面清单"的2014年版、2015年版，这也就为未来文化服务进一步扩大开放提供了足够的政策想象空间。只要文化服务机构、文化服务研究的学者积极实践、认真研究，文化服务开放的步伐是有可能发生变化的：既可能加快开放，也可能放慢开放。

（二）对策建议：制定上海自贸区文化服务进一步扩大开放的路线图

截至目前，上海自贸区文化服务扩大开放尚无明确的路线图，一方面是相对稳健地选择了与现行文化管理政策相一致的保守性方案；另一方面则以年度"负面清单"的形式为未来三至五年上海自贸区文化服务进一步扩大开放提供了制度性保障。但是，究竟是"摸着石头过河"，还是"顶层设计"，这是亟待文化管理部门和相关领域的研究学者破解的难题。毫无疑问，"顶层设计"能够有效地掌握文化服务开放的主动权，树立良好的自信、开放的形象；而"摸着石头过河"则只能引发更多的改革与反改革的争议，在各种猜忌中消耗改革的动力、丧失开放的机遇。正因为如此，党的十八届三中全会报告指出，必须把"加强顶层设计和摸着石头过河相结合"，两者不可偏废。而制定上海自贸区文化服务进一步扩大开放的路线图，正是着眼于未来中长期的"顶层设计"，并为各项改革实践的具体实施和展开过程中的"摸着石头过河"预留足够的空间。

1. 明确文化服务扩大开放的"底线"，探索"文化内容服务负面清单管理"新模式

文化服务不同于其他领域的服务，文化内容属于精神生产领域，具有鲜明的意识形态属性。因此，文化服务的对外开放必须旗帜鲜明地坚持有中国特色的社会主义方向、坚持马克思主义的指导、坚持中国共产党的领导，必须有利于中国文化的传承创新。与文化服务对外开放的"底线"原则相适应的，是对文化服务领域的"内容管控"，即凡不与文化服务对外开放底线发生冲突的内容，从生产、传播、销售等环节实施全面开放。那么，内容底线是什么？其实很简单，只要是在中华人民共和国境内，都应该遵守中国的宪法和法律。

"负面清单"管理只是从经济活动领域对文化行业、机构或部门在各个生产、传播、流通、消费等环节进行若干限定，采取的是"生产环节管控"原则。这与文化服务对外开放的"内容底线管控"原则既有部分重合，又有部分不兼容之处。

因此，有必要针对文化服务的特殊性，探索用"内容底线"原则替代"生产环节"原则，用文化服务的"负面内容清单"替代现在的"负面（文化服务行业、生产经营环节）清单"。

2. 充分利用现有保税区、自贸区政策优势，将自贸区打造成上海乃至全国文化市场体系的"文化金融服务中心"

自贸区首先是经济领域的开放，因此，充分利用现有保税区以及自贸区未来在行政审批、金融服务、财税支持等方面的政策优势，探索文化服务的经济开放空间，是上海自贸区作为"实验区"的重要功能。

一方面，利用保税区现有的政策和服务空间，挖掘政策潜力。如"境内关外"海关政策、保税仓储、保税展示、保税租赁等。可以进一步推进区内试点经认定的文化企业自用进口文化设备全面享受减免税、制定适合文化企业的税收优惠政策、进一步落实和实施文化产品和服务出口退免税政策以及建立适应文化企业的外汇政策等。

另一方面，大力发展文化金融服务，形成自贸区之于上海乃至全国的文化市场体系的核心地位和辐射功能。经过十余年的发展，中国众多的文化创意产业园区建设形成了以"文化—科技"相融合的文化产业、以"文化—创意（设计）"为基础的文化产业、以"文化—地产"相结合的文化产业等几种主要模式，唯独缺乏以"文化—金融"为基础的文化产业中心。文化金融服务是文化产业赖以发展的经济基础，也是中国特色文化市场体系构建中最为重要的部分，上海自贸区完全有责任也有能力将"文化金融服务中心"打造出来。

3. 创新文化服务开放管理体制和机制，构建"文化管理服务平台"

党的十八大以后，我国行政管理体制最重要的变革就是下放行政审批事项。而上海自贸区的成立，也将在转变政府职能、优化行政管理方面做出积极努力。不断改进和创新行政服务方式，提高文化管理能力。构建"文化管理服务平台"，则是上海自贸区作为"实验区"的根本所在。

一是优化行政审批。整合文化服务行政审批事项，设立行政审批业务受理和咨询平台，简化办事程序、优化审批流程，推进一站式审批、查验工作，加快文化审批、通关便利化程度。

二是搭建服务平台。实现从"文化行政管理"到"文化行政服务"转变，通过搭建各类文化服务信息平台，为自贸区文化企业、机构提供优质服务，如可以推动建立国际文化贸易信息平台、健全国际文化贸易企业和产品数据库、优化国际文化贸易研究平台功能以及建立国际文化贸易翻译服务平台以及搭建国际文化贸易项目战略投资合作平台等。

三是完善监管体系。下放或取消行政审批，并不意味着政府完全退出市场，相反，政府要进一步完善文化市场监管体系，及时掌握文化服务和贸易开放状态。例如，建立文化企业诚信体系，并制定相应的信用管理机制；再如，要继续加强"上海市文化产品和服务进出口统计"及"上海市文化核心产品和服务进出口情况统计"等工作，完善国际文化贸易统计体系。

4. 创新文化服务对外开放新形式，开辟"文化贸易服务"新领域。

尽管目前上海自贸区开列的负面清单中，文化服务领域的开放程度相当有限，但与文化贸易相关的领域有非常广阔的创新空间，足以开辟"文化贸易服务"的诸多新领域。

一是"文化产品仓储服务"。利用上海自贸区所拥有的保税仓储物流、离岸保税功能，为境外文化产品提供专业、高端和精良的仓储服务，降低运输、展示和交易成本。

二是"文化设备租赁服务"。利用上海自贸区所拥有的保税租赁优势，为自贸区乃至上海高端进口文化设备提供租赁服务，并以此降低自贸区及上海乃至长三角的影视、演艺、出版、传媒等领域的文化企业的技术成本，提升其产品和服务加工的能级，增强其参与国际市场竞争的能力。

三是"文化产品展示服务"。利用上海国际电影节、上海电视节、中国上海国际艺术节、"上海之春"国际音乐节、中国国际动漫游戏博览会、中国国际数码互动娱乐产品及技术应用展览会、上海书展、上海国际印刷周、上海艺术博览会和上海春季艺术沙龙等上海知名国际节庆会展，在上海自贸区内拓展国际文化产品展示服务，深化其国际文化贸易功能。

四是"文化服务中介机构"。吸引国内外著名义化服务中介机构入驻，引导其加强与海外、境外和国内文化企业的对接合作，形成以上海自贸区为中心的贸易代理、金融服务、推介宣传、法律服务等各类国际文化贸易中介服务机构群，提升上海自贸区面向国际国内文化企业的贸易配套服务能力，如自贸区可以积极依托商务部和上海市共同主办的中国（上海）国际跨国采购大会，积极发展一批有助于促进我国国际文化贸易的专业文化贸易公司和海外代理机构。

五是"文化服务外包服务"。文化服务外包是上海对外文化贸易的重要组成部分，也是国内文化企业"走出去"的重要形式之一。在中国文化产业发展水平相对较低的状态下，国内的文化企业通过文化服务外包提高创意能力和制作水平，也是必由之路。如可于上海自贸区内建设上海影视动漫游戏制作服务外包分发平台，推动国内优秀制作力量与国际创意、国际资本接轨。

六是"文化衍生后期服务"。文化创意产业依其产业属性可以分为文化创意核心产业、文化创意支持产业、文化创意配套产业和文化创意衍生产业，并形成相应的产业集群。在目前以生产经营管控为特征的负面清单管理机制下，大力发展文化衍生产业，提升后期制作服务功能，可以作为上海自贸区文化服务扩大开放的优先发展途径。可利用保税、免税优势，吸引国际影视动漫游戏制作企业和设备供应商在上海自贸区的集聚，增强其为上海、长三角乃至全国、国际影视动漫游戏制作的服务功能，并以此加快文化科技的国际产业转移。

5. 加大文化企业"走出去"扶持力度，完善民营、外资参与文化企业经营细则，搭建上海自贸区"文化服务国际舞台"

目前，中国对外文化贸易存在严重的贸易逆差，文化"走出去"除了语言文化、意识形态、体制水平等因素之外，更重要的是国内文化企业或机构满足于国内文化消费市场，缺乏"走出去"的动力。因此，有必要进一步通过财政扶持，扩大对内容原创版权输出的扶持，制定鼓励社会力量参与支持文化企业"走出去"的政策，扩大对文化企业海外营销相关的支持力度，支持影视、动漫、网游、艺术品、音乐及出版等多行业的版权输出。

扩大对"以进代出"的鼓励和扶持力度，有限扩大外资投资中国文化项目和中国企业投资境外文化项目的双向准入和有效路径。可依托上海自贸区进行政策突破，有限试点，如建议允许港澳台以外的境外投资者在自贸区内设立独资影视技术公司，开展影视后期技术制作、休闲娱乐类内容影视制作、非时政新闻制作与出版等业务。

6. 制定上海自贸区文化服务扩大对外开放路线图

通过以上分析，不难发现，上海自贸区文化服务扩大开放的空间还是相当大的。我们既不能因为要"扩大开放"，就忽视文化服务所具有的精神生产的意识形态属性，又不能因为要兼顾文化的意识形态属性而束缚对外开放的手脚。改变现有的"文化（行业、生产经营环节）负面清单"管理模式，实现向"文化（内容）负面清单"管理模式的转变，并结合政府管理手段、经济服务水平、科技自主创新等其他多方面复杂因素的考虑，可以以顶层设计的方式制定上海自贸区文化服务扩大对外开放的路线图（见表22）。

表22　上海自贸区文化服务对外开放路线图

领域/顺序	1. 允许开放	2. 有条件逐步开放	3. 严格审查开放	4. 不允许开放"负面清单"
文化技术服务	技术引进	参股合资	外资独资	
文化贸易服务	展示、外包	仓储、租赁	中介	
文化金融服务	保税免税	金融服务	外资独资	
文化管理服务	行政审批	服务平台	监管体系	
文化内容生产	衍生、后期加工	影视动漫游戏	新闻出版	文化内容负面清单

总之，上海自贸区的成立，为文化服务扩大开放注入了新的活力，也为上海对外文化贸易的提升提供了崭新的平台。文化服务的扩大开放要以确保文化安全为前提，但是确保文化安全不能简单以"封堵"方式，而应该以"疏导"方式，更不能付出成为"文化孤岛"的代价。因此，只有提升"文化开放"水平，培育外向型文化企业，支持文化企业到境外开拓市场，积极吸收借鉴国外一切优秀文化成果，引进有利于我国文化发展的人才、技术、经营管理经验，才能真正提高"文化繁荣"程度，进一步增强我国进行有中国特色社会主义建设的"文化自信"，更好地保障我国的"文化安全"。

第九届中国（深圳）国际文化产业博览交易会成果与启示

叶建强[*]

第九届中国（深圳）国际文化产业博览交易会（以下简称"文博会"）于 2013 年 5 月 17 日上午开幕，20 日下午圆满落幕。

深圳文博会是中国文化产业最重要、规模最大的博览会，是我国国际化程度最高的文化贸易博览会，也是专业化、市场化程度最高的文化博览会。这届文博会是在党的十八大召开后举办的第一届文博会，具有承前启后、继往开来的特殊意义。在各方的高度重视和强力推动下，第九届文博会以贯彻落实党的十八大精神为主线，以"贸易扬帆，文化远航"为主线，着力推动文化贸易，努力打造国际知名品牌会展，大大提升了文博会的质量和内涵。通过投资贸易展览、招商引资项目推介、专项合作洽谈、研讨和高峰论坛等多种形式，提升文博会专业化、国际化程度，进一步优化了展会管理和服务，达到预期的目标。第九届文博会规模、档次、内涵、交易额、国际化和专业化程度、活动数量和质量等方面与历届相比，均有大幅度提升。

一 第九届中国（深圳）国际文化产业博览交易会成果卓著

（一）交易活跃，文化贸易主题突出

第九届文博会以"贸易扬帆，文化远航"为主线，着力推动文化贸易

---

* 叶建强，深圳国际文化产业博览交易会有限公司总经理、中国文化产业网总监、广东省文化产业促进会副会长。

发展。在参展商选择和项目征集中，重点选择能够促成交易特别是合同交易的内容参展，各展商带来的大多数项目具备市场前景好、产业化程度高的特征，文博会延续了供求两旺、交易活跃的可喜局面。第九届文博会配套活动也紧密结合文化与交易的主题，其中中宣部和商务部联合主办了文化贸易工作座谈会，中宣部部长刘奇葆同志出席会议并讲话，强调要全面贯彻落实党的十八大精神，统筹国际国内两个市场、两种资源，推动我国文化贸易上水平、上台阶。会议还发布了第五届中国"文化企业30强"。另外，文化部举办了2013中国文化产品国际营销年会，发布了《中国文化产业2013投融资项目手册》；商务部举办了文化贸易与文化对外合作促进政策研讨会；贸促会举办了2013文化贸易国际论坛。在各方共同努力下，第九届文博会以1665.02亿元的总成交额再创新高，比上一届增加229.51亿元，同比增长15.99%，超额完成1600亿元的目标任务。

（二）内容丰富，参展项目质量优化

第九届文博会主会场设在深圳会展中心，展出面积10.5万平方米，设有八大专业展馆和一个特色馆，分别是文化产业综合馆、创意设计生活馆、影视动漫游戏馆、非物质文化遗产馆、美术馆、新闻出版馆、工艺美术馆、文化旅游馆和特色馆——网上演艺馆。组展坚持"优中选精"的原则，进一步优化核心层参展比例与结构，重点展示文化含量高、创新性强、发展潜力大，体现文化产业发展前端和趋势的项目，强化了对新闻出版、影视动漫、创意设计、非物质文化遗产、文化旅游、工艺美术、书画艺术、演艺娱乐等核心层领域领军企业的集中展示，参展的龙头文化企业数量更多，影响力更大。主展馆龙头企业参展比例达到64%，文化产业核心层参展比例达到95%，特装展位达93%，分别比上届提高3个百分点、1个百分点和2个百分点。央视、华侨城集团、中国电影股份有限公司、中国出版集团、华强文化科技集团、大连万达集团等众多龙头企业云集。各展馆特色鲜明、精品遍布，其中工艺美术馆首次举办"百名中国工艺美术大师作品联展"，展览的规模、层次为历届最高；影视动漫馆集中展示了"三网融合"的最新成果、最新技术、最新产品；创意设计生活馆强调工业设计产业链的理念，嘉兰图、浪尖等国内知名工业设计公司参展，带

来了浪尖工业小镇等新项目；新闻出版馆设置了国家数字出版基地综合展区，首次对国家数字出版基地整体建设情况进行了集中展示，来自上海、杭州等地的九大国家级数字出版基地参展。同时，政府组团在省级组团"满堂红"的基础上，第九届文博会组团范围进一步覆盖到了景德镇等文化产业发展较为突出的地级市，而且多个展团的参展人数创历届之最。文博会的配套活动更加丰富，共有各类活动 598 项，比上一届增加 106 项。其中重要活动 17 项，包括中央有关部委牵头主办的活动 8 项；专项活动 45 项，主展馆活动 47 项；分会场活动 444 项；艺术表演和美术展览活动 53 项。另外，第九届文博会共设立 43 家分会场，分会场与主展馆配套互补，点网结合，成为推动文博会快速发展、促进交易、提升质量的重要支撑，其推动深圳文化产业发展、吸引社会资本投资建设文化的平台功能进一步强化。43 家分会场的成交额达 820.65 亿元，比上一届增长 29.75%，占总成交额的 49.29%。

（三）创新业态，综合性展会优势凸显

作为综合性的文化产业博览会，在各级党委、政府的重视和推动下，文博会为文化产业与各相关产业的融合发展、创新发展创造了条件，提供了培育和展示"文化＋科技""文化＋旅游"等新业态的平台。综合馆首设的文化新业态展区成为第九届文博会的最大的亮点之一，来自北京中关村、上海张江、武汉东湖、深圳高新区等 16 家首批国家级文化和科技融合示范基地的 60 多家企业集体亮相，带来了包括袖珍版的央视春晚舞台、按原型复制的敦煌莫高窟 220 号窟、3D 打印机、裸眼 3D 设备等 70 余个应用于文化领域的领先科技产品。第九届文博会首次独立设置文化旅游馆，进一步丰富了文博会的业态结构，集中展示了华侨城等当前中国最具代表性、体现中华文化"软实力"的中华历史文化、民俗文化旅游景点景区和香港迪士尼等知名旅游企业。作为综合性展会，在进一步发挥推动中华文化产品和服务走出去作用的同时，文博会已成为促进文化产业项目投融资的重要平台，北京、黑龙江、贵州、湖南和哈尔滨、张家界、肇庆等省市及深圳有关区都在展会期间举办了项目投融资推介会和签约仪式。文化产业项目投融资达 920.69 亿元，占总成交额的 55.30%，内容涵盖文化产各重点领域。

（四）出口向好，国际化程度提高

第九届文博会采取了一系列新举措增强国际性。参展商方面，第九届文博会积极探索"以商带展，以展促商"，海外展区面积占全馆面积的13.7%，吸引了欧洲设计展团、马来西亚展团、巴基斯坦展团、泰国展团、玻利维亚展团、捷克展团、俄罗斯展团以及土耳其展团等来自十多个国家和地区超过40个海外机构参展。台湾馆吸引了97家台湾文化创意企业参与，带来了体现台湾优质文化创意特色的产品和项目。采购商方面，第九届文博会加强了对海外采购商需求的展前统计分析，为客商拟订个性化、专业化的采购服务方案，增强了海外采购商参会的实效性。通过与荷中商会、马来西亚《光华日报》、世纪假日等机构合作，在商务部的直接指导下，第九届文博会面向我国港澳台、东南亚、欧美等重点招商地区，强化了"海外直通车"招商服务，还借助文博会与广交会时间相连的优势，首次与广交会建立正式合作关系，直接吸引了近2000名参加广交会的海外客商参加文博会。展会期间，共有来自93个国家和地区的16347名海外采购商参加文博会，超额完成了16000人的目标任务，文化产品出口交易额为123.82亿元，比上一届增加8.6亿元，同比增长7.46%，超额完成115亿元的目标。

（五）注重实效，简约节俭低碳办会

第九届文博会贯彻落实党的十八大关于改进工作作风的"八项规定"要求，强调简约、节俭、低碳办会理念。首次取消了大型的开幕式，以举办开幕音乐会的形式拉开文化盛会的帷幕，同时在2013年5月17日举行了简单的开馆倒计时仪式，开幕活动简约、大方、庄重，富有文化内涵和创意，得到了各界嘉宾和观众的广泛认可和好评。展场布置上与易尚、雅图等专业设计企业合作，从设计到制作都强调使用符合环保要求的材质。第九届文博会期间深圳交警对各展馆周边道路不实施限行措施，不封路、不管制，社会车辆可以正常通行，最大程度地减少了对市民交通出行的影响。

（六）各界关注，品牌影响力提升

境内外媒体对第九届文博会高度关注，超过200家境内外媒体1578名记者参与报道文博会，人民日报社、新华社等组织采访团来深采访，中央电视台派出15人的强大阵容，光明日报社、经济日报社、中央人民广播电台等对文博会进行了系列报道。境外有来自美国等多个国家和地区的130名记者参会报道。各媒体全面深入的报道，进一步在海内外树立了文博会作为国家级、国际性、综合性大型文化展会的形象，文博会的影响力日益提升，正向着国际知名品牌展会的目标迈进。社会各界踊跃参与文博会各项活动，第九届文博会总参观人数达479.17万人次，比上届增加128.01万人次，增长26.72%。观众结构进一步优化，专业观众积极参与各种活动，共计82.02万人次，比上届增长近三成；海外专业观众达到14.52万人次，比上届增加1.35万人次，增长10.25%。

二　第九届文博会基本数据分析

（一）交易额再创新高

第九届文博会以1665.02亿元的总成交额创文博会新高，比上届增加229.51亿元，同比增长15.99%。

第九届文博会交易规模超亿元的项目有162个，签约总额达1164.66亿元，占第九届文博会总成交额的69.95%。其中：签订合同项目103个，合同金额877.14亿元，占超亿元项目金额的75.31%；签订意向合作协议的59个，意向金额287.52亿元，占超亿元项目金额的24.69%。

（二）合同成交成为最主要的交易方式

第九届文博会合同成交金额1049.39亿元，占总成交额的63.03%；意向金额491.00亿元，占总成交额的29.49%；零售金额97.87亿元，占总成交额的5.88%；拍卖金额26.76亿元，占总成交额的1.60%。

主会场成交金额为 844.37 亿元，占总成交金额的 50.71%。其中：合同成交金额 761.14 亿元，占主会场成交总额的 90.14%；意向成交金额 68.82 亿元，占主会场成交总额的 8.15%；零售金额 13.64 亿元，占主会场成交总额的 1.62%；拍卖金额 0.77 亿元，占主会场成交总额 0.09%。

(三) 投融资活动更加活跃

第九届文博会投融资活动频繁，文化产业项目投融资达 920.69 亿元，比上届增长 4.5%，占总成交额的 55.30%。其中：境外投融资为 169.15 亿元，占投融资总额的 18.37%；境内投融资为 751.54 亿元，占投融资总额的 81.63%。

(四) 新业态发展迅速

第九届文博会科技型文化产业成交额达 643.18 亿元，占总成交额的 38.63%，同比增长 7.34%。其中：合同成交金额 475.10 亿元，意向成交金额 168.08 亿元。文化产品交易达 187.16 亿元，文化产业项目投融资达 456.02 亿元。

文化旅游馆成效显著，文化与旅游相结合产业成交额达 135.65 亿元，占总成交额的 8.14%，同比增长 208.58%。其中：合同成交金额 120.85 亿元，意向成交金额 14.80 亿元。文化旅游馆的文化产业项目投融资达 131.36 亿元。

(五) 观众结构进一步优化

统计结果显示，第九届文博会主展馆、分会场、相关活动总参观人数达 479.17 万人次，比上一届增加了 128.01 万人次，同比增长 26.72%。

专业观众的数量和档次是衡量文博会展会水平的一个重要方面，第九届文博会共吸引来自国内外的专业观众 82.02 万人次，占参会观众总数的 17.12%，与上一届专业观众数量相比，增加了 18.81 万人次，同比增加比例为 29.76%。其中，参观的各展馆和分会场的海外专业观众达到 14.52 万人次，比上一届增加了 1.35 万人次，同比增长 10.25%。

三 文博会海外拓展及出口增长

根据分析，第九届文博会文化产品出口欧美地区成交量最大，出口欧美地区的项目金额 66.79 亿元，占出口总额的 53.94%；港澳台地区成交金额为 44.60 亿元，占出口总额的 36.02%；其他地区成交金额为 12.43 亿元，占出口总额的 10.04%（主要出口韩国、日本、菲律宾、澳大利亚、阿拉伯联合酋长国、埃及、南非、沙特阿拉伯等国家）。与上一届文博会相比，港澳台地区减少 3.09 亿元，同比下降 6.48%，欧美地区增加 13.03 亿元，同比增长 24.24%，其他地区减少了 1.34 亿元，同比下降 9.73%。

四 建设走向世界的国际知名品牌展会

经过十年九届沉淀，文博会坚持"专业化、国际化、市场化、精品化、规范化"办展方针，取得了长足发展，品牌知名度日益提升，影响力不断扩大。文博会已经从培育期逐步进入成长期，但离国际知名品牌会展的目标仍存在距离和不足。为进一步提升展会成效，更好地把文博会打造成为促进经济发展方式转变、检验和促进我国文化产业发展、推动中华文化走出去、服务中西部文化产业发展的国家级平台，最终成为我国文化产业走向世界的国际知名品牌展会，在未来文博会工作中将重点考虑以下几个方面的问题。

第一，进一步理顺办展体制机制，提高市场化程度。学习借鉴国际先进展会的运作模式，将文博会组委会办公室的日常事务性职能逐步从政府部门转移至文博会的具体承办单位，提高文博会的运作效率，更好地适应国际会展业竞争的需要。

第二，进一步提高文博会融资交易功能，加大文博会海外推介的投入，提升宣传推介活动的针对性和专业性，积极拓展展会以外的衍生品赢利的途径，增强文博会自身赢利能力。

第三，进一步突出"内容为王"，注重文化内涵和档次品质的提升。

第四，进一步提高专业化水平，培育各专业展馆的突出优势和主题特色，塑造更为鲜明的品牌形象。

第五，进一步规范管理，提升质量，从管理流程、服务保障等细节入手，学习国际展会的先进做法和经验，向国际一流水平看齐。

第六，进一步增强辐射力、影响力，加强对文博会的宣传工作，加大网上文博会、冬季文博会的办展力度，不断提升分会场及配套活动的质量和影响力。

调查与案例

中国电影在韩国

吴宝秀　苏　锋*

一　引言

　　20世纪末以来，世界各个国家进入全球化的洪流之中。随着全球一体化进程的加快，文化在综合国力竞争中的作用日益凸显。正是由于文化的这一特殊影响力，世界各国纷纷在20世纪末将文化作为一种经济形态，促使文化由"软性"力量过渡为"硬性"力量，提升自身国际竞争力，文化经济的发展及其运作随即在全球范围掀起一股研究热潮。然而，我国文化产业发展的差距还比较明显，文化产品和服务出口还处在起步阶段，规模总量偏小，结构不尽合理，营销手段落后，特别是缺乏在国际上有较大影响力的文化企业和文化品牌。

　　电影是文化产业的重要组成部分，中国电影近年来发展迅速，2012年，我国全年生产的各类电影总量达到893部，年度观影人次达到4.71亿，全国电影总票房达到170.73亿元。中国电影银幕突破万块，其中90%为数字银幕，超过8500块银幕可放映3D电影，中国已成为世界上电影硬件数字化程度最高的国家。与此形成鲜明对比的是，中国电影海外市场的出口份额在近3年中持续下降。而韩国市场一直是中国电影业在亚洲的首要市场之一，同样面临着市场份额下降的窘境。因此，剖析中国电影在韩国市场的现状、存在的问题以及发展对策，对于中国电影走向国际有

---

　　*　吴宝秀，管理学博士，现任东北大学秦皇岛分校经贸学院讲师。苏锋，管理学博士，教授，现任东北大学工商管理学院硕士生导师，东北大学秦皇岛分校动画产业研究所所长。

着重要的借鉴意义。

二　中国电影在韩国市场的占有情况

2004 年至今，中国电影在韩国大致经历了三个发展阶段：2004～2007
年，中国电影在韩国的票房没有什么大的波动；2008～2010 年是中国电影在
韩国发展的高峰时期，特别是 2008 年中国电影在韩国的票房跳跃式地增加到
276 亿韩元，是 2007 年票房的 3 倍，造成如此大增长的原因是《赤壁 1》
《见龙卸甲》《投名状》《长江七号》四部大片在 2008 年同时上映，特别是
《赤壁 1》突破百亿韩元大关，成为继 2003 年《英雄》（123 亿韩元）之后的
第二部突破百亿韩元大关的影片，也是 2003～2013 年票房第三大影片，2009
年《赤壁 2》的票房不仅突破百亿韩元，而且成为到目前为止的票房第一大
影片，票房为 179 亿韩元，2010 年《狄仁杰之通天帝国》和《孔子》两部
大片的上映，使 2010 年的票房突破百亿韩元，但相比 2008 年和 2009 年有大
幅度减少；2010 年以后票房开始显著减少（见表 1）。

表 1　2004～2013 年中国电影在韩国票房情况

单位：百万韩元

年份	韩国电影票房（A）	外国电影票房（B）	韩国市场总票房（C＝A＋B）	中国电影票房（D）	D/C（%）	D/B（%）
2004	239143	201586	440729	8873	2.0	4.4
2005	451707	328657	780365	12088	1.5	3.7
2006	568090	324352	892442	11316	1.3	3.5
2007	479859	485628	965487	9369	1.0	1.9
2008	407327	554126	961453	27672	2.9	5.0
2009	526482	556714	1083196	21037	1.9	3.8
2010	508427	648828	1157255	11786	1.0	1.8
2011	613723	622076	1235799	3936	0.3	0.6
2012	836115	619025	1455140	4549	0.3	0.7
2013*	751328	548840	1300169	4360	0.3	0.8

注：＊ 表中关于 2013 年的数据截至 2013 年 10 月 15 日。
资料来源：韩国电影振兴委员会（http://www.kofic.co.kr）。

中国电影在韩国市场的占有率变化也大致分为三个阶段：2004～2007 年的下降阶段；2008 年的上升阶段；2008 年至今的下降阶段。2004～2013 年中国电影在韩国市场的占有率，除了从 2011 年开始占有率比较低以外，2004～2010 年的观众数占有率都超过了 1%，其中 2004 年的《十面埋伏》，2005 年的《功夫 1》《神话》，2006 年的《无极》《夜宴》，2007 年的《满城尽带黄金甲》《墨攻》和 2008 年的《赤壁 1》《见龙卸甲》《投名状》《长江七号》，2009 年的《赤壁 2》，2010 年的《狄仁杰之通天帝国》的观众高上座率是导致 2004～2010 年观众数占有率比较高的主要因素，特别是 2008 年几部大片的同年上映，使观众占有率达到了 2004～2013 年的顶峰数值 2.9%。

中国电影在韩国外国电影中的占有率与中国电影在韩国电影市场中的占有率有相似的发展趋势，从 2004～2007 年的减少过程到经过 2008 年的骤增，直到近几年出现了下降趋势。

根据韩国电影振兴委员会的统计，2003～2013 年中国在韩国上映的电影数分别为：2003 年 1 部，2004 年 10 部，2005 年 10 部，2006 年 15 部，2007 年 20 部，2008 年 36 部，2009 年 34 部，2010 年 22 部，2011 年 41 部，2012 年 44 部，2013 年 57 部，11 年间除了 2010 年略有下降外，一直呈稳定的上升趋势——从 2003 年在韩国上映的电影只有 1 部，到 2013 年的 57 部。但与此同时，由于韩国电影市场上映的电影数也在不断增加，使得中国电影在韩国电影市场的占有率没有太大的变化，一直在 3% 左右徘徊。

三 对在韩国上映的中国电影的分析

（一）对影片内容的分析

2003～2013 年，在韩国电影市场上放映的中国影片共计 204 部（有票房统计的），其中动作片 92 部，几乎占了中国影片的一半，其次剧情片和爱情片分别为 49 部和 28 部，占据中国电影的 24.0% 和 13.7%。喜剧片、恐怖片、战争片、科幻片、动漫片等占据了极少的份额，其中动漫片仅有 4 部，分别为《兔侠传奇》《大兵金宝历险记》《长江七号爱地球》《麦兜的故事》（见表2）。

表2 在韩放映影片内容分布情况

单位：部，%

影片类型	电影数	百分比
动作片	92	45.1
剧情片	49	24.0
爱情片	28	13.7
喜剧片	15	7.4
恐怖片	12	5.9
战争片	10	4.9
动漫片	4	1.9
其 他	—	—
合 计		100

资料来源：韩国电影振兴委员会（http：//www. kofic. co. kr）。

2003～2013 年韩国票房前十位的中国电影无一例外都是动作片，可以看出动作片在韩国的受欢迎度很高。其中 2009 年上映的《赤壁 2》，2003年的《英雄》，2008 年的《赤壁 1》三部影片票房突破百亿韩元，分别占据 2003～2013 年的票房第一、第二、第三位（见表 3）。

表3 2003～2013 年韩国票房前十位的中国电影

单位：人，韩元

排名	影片名	影片类型	票房观众数	票房金额	上映时间
1	《赤壁 2》	动作片	2713031	17910684413	2009 年 1 月 22 日
2	《英雄》	动作片	1910000	12353020755	2003 年 1 月 24 日
3	《赤壁 1》	动作片	1573621	10218959760	2008 年 7 月 10 日
4	《见龙卸甲》	动作片	1036172	6660263334	2008 年 4 月 3 日
5	《十面埋伏》	动作片	1027354	6644463500	2004 年 9 月 10 日
6	《满城尽带黄金甲》	动作片	897678	5646349700	2007 年 1 月 25 日
7	《功夫 1》	动作片	823559	5309283000	2005 年 1 月 14 日
8	《无极》	动作片	685561	4308635500	2006 年 1 月 26 日
9	《狄仁杰之通天帝国》	动作片	468273	3399300731	2010 年 10 月 6 日
10	《孔子》	动作片	377801	2819298799	2010 年 2 月 11 日

资料来源：韩国电影振兴委员会（www. kofic. co. kr）。

（二） 对影院票价的分析

2003～2006 年中国影院票价略微高于韩国，但是这种差距在逐年缩减，2007 年到现在（除 2011 年外）中国影院票价一直低于韩国。但整体上，韩国影院票价和中国影院票价没有明显的差异，差额一直在 700 韩元（4 元人民币左右）内变化，可以说韩国影院票价和在韩国上映的中国电影影院票价没有什么大的差距（见表 4）。

表 4 韩国影院票价、中国影院票价及两国的影院票价差

单位：人，韩元

年份	韩国			中国			价格差 C－C*
	票房（A）	观众数（B）	价格 C＝（A/B）	票房（A*）	观众数（B*）	价格 C*＝（A*/B*）	
2003	4282456500	665848	6431.6	12202500	1826	6682.6	－251
2004	239143250406	37741433	6336.4	8873440000	1372049	6467.3	－131
2005	451707494794	71346379	6331.2	12088483000	1903302	6351.3	－20
2006	568090373200	91745620	6192.0	11316274800	1821211	6213.6	－22
2007	479858559900	75791003	6331.3	9368520100	1496367	6260.8	70
2008	407327224301	62047324	6564.8	27672275500	4279381	6466.4	98
2009	526482459500	75644847	6959.9	21037440500	3173293	6629.5	330
2010	508426680450	68843173	7385.3	11785876000	1616547	7290.8	95
2011	613722968100	82868189	7406.0	3935754200	488095	8063.5	－657
2012	836114875004	114613190	7295.1	4549015874	643489	7069.3	226
2013	751328361490	104934848	7160.0	4359847656	648952	6718.3	442

资料来源：韩国电影振兴委员会（http：//www.kofic.co.kr）。

（三） 对电影投放渠道的分析

2003～2013 年中国电影在韩国市场投放渠道的统计显示：在 11 个和 10 个影院投放的电影的平均票房约为 24.6 亿韩元；在 9 个和 8 个影院投放的电影的平均票房约为 16.1 亿韩元；在 7 个和 6 个影院投放的电影的平均票房为约 5.5 亿韩元；在 5 个和 4 个影院投放的电影的平均票房约为

5740 万韩元；在 3 个以下的影院投放的电影的平均票房约为 1074 万韩元。
也就是说，投放影院越多，电影的平均票房就越高（见表5）。

表5 投放影院数的分布情况

单位：个，韩元

影院数	平均票房
11，10	2457096466
9，8	1608413221
7，6	546243453
5，4	57399109
3，2，1	10743090

资料来源：韩国电影振兴委员会（http://www.kofic.co.kr）。

只在 1 个影院投放的电影为 65 部，占投放电影总数的比例最高，为
35.3%；其次是在 10 个影院投放的电影数为 25 部，占 13.6%，但是相比
在 1 个影院上映的比例还是差距很大；在 11 个影院投放的电影数仅为 4
部，占电影总数的 2.2%，可以看出，中国电影在韩国的宣传渠道还是过
少（见表6）。

表6 2003~2013 年各影院数、投放电影数量及比例

影院数（个）	1	2	3	4	5	6	7	8	9	10	11	合计
投放电影数（部）	65	21	13	6	15	10	5	10	10	25	4	184
占电影总数的比例（%）	35.3	11.4	7.1	3.3	8.2	5.4	2.7	5.4	5.4	13.6	2.2	100.0

资料来源：韩国电影振兴委员会（http://www.kofic.co.kr）。

2003~2013 年，中国电影在韩国投放得最多的影院数按年份依次分别
为 2、8、9、10、10、1、10、10、1、1、1，2008 年由于上映电影总数的
骤增，相对投入 1 个影院的电影数也增多，而引起 2008 年投放最多的影院
数为 1。如果不考虑 2008 年，从表7 中可以看出，2003~2010 年，中国电
影的影院投放力度在逐渐加大，但是近几年投放力度出现明显下降，也导
致从 2011 年开始中国电影的票房销量剧减。

表7 2003~2013年中国电影投放的韩国影院数量分布状况

影院数 \ 年份	2003	2004	2005	2006	2007	2008	2009	2010	2011	2012	2013
1	1	2	1	2	1	18	2	1	8	14	15
2	3	—	1	2	1	1	1	3	1	2	6
3	1	—	1	1	3	1	—	1	—	3	2
4	—	—	—	—	3	—	1	—	—	—	2
5	—	—	—	—	1	2	2	1	1	2	6
6	—	1	—	—	—	—	—	—	1	7	1
7	—	3	—	—	—	1	—	—	—	1	—
8	—	3	2	1	—	—	—	2	2	—	—
9	—	—	2	2	1	1	2	—	2	—	—
10	—	—	—	3	4	7	5	6	—	—	—
11	—	—	—	—	—	4	—	—	—	—	—
投放量最多的影院数	2	8	9	10	10	1	10	10	1	1	1

资料来源：韩国电影振兴委员会（http：//www.kofic.co.kr）。

（四）对电影推销的分析

韩国全境有一个特别市（首尔特别市），八个道（京畿道、江原道、忠清北道、忠清南道、全罗北道、全罗南道、庆尚北道、庆尚南道），六个广域市（釜山广域市、大邱广域市、仁川广域市、光州广域市、大田广域市、蔚山广域市），一个特别自治道（济州岛特别自治道），一个特别自治区（世宗特别自治区），共17个地区，在统计电影的上映地区时，也对17个地区做了统计。

为了分析方便，将电影上映的地区分为17~15、14~11、10~8、7~5、4~1个进行统计分析。从表8可以看出，当上映地区为17~5个时，随着上映地区的增多，电影的平均票房是增加的。4~1个地区的平均票房超过了7~5个地区的票房的原因是电影《神话》的上映，众所周知，电影《神话》是由成龙和韩国著名女星金喜善主演，这部电影虽然只在首尔特别市上映，但却获得了接近 28 亿韩元的票房，在 2003～2013 年上映的所有的中国电影中，票房排名第 11。前十名的上映地区分别为《赤壁 2》16 个，《英雄》未统计，《赤壁 1》16 个，《见龙卸甲》16 个，《十面埋伏》15 个，《满城尽带黄金甲》16 个，《功夫 1》16 个，《无极》16 个，《狄仁杰之通天帝国》16 个，《孔子》16 个。可以看出，除了未统计的《英雄》外，票房收入前十名的地区是相当多的，仅在 1 个地区上映但获得如此高的票房，只能说《神话》是个特例。

表 8　投放地区的分布情况

单位：个，韩元

地　区	平均票房
17，16，15	1925740038
14，13，11	338752887
10，9，8	94265793
7，6，5	11810085
4，3，2，1	32472682

资料来源：韩国电影振兴委员会（http：//www. kofic. co. kr）。

2003～2013 年各地区数投放电影的数量及比例状况显示：只在 1 个地区投放的电影为 63 部，占电影总数的比例最高，为 34.2%，在 16 个地区投放的电影数为 39 部，占第二位，但是在 6、7、8、9、10、11、12、13 个地区的投放数都不超过 5 部，明显看出中国电影在韩国市场的推销力度不够（见表 9）。

表 9　2003～2013 年各地区数投放电影的数量及比例

地区数（个）	投放电影数（部）	占电影总数比例（%）
1	63	34.2
2	15	8.2
3	12	6.5
4	11	6
5	5	2.7
6	3	1.6

续表

地区数（个）	投放电影数（部）	占电影总数比例（%）
7	1	0.5
8	4	2.2
9	2	1.1
10	1	0.5
11	2	1.1
12	0	0
13	4	2.2
14	7	3.8
15	7	3.8
16	39	21.2
17	8	4.3
Total	184	100

资料来源：韩国电影振兴委员会（http：//www.kofic.co.kr）。

2003～2013 年，中国电影在韩国投放最多的地区数分别为 2、13、15、16、16、1、16、16、1、1、1 个，同对投放最多的影院数的分析一样，2008 年上映电影总数的骤增，使得相对投入 1 个地区的电影数也增多，而引起 2008 年投放最多的地区数为 1 个。如果不考虑 2008 年，从表 10 中可以看出，2003～2010 年，中国电影在地区的推销力度逐渐加大，但是从 2011 年开始，近几年推销力度出现了明显的减小，造成了从 2011 年开始，中国电影的票房销量剧减（见表 10）。

表 10　2003～2013 年中国电影投放的韩国地区数量分布状况

地区数（个）＼年份	2003	2004	2005	2006	2007	2008	2009	2010	2011	2012	2013
1	—	2	2	2	1	19	2	1	7	12	15
2	4	—	1	1	1	1	1	—	1	3	2
3	—	—	—	2	3	1	1	1	—	1	3
4	1	—	1	—	3	—	—	2	1	2	1
5	—	1	—	—	—	1	1	—	—	1	2
6	—	—	—	—	—	1	1	1	—	—	—

年份 地区数（个）	2003	2004	2005	2006	2007	2008	2009	2010	2011	2012	2013
7	—	—	—	—	—	—	1	—	—	—	—
8	—	1	—	—	—	—	—	1	1	1	—
9	—	1	—	—	1	—	—	—	—	—	—
10	—	—	—	—	—	—	—	—	—	1	—
11	—	—	—	—	—	—	—	—	—	1	1
12	—	—	—	—	—	—	—	—	—	—	—
13	—	2	—	1	—	—	—	1	—	—	—
14	—	1	—	—	1	—	—	1	—	—	3
15	—	1	3	—	—	—	—	—	—	2	1
16	—	—	—	5	4	11	7	6	1	3	2
17	—	—	—	—	—	—	—	—	4	2	2
投放量最多的地区数	2	13	15	16	16	1	16	16	1	1	1

资料来源：韩国电影振兴委员会（http://www.kofic.co.kr）。

四 对策

（一）政府加大支持力度，企业积极"走出去"

华语影片出口需要政府在政策上的引导和财政上的支持。我国政府应建立类似于韩国电影振兴委员会这样的半官方机构，通过电影基金、电影调查、电影教育培训等手段，支持和推动中国电影在全球范围内的发展。韩国电影振兴委员会于 2007 年在北京成立代表处，旨在促进韩国电影产业在中国的发展和中韩两国电影相关产业的沟通、交流和合作，中国政府也可以借鉴这样的模式，在外国建立官方机构，帮助建立中国电影产业出口企业和外国政府机关、企业的联系，积极帮助企业推动拓宽国产电影市场，使国产电影能够更快、更顺利地走向全球。

电影企业应努力推动华语影片"走出去"，不应因国内电影市场空间广阔而缺乏出口动力。电影企业应努力制作高质量、高水平的影片，同时注重华语影片出口策略的制定，例如加大在韩电影的宣传力度，积极参与韩国电影的交流活动，了解观众喜好，制作观众喜爱的电影作品等。

（二）扩大宣传渠道，加强推销力度

电影投放的渠道和地区越多，平均票房就越高，而中国电影在韩国市场的投放渠道过少，推销的力度不足，而且近几年无论从宣传的渠道还是从推销的力度来看，都呈现明显的下降趋势。要想加强华语影片在韩国的影响力，没有强大的电影发行网络是不够的。华语电影要获得韩国观众的认可，需要依靠主流院线的支撑，因此我国政府及影视企业应积极建立与韩国知名发行商的联系，建立成熟运作模式，使华语影片能在更多的韩国主流院线上映，同时得到更好、更为广泛的宣传，从而扩大华语影片在韩的市场占有率。

此外，鼓励企业或私人购买韩国主流院线也是完善华语电影在韩发行网络的有效手段。万达已买下北美 AMC 院线，大大方便了华语影片在北美市场的上映，简化了华语影片出口流程。因此，收购韩国院线也不失为扩大华语影片韩国市场占有率、促进华语影片中韩两国同步上映、减少影片盗版猖獗的好办法。

（三）提升动作片质量，鼓励多元发展

从影片内容看，动作片已经在韩国乃至世界市场上有一定的知名度，应该继续巩固这个优势，对动作片进行创新，拍摄出更高质量的影片，争取占领更大的市场；此外，要加速发展动作片以外的剧情片、爱情片、喜剧片、恐怖片和战争片等类型影片，制作出适合韩国市场需求的华语电影。

同时，应鼓励我国电影多元化发展，不仅需要鼓励高成本、大制作的影片出口海外，同时要鼓励小成本电影、卡通影片，甚至微电影走入韩国市场，使我国影片立足于韩国主流院线的同时，可以提升华语影片在韩国网络和电视上的影响力，真正走入韩国人民的生活之中。

（四）聘用外国演员，发展合拍影片

从《神话》的高票房经验可以看出，让韩国知名演员担任电影中的角色，可以达到充分发挥中国演员和韩国演员的宣传优势，这样，不仅在国内，而且在韩国也能更容易达到宣传和营销目的。韩国电影市场的绝大部分份额一直被韩国和美国影片所占据，可见韩国观众对韩美影片的认可度较高。因此，与韩、美两国合拍电影不仅可以提高观众对影片的认同度，同时能学习到先进的电影拍摄技术及制作技术。

此外，中美合拍电影《功夫之王》《功夫梦》，中韩合拍电影《神话》等中国题材电影具有在海外票房成功的先例。以《功夫梦》为例，2010 年其全球票房为 22.6 亿元，占当年华语电影海外票房的六成以上。因此，与韩、美合拍中国题材电影不仅可以促进中国电影在韩国市场赢利，也可以促进中国文化在海外的传播。

五 结论

本文通过对中国电影在韩国电影市场现状的分析得出中国电影在韩国电影市场存在的问题，如内容、表现形式过于单一，销售渠道不够通畅，宣传力度不够等。针对这些问题，本文提出"政府加大支持力度，企业积极'走出去'"；"扩大宣传渠道，加强推销力度"；"提升动作片质量，鼓励多元发展"；"聘用外国演员，发展合拍影片"四点建议，以帮助促进华语影片顺利进入并立足韩国市场。

参考文献

［1］刘晓鹏：《刍议文化贸易壁垒对我国文化贸易的影响》，《商业时代》2013 年第 23 期。

［2］王山：《韩国文化产业发展及运作对中国的启示》，《辽东学院学报》2013 年第 4 期。

［3］张元欢：《中国电影出口北美市场面临的问题》，《中国电影市场》2013 年第 5 期。

中国电影在英国

张　拓　苏　锋*

英国具有世界第三大电影娱乐市场。英国电影市场的繁荣不仅为我国电影产业发展提供了可借鉴的模板，其巨大的市场空间更催生了我国电影产品出口英国的动力。英国电影市场的蓬勃发展主要得益于英国观众良好的观影习惯，电影进出口贸易多年保持顺差，发展英美合拍影片满足观众电影审美需求从而摆脱好莱坞阴影，以及多家电影产业协会对电影行业发展的支持。然而，根据 2012 年英国电影进口数据来看，仅有 4 部华语影片在英国院线上映，并且票房都较为惨淡。华语影片并没有真正打开英国市场，不仅是因为华语影片出口数量不占优势，更是因为华语影片在英发行网络不健全，以及中英两国的文化差异。因此，华语影片进军英国市场，需要在政府、企业共同推动下，在英国建立完善的发行网络；同时，我国还应鼓励中美、中英合拍片出口以符合英国观众审美需求；此外，关注中国独立电影的出口是华语影片立足英国市场的关键。

英国，作为一个历史悠久、重视文化发展的欧洲老牌资本主义国家拥有着繁荣的文化产品市场。中英文化存在较大的差异，导致两国民众对文化产品的价值观与审美观不尽相同。然而，随着中英文化交流的增多，越来越多的英国人对中国文化产生了浓厚兴趣，催生了对中国文化产品的需求。此外，在经受经济危机打击之后，2013 年英国经济有所起色，可是欧洲市场的持续低迷，使长时间依赖欧洲市场的英国惴惴不安，因此，英国

* 张拓，英国爱丁堡大学对外英语教学硕士，助教，现任东北大学秦皇岛分校语言学院教师。苏锋，管理学博士，教授，现任东北大学工商管理学院硕士生导师，东北大学秦皇岛分校动画产业研究所所长。

开始更加重视与中国的贸易伙伴关系。尤其是在 2013 年 10 月英国财政大臣奥斯本和伦敦市市长约翰逊对华访问后,两国商定了若干促进中英交流与贸易的新政策,使中英关系一改多年的冷淡状态,奠定了"增进理解,互取所需"的新基调。中英政府、民间交往的频繁和新的贸易政策的制定,为中国文化产品走入英国市场提供了更便利的条件。英国也因此成为中国文化产品出口欧洲的亮点。

中国文化产品的出口,不仅肩负着弘扬中华文化的使命,更要以赢利为目的。因此,文化产品出口需要根据目标国的市场需求进行准确定位。根据英国电影学会年报(BFI Statistical Yearbook)显示,2012 年,英国拥有世界第三大、欧洲第一大的电影娱乐市场。电影不仅促进了英国经济发展,并且为繁荣英国文化市场做出巨大贡献。此外,2012 年英国院线所上映的影片中,逾 68% 均为进口。由此可见,英国观众对外国作品认可度较高。

在我国,电影产业日趋发达,高质量、高票房的影片数量逐年增加,我国影片质量的提升为影片出口提供了保障。首先,电影作为核心文化产品之一,作为展现当代中国和中国文化的重要媒介,理应向国际市场推广。其次,英国庞大的电影市场反映了英国观众对电影的巨大需求,为中国电影进入英国市场提供了动力。然而,从近年来华语影片出口英国的数据来看,华语影片并没有真正打开英国市场。因此,我国影片进军英国电影娱乐市场仍是任重道远。本文基于对 2012 年英国市场现状和华语影片出口英国市场数据的分析,总结我国影片在英国市场的现状以及所存在的问题,并给出相应的对策及意见,以促进国产影片打开英国市场。

一 英国电影市场现状

英国电影市场是极具规模和效益的,数据显示(见表 1),2012 年,世界电影市场总收益为 886.25 亿美元(约合 550.89 亿英镑)。其中,美国电影市场收益占世界总收益的 34.7%,约 307.19 亿美元(约合 190.95 亿英镑)。日本为世界第二大电影市场,其收益为 82.43 亿美元(约合 51.24 亿英镑),占世界电影市场总收益的 9.3%。英国作为世界第三大、欧洲第一大电影娱乐市场，总收益为 59.58 亿美元（约合 37.03 亿英镑），占世界电影市场总收益的 6.7%，领先法国、德国等其他欧洲国家。

表 1　2012 年世界各国家和地区电影娱乐收益

国家/地区	收益（百万美元）	占总收益（%）
美国	30719	34.7
日本	8243	9.3
英国	5958	6.7
其他西欧国家/地区	5312	6.0
法国	4229	4.8
德国	3580	4.0
中国（大陆）	3264	3.7
其他亚太国家/地区	3234	3.6
澳大利亚	3196	3.6
加拿大	3092	3.5
韩国	2963	3.3
巴西	2203	2.5
俄罗斯	1583	1.8
意大利	1492	1.7
印度	1468	1.7
墨西哥	1415	1.6
其他中、东欧国家（地区）	1392	1.6
中东及非洲	1381	1.6
西班牙	1318	1.5
中国台湾	1299	1.5
其他拉丁美洲国家/地区	1284	1.4
总　计	88625	100.0

注：电影娱乐收益包含票房收益、电影光盘（出租或售卖）、在线下载及串流收益。不包含电视收益；其他西欧国家/地区包括奥地利、比利时、丹麦、芬兰、希腊、爱尔兰、荷兰、挪威、葡萄牙、瑞典以及瑞士（引者注：原表如此）；其他亚太国家/地区包括中国香港、印度尼西亚、马来西亚、新西兰、巴基斯坦、菲律宾、新加坡、泰国和越南。

资料来源：*BFI Statistic Yearbook* 2013。

此外，据预测（见表 2），至 2017 年，英国电影市场收益仍位于美、日之后，排名世界第三，虽然占世界电影收益比例有所降低（6.4%），但收益额将提升至 68.22 亿美元（约合 42.40 亿英镑），较 2012 年增加 8.64 亿美元（约合 5.25 亿英镑）。因此，未来四年内，英国电影市场是极具潜力的。值得关注的是，至 2017 年，中国（大陆）电影总收益将提升至世界第四位，超过法国、德国等西欧发达国家，一跃成为占世界电影收益 6.1% 份额的电影大国。

表2　2017 年（预测）世界各国、地区电影娱乐收益

国家/地区	收益（百万美元）	占总收益比例（%）
美国	36350	34.3
日本	8227	7.8
英国	6822	6.4
中国（大陆）	6486	6.1
其他西欧国家	5551	5.2
法国	5386	5.1
德国	3737	3.5
其他亚太地区	3737	3.5
澳大利亚	3540	3.3
加拿大	3444	3.2
韩国	3122	2.9
巴西	3048	2.9
俄罗斯	2548	2.4
印度	2535	2.2
其他拉丁美洲国家/地区	1978	1.9
其他中、东欧国家（地区）	1805	1.7
墨西哥	1802	1.7
中东及非洲	1785	1.7
意大利	1639	1.5
西班牙	1403	1.3
中国台湾	1249	1.2
总　　计	106011	100.0

资料来源：*BFI Statistic Yearbook 2013*。

英国电影市场的繁荣是由多种因素促成的，包括政府、电影协会以及

民众多方的努力。

1. 观影人次多

截至 2012 年，英国人口总数为 0.63 亿人，不足日本的 1/2（2012 年日本人口总数为 1.276 亿人），约为美国人口的 1/5（2012 年美国人口总数为 3.072 亿人）。2012 年，英国院线售出逾 1.72 亿张电影票，较 2011 年有 0.5% 的增长，为 12 年以来的最高点。从英国人口总数以及票房情况来看，英国国民平均每年观影 3 次，由此可以看出，英国国民普遍具有去影院观影的习惯。

此外，2012 年，英国票房收入为 10.99 亿英镑（见附录 1），人均一年花费 174.44 英镑购买电影票。2012 年，英国人均 GDP 为 3.86 万美元（约合 2.40 万英镑），由此可见，每年不足 200 英镑的电影消费相对于英国人的高收入来说是微不足道的。因此，较高的经济发展水平是推动电影产业发展的重要条件。

2. 影片出口收益高

根据英国国家统计署（Office for National Statistics）统计资料，2011 年，英国电影产业出口额逾 17.39 亿英镑，其中 11.99 亿英镑来自影片版权出口，5.4 亿英镑源自影片制作服务出口。而同年，英国电影产业进口额仅为 7.4 亿英镑。近 8 年英国电影一直处于出超状态。英国电影产业的出超与政府对电影出口贸易的扶持分不开，英国为电影出口制定了一系列政策，包括成立电影出口机构，确定主要出口区域，鼓励英国电影参加国际知名电影节，以及为电影出口企业提供数据等。

3. 发展英美合拍电影

英国高票房的电影大部分为英美合拍影片。据统计，2012 年，英国票房前 20 名的电影有 6 部为英美合拍影片，而英国独立电影无一上榜；2011 年英国票房前 20 名的电影中，共有 8 部英国电影上榜，其中 6 部为英美合拍影片。英国电影产业曾一度被好莱坞文化入侵，导致本国电影产业的低迷，为防止好莱坞影片占领英国电影市场，英国十分重视本土电影在所放映电影中的份额，并开始重视发展英美合拍影片以及英国独立电影。然而，纵观历年数据，英国独立电影的票房并不理想，例如，2012 年，英国独立电影票房总额仅占总票房的 9.2%；2011 年独立电影票房总额也仅为总票房的 13.3%。然而，由美国制片商投资的英国题材电影却独占英国本土票房鳌头，如《哈利波特与死亡圣器》《天幕坠落》等，因此，在现阶段，发展英美合拍影片成为提高票房收益、扩大英国电影影响力的主要途径之一。

4. 成立电影产业支持机构

英国电影产业的繁荣发展离不开英国电影产业协会的支持。自 1998 年以来，英国政府实施了利用彩票收入扶持电影产业的政策，使多个促进电影产业发展的机构相继成立，包括英国电影委员会 (The UK Film Council)、英国电影学会 (British Film Institute) 等。这些产业协会为推广英国本土电影、促进电影出口、定位目标市场做出了巨大贡献；它们也提供详尽的电影相关数据，使电影研究者以及政策制定者对英国本土电影市场，以及英国电影发展现状有准确定位；此外，著名的伦敦电影节 (BFI London Film Festival) 就是由英国电影学会负责举办的。电影节为英国电影业了解世界电影发展趋势提供契机，同时促进了英国电影与外国电影企业的合作。

总之，英国电影产业的发展与政府的扶持是息息相关的。自 1998 年英国出台《创意产业路径文件》起，电影产业就得到了政府的大力支持。英国政府不仅对电影实行减税政策，降低电影投资风险以及制作成本，同时，注重电影人才的培养，实施了一系列人才培养战略，不仅为电影从业者提供严格培训和丰厚的资助，更为其提供就业信息，提高电影从业者的积极性。事实上，英国电影产业为国家带来的收益远不止统计数据所显示的数百亿英镑，英国电影产业所带来的隐形收益包括拉动英国就业市场（2012 年为英国提供 46246 个工作岗位），拉动英国旅游业发展等。英国政府对电影市场发展的扶持政策是值得我国学习和借鉴的。

二 华语影片出口英国现状

从总体上看，华语影片在英国电影市场的影响力并不显著。2008 ~ 2012 年，我国电影及电视剧出口主要集中在日本、韩国以及东南亚地区，对英国市场涉及较少，这与我国与欧洲国家显著的文化差异不无关系。从

2012 年数据来看（见附录 2），英国观众更喜欢美国电影，英国电影（包括合拍影片及英国独立影片）以及欧洲电影、印度电影在英国电影市场份额稳定在 10% ～15%，然而，我国影片在英国由于市场占有率小，则与其他国家影片一并归为"其他"之列，票房也不甚理想。以 2012 年为例，除去美、英、欧洲以及印度影片外，共有 51 部外国电影在英国上映，占上映影片总数的 7.9%，然而这些影片的票房仅占英国票房总额的 0.6% 左右，为印度影片票房的 1/2。华语电影在英国市场票房偏低是由多种原因造成的。

1. 华语电影出口数量相对较少

2008 ～2012 年，华语电影出口英国总体数量较少，历年数量并不稳定。表 3 显示，2008 年，共 11 部华语影片进入英国市场（包含 6 部普通话影片和 5 部粤语影片），为五年之最。而 2009 年，仅有 2 部华语影片在英国院线放映。2010 年华语电影出口数量略有回升，共 9 部影片出口英国电影娱乐市场。而 2011 年和 2012 年，分别只有 3 部和 4 部影片在英国院线播放。

此外，2008 ～2012 年，华语影片在英国电影娱乐市场票房不理想，普通话电影和粤语电影票房总额均低于英国票房总额的 0.1% 。

稀少的出口影片数量决定了华语影片在英国电影市场微弱的票房份额，以 2012 年为例（见附录 3），4 部华语影片仅为英国所上映电影总数的 0.6%，相比于印度 13.1% 及欧洲 23.3% 的市场占有率分别为其带来的 1.2% 和 4.8%（见附录 2）的票房份额来说，华语影片不足 0.1% 的票房占有率是可以预见的。

表 3　2008 ～2012 年出口英国的华语影片数量

单位：部

年　份	普通话影片出口数量	粤语影片出口数量	总　计
2008	6	5	11
2009	1	1	2
2010	7	2	9
2011	3	0	3
2012	2	2	4

资料来源：Rentrak，BBFC，IMDb，BFI RSU Analysis。

2. 在英发行网络不健全

华语影片在英国缺乏完善的发行网络，导致华语片在英国的发行及宣传在一定程度上受限，造成了华语影片在英的惨淡票房。由于缺乏国外院线支撑，很多"走出去"的华语电影只是在"中国城"里的小众影院放映，很难在当地进行深入全面的传播。此外，由于华语影片的上映很难做到像好莱坞大片一样多国同步上映，国外观众可以先于院线上映，通过网络、光盘等多种渠道观看，产生"没必要去影院观看华语电影"的观念，因此，部分华语影片海外票房不理想并非因为观众对华语影片或影片中的"中国元素"的不认同。以《金陵十三钗》为例，此片在"2012 年英国十大最畅销外语影片光盘"中排名第七（见附录 4），在中国于 2011 年 12 月上映，总票房达到 6.1 亿元（约为 0.61 亿英镑）；然而，其在英国上映时间却已经到了 2012 年 8 月，票房也仅为 0.37 万英镑。不难推测，此片低迷的票房并非因为英国观众对其认可度低，而是在英国上映时间较晚，部分观众已选择通过其他方式观看。此外，在好莱坞影片《花木兰》和《功夫熊猫》等影片中，其包含的"主人公""功夫元素"以及"英雄元素"，甚至部分故事情节都源自中国，这些元素在很多出口英国的华语影片中都具备，但相比于好莱坞影片，华语影片的票房却出奇的惨淡，主要原因是出口影片在英宣传力度不够。

3. 中英文化差异难引共鸣

中英文化差异致使部分本土化题材的华语电影难以引发外国观众共鸣。例如《让子弹飞》和《人再囧途之泰囧》等在我国不断刷新票房纪录的优秀喜剧电影，海外票房均不够理想。除去发行和宣传因素外，中英民众思维、文化的差异以及对喜剧理解的偏差是导致票房较低的重要原因。有国外观众认为《让子弹飞》"台词量过大""找不到笑点"，这显然是对电影中所包含的中国文化不够了解所致，而并非电影本身的质量问题。因此，进入英国市场，首先应该了解英国观众的喜好，对英国市场进行准确定位。

据统计，2001～2012 年，英国最受欢迎的 10 部外语电影中（见表 4），有 3 部为华语电影，分别是李安导演的《卧虎藏龙》（英国票房9.37 百万英镑），张艺谋导演的《英雄》（英国票房 3.82 百万英镑）和《十面埋伏》（英国票房 3.78 百万英镑）。

表 4　2001～2012 年英国最受欢迎的 10 部非英语电影

影片名称	语　种	票房收益（百万英镑）	发行商	放映时间
《耶稣受难记》（*The Passion of the Christ*）	阿拉姆语/拉丁语/希伯来语	11.08	Icon	2004
《卧虎藏龙》（*Crouching Tiger, Hidden Dragon*）	中文（普通话）	9.37	Sony Pictures	2001
《天使爱美丽》（*Amelie*）	法语/俄语	5.01	Momentum	2001
《启示录》（*Apocalypto*）	玛雅语	4.11	Icon	2007
《英雄》（*Hero*）	中文（普通话）	3.82	Walt Disney	2004
《十面埋伏》（*House of Flying Dangers*）	中文（普通话）	3.78	Pathe	2004
《回归》（*Volver*）	西班牙语	2.88	Pathe	2006
《摩托日记》（*The Motorcycle Diaries*）	西班牙语	2.75	Pathe	2004
《潘神的迷宫》（*Pan's Labyrinth*）	西班牙语	2.72	Optimum	2006
《窃听风暴》（*The Lives of Others*）	德语	2.70	Lionsgate	2007

资料来源：Rentrak，BFI RSU Analysis。

此外，2012 年，英国 10 部最受欢迎地面电视播放影片中，华语影片《赤壁》以 28 万人次的观众数排名第四（见表 5）。不难发现，上述 4 部较受欢迎的华语影片都包含共同元素，即"古装元素""功夫元素"及"英雄元素"。由此可判断出，多年来，令英国观众感兴趣的仍是中国功夫，以及"神秘"的古代东方文化。然而，华语影片是否能依靠或者说是应该依靠古装动作片长期立足英国市场是一个值得深思的问题。

表 5　2012 年英国 10 部最受欢迎的地面电视播放外语影片

影片名称	频　道	国家（地区）	院线上映年份	收视人次（百万）
《龙纹身的女孩》（*The Girl with the Dragon Tatoo*）	频道 4	瑞典/丹麦/德国	2009	1.18

影片名称	频道	国家（地区）	院线上映年份	收视人次（百万）
《玩火的女孩》（The Girl Who Played Fire）	频道4	瑞典/丹麦/德国	2009	0.70
《无医可靠》（The Death of Mr. Lazarescu）	频道4	罗马尼亚	2005	0.56
《捅马蜂窝的女孩》（The Girl Who Kicked the Hornets' Nest）	频道4	瑞典/丹麦/德国	2009	0.49
《赤壁》（Red Cliff）	频道4	中国	2008	0.28
《我的名字叫可汗》（My Name is Kehan）	频道4	印度	2010	0.21
《漫长的婚约》（A Very Long Engagement）	ITV1	法国/美国/西班牙/德国	2004	0.19
《预言者》（A Prophet）	频道4	法国/意大利	2009	0.19
《科学睡眠》（The Science of Sleep）	BBC 2	法国/意大利	2005	0.18
《双性传奇》（XXY）	BBC2	阿根廷/法国/西班牙	2007	0.18

资料来源：Attentional，BFI RSU Analysis。

首先，以经济利益为出发点，近年来很少有华语古装动作片能赢得海外院线的高票房及好口碑。自2001年以来，华语影片英国票房的最高纪录仍是由《卧虎藏龙》保持着。虽然《赤壁》在电视播放时的收视人次较为可观，可其2009年6月于英国上映时，票房却极为惨淡。近年来不乏有其他含有"古装""动作"元素的华语电影进入英国市场，可是反响并不强烈，观众在见惯传统华语古装动作片的同时，更加关注影片的故事性及情节，部分海外观众在影评网站上评论魔幻爱情动作片《白蛇传说》的故事情节无趣、过于虚幻等。因此，仅仅依靠古装动作片闯入英国市场是不够的，海外观众易对相同元素电影产生审美疲劳，因此，华语影片应同时兼顾画面制作、故事性及时代性，使出口电影更加多元化。

其次，以文化传播为立足点，我国有悠久的历史和灿烂的古代文明，这些当然值得去弘扬，去传播，然而，当今世界，海外观众更缺乏对当代中国的了解。因此，更多描述当代中国人民生产、生活的电影也应该"走出去"，共同宣传传播"古代文化""现代文明"。把中华民族的传统文化放进世界的框架，使我们的电影从民族的角度出发，又不局限于民族与国家的范围，能带给观众的是全人类的关于人性、关于情感、关于战争以及环境等方面的反思。为什么李安导演的电影可以赢得海内外观众的心，为什么贾樟柯导演的电影时常出现在"伦敦影展"，不仅仅因为他们拍片的独特视角以及拍摄技术，更是因为他们有东西方文化经验，影片在融入东方文化的同时，又能表现出无地域、无国界差异的"普世价值"。

三 华语影片进军英国市场建议

根据以上分析，目前华语影片出口英国市场主要有三个方面的问题：一是出口数量少，二是缺乏完善的发行网络，三是中英文化差异导致英国观众对华语影片认同偏差。针对上述三个问题，借鉴英国电影产业成功的经验，根据我国电影产业发展状况，为华语影片更好地打开英国市场提出以下建议。

1. 政府、企业共同推动华语影片出口英国市场

华语影片出口需要政府制定宏观方向。英国电影市场仍然具有无限潜力，是我国电影出口欧洲的主要目标国。因此，我国政府应协助建立成熟的电影产业协会等相关职能机构。这些机构不仅需要帮助出口企业规划重点出口国，提供影片出口战略，还应提供详尽的国内外电影市场统计数据，帮助企业及学者进行市场分析和华语影片出口情况现状调查。制定鼓励电影出口的优惠政策，促进电影企业积极出口华语影片。例如，针对高质量出口华语影片进行一定比例经济补助，降低其海外出口成本及风险，并且资助出口华语影片与国外具有规模的发行商合作，并且参与知名国际电影节的奖项角逐。国家还应注重电影人才的培养以及对电影人才培养机构的监管，为专业人才提供相关职业建议和项目资助。

电影企业应努力推动华语影片"走出去"，不应因国内电影市场空间富足而缺乏出口动力。电影企业应努力制作高质量、高水平的影片，同时

注重华语影片出口策略的制定，例如为华语影片进行标准的英语配音，增强在英电影宣传，以及积极参加英语国家电影交流活动，了解目标国观众喜好等。

2. 完善华语电影在英发行网络

要加强华语影片在英国的影响力，没有强大的电影发行网络是不行的。华语电影要坚持通过院线来获得英国观众的认可，而不能依赖从光盘及电视播放中寻找出路。光盘及电视播放电影吸引的大部分是在英华人的注意力，而要扩充华语影片在英占有率，需要依靠主流院线支撑。因此，我国政府及影视企业应积极建立与国外知名发行商的联系，建立成熟运作模式，使华语影片能更好地在英国主流院线上映，得到更好、更为广泛的宣传。

此外，鼓励企业或私人购买英国主流院线也是完善华语电影在英发行网络的有效手段。万达已买下北美 AMC 院线，大大方便了华语影片在北美市场的上映，简化了华语影片出口流程。因此，收购英国院线也不失为扩大华语影片英国市场占有率、促进华语影片中英同步上映、减少影片盗版猖獗的好办法。

3. 发展中英、中美合拍影片

从 2012 年英国电影市场占有率来看（见附录 2），美国影片及英国影片占据了英国绝大部分的电影市场以及票房份额，由此可知英国观众对英美影片的认可度较高。因此，与英、美两国合拍电影不仅可以提高观众对影片的认同度，同时也能学到先进的电影拍摄及制作技术。

此外，中美合拍电影《功夫之王》《功夫梦》等中国题材电影具有在海外票房成功的先例。以《功夫梦》为例，2010 年其全球票房为 22.6 亿元，占当年华语电影海外票房的六成以上。因此，与英、美合拍中国题材电影不仅可以增加中国电影在海外市场的赢利，还可以促进中国文化在海外的传播。

4. 拍摄高质量的中国独立电影

除了发展合拍电影外，拍摄制作高质量的中国独立电影是扩大我国电影产业影响力的重要途径。我国电影需要保持独特性，不能陷入好莱坞以及英国电影模式中。同时，应鼓励我国电影多元化发展，不仅需要鼓励高成本、大制作的影片出口海外，同时，要鼓励小成本电影、卡通影片甚至微电影走入英国市场，使我国影片立足于英国主流院线的同时提升华语影片在英国网络和电视上的影响力，真正走入英国人民的生活。

同时，在注重电影制作技术与效果提升的同时，需要更多关注影片故事情节以及内涵。使我国影片同时兼顾视觉效果与艺术性才是我国影片立足于国际市场的根本。

本文通过对英国电影娱乐市场现状的分析认为英国电影娱乐市场极具发展潜力，可以作为我国影片出口欧洲的重要目标市场。英国电影市场的繁荣、规范发展得益于英国民众的观影习惯，影片出口贸易的顺差，英美合拍影片的成功，电影产业协会的协助以及各项政府政策的扶持，这些经验是值得我们借鉴的。从华语影片出口英国现状来看，华语影片在英国存在出口量远远不足，缺乏完善的发行网络以及文化差异过大三个主要问题。针对这些问题，本文提出了"政府、企业共同推动华语影片出口英国市场"，"完善华语影片在英发行网络"，"发展中英、中美合拍影片"，"拍摄高质量的中国独立电影"四点建议，以帮助促进华语影片顺利进入并立足英国市场。

参考文献

[1] 英国电影学会：《2013年英国学会统计年报》，http：//www. bfi. org. uk/。

[2] 娄孝钦：《新世纪以来英国电影产业的发展与政府扶持》，《国别电影》2011年第3期。

[3] 赵瑜：《2012年英国电影产业综述》，《当代电影》2013年第4期。

附录1 2001～2012年英国电影票房收益

年 份	票房收益（百万英镑）
2001	645
2002	755
2003	742
2004	770
2005	770

续表

年 份	票房收益（百万英镑）
2006	762
2007	821
2008	850
2009	944
2010	988
2011	1040
2012	1099

资料来源：CAA，Rentrak。

<h3 align="center">附录2 英国及爱尔兰共和国 2012 年上映影片原产国</h3>

国家/地区	数量 （部）	百分比 （%）	总票房 （百万英镑）	票房份额 （%）
美国	198	30.6	726.8	61.5
英国	162	25.0	377.0	31.9
英国独立电影	148	22.9	108.3	9.2
英国（美国制作）	14	2.2	268.7	22.7
欧洲	151	23.3	57.2	4.8
印度	85	13.1	13.8	1.2
其他	51	7.9	7.6	0.6
总 计	647	100.0	1182.4	100.0

注：1. 独立电影又称独立制片电影，是与好莱坞主流电影相对应的一个概念。2. 英国（美国制作）指由美国主流电影制作公司制作的英国题材电影，例如《哈利波特》系列。

资料来源：Rentrak，BFI RSU Analysis。

<h3 align="center">附录3 2012 年英国放映影片语种</h3>

主要语种	数量 （部）	总票房 （百万英镑）	票房份额 （%）
英语	390	1112.7	94.1
英语及其他	24	31.7	2.7
印地语	44	13.8	1.2
法语	49	6.2	0.5
挪威语	5	1.6	0.1

续表

主要语种	数量 （部）	总票房 （百万英镑）	票房份额 （%）
泰米尔语	21	1.2	0.1
印度尼西亚语	2	1.1	0.1
波兰语	8	1.0	<0.1
丹麦语	5	0.7	<0.1
土耳其语	13	0.5	<0.1
旁遮普语	10	0.5	<0.1
西班牙语	10	0.4	<0.1
德语	8	0.3	<0.1
阿拉伯语	4	0.2	<0.1
马来西亚语	19	0.2	<0.1
波斯语	3	0.1	<0.1
俄语	3	<0.1	<0.1
葡萄牙语	1	<0.1	<0.1
粤语	2	<0.1	<0.1
匈牙利语	1	<0.1	<0.1
意大利语	3	<0.1	<0.1
希腊语	2	<0.1	<0.1
瑞典语	2	<0.1	<0.1
阿富汗语	1	<0.1	<0.1
日语	3	<0.1	<0.1
加泰罗尼亚语	1	<0.1	<0.1
阿尔巴尼亚语	1	<0.1	<0.1
荷兰语	1	<0.1	<0.1
克罗地亚语	1	<0.1	<0.1
韩语	2	<0.1	<0.1
希伯来语	1	<0.1	<0.1
罗马尼亚语	1	<0.1	<0.1
中文（普通话）	2	<0.1	<0.1
冰岛语	1	<0.1	<0.1
无声/哑剧	3	10.0	0.8
总　计	647	1182.4	100.0

资料来源：Rentrak，BBFC，IMDb，BFI RSU Analysis。

附录 4　十部最畅销外语影片光盘

影片名	国　家	发行商
《龙纹身的女孩》（*The Girl with the Dragon Tatoo*）	瑞典/丹麦/德国	Momentum
《追击巨怪》（*Troll Hunter*）	挪威	Momentum
《玩火的女孩》（*The Girl Who Played Fire*）	瑞典/丹麦/德国	Momentum
《捅马蜂窝的女孩》（*The Girl Who Kicked the Hornets' Nest*）	瑞典/丹麦/德国	Momentum
《突袭》（*The Raid*）	印度尼西亚/美国	Momentum
《解密猎头》（*Headhunters*）	挪威/德国	Momentum
《金陵十三钗》（*The Flowers of The War*）	中国内地/香港	Revolver
《圣殿骑士》（*Arn：The Knight Templar*）	瑞典/英国	High Fliers
《吾栖之肤》（*The Skin I Live In*）	西班牙	Pathé
《潘神的迷宫》（*Pan's Labyrinth*）	墨西哥/西班牙/美国	Elevation Sales/StudioCanal

资料来源：BFI RSU analysis of Official Charts Company data。

中国文化产品在法国

惠晓萌　苏　锋[*]

中国文化产品在法国市场上的表现参差不齐，面对同样的"文化折扣"，有名列前茅的书籍，也有可以忽略不计的电影，其表现之怪异，应该引起学术界及产业界的重视。正是基于这样的思考，本文对在以往文化产品国际贸易研究中极少涉及的法国文化市场予以探究，并根据法国文化部和法国电影中心（CNC）所提供的数据，采用数理统计分析的方法，对我国出口法国的文化产品进行全面的梳理和定位，即从文化产品的固有特质、中国文化产品在法国文化市场的竞争力水平以及巨大的法国文化市场商机三个方面，剖析中国文化产品在法国市场上的优势与劣势。从中看到以我国出口书籍为代表的光鲜，也看到了中国电影在法国市场的萎靡。基于此，笔者提出了针对法国市场的文化产品出口促进体系，并在充分利用法国市场文化补贴政策及中法合拍协议的同时，遵循从易到难的原则，最终实现中国文化产品在法国市场的全面开花。

一　法国文化贸易市场概况

法国市场主流文化产品包括：书籍、报刊、有声音像制品、音乐、乐器、艺术产品。法国文化部对 2000～2011 年文化产品进出口的数额进行了翔实的统计。2000～2011 年法国各类文化产品出口情况呈整体平稳增长态

---

[*]　惠晓萌，法国敦刻尔克高级商学院国际贸易学士，法国昂热大学旅游管理硕士，现任东北大学秦皇岛分校语言学院教师。

势，稍有浮动。其中艺术产品所占份额最为突出，为主流文化贸易产品。其次是书籍、报刊和有声音像制品（见表1）。

表1 法国文化产品的出口

单位：千欧元

年份	艺术产品	书籍	报刊	有声音像制品	音乐	乐器	总计
2000	809.6	590.1	443.2	183.4	4.3	99.7	2130.3
2001	694.5	579.4	429.9	223.0	3.8	110.6	2041.2
2002	627.8	547.7	393.0	334.8	4.2	119.8	2027.3
2003	650.6	595.2	400.0	351.5	4.3	114.5	2116.1
2004	647.6	598.2	404.9	297.9	4.5	123.9	2077.0
2005	689.0	641.0	407.9	329.9	4.4	167.8	2240.0
2006	908.0	607.5	390.9	336.9	4.2	144.4	2391.1
2007	862.8	614.3	390.9	335.0	4.3	144.0	2351.3
2008	1050.3	622.9	413.7	357.3	4.2	143.4	2591.8
2009	848.0	590.3	445.0	376.2	3.7	132.1	2395.3
2010	727.6	630.3	433.5	380.4	3.6	172.5	2347.9
2011	1156.0	663.8	414.3	355.4	2.7	188.8	2781.0

资料来源：Département des études, de la prospective et des statistiques。

法国文化产品的进口情况（见表2），通过与法国文化产品的出口情况对比，发现法国文化产品总体呈现出超状况。出超产品为艺术产品，而且出超额达两倍以上。其他类别的文化产品的进出口额逐年基本持平。

表2 法国文化产品的进口

单位：千欧元

年份	艺术产品	书籍	报刊	有声音像制品	音乐	乐器	总计
2000	241.3	589.7	457.5	321.7	6.5	152.8	1769.4
2001	207.8	606.8	421.2	366.8	6.4	152.2	1761.2
2002	228.0	571.1	429.3	470.7	6.5	144.6	1849.2
2003	228.0	596.7	448.8	550.8	6.5	155.6	1975.4
2004	300.6	632.9	440.6	498.1	6.4	140.3	2018.9
2005	285.8	693.9	452.8	502.1	6.4	160.3	2101.3

续表

年份	艺术产品	书籍	报刊	有声音像制品	音乐	乐器	总计
2006	355.1	672.8	434.8	461.7	6.7	202.8	2133.9
2007	396.6	716.8	393.1	492.6	6.0	185.0	2190.1
2008	477.8	751.0	438.0	509.8	5.4	202.7	2384.7
2009	391.3	711.1	432.1	465.0	5.2	182.2	2186.9
2010	424.4	704.4	393.6	541.0	5.7	231.3	2300.4
2011	493.0	699.9	392.7	585.3	4.1	29.9	2414.9

资料来源：Département des études, de la prospective et des statistiques。

二 中国文化产品对法国市场的出口现状

1. 书籍

书籍是中国出口法国市场的主流文化产品，根据法国文化部统计数据，中国对法国出口的书籍贸易处于出超地位，中国的书籍在法国取得了一定的成功，仅次于与法国拥有相同文化背景的欧洲国家意大利、英国和德国，处于世界第四位（见表3），远远高于美国、加拿大和日本等国。书籍的出口离不开翻译智力的出口，中国翻译的书籍册数为831册，仅次于德国、西班牙和意大利，排在世界第四的位置（见表4）。

表3　2011年法国书籍的对外贸易

单位：册

序号	国家、地区	进口	出口	序号	国家、地区	进口	出口
1	欧洲国家	498355	338190	17	爱尔兰	2624	1078
2	意大利	155280	44723	18	斯洛伐克	2485	134
3	英国	89342	15350	19	罗马尼亚	2411	1186
4	德国	86801	28795	20	匈牙利	1394	882
5	中国	80046	2074	21	葡萄牙	1326	2073
6	西班牙	62974	19529	22	斯洛文尼亚	1188	418
7	比利时	59426	203778	23	丹麦	988	1397
8	加拿大	14159	88201	24	卢森堡	388	5705

续表

序号	国家、地区	进口	出口	序号	国家、地区	进口	出口
9	荷兰	13041	4850	25	希腊	348	1108
10	美国	13020	21376	26	芬兰	260	582
11	捷克共和国	7063	580	27	立陶宛	208	754
12	瑞士	6228	89973	28	保加利亚	141	325
13	波兰	4810	1405	29	塞浦路斯	99	518
14	日本	3066	4613	30	拉脱维亚	20	118
15	瑞典	3018	880	31	爱沙尼亚	1	59
16	奥地利	2746	1829	32	马耳他	—	134
					总　计	699851	663824

资料来源：Département des études, de la prospective et des statistiques。

表4　翻译书籍的进口

单位：册

序号	国别	进口	序号	国别	进口
1	德国	1071	14	葡萄牙	184
2	西班牙	1002	15	日本	180
3	意大利	912	16	丹麦	157
4	中国	831	17	捷克共和国	136
5	韩国	453	18	罗马尼亚	121
6	俄罗斯	423	19	瑞典	124
7	荷兰	380	20	克罗地亚	121
8	波兰	333	21	印度尼西亚	121
9	美国	317	22	芬兰	114
10	土耳其	309	23	希腊	108
11	英国	309	24	塞尔维亚	105
12	比利时	296			
13	巴西	289		总　计	9644

资料来源：Département des études, de la prospective et des statistiques。

表5　2011年法国书籍对外贸易涉及领域

单位：册

	进口	出口
漫画	3274	444
青年刊物	2009	163

续表

	进口	出口
小说	1794	346
人文社会科学	1121	100
论文和文件	850	55
实用类（旅游、指南）	224	37
美学书籍、艺术	185	62
宗教、精神领域	124	15
科学、技术、医疗	59	40
学校书籍和文献	9	7
未定义	15	15
涉及的出版商（家）	86	3

资料来源：Département des études，de la prospective et des statistiques。

2. 有声音像制品

有声音像制品也是中国出口法国市场的主流文化产品，2011年，中国有声音像制品向法国出口3029万欧元（见表6），在世界各国向法国出口有声音像制品的国家中位于奥地利、德国、波兰、比利时和日本之后，居于世界第六位，远远超过英国、美国、意大利等其他国家。

表6　2011年法国有声音像制品的对外贸易

单位：千欧元

序号	国别	进口	出口	序号	国别	进口	出口
1	欧盟成员国	491971	279815	17	瑞士	1275	8485
2	奥地利	175083	8616	18	加拿大	1186	1332
3	德国	145091	8616	19	瑞典	970	2662
4	波兰	67049	3824	20	葡萄牙	170	496
5	比利时	33772	34493	21	丹麦	135	1822
6	日本	30707	21882	22	芬兰	43	206
7	中国	30290	10730	23	希腊	23	206
8	英国	25477	24144	24	卢森堡	18	2979
9	美国	18561	4475	25	保加利亚	6	65

续表

序号	国别	进口	出口	序号	国别	进口	出口
10	荷兰	13699	16906	26	斯洛伐克	2	87
11	捷克共和国	9212	1112	27	塞浦路斯	1	33
12	意大利	8859	17762	28	马耳他	—	27
13	西班牙	4024	7110	29	拉脱维亚	—	18
14	爱尔兰	3630	922	30	立陶宛	—	25
15	罗马尼亚	2743	284	31	爱沙尼亚	—	40
16	匈牙利	1960	1008		总　计	585325	355443

注：有声音像制品包括科幻片、动画片、纪录片、喜剧片及其他。

资料来源：Département des études, de la prospective et des statistiques。

3. 艺术产品

艺术产品是中国出口法国市场的非主流产品，从法国艺术品贸易往来情况来看处于入超状态。2011 年，中国出口法国的艺术品金额为 931.4 万欧元，进口艺术品为 4181.7 万欧元。艺术品的创意技术含量较高，艺术品贸易与国民对艺术审美的要求密不可分。法国是文化艺术大国，对艺术装饰品的需求量相对较大（见表 7）。

表 7　2011 年法国艺术品的对外贸易

单位：千欧元

序号	国别	进口	出口	序号	国别	进口	出口
1	欧盟成员国	493018	1156014	18	芬兰	262	201
2	美国	227330	259367	19	斯洛文尼亚	197	2
3	瑞士	78283	506559	20	丹麦	136	1126
4	英国	29146	43972	21	捷克共和国	120	694
5	德国	28235	9057	22	爱尔兰	118	152
6	日本	11319	17976	23	希腊	116	692
7	意大利	9340	14566	24	斯洛伐克	97	38
8	中国	9314	41817	25	马耳他	88	2
9	西班牙	8509	3074	26	塞浦路斯	23	1962
10	比利时	7128	11139	27	波兰	18	246
11	加拿大	3127	5556	28	匈牙利	8	76

续表

序号	国别	进口	出口	序号	国别	进口	出口
12	荷兰	2415	1744	29	保加利亚	—	12
13	奥地利	1977	9852	30	罗马尼亚	—	63
14	爱沙尼亚	1562	2	31	拉脱维亚	—	31
15	卢森堡	1068	5338	32	立陶宛	—	81
16	瑞典	617	1598				
17	葡萄牙	291	370		总　计	493018	1156014

　　注：艺术品包括照片、物件、器皿、餐桌用品、家居摆设、3D作品、绘画、雕塑、首饰和服饰、灯饰、雕刻模型、纺织品及其他。

　　资料来源：Département des études, de la prospective et des statistiques。

4. 报刊

　　报刊是中国出口法国市场的非主流产品，从报刊贸易往来状况来看，同样处于入超状态。2011年，中国出口法国报刊的金额为34.5万欧元，进口为48.7万欧元（见表8）。以发展的眼光来看，未来尚有很大的提升空间。

表8　法国报刊的对外贸易

单位：千欧元

序号	国别	进口	出口	序号	国别	进口	出口
1	欧盟成员国	392746	414307	17	中国	345	487
2	德国	123867	62310	18	斯洛文尼亚	284	522
3	比利时	55842	111709	19	加拿大	225	14436
4	西班牙	41511	16390	20	卢森堡	138	8507
5	英国	39812	4360	21	匈牙利	137	254
6	美国	18661	2330	22	奥地利	66	896
7	荷兰	12970	9012	23	丹麦	15	353
8	波兰	10794	592	24	爱尔兰	12	1550
9	捷克共和国	6287	399	25	塞浦路斯	9	92
10	瑞士	4016	663	26	芬兰	8	460
11	希腊	3361	3332	27	马耳他	2	72
12	罗马尼亚	1703	95	28	立陶宛	1	17

序号	国别	进口	出口	序号	国别	进口	出口
13	葡萄牙	1241	6901	29	斯洛伐克	1	61
14	瑞典	937	644	30	保加利亚	1	5
15	立陶宛	869	8	31	拉脱维亚	—	1
16	日本	409	663	总　计		392746	414307

资料来源：Département des études, de la prospective et des statistiques。

5. 电影

电影是中国出口法国市场的典型非主流产品，从1998～2012年所显示的数据来看，在法国电影市场，占主导地位的是法国电影和美国电影。通过十多年的发展，法国电影产业通过自身的努力，逐步与美国电影相抗衡，在法国电影市场中所占市场份额与美国电影基本持平。英国电影与其他欧洲国家电影相比，在法国电影市场上占有主导地位。其他国家的电影（除美国和欧洲国家以外的电影）在法国电影市场所占的份额微乎其微（见表9）。

表9　1998～2012年不同国家电影在法国所占的市场份额

单位：%

年份	法国电影	100%法国电影	美国电影	欧洲国家电影	英国电影	其他国家电影
1998	27.8	24.2	63.3	8.0	5.0	0.8
1999	32.8	17.8	54.5	11.1	8.7	1.6
2000	28.5	21.6	62.3	6.4	4.8	2.8
2001	41.2	31.1	46.4	8.0	6.0	4.4
2002	34.9	25.5	49.9	8.4	5.0	6.8
2003	34.9	23.8	52.2	5.6	3.6	7.4
2004	38.4	19.0	47.8	9.8	7.5	4.0
2005	36.6	23.2	45.8	15.7	13.5	1.9
2006	44.6	32.0	44.2	9.0	6.0	2.2
2007	36.5	25.3	49.1	12.4	9.6	2.0
2008	45.4	34.0	43.3	9.4	5.1	1.9
2009	36.8	25.5	49.7	10.0	6.6	3.4

续表

年份	法国电影	100%法国电影	美国电影	欧洲国家电影	英国电影	其他国家电影
2010	35.8	26.5	47.6	15.0	11.7	1.6
2011	40.9	28.3	45.8	10.9	8.4	2.4
2012	40.3	28.0	42.7	13.3	8.4	3.7

资料来源：Centre national du cénéma et de límage animée。

三 中国文化产品出口法国市场的影响因素分析

截至 2011 年，针对中国对法国文化产品出口的数据，经过统计分析和排序，中国对法国的书籍出口，在所有向法国出口书籍的国家中居第 4 位；有声音像制品居第 6 位；艺术产品为第 7 位；报刊为第 16 位；电影处于"其他国家"范畴，可以忽略不计（见表 10）。为什么在同一个法国市场，面对同样的"文化折扣"，中国不同文化产品的市场表现差异如此悬殊？是什么原因影响了不同种类文化产品的出口？主要有三个方面的原因。

表 10 中国文化产品出口法国一览

类　别	出口国排序（位）	与欧盟成员国相比(%)	与第一出口国相比(%)	所处梯队
书籍	4	16	52	2
有声音像制品	6	6.2	17	3
艺术产品	7	1.9	4	4
报刊	16	0.09	0.2	8
电影	无记录	无记录	无记录	无记录

1. 文化产品本身的特质

从产品构成的角度看，文化产品主要由"三要素"构成。

①文字要素：消费者可以阅读的文化产品内容，包括各种文字和有一定寓意的符号。通过文字要素，读者可以了解作者的创作寓意，可以在阅读中得到享受，陶冶情操。

②视觉要素：消费者可以看见的文化产品内容，包括静止的、移动的、人物的、背景的、单色的和彩色的画面。视觉要素给予观众直接形象的感受。

③听觉要素：消费者可以听见的文化产品内容，包括人物的语言、背景声音和音乐。听觉要素给予消费者间接的想象。

三种要素可以单独使用构成文化产品。如文字要素单独使用时，可以写成书籍出版；视觉要素单独使用时，可以制作成照片、绘画、雕塑等；听觉要素单独使用时，可以制作成音乐磁带（CD）等。

三种要素也可以组合使用，制作成不同形态的文化产品。如文字要素与视觉要素相结合，制作成漫画或无声电影；与听觉要素进一步结合，可以制作成有声电影和电视节目等。虽然文字要素没有与消费者（观众）直接见面，但是在观众看到的电影画面或漫画画面的背后，却是由文字要素串联起来的故事情节。换言之，电影画面或漫画画面是形象化的文字体现。

要素种类越多，变换组合形式就越多。不仅要求每种要素的制作人（文字作者、绘画者和曲作者）的技巧和内容要适应目标市场的需求，而且三种要素之间也要相互配合，共同完成一个主题。

从文化产品制作角度看，要素越多，文化产品的投资额越大，涉及的利益相关人就越多，任何短板环节的出现都可能使产品的最终效果打折扣。例如，书籍的写作，考量作者的写作技巧和写作内容，主要由作者本人统筹作品的情节设计、人物刻画和所反映的主导思想。当作品的内容适应目标市场读者的需求，书籍的出版就容易获得市场的认可和经济上的成功。而漫画的完成，不仅要求文字内容与绘画风格相互配合，共同适应目标市场的要求，而且通常涉及两位以上作者，使漫画制作成本较书籍的写作成本要高。至于电影和电视剧的制作，不仅增加了听觉要素，如音乐、对白和特殊的音效，而且在很多制作的环节上需要专业的团队和专业的设备，如编剧、灯光、录音和编辑合成，使产品的制作成本大增，也使制作企业的经营风险增加。为了降低经营风险，必须在发行阶段投入大量资金打造声势，吸引观众，激发观众的观看欲望。通常在电影产业比较成熟的国家，发行阶段与制作阶段的资金投入几乎相等。

2. 供给方的竞争力水平

从供给方的角度看，我国向法国市场出口的产品有书籍、有声音像制品、艺术产品、报刊和电影等。这些文化产品属于不同种类，竞争优势各有不同。

我国书籍出口优势明显，究其原因：首先，它来源于中华民族的悠久文化底蕴，五千年的文化宝藏给我们提供了取之不尽、用之不竭的优秀素材，千百年来创造了以"四大名著"为代表的诸多文化瑰宝，而这些经典之作之所以能在不同国度、不同文化背景下被认可、被传诵，足以印证文化差异也无法掩盖的无穷魅力。其次，我国是盛产作家的摇篮，以莫言为代表的众多世界著名作家、翻译家，已形成团队力量，是我国书籍出口领先的核心保障。中国书籍对法国的出口，其历史渊源可以追溯到启蒙运动时期，经过若干年的打磨，中国对法国出口的书籍位居其他对法出口国的前列，与意大利相比（意大利是向法国出口书籍的第一大出口国），我国书籍的出口量大约为52%；与第二名和第三名的英国和德国相比，同处于第二梯队，出口量都为8万～9万册；与处于第3梯队的西班牙和比利时相比，有较大优势。可以看出，悠久的历史及文化创作的传承奠定了我国书籍对法国出口的辉煌。

我国有声音像制品并不占领先地位，我国制作有声音像制品的历史较短，制作技术和制作技巧不占优势。虽然我国有声音像制品对法国出口的排名位列第6，与书籍的排名相差无几，但仔细分析其中的数据，就可以看出差距。在对法国出口有声音像制品的国家中，奥地利和德国处于第1梯队，出口量在1.5亿欧元左右；波兰处于第2梯队，出口量超过6000万欧元；比利时、日本和中国处于第3梯队，出口量在3000万欧元以上。我国的出口量是第1梯队国家出口量的1/6～1/5。

我国艺术品在法国市场竞争力下降，出口量下滑。艺术品包含的产品种类很多，实际上已经超出了文化产品的范畴，与法国人日常生活密切相关，更能体现法国人的审美需求。而我国艺术品制造商难以细致观察法国人的日常生活，难以做到及时满足市场需求，虽然出口排名居第7位，但与艺术品第一出口国美国相比，出口量只占4%。

报刊与艺术品相比，一方面，有相似之处，与法国人的日常生活紧密相关，体现法国人的审美和精神需求；另一方面，由于我国的报刊经营一直处于计划体制的范畴之内，经营方式灵活性不足，主要面对国内市场，对于国际市场研究不够，不能及时满足市场需求，与其他报刊出口国无力竞争，导致出口法国市场排名靠后。

我国电影的制作和发行仍处于"小农"状态，分工不足，规模较小，在国际市场占有份额少。与此同时，我国政府对国内电影市场给予了政策上的保护，这样就为国内电影市场制造了巨大的空间，因而，更多的电影制作厂商愿意将目光聚焦在国内市场，并使之创造了较高的利润回报。这就更加失去对国际市场的关注和信心，其最终的结果是削减了我国电影在国际市场的竞争能力。

3. 需求方提供巨大商机

从需求方的角度看，法国是极为重视文化艺术的国家，从 20 世纪 60 年代开始，法国政府对文化贸易的保护由"重视"演化为"重要"。

早在 17 世纪法王路易十三、路易十四统治时期，法国中央政府就成为文艺创作最大的资助者，国家对文学、艺术、建筑、戏剧、科学等所有文化门类给予全方位的扶持。在路易十三创建了法兰西学院（1634 年）之后，路易十四相继创立了舞蹈学院（1661 年）、挂毯制作坊（1662 年）、铭文经石学院（1663 年）、绘画和雕塑学院（1664 年）、科学院（1666 年）、巴黎天文台（1667～1672 年）、音乐学院（1669 年）、建筑学院（1671 年）、巴黎喜剧院（1680 年）等由国家资助和管理的文化机构，基本构筑起法国文化事业的组织格局。他还通过政治和财政措施吸引了大批法国以外的文化精英，促进整个欧洲文化的大发展，使法国成为欧洲的文化中心。

1959 年，法兰西第五共和国正式组建文化部，将文化事务集中在专门的中央政府机构，标志着法国开始有了"完整的文化政策"。1959 年 7 月戴高乐总统任命法国著名作家马尔罗为文化部部长。1959 年 7 月 24 日的政府令明确了文化部的职责："使大多数法国人能够接近人类的尤其是法国的文化杰作，确保他们对我国文化遗产的兴趣，促进文化艺术创作，繁荣艺术园地。"文化部实施了两项政策：其一，使全体公民进入文化事业；其二，加强对艺术家的社会福利保护。这一思想被称为"文化民主化"。

之后的历届政府都很好地延续了这一理念，政府创办各类音乐节、电影节、博物馆节及图书展，通过种种措施让法国民众参与文化活动，享受文化果实。密特朗总统在任期间不仅在文化领域增加投资，还资助众多公共文化活动，承认漫画、爵士乐及摇滚乐等现代艺术表现形式。希拉克总统在任期间把文化预算上调至国家预算1%以上。萨科齐总统在任期间立志重振法国文化，巩固法国文化强国地位。他在任期间，文化部预算上升了3.2%，达到每年110亿欧元。

综合上述三个方面，可以看出，文化产品的构成要素是走向法国市场的必备条件；供给方文化产品的国际贸易综合能力是打入法国市场的关键所在；需求方政府的支持与国民的诉求是拓展法国市场的根本基础。所以，法国这样一个浪漫的国度，这样富有抽象思维和文化修养的法国群体，已经为我国乃至世界各国提供了文化产品贸易的空间和机遇。只要把握住这个机遇以及上述三方面的内涵，占领法国文化产品市场的高地并独领风骚，应该不会是久远的期待！

四　中国文化产品对法国市场的出口对策

1. 构建针对法国市场的文化产品出口促进体系

借鉴法国促进文化产品出口的经验，我国应在出口政策推动下，以市场为导向，形成行业协会→专业出口公司→文化产品制作公司三位一体的出口促进体系。

设立"中国文化产品对外出口协会"，专门组织和支持中国文化产品对外出口，为文化企业提供服务。例如，协会创建网站和刊物，宣传和推广我国文化产品。对内，定期向会员单位传递法国及海外市场信息与中国文化产品在法国及海外市场的销售情况。对外，向目标市场的潜在买家通报我国文化产品在国内的生产和销售情况；组织中国电影参加重大国际电影节和电视节等，为入选影片和电视节目的导演和演员参加活动提供展台、宣传、招待酒会等服务；举办多种国际活动，组织会员单位在法国及世界各地举办展销会、电影节等，提升中国文化产品的市场知名度，协助出口商在国际市场从事商业性活动。

调动社会资源，促进文化产品专业出口公司的设立和运营。当前我国文化企业普遍规模偏小，缺乏专业化的国际营销人才和能力，需要专业化的出口公司为文化产品制作公司提供产业支持。目前国内专业的影视作品外贸出口公司主要有以国营为代表的中国国际电视总公司、中国电影海外推广公司、中国电影集团；以民营为代表的华谊兄弟、新画面、保利博纳、银都机构等电影制作公司，他们承担着电视片和电影片的海外发行推广工作。在动漫方面主要有北京天视全景文化传播公司和北京其欣然影视文化传播有限公司，承担着漫画和动画对法国和欧洲市场的出口任务。但是，由于专业的外贸出口公司数量较少，运营经验不够成熟，覆盖的产业领域有限，需要进一步壮大专业出口公司的数量和规模以适应我国文化产品出口国际市场的需要。

2. 充分利用法国市场的文化补贴政策和中法合拍协议

2010 年，中法两国政府签署了电影合拍协议，涵盖所有时间长度、所有载体、所有种类（包括科幻片、动画片、纪录片和数字电影）的艺术作品，并被视为法国电影，非常有利于中国影片在法国市场的制作与发行。法国政府通过法国电影中心（CNC）给予合拍电影资助。法国电影中心每年的财政预算大约是 8 亿欧元，自 2005 年以来，已经对中国大陆、香港和台湾地区在法国放映的 30 部电影提供了财政资助，对中国电影在法国市场取得成功产生了积极的影响。

法国是少数与我国签署双边合拍协议的国家之一，合作规模不断扩大。我国文化企业应充分利用合拍协议，积极开拓法国市场，使之成为我国文化产品进入欧洲市场的桥头堡之一，为扩大对欧盟国家的文化产品出口奠定基础。

上海今日动画影视文化有限公司和青岛四维空间动漫科技有限公司，积极利用法国电影中心提供的资金支持，与法国动画公司采取联合制片的方式，成功进入法国市场，并且取得了优异的成绩。2007 年，由上海今日动画影视文化有限公司和法国 Les Cartooneurs Associes 联合制作的《中华小子》（26 集）在法国电视 3 台播出，赢得青少年节目收视率第一。2012年，该公司再次向法国、德国和澳大利亚发行动画片《泡泡美人鱼》。青岛四维空间动漫科技有限公司自 2007 年成立以来，与法方公司密切合作，得到了法国电影中心的支持。在不到 3 年的时间，青岛四维空间成功地参与投资运作了 4 部动画影视作品，参与投资制作的每部作品均在创作前期就获得欧洲主要电视台的播出协议和发行商的预售协议。

3. 扩大对法国的文化产品出口

法国市场与我国相比，文化差异较大，文化折扣较高。因此，应精心挑选出口文化产品的种类，遵循由易到难的原则，巩固优势产品的出口地位，扩大中国文化的影响力，带动相对弱势文化产品的出口，从而形成不同文化产品之间的良性循环。

书籍是我国对法国市场出口的强项，应加强对现有出口书籍的市场反馈意见的收集与分析，从中找出法国市场的特点和规律，为今后书籍出口的市场调研、售后服务以及衍生产品开发奠定基础。漫画书是书籍中一个重要种类，约占法国进口书籍的 1/3，也是近年来我国对法书籍出口的重要内容。在业务方式上，我国经历了漫画书的参展签售、版权授权、合作创作三个阶段，现已经进入了法国和欧洲的主流漫画出版社，取得了良好经济效益和社会效益。

在有声音像制品中，动画片是一种独特的艺术形式，与真人表演的电影和电视片相比，造型的夸张和风格的幽默使之成为更加"国际化"的艺术语言，更容易冲破文化樊篱，进入法国市场。

在对法国市场的出口中，艺术产品有其独特的地方。艺术产品已经超越了精神享受和娱乐的范畴，含有一定程度"实用"的成分。因此，我国可以利用艺术产品的物质载体的制造优势，以弥补艺术创意和文化成分方面的不足，增强我国艺术产品的竞争优势。

中国游戏产品在日本

张志宇　常凤霞　刘　新[*]

中国游戏产业在近 20 年内取得了巨大发展，游戏产品已成为代表中国文化的主流文化产品。中国游戏产品从 2004 年登陆日本开始，发展很快，取得了巨大进步，在线游戏、网页游戏都在日本市场占有一定的份额，手机游戏发展潜力巨大。研究我国游戏产业对日本市场的出口状况对促进我国游戏产业的发展是不无裨益的。

电子游戏产业起源于西方，至今已有半个世纪的历史。中国游戏产业作为一个新兴的文化产业，开始于 1994 年，经过近 20 年的蓬勃发展，已经发展成为一个消费者人数上亿、直接市场规模超过 600 亿元的巨大产业。游戏产业不仅在国内占据主流文化产品地位，同时在海外市场发展的脚步也非常快。以网络游戏为主体的中国游戏产业已经成为近年来中国文化出口方面赢利最多的一个行业，游戏产业走向海外已成为提升中国文化全球影响力的最主要渠道之一。日本作为一个游戏产业发达的国家，一直是我国游戏产业海外出口的重要目的地国。探讨日本市场上中国游戏产品的现状对于进一步开拓我国游戏产业的国际市场、扩大国际市场上的份额，是不无裨益的。

一　日本游戏市场的特点

在我国游戏产业自主开发出产品之前，我国的游戏市场几乎被日本等

---

[*]　张志宇，经济学博士，现任东北大学秦皇岛分校经贸学院讲师；常凤霞，现任东北大学秦皇岛分校数学与统计学院讲师；刘新，管理学硕士，现任东北大学秦皇岛分校经贸学院副教授。

外国产品完全占领。日本是世界游戏市场的发展中心，有着数量众多、实力雄厚的游戏公司，同时拥有消费力极强的国内和国外游戏玩家，是世界游戏产业最发达的国家。日本作为一个东方文化和西方文化融合的国度，它的游戏产业有着与其他国家不同的特点。

1. **日本游戏产业的发展有赖于全民的支持，具有很强的国民性**

日本各地最富丽堂皇的建筑物不是政府机关或商业企业的办公楼，大多是游戏厅（场）。特别是到了晚上，游戏厅灯火辉煌，人头攒动，热闹非凡。日本游戏产业的消费者几乎涵盖所有的年龄段，女性玩家的比例较高。据笔者在日本多年的感受，为数不少的日本工薪阶层甚或打工族每个月要拿出一定比例的收入用于游戏。大多数日本人对于游戏有着一种发自内心的喜爱，他们从小就不确在游戏中，将游戏作为生活中一个不可或缺的构成部分。因此，游戏业随着日本经济的发展而成为日本经济和文化的一个重要支柱。世界三大游戏主机生产商任天堂、微软、索尼中的两家为日本公司。任天堂是世界上规模最大、市场占有率最高、效益最好的游戏主机生产商和游戏开发商兼发行商。日本的游戏产业已成为其代表产业。一些由游戏改编的电影等衍生品及产品版权的授权给游戏开发厂家带来巨大的经济利益。同时，随着游戏的出口，它成为日本重要的文化输出品牌，和日本动画一样成为象征日本国家软实力的文化产品。从发展历程上看，从 20 世纪 60 年代的街机，到 70 年代的家用游戏机，再到八九十年代的掌上游戏机，日本把游戏产业培养成为第一时尚娱乐产业，并垄断全球十余年。游戏产业在 GNP 中占有 1/5 的支柱产业的地位。日本游戏业在其最辉煌的 1998 年，曾经占领全球游戏市场的硬件 90% 以上、软件 50% 以上，日本游戏业具有很强的国民性。日本是世界游戏的主要产地、消费地和出口地，其自产自销的特点比较明显，对外来游戏的依赖性不高。

2. **日本游戏消费者对群体选择的依赖性严重**

日本人由于从小受的是一种集体主义教育，集团、群体意识强烈，表现在对游戏产品的态度上，他们购买游戏不是以个人的好恶来选择，而是依赖该游戏的人气。当一款游戏有人气或者成为公众的热门话题时，不论这款游戏实际质量如何、是否适合自己的口味，都会有大量的人前去购买。这种高度群体化、品牌忠诚度高的特征是日本特有的。欧美市场和中国市场都不存在这种现象。

3. 日本游戏消费者偏好剧情游戏

日本游戏消费者偏好情感充实的游戏。这大概是由于日本民众普遍心灵闭塞、民众之间缺乏应有的情感交流，他们渴望从游戏中得到满足。日本人最喜欢的游戏类型是 RPG（Role‐Playing Game，角色扮演游戏，一种由玩家扮演某个角色而完成一个完整的历险故事的游戏类型）和 SLG（Strategy Game，战略游戏，Simulation Game，模拟游戏，由玩家统率一支军队来赢得某场战争的游戏类型）等。这类游戏的故事性很强。这个特征与日本人作为东方民族、居住在海岛而具有的岛国根性有关，他们思维细微，面对剧情游戏时更容易陶醉其中。与此相对照，欧美市场没有国民游戏，欧美人认为游戏只是娱乐消遣的一种形式，他们的个人主义倾向使他们更喜欢以自己的爱好、以追求刺激而选择游戏。因此，ACT 动作游戏和 FTG 格斗游戏更加适合欧美市场。

4. 日本游戏市场消费潜力巨大

日本是一个有着很大潜力的市场，2012 年，日本游戏产业的国内市场规模为 3958 亿日元，由于日本人均收入高，所以游戏用户的消费能力强，ARPU（Average Revenue Per User）值高，几乎每一个游戏细分市场都有很大的赢利潜力。日本用户长期以来受高消费文化的影响，对游戏产品的玩法和外观等很挑剔，倾向于使用高端的游戏产品，也乐于支付较高的游戏费用。

与 2011 年相比，日本国内游戏软件销售量减少，硬件销售量增加，在海外市场上，软件销售量、硬件销售量均减少。据 EnterBrain《2012 上半年游戏市场销售调查报告》，2012 年上半年（4～9 月），日本游戏软硬件的销售额为 1753.4 亿日元，较上年同期增长了 10.7%。日本游戏市场是一个复杂的市场，家庭游戏占据主导地位。随着近几年的发展，网络游戏（PC 端、Web 端、移动端）在日本市场上的需求越来越大。2012 年由于安倍经济学的实施，日本经济稍显复苏迹象，但日本游戏市场尚未完全走出低谷。2012 年，日本社交游戏市场规模为 2794 亿日元，用户覆盖各个年龄段，这与日本智能手机普及率的提高有很大关系。日本游戏市场虽未完全走出低谷，但其潜在的消费能力是巨大的（见表 1）。

表 1　日本游戏产业销售额

单位：亿日元

年　份	2012	2011
国内、国际总销售额	12334	14575
软件	4244	5309
国内	2202	2379
海外	2042	2930
硬件	8090	9265
国内	1756	1649
海外	6334	7616

资料来源：一般社団法人コンピュータエンターテインメント協会（Computer Entertainment Supplier's Association）『2013CESAゲーム白書』。

二　中国游戏产品对日出口

1. 中国游戏产品对日出口的背景

我国游戏产品的对日出口是我国游戏产业孜孜以求开拓海外市场的结果。1995 年，目标软件（北京）公司制作的《傲世三国》在美国电子娱乐博览会上正式展出，2001 年，它作为大陆自主研发的游戏产品首次进入美国全球游戏排行榜 GLOBAL 100。2004 年 6 月，目标软件（北京）有限公司把自己开发的在线游戏《天骄》成功推向韩国，迈出了中国国产游戏海外市场拓展坚实的第一步。2004 年 10 月，北京游戏蜗牛娱乐公司自主开发的网络游戏《航海世纪》被韩国九兄弟公司引入韩国运营，签约金额为 15 亿韩元，此金额超过了韩国主流产品在韩国市场的价格。该游戏曾通过日本运营商 ONLINE GAMER 在 2007 年 3 月登陆日本（目前已终止服务）。截至 2012 年，我国游戏市场实际销售收入达 602.8 亿元，全国共有 40 多家企业的产品 177 款原创游戏成功进入海外 100 多个国家和地区，实际销售收入 5.7 亿美元，初步实现了由境外产品、版权、内容输入到我国原创产品、版权和文化内容向境外发达国家和地区输出的历史性转变，承载中国文化内涵的游戏产品远销海外，成为我国文化产品出口的主力军。

2012 年，我国游戏软件总出口收入为 16661 万美元，比 2008 年增长 23.8% （见表 2）。

表 2 2008～2012 年中国游戏软件出口收入情况

单位：万美元

年份	2008	2009	2010	2011	2012
金额	13459.00	9275.00	15377.00	16305.00	16661.00

资料来源：Wind 资讯。

表 3 2008～2012 年中国游戏产业海外市场实际销售收入增长情况

单位：亿美元

游戏类别/年份	2008	2009	2010	2011	2012
原创网络游戏	0.7	1.1	2.3	3.6	5.7
原创客户端网络游戏	0.7	1.1	1.7	2.3	3.3
原创网页游戏	0	0.03	0.48	1.27	2.28
原创移动网络游戏	0	0	0.027	0.06	0.08

资料来源：中国版协游戏工委《2012 年中国游戏产业海外市场报告》。

2012 年出口的中国原创网络游戏总量为 177 款，出口海外 100 多个国家和地区，其中，出口东亚（日本、韩国）的游戏为 79 款，占总数的 44.63%（游戏产品为文化产品，同一款产品可以同时输出到多个国家）（见表 4）。

表 4 中国原创网络游戏出口数量及市场分布 （2012 年）

单位：款

地域	中国港澳台	东南亚	东亚	欧洲	北美	南美	其他地区
数量	113	110	79	50	37	11	23

资料来源：中国版协游戏工委《2012 年中国游戏产业海外市场报告》。

从上面的数据可以看出，我国各类游戏产品的海外市场发展是非常迅速的，网页游戏和移动网络游戏虽起步较晚，但发展势头异常迅猛。从市场份额看，东亚（日本、韩国）所占市场份额比较大，仅次于无须进行翻译、文化折扣比较小的中国港澳台地区和东南亚国家，但仍有很大的发展空间。

考察我国游戏产品海外市场的开拓发现，这个过程依次经历了产品授权、代理运营，自建公司、独立运营，合作研发、联合运营，海外开发、全球运营四个阶段。其中前三种是我国目前游戏企业常见的出口运营方式，而第四个阶段则是近两年才出现的一种全新的海外运营模式，游戏产业出口的龙头企业北京完美时空是进入第四运营阶段的典型代表。2012年，中国游戏产业部分企业对海外市场的布局已经进入了第四个阶段，实现海外开发、全球运营。

2. 我国游戏产品出口日本现状

日本是游戏大国，各类游戏厅遍及各地，甚至在公交车或火车上也可以看到专心于玩游戏的现象。据日本在线游戏白皮书显示，2004年12月，日本在线游戏有187款，其中韩国占37%，市场规模为579亿日元，有200多万玩家。2007年日本在线游戏市场统计调查报告显示，在线游戏登录人数达4198万人，市场规模达1012.294亿日元，在日本人口总数逐渐下降的态势下，截至2012年，日本在线游戏市场规模上升到1420.97亿日元，新增加的和原已存在的在线游戏共计358款。2012年进行的在线游戏市场调查结果显示，社交游戏市场规模为4351亿日元，智能手机游戏市场规模为1285亿日元。

中国游戏企业一直把日本市场作为占领发达国家游戏市场的前沿阵地。2004年12月10日，日本信永技术有限公司与网龙（中国）公司合作，把中国国产游戏《征服》引进日本，2005年开始正式运营。2006年7月28日，北京完美时空公司在2004年成功打入韩国之后，在上海第四届中国国际数码互动娱乐产品及技术应用展览会（简称China Joy）现场，与日本著名网络游戏运营商C&C Media联合举办《完美世界》日文版版权代理签约发布会，签约金额为200万美元，标志着中国网络游戏产品正式登陆日本。2006年，8家企业的14款网络游戏销往包括东南亚、韩国、日本、欧洲在内的13个国家和地区。出口日本的产品除《完美世界》外，还有杭州渡口网络科技的产品《天机》。

2007年新投入公测的76款网络游戏中有53款为中国自主开发的网络游戏，占有率为69.7%。通过实施"中国民主网络游戏出版工程"，中国自主开发的游戏市场份额连续 3 年（2005～2007 年）超过 60%，成为中国游戏市场的主导力量，从根本上扭转了外国网络游戏在中国市场一统天下的局面。2007 年，共有 12 家网络游戏企业的 28 款自主研发产品输出到包括北美、欧洲、日本、韩国、东南亚以及中国港澳台在内的 20 个国家和地区，2007 年出口到日本的自主研发的网络游戏为两款——北京完美时空开发的《完美世界》和《武林外传》。

2008 年，共有 15 家网络游戏公司的 33 款自主研发的游戏进入海外市场，区域涵盖北美、欧洲、东亚、东南亚以及中国香港、澳门和台湾等 40 多个国家和地区，其中，出口到日本的游戏有 10 款，它们是《宠物森林》（久游网）、《诛仙》（完美时空）、《赤壁》（完美时空）、《功夫世界》（上海大承网络技术）、《海盗王 online》（上海摩力游数字娱乐）、《寻仙》（北京像素软件科技）、《星际帝国》（北京中视网元娱乐）、《三国豪杰传》（北京新娱兄弟网络科技）、《三国群英传 online》（悠游网）和《封神故事》。

2009 年，据不完全统计，共有 29 家中国网络游戏企业的 64 款自主研发的游戏进入海外市场，实现销售收入 1.09 亿美元。截至 2010 年 6 月，已有 70 余款国产大型网络游戏产品出口到亚、欧、非、北美、南美等近 50 个国家和地区。中国游戏产业出口日本的方式大多为授权代理，由当地企业代理运营。北京完美时空公司在 2010 年由其在德国设立的子公司出面收购了日本运营公司 C&C Media，在东京建立了东京分公司，运营多种 MMORPG（大型多人在线角色扮演游戏）产品，积极开拓日本市场。完美时空公司根据日本同名漫画开发的游戏产品《圣斗士星矢》在日本和国内销售，势头良好。

表5　2010 年出口日本的中国游戏产品名单

游戏名称	产品种类	生产厂家
热血三国	网页游戏	杭州乐港
帝国重生	网页游戏	浙江宣逸网络科技
三国风云	网页游戏	北京昆仑万维科技
盘龙神墓记	网页游戏	乐趣网浙江拓讯网络科技

续表

游戏名称	产品种类	生产厂家
帝国文明	网页游戏	游戏蜗牛
机甲世纪	MMORPG	游戏蜗牛
英雄之城	网页游戏	游戏蜗牛
卧龙吟大财主	网页游戏	乐趣网浙江拓讯网络科技
魔力学堂	网页游戏	杭州泛城科技
征战天下	网页游戏	北京百度网讯科技
梦幻之城	网页游戏	杭州泛城科技
七龙纪	网页游戏	北京光辉互动网络
七龙纪手机版	手机游戏	北京光辉互动网络
七龙纪 II	网页游戏	北京光辉互动网络
野人纪	网页游戏	北京光辉互动网络
兵临城下	网页游戏	杭州天极峰数字娱乐
西游记	MMORPG	蓝港在线（北京）科技
武林英雄	网页游戏	上海晨路信息科技
黄金国度	MMORPG	上海巨人网络科技
星尘传说	MMORPG	成都星漫开发、盛大游戏代理
魔界 2	MMORPG	上海盛大网络发展
宠物森林	ACG（动漫游戏）	上海迎龙文化传播
机战	MMORPG	福建天晴数码

资料来源：根据中国出版协会游戏工作协会《2011 年度中国游戏产业报告》和其他网站资料编制。

从表 5 可以看出，我国对日本市场上出口的产品主要为网页游戏，其次为 MMORPG，手机游戏和动漫游戏最少。

2011 年超过 100 款中国游戏输出到海外近 50 个国家和地区。

2012 年，我国海外市场保持快速增长，出口企业持续增加，出口题材日渐多元，客户端游戏、网页游戏和移动游戏均进入海外市场，"抱团出海"战略开始有了实质性进展。根据 2012 年中国游戏产业年报数据，中国大陆研发产品有十几款进入日本，他们是完美世界（北京完美时空）、热血三国（乐港游戏）、帝国重生（浙江宣逸）、三国风云（北京昆仑万维）、盘龙神墓记（乐趣网）、机甲世纪（游戏蜗牛）、英雄之城（游戏蜗牛）、卧龙吟大财主（百度游戏）、魔力学堂（泛城科技）、征战天下（杭州泛城科技）、七龙纪（北京光辉互动）、野人纪（北京光辉互动）、武林英雄（上海晨路信息科技）、黄金国度（上海巨人网络科技）、星尘传说（盛大网络－成都星漫科技）、魔界（上海鸿利数码、金酷游戏）、舞街区（苏州蜗牛数字科技）、武林外传·小六巡夜（北京完美世界）、三国杀（北京游卡桌游文化发展）等。

日本市场在线游戏运营企业原本大多采用自主开发的游戏软件。随着在中国设立开发据点的游戏开发商的增多，日本已成为中国出口产业的一个重要市场。如2013年，日本游戏网站运营企业Gary主动引进了中国的游戏《白领升职记》，并对公司职工进行了运营动员，日本一家手机技术开发企业KLab，把胡爱（北京）科技有限公司开发的手机游戏《胡莱三国》引进日本，取得了很大成功，紧接着又引进了根据游戏《三国》改编的游戏系列《三国群英传》（宇峻奥丁）。

2013年，我国对日本的游戏输出更加强劲，截至2013年11月，仅天津光荣特库摩软件有限公司（光美）在日本的游戏产品就达94款。

表6　日本市场上在线游戏的分配情况（2006～2012年）

单位：款

国　别	2006年	2007年	2008年	2009年	2010年	2011年	2012年
日本	74	81	89	98	105	108	121
韩国	107	102	106	117	113	114	109
美国	65	42	44	46	35	33	42
中国（含台湾）	7	18	16	34	35	33	42
欧洲	0	14	8	4	7	6	25

资料来源：http：//app. gpara. com/infos/view/36142013/10/26。

表7　日本市场上网页游戏（web game）款数分配情况（2009～2012年）

国　别	2009年	2010年	2011年	2012年
日本	26	31	44	57
中国（含台湾）	8	11	17	17
韩国	4	5	10	10
美国	0	2	4	0

资料来源：http：//app. gpara. com/infos/view/36142013/10/26。

从表6、表7可以发现，我国在线游戏产品在日本市场上占据份额虽然远远少于韩国，但已经赶上美国，远远高于欧洲，增长很快，从2006年的7款增加到2012年的42款，这说明我国的游戏产业对日本的出口取得了很大成绩，但发展空间依然很大。我国的网页游戏产品，2011年、2012年分别有17款产品进入日本市场，分别占市场的22%和20%，在进口国中排行第1位。

目前，我国自主研发的网络游戏产品出口日本的以网页游戏为主，高级休闲游戏产品很少。技术门槛仍然是大量出口日本的主要障碍。手机游戏和动漫游戏出口数量更少，发展空间更加广阔。

三　中国游戏产品对日出口存在的问题

1. 发展速度很快，但发展不均衡

在2004年以前，我国游戏市场上有大量的日本游戏企业的产品在运营。2004年日本游戏企业主动与中国企业合作，把中国的游戏引进日本，2005年正式运营游戏，还处于尝试阶段。2006年，有1款游戏出口日本，2007年有2款游戏出口日本，2008年猛增到10款，2009年中国游戏企业在日本成功并购日本企业，在日本设立了分公司，到2010年，中国出口日本的游戏达23款，2012年出口日本游戏20余款。由此可见，我国自主研发的游戏对日本的出口，发展速度很快。我国出口日本的游戏主要是网络游戏，手机游戏份额很少。但日本游戏市场的巨大规模主要是由手机游戏构成的，网络游戏在日本市场的地位并不重要。中国市场与日本市场正好相反，网络游戏市场发展一日千里，手机游戏从2010年才开始发展，海外出口份额较少，但发展势头强劲。这要求我国的游戏产业加快开发手机游戏产品，争取更多的产品打入日本市场。我国对日出口的游戏主要是网页游戏，然后是网络游戏，手机游戏很少。

2. 出口经营尚处在初级阶段

我国对日本市场的出口经营方式，以产品授权、代理运营为主，其次为独家授权加联合运营，在日本设立分公司进行独立运营的企业仍为少数（见表8、表9）。这说明我国对日本的出口在经营方式上仍处于初

级阶段。产品授权、代理运营的出口经营方式是最简单的一种出口贸易方式，中国游戏开发商与日本的游戏运营商签署代理合作协议，中国出口方提供好的游戏产品，并参与技术层面的运营维护和版本升级。中方的收益可以包括一次性版权收益，以及运营的提成。这种方式不利于企业后期的发展。一方面，中方作为产品的研发端获得的利润较少，一般只能得到整体利润的30%或者更少，中方企业的利益无法得到最大的保障。另外，因为游戏运营由日方企业负责，国内游戏企业不能同国外用户直接交流，不利于针对客户需求对游戏进行调整，更不利于后续产品的开发。虽然通过长期的合作，中方企业和日本代理商能够建立起良好的沟通机制和商业信任，但产品运营的决策权却始终无法控制。在出口日本的企业里，只有北京千橡网景科技发展有限公司一家（完美时空除外）是通过其在日本设立的公司进行运营的。该经营模式可以完全掌握日本市场的各种信息，及时了解客户需要，并且独享海外收益，不仅可以帮助母公司大规模出口游戏，还能拓展代理中国其他游戏厂家的业务，获得其他企业产品的运营收入。北京完美时空公司在 2010 年并购了日本运营公司 C&C Media，在东京建立了东京分公司，运营多种 MMORPG（大型多人在线角色扮演游戏）产品，达到了出口运营的最高阶段——海外研发、全球运营。这种全新的海外运营方式，通过收购海外游戏企业，整合全球游戏设计、生产、运营、IP 等资源，实行全球化产业链条，以全球化研发方式进行海外市场开拓。这种方式投入的成本大，对于企业的眼光和管理能力要求更高。

表8 2009～2010 年中国网络游戏出口日本部分案例

游戏名称	生产厂家	海外运营方式	日本合作公司
赤 壁	完美时空	授权代理	V&C Media
魔力学堂	杭州泛城	授权代理	Vector
七龙纪	光辉互动	授权代理	Vector
热血三国	杭州乐港	授权代理	Vector
完美国际	完美时空	授权代理	V&C Media

资料来源：178 游戏网产业频道《2010 中国网络游戏出口报告》。

表9　2009~2010年中国网页游戏出口日本部分案例

游戏名称	生产厂家	海外运营方式	日本合作公司
英雄之城	游戏蜗牛	独家授权＋联合运营	
帝国文明	游戏蜗牛	独家授权＋联合运营	
武林英雄	九维网	独家代理	
帝国争霸	千橡网景	自营	日本分公司Gummy
帝国重生	浙江宣逸网络	授权代理	
魔力学堂	杭州泛城	授权代理	
热血三国	杭州乐港	授权代理	Vector
兵临城下	杭州天极峰数字娱乐	授权代理	Rocworks，OBT

资料来源：根据178游戏网产业频道《2010中国网络游戏出口报告》部分资料和其他网站资料编制。

3. 文化蕴含量少等问题

我国出口日本的游戏产品缺乏高雅、高质的精品，以打打杀杀的武侠和刺激感官的亚黄色内容为主，时见色情、博彩、暴力、恐怖的"擦边球"内容，产品题材单一，以中国武侠题材的游戏居多，战略游戏较少，对包括日本在内的海外产品的模仿痕迹明显，产品同质同类化严重，出口企业间低价恶性竞争激烈，缺乏高端、高雅的精品，在海外进行低俗营销等，令人感到中国的游戏产业似乎正在走制造业海外市场拓展的老路。中国某游戏在日本进行营销时曾聘请当红美女西田麻衣出演，这种营销对日本国产游戏来说是寻常之举，但对于中国国产游戏的这种"入乡随俗"的营销，被中国玩家讥笑为"黔驴技穷"。因此，出口日本的游戏能把中国的人文特色带到日本，以中国深邃博大的文化魅力，赢得日本玩家的支持和认同。这种低俗的宣传损害了中国游戏在玩家心目中的形象。

4. 多方面因素差异，阻碍对日本的出口

中国的原创游戏与日本的原创游戏存在多方面的差异。①中国的精品国产游戏通常带有厚重的中国历史文化情结，众多中国独有的文化概念不能被日本用户理解，文化冲突（cultural shock）和/或文化折扣（cultural discount）时有发生。②中日两国对游戏的需求有不少差异。中国人喜欢直率、日本人喜欢含蓄等民族性格的差异也表现在游戏上。③国产游戏在内容创新、表现的感染力、气氛场景的渲染等方面与日本的游戏产品还存在

较大差距。这也是日本人之所以钟爱其国产游戏的重要原因。

四 促进对日出口的对策

1. 加快移动网络游戏的研发和对日出口

2012 年，日本游戏市场基本摆脱了连续五年的下降趋势。2012 年日本社交游戏市场比 2008 年增加了 2.5 倍，市场规模高达 2794 亿日元，加上智能手机的迅速普及，社交游戏和移动网络游戏保持良好的发展态势。我国游戏产业应该适应日本这种越来越高的智能手机普及率，加大移动网络游戏的研发，扩大对日本移动网络游戏出口份额。

2. 提高游戏出口日本的经营水平

我国游戏出口日本有四个不同的层次，即第一阶段的"产品授权，代理运营"，第二阶段的"自建公司，独立运营"，第三阶段的"合作研发，联合运营"和第四阶段的"海外研发，全球运营"。我国的大部分游戏产业目前还处在四个层次的第一阶段。随着我国游戏产品研发企业实力的逐渐增强，应该加大日本市场的开拓力度，占领日本市场更大的份额，实现出口经营水平的升级。日本市场是全球游戏业市场的发展中心，有着庞大的消费力极强的游戏玩家群体，日本是全球游戏产业的王者。在游戏产业最强大、市场运作最成熟、国民对本国产品忠诚度高、世界最大游戏出口国的日本，中国游戏产品能登陆日本并迅速发展将充分证明，企业的产品得到世界顶级生产者和消费者的认可，具有出口到世界任何地方的巨大能力，对打开或扩大对欧美等发达国家的市场具有深远的意义。

3. 提高游戏产品品位，打造面向日本的精品

我国的游戏产业在开拓日本市场时，应着眼于以高技术、高品位、高价格来占领日本市场，避免走中国传统制造业海外市场发展的旧路。从价格的角度来看，我国出口日本的游戏产品的价格要大大高于国内市场，运营收入远远高于国内市场，市场获利较大。我国某出口日本的游戏企业的董事长兼 CEO 曾在 China Joy 上强调，网络游戏出口的利润率很高，他说，"签订一个单子出去，回来就是纯利润，没有任何成本，游戏出口赚到的

钱比国内多，我们很看重这一点"。以北京完美时空为例，据其发布的2013年度上半年财务报告，海外市场的销售收入已经占公司总收入的1/4，日本市场的收入占大量份额。北京完美时空的对日销售的产品，如《完美世界》是一部蕴含浓重中华文化色彩的大型传统创世奇幻客户端网络游戏精品，深受日本玩家喜欢。完美时空吸收日本文化新开发的供二人玩家玩的动作游戏《圣斗士星矢》，2013年10月在日本游戏市场上市价格为7500日元，虽然远远高于同类日本产品的价格，但仍然取得了不俗的销售业绩。日本玩家强大的消费能力应该使我国的游戏厂家坚信"只要创造出精品，不愁没有买家"。

4. 着力培养人气产品，制定培养人气的营销战略

日本人具有很强的团队意识，对群体选择依赖性严重，对品牌的忠诚度高。针对这个民族特点，中国游戏企业应该扎实培养人气产品，打造自己的游戏品牌。人气不是短时间内形成的，它需要长时间的耳濡目染。日本企业在开始设计它的文化产品时就开始了该产品的营销活动，如请著名的广告公司进行策划，通过各种媒体对仅仅有个雏形、根本没有开始开发的产品进行大量的、不间断的广告营销活动。经过长期的广告营销活动，到产品出笼时就已经在玩家中形成一种"千呼万唤"的期待"人气"。通过这种长期的预售营销活动，新的游戏产品一出来，便往往很容易成为"人气"很旺的产品。

5. 开发更多迎合日本玩家偏好的剧情游戏

日本民族是一个不善言辞、不爱表露但又感情细腻的民族。表现在对文化产品的喜好上，他们偏好跌宕起伏、荡气回肠、缠绵悱恻的剧情作品。目前，韩国游戏同韩国的剧情电视剧、电影一样在日本占有很大的市场份额。2011年，韩国用于振兴内容产业的预算为217亿日元，为日本的2.5倍。从20世纪80年代起，韩国就形成开发游戏的实力，从90年代末开始，在线游戏飞速发展，到2011年韩国的在线游戏已占有世界销售额30%。日本是韩国文化最大的出口市场。就在线游戏而言，2006~2011年，日本市场上的韩国游戏款数一直超过日本（是中国游戏的数倍），到2012年，日本本土游戏才稍微超过韩国。韩国游戏在日本市场上的成功与其迎合日本消费者的心理开发产品是分不开的。我们开发独具我国文化特色的游戏产品时，应考虑日本民族的心理特征，生产出更多为日本玩家所喜闻乐玩的游戏作品。

综上所述，借鉴韩国游戏企业出口日本市场的经验，通过游戏结构的调整、贸易经营方式的升级和产品质量的提高，相信在不久的将来，中国游戏产品一定会在日本市场聚拢更多的"人气"，创造更大的成绩。

从并购 AMC 看万达海外并购的产业逻辑

王瑞津*

一 万达影院院线溯源

2005 年，万达集团出资 900 万元、万达集团房地产管理有限公司出资 100 万元共同成立了北京万达电影院线有限公司，正式进入电影文化产业。

回顾万达院线的发展史，2004 年，万达院线挂牌开业，2009 年便一跃成为行业龙头。万达年报显示，2013 年上半年，万达院线新开业 5 家影城，新增屏幕 49 块；累计开业影城 119 家，屏幕 1038 块，其中 IMAX 屏幕 73 块；上半年收入 19.6 亿元，同比增长 35.1%，净利润达到 17%，甚至超过其在房产主业上的利润率。

高速增长与扩张的背后，无疑是整个行业欣欣向荣的大背景，然而即使在行业内，万达院线的高赢利一直堪称典范。国家广电总局 2011 年数据显示，万达院线 86 家影院票房收入 17.85 亿元，已成为国内第一大院线公司，平均每家影院票房收入约为 2075 万元，高于行业一线城市每家影院 1500 万元的平均水平。

看到这些数据，我们不禁要问，万达院线高赢利的背后究竟有何秘密？

第一，万达院线的赢利能力首先得益于其院线捆绑商业地产的独特模式。众所周知，影院对场地面积和地段的要求均比较高，所以在城市尤其是一线城市中，影院运营的大头是地租成本。但很多万达影院所在的万达

---

* 王瑞津，中国传媒大学硕士。

商业广场的地段虽然并不是很好，但是由于在综合体的带动下，总能集聚很高的人气。相对较低的租金和相对稳定的人流，必然会带来较之同行业更高的回报。

第二，挟资本之势，迅速攻城略地。由于在一定人口基数上，一个区域对影院的容量存在"天花板"，抢占院线建设无疑就等同于抢占未来电影业市场，在这一点上，从拿地到竣工只需18个月的万达速度，不仅成就了遍地开花的万达广场，也为万达院线的"快速复制"式的落地奠定基础。同时，院线建设资金门槛相对较高，这也就是多数影视娱乐公司不敢轻易涉足院线终端的原因。这一点上，房地产出身的万达可谓"财大气粗"。目前中国有30多条院线，但多数院线为加盟连锁模式，而万达电影院线旗下的50家影城，均为万达集团自主投资建设，就这样，万达影院挟资本之势，所有影院基本上自投自建，成为国内真正实现统一经营、统一管理、统一排片、统一品牌的电影终端连锁实体，扩张速度令行业内诸如华谊兄弟、橙天嘉禾等竞争对手望尘莫及。

万达的硬件和服务等方面的差异化战略。万达在国内率先尝试多种影厅设置组合的差异化，最大程度满足了不同观众的体验心理。近年来，将影片转换为IMAX格式成为好莱坞大片的时尚，IMAX屏幕高效的票房吸金能力已经被数据佐证。万达电影院线已成为IMAX公司目前在中国的唯一紧密战略合作伙伴，并与IMAX公司约定，至2014年合作建设至少75个IMAX影厅，加上目前已开业和在建的IMAX影厅，届时，万达电影院线将拥有超过100个IMAX影厅，成为亚洲第一、全球第二的IMAX运营商。

万达还自行研发了一套强大的CRM系统，在这个会员管理系统里，记录了客户的每一行为，然后对客户的年龄、食品口味、选择何时来电影院、喜欢何种电影等进行分析，并依据类似客户相同行为的最高比率来调整影院内部餐饮、服务、购票、排片系统。还会针对客户的不同特点，发出为客户定制的会员优惠信息，以及相应的会员积分、礼物赠送，以增加客户黏性和对万达的品牌感情。顺应移动互联与电商趋势，万达同时发力线上渠道的建设，2013上半年万达院线通过创新营销、精准化定点营销，电子渠道占比上升到了15%以上，超过2.2亿元。其中万达电影手机客户端用户突破 100 万，这一成绩不但让票务类的同行望尘莫及，而且完全可以和那些综合服务类的客户端相媲美。目前，客户端票房贡献已经超过整个电子渠道票房的 10%，年底有望贡献票房超过 4000 万元。

二 向上走？向下走？

1. 电影产业价值链分析

电影产业链包含制作、放映、院线等整体链条，是一个多种相关行业辐射交融的经济生态圈。目前的万达，除去全力发展终端市场以外，也在积极布局影视投资、制作等上游产业，2013 年上映的万达参与投资制作的影片包括由基努·李维斯担任导演和主演的《太极侠》、成龙新作《警察故事 2013》、电影版《宫》等，与此同时，即将进入拍摄周期的还有与好莱坞深度合作的《鬼吹灯》系列影片等，可谓大动作不断。

由此可见，就整个电影产业链而言，万达的全面布局已具雏形。而实际上，在发展途径的选择中，万达一直面临着"向上"或"向下"的困扰。

意见一：专注院线，终端为王。

按照行业惯例，影院获得的票房收益中，制作方、发行方获得利益后，影院只能拿到总收入的 50%，这还没完，影院需要从这 50% 的票房总数中拿出 5% 给电影基金，因此除去税金后也只有 40% 左右了。即便如此，万达院线最终的利润还是能达到其总票房的 40%，数字仍相当可观，且旱涝保收，收益相对稳定。

意见二：加强内容制作，否则无以为继。

2009 年底，国家广电总局提出制片方分账不低于 43%。到 2011 年底，国家广电总局电影局又下发《关于促进电影制片发行放映协调发展的指导意见》，明确电影院对于影片首轮放映的分账比例原则上不高于 50%，市场推动与政策支持之下，电影票房的分账正在不断向上游倾斜。身处产业链下游，若无过硬的制作能力，犹如无本之木、无源之水，终究受制于上游。相比其他竞争对手如华谊等先在投资、制作、发行领域发力，待完善后才涉足院线的惯例，万达的成长多少显得有点"底气不足""根基不稳"。

2. 万达的抉择

万达影视并非独立于万达集团之外自由发展的个体，其存在不仅肩负着带活商业地产的"传统"重任，而且已经成为不久前大手笔组建的万达文化产业集团的核心部分。

只有了解万达集团的整体定位与全球布局，才能在此基础上全面认识万达影视的每一个新动向的内在逻辑，进而分析下一个交易对象。

（1）转型：从地产商到文化商。

2012 年 12 月，由万达整个文化板块整合而成的万达文化产业集团收入超过 220 亿元，一举成为中国最大的文化企业，并规划 2020 年资产和收入均达到 800 亿元，进入世界文化企业前十名，成为世界一流的文化企业。

万达集团董事长王健林在中国企业领袖年会上指出，没有一个国家的房地产行业能兴旺超过 50 年，万达向文化产业转移，正是为了今后的长久发展。

一改以往的散点布局，万达产业亦正式整合为四大板块：商业地产、文化产业、旅游投资、零售消费。

（2）整合：一根红线贯穿。

整合迫在眉睫。四大板块的整合必然遵循着一定内在逻辑。对此，王健林曾经指出："13 亿人穷了是包袱，13 亿人富了就是世界最大的市场。万达所做的一切布局都是围绕'人'这个主题。"

至此，那根红线贯穿的雄心日趋明朗，那就是构建一个基于生活场景的文化体验消费商业帝国，换言之，所有与人有关的生意，万达都要做！

三 并购 AMC

1. 北美第二大院线——AMC

AMC 是北美第二大院线，至今已有 92 年的历史，旗下拥有 347 家影院，5000 多块银幕，除了美国、加拿大，在英国、法国、中国香港等地区都有影院。除了在众多院线中首次引入多厅概念外，还有很多影史第一。例如将座位扶手设为可调节式，将扶手抬起来就变成情侣座；扶手上设置一个杯托，以更方便观众放置饮料等。对于美国民众来说，AMC 几乎就是电影院的代名词，是美国家喻户晓的品牌。

重重光环之下，AMC 实际上早已负债累累。2011 年，连年亏损的 AMC 巨亏 1.23 亿美元，几次试图通过 IPO 上市自救，均铩羽而归。近年来，受电影市场萎缩和金融危机影响，美国的电影市场一直在走下坡路，2011 年美国观影人次减至 13 亿，为 16 年来最低。

AMC 另一个重要问题就是股权问题。2007 年，包括黑石、摩根士丹利等在内的华尔街五大投行成为 AMC 股东，各占股 20%。如此股权结构造成的后果是，这个公司谁都说了算，却又没有谁说了能算。股东买 AMC 的目的就是想尽快卖出去，但还没有来得及上市就遇到了 2008 年金融危机。

总之，经历了美国电影市场卜滑、金融危机，以及管理层与投资机构冲突之后，正滑向危险边缘的 AMC 早已成了投资者眼中的"烫手山芋"。而就在此时，一家只有 25 年历史、经营电影院线只有 7 年的遥远的中国企业，居然准备接手这块山芋，一时间受到包括《纽约时报》（*New York TIMES*）、《华尔街日报》（WSJ）在内的各大美国主流媒体的极大关注。

2. 算一笔收购账：万达真的买亏了吗？

2012 年 5 月，经过两年谈判，大连万达集团与全球第二大院线集团 AMC 签署并购协议。万达此次并购总交易金额 26 亿美元，包括购买 100% 股权和承担债务两部分。同时，万达并购后投入运营资金不超过 5 亿美元，也就是说，万达总共将为此次交易支付 31 亿美元的巨款！

对于此次并购，外界声音多数显得谨慎而不解，甚至直斥之为"虚荣的购买行为"。外界的质疑并不奇怪，毕竟万达集团正身处一个高速发展的市场中。中国拥有全球第二大放映市场，电影票房年收入达 20 亿美元，每年还在以 30% 的速度增长。那么，万达为什么不全力投资在高增长的本国市场，而是花了大价钱、远隔重洋地去拯救个烂摊子？更有分析家指出，万达高达 26 亿美元的出价比起媒体之前所公布的 AMC 15 亿美元的估值，溢价高达 73%，绝对有赔本赚吆喝的嫌疑。可是，如果就是为了打广告，动辄几十亿美元的广告费也太昂贵了！

在此算一笔账，看看万达此次的并购行为究竟是买赚了还是买赔了。

首先，在这个 26 亿美元的收购中，万达要支付的现金为 7 亿美元（40

多亿元人民币），其余的都是 AMC 历年积累的债务，主要在 2019~2023 年到期。由于收购之前，万达对可能提前赎回的债务做了准备，包括中国银行、中国工商银行等在内几大银行，给了超过债务 2 倍以上的贷款承诺函。所以在万达收购 AMC 之后，AMC 债券价格呈上升的趋势，其最大的债主——也是债权牵头人花旗银行，率先放弃了对万达的赎回，而其他的小债主纷纷跟风，在很大程度上减轻了债务的偿还压力。

退一步说，成交价 7 亿美元现金，加上 19 亿美元债务，共 26 亿美元，王健林如此算账，"减掉现金、减掉它持有的一家上市公司股权，再对应 5000 多块屏幕，每块屏幕也就不到 300 万元人民币。就是你自己拿钱去投资 5000 块屏幕，也未见得能做下来。"

由此可见，从各方面来讲，收购 AMC 都不失为一笔相当划算的买卖。

3. 亏损大户如何扭亏为盈

然而，价格合理并不意味着万达收购 AMC 将是稳赚不赔的生意。事实上，从 1998 年到被万达收购前，AMC 只在 2007 年、2008 年、2010 年实现了赢利，其他年份都遭遇了亏损，2011 年更巨亏 1 亿多美元。自 2004 年被 J. P. 摩根和阿波罗管理公司控制的投资公司 Marquee 控股公司收购后，AMC 公布了数次上市的计划，但都因市场反响不佳而以失败告终。最后持有 AMC 股权的多家私募公司选择将其出售给万达，从它们急于从 AMC 脱身的情况看，便可知 AMC 目前的情况并不理想。万达接手对 AMC 的运营和战略规划面临着诸多挑战。

对 AMC 而言，首要的是债务问题。据 AMC 2011 年年报，截至 2011 年 3 月底，AMC 的债务总额达 21.68 亿美元。这些债务主要来自三个方面。一是 AMC 的大肆扩张战略产生的债务。自 2002 年以来，AMC 共收购了 5 条院线旗下的近 4000 家影院，光收购费用就超过 20 亿美元。二是对老旧和经营不善的影院进行关停所产生的支出。AMC 在北美自有影院 25 家，其他 321 家影院都是租赁影业。租约一般为 15~20 年，而当关停影院时，往往租约并未到期，需要支付尚未到期的租金和员工的安置费用等，耗资巨大，例如 2011 年，AMC 决定关闭 6 家影院 73 块银幕，就花费了 5500 万美元。债务来源的第三个方面则包括 AMC 对影院设备的升级改造，尤其是近年来加速的 3D 数字影院改造和 IMAX 影院建设，都耗资巨大。

AMC 也面临着整个美国电影业所面临的观影人次下降问题。据美国电影协会最新报告，尽管在通货膨胀和 3D 电影高票价的推动下，北美电影票房近几年比较稳定，但美国和加拿大市场的观影人次已经持续地从 2002 年的 15.7 亿人次下降到了 2011 年的 12.8 亿人次，而人均观影次数也从 2002 年的 5.2 人次下降到了 2011 年的 3.9 人次。总的来说，随着电影播映平台的日益多元化，美国的观影人次将呈进一步下降的趋势，进而影响影院的收入来源，这将是整个美国影院业面临的最大挑战。

万达接手后，并没有急于给管理层换血，而是采取独立经营的模式，万达集团董事长王健林表示，并购之后，AMC 除了老板变了，其他都没变。AMC 公司 CEO 格里·洛佩兹也强调，并购后 AMC 公司的战略与之前的两年半并无实质性变化。

在此基础上，万达针对管理层采取了更为有效的激励措施：第一，分别给每人 4~5 年的中期雇佣合同；第二，从最后的净利润拿出 10% 作为奖金。就是如此简单的激励制度，让这家公司开始扭转颓势。

与此同时，万达通过增加 3D、IMAX 银幕，引入餐厅服务，制订计划目标、采用信息化管理等措施增加收入。2012 年并购当年就实现净利 5000 多万美元，2013 年上半年，AMC 公司收入 13.43 亿美元，完成全年目标的 51.4%、半年目标的 103.3%，充分体现了万达的管理水准。

4. 收购 AMC 背后的产业逻辑

（1）规模效益。

正式并购完成后，万达集团成为全球规模最大的电影院线运营公司，占全球电影行业 10% 左右的市场份额，其中，万达电影院线占有全国 15% 的票房份额，美国 AMC 影院公司占有美国 18% 的票房份额。万达集团在电影市场的企业规模和市场影响力大幅提升，特别是在 IMAX 和 3D 银幕数量上具有明显优势，有利于在今后主打高科技、全新观影体验的新一轮影视竞争浪潮中占据领先。同时，万达作为拥有全球银幕数最多的院线企业，雄踞全球两大电影市场，日后在与好莱坞的电影公司谈判时，话语权也会大增。

2013 年，万达分别与两家欧洲院线 Odeon & UCI Cinemas Holdings Ltd. 和 Vue Entertainment Ltd. 有过接触。如果能够再将欧洲院线纳入麾下，万

达无疑将在自制影片的发行和放映上拥有得天独厚的优势，同时也将在电影发行上掌握更多的主动权，甚至将对目前电影市场格局产生巨大影响。

（2）边际效益。

并购 AMC 使万达产生更高追求，万达的目标是到 2020 年，占世界电影市场的份额力争达到 20%。如果实现，万达在全球就拥有相当话语权，赢利点就不仅是门票，还会产生其他边际效应。要实现这一目标，光靠自身每年几百块屏幕的发展速度肯定不行，必须在自身发展的基础上进行并购。

"单一来看，北美、欧洲院线的年营收增长率为 1%～3%，属于没有大钱赚但扔了可惜的项目。但如果万达可以搭建起一个连接欧洲、美国、中国的院线帝国，并在每一个重要的市场都占有 20% 以上的市场份额，那话语权就将完全不同，赢利点会随着规模的扩大产生新的边际效应，电影广告收入也会成倍增长。"王健林似乎正在逐步将这一理论变成现实。

（3）品牌效益。

1994 年前，万达处于发展初期，只是寂寂无闻的小开发商，最初声名大噪缘起于王健林和大连市体委联手创办大连万达足球队，并在当年就取得了职业联赛的首个冠军。万达这一笔投资，算是当年最为成功的品牌建设。

随后，万达商业地产与院线遍地开花，这一次品牌建设做得更加彻底和深入人心。

一个民族品牌想要冲出国门走向世界，通过一起举世瞩目的跨国并购那是再合适不过了。此番收购 AMC，如同吉利收购沃尔沃，联想收购 IBM 一样，在收获经济效益的同时，也为万达在全球范围带来了难以估量的品牌价值。从中国土豪到世界民企，此番收购可谓一举多得。

（4）经济效益。

万达商业地产部分由于受到政策限制，上市时间仍无法确定，但根据证监会公开披露信息，万达院线上市已进入落实反馈意见阶段，上市审核目前正在进行中。

收购案从一开始，王健林着眼点就是资本市场。不得不承认，单从商业角度来看，投入几十亿美元对 AMC 进行收购和改造回报比较低。但此番收购，可以为万达院线上市制造新的卖点，为万达院线 IPO 加码。正如王健林所说："他如果有三四亿元的净利润，拿到中国资本市场上来至少市值过了百亿元，相对于我投的 40 多亿元，已经翻了一番。"可以预见，一旦上市成功，万达院线必将成为国内电影院线第一股。

（5）基于全球视野的全产业链整合。

全球并购仅仅是建立足够的渠道，万达影视产业的整合也已经开始。万达在并购 AMC 公司协议中，明确要求 AMC 公司每年必须引进 3~5 部中国电影在美国放映。伴随着计划的实施，美国观众将有更多机会看到中国影片，中国电影企业将更了解美国电影市场规律。同时，万达投资 10 亿元在国内成立影视制作公司，每年投拍十余部影视剧，力争创作高质量的影视作品。

青岛总投资额超过 500 亿元"东方影都"的启动，让万达的影视梦做得更加"好莱坞"。每年 30 部左右外国电影在青岛拍摄，确保个年不少于100 部国产影视作品在此拍摄制作，是万达与多家全球影视巨头与经纪公司达成的初步协议。

万达目前已与美国索尼电影公司、迪士尼电影公司达成框架协议，与福克斯电影公司和狮门影业公司的合作协议也在洽谈中。在此基础上，万达文化集团又成立电影投资基金，选择世界电影巨头，合作拍摄全球发行的英语影片。一个肯定的事实则是，万达影视投资的视角，已经从国内转向国际。

AMC 旗下还有美国最大的电影发行公司和电影广告公司，分别占据美国 60% 的市场份额。这两家公司是 AMC 与美国另外两家最大院线公司合资成立，各占相同股份，其中广告公司已在美国上市，而发行公司则是未上市、有潜质的公司。在国内，万达也有自己的影视传媒公司和电影发行公司。通过这场收购，透露出万达尝试打通电影产业链的意图。

（6）隐性效益。

更重要的是，万达在海外"霸气外露"的表现，无疑与中国政府在文化产业领域的战略规划是契合的，这种契合或许将为万达在国内发展业务带来诸多政策上和资金上的扶持。在"十二五"规划中，国家明确提出了要使文化产业发展为支柱产业，即要争取使文化产业占 GDP 的比重到

2015 年时发展到 5%，而 2010 年时这一比例仅为 2.78%。为了达成这一目标，国家正在出台一系列举措扶持文化企业和产品的国内发展与海外扩张。如 4 月份，文化部刚刚出台了《关于促进文化产品和服务"走出去"2011～2015 年总体规划》，文件中提到每个重点文化领域，培育 5～10 家有国际竞争力的骨干企业和示范项目，以此鼓励各类文化企业、产品迈向海外市场。

在万达与 AMC 的签约仪式上，全国工商联主席黄孟复、中宣部副部长孙志军、国家广电总局副局长田进等多部门领导列席，中国银行、中国工商银行、中国进出口银行等多家国有银行明确表示将对万达的并购给予融资支持。种种迹象都暗示着万达收购 AMC 得到了政府部门的重视和支持。而万达目前的确是最需要政府支持的，万达商业地产与万达院线已双双提交了 A 股上市申请，而万达院线上市更已进入了落实反馈意见阶段。将 AMC 收入麾下这一重大利好无疑将抬升万达的股票定价。此外，随着好莱坞电影进口数量从 20 部增加到 34 部，据传国家将在进口电影发行领域发放第三张牌照，而万达收购 AMC 将令其成为争取这块牌照的有力竞争者。

万达似乎也早已为此做起了准备，其于 2011 年成立了影视传媒公司，计划从事电影制片、发行业务，尽管目前还未有一部影片通过该公司运营上映。但若万达能顺利拿来在中国发行进口电影的第三块牌照，再加上万达院线在 3D 和 IMAX 放映领域的优势，中国未来最大的电影巨头很有可能不是中影，而是万达。

四　结语

万达收购 AMC 之所以引起广泛关注，不仅是因为这是迄今为止中国文化产业领域最大一起跨国收购，更因为这一行动与中国电影"走出去"的关联。近年来，虽然中国国内的电影市场飞速发展，但国际市场空间和影响力却仍十分弱小，让中国电影"走出去"以提升中国的文化软实力，成为中国电影界乃至国家层面重视的战略课题。在此背景下，万达收购 AMC 使中国电影人对扩大华语电影在北美市场的影响力充满了无限憧憬。但控制了放映渠道，就代表华语电影能顺利地在北美市场驰骋了吗？万达的下一步棋究竟该怎么走？我们不妨拭目以待。

探索我国文化贸易纵深格局

——北京文化保税区的建立与发展

欧阳神州[*]

2011 年 3 月，北京国际文化贸易服务中心启动建设。"文化保税区"项目的运作平台由北京歌华文化发展集团与天竺综合保税区管委会合作建立，整个基地规划用地 260 亩，投资总额达 50 亿元，建筑面积 51 万平方米，预计于 2015 年建成并运营，届时年营业额有望超过 500 亿元。

保税区以园中园的形式进行建设，涵盖国际文化商品展示交易中心、国际文化贸易企业集聚中心、国际文化仓储物流中心三个功能区，届时为国际国内文化生产、传输、贸易机构提供体量大、功能齐全、规划先进的专属保税服务。

此举通过利用国家支持中国文化产品和服务的政策资源体系、北京市发展文化创意产业的政策支持体系等政策叠加的综合优势，将保税区的鼓励政策运用于促进文化创意产业的发展。充分依托北京作为全国文化中心、国际交往中心，在中华文化走向世界方面具有得天独厚的区位优势、资源优势、人才优势，发挥其全国文化中心示范作用，实现高起点规划、高质量建设、高水平运作、高效率服务，推动中国对外文化贸易发展。

从目前发展态势来看，保税区的发展前景、战略意义与未来谋划之策，可以从以下几个方面进行思考。

---

[*]　欧阳神州，中国人民大学硕士研究生。

一 文化保税区搭建税收政策新平台，交易成本得到压缩

文化保税区为文化产业发展提供财税优惠政策的平台与试验田。在空港文化保税区内，以往由国家综合保税区享有的"免证、免税、保税"优惠政策，都将被应用在文化产品贸易方面。从功能发挥的角度来看，保税区将探索把国际贸易中针对普通商品的保税政策及通行做法尤其是工业贸易企业的优惠政策移植、创新、运用到文化贸易领域，并依托文化产品本身创意、设计、生产、存储、销售等方面的特点进行一番政策资源调整整合与制度创新开发，形成既能适应精神产品生产规律，又尊重文化对外贸易发展规律的专门保税形态。具体措施如下：实现区内企业自由文化贸易；国内文化产品、原材料进口退税；国外文化产品进区中转及存储免证、保税、交易免税；外贸及合资文化贸易、中介、生产企业特许入区等。从实际操作层面来看，从创意策划企业、文化生产制作企业、文化产品营销企业到为文化产业服务的报关公司、金融公司、会计师事务所都可以向保税区申请后进驻。这些措施都有助于文化企业及其产品在文化保税区内享受免进出口许可证的待遇，节省一部分报关环节，提高文化产品的国际转运效率。

以大型艺术品拍卖会为例，拍卖品的总估价往往动辄近 10 亿元，按照规定，境外艺术品入境正常报关需要先交 30% 以上的关税、增值税等，将存在数亿元的资金占压，占用负担重。同时，时间限制也凸显出来，现在进口艺术品只需申报备案，就可以在区内外自由流通。而此前，企业需要申报、备案并缴纳与税收等额的保证金后才可以流通，并且按照规定境外物品入关展览时间不能超过 6 个月，否则视同销售需征税。以上这些对于文化企业来说无疑是极为棘手的发展瓶颈。这种格局是此前国际重量级大型艺术拍卖和展览很难登陆中国的重要原因之一。在文化保税区内，可以由歌华文化评估后出具保函，免除这 30% 以上的税费，而只需要缴纳一定的服务费，临近 6 个月之时可以回到位于文化保税区的展示交易中心，相当于出关进而可以展期 6 个月。此外，在保税区内，进口货物不征税，出口货物可退税，企业还可享受国内唯一空港保税区的特殊政策。整个业务

流程与资金限制得到简化与弱化，降低了双方交易的成本，方便了境外企业来我国开办各种展览的积极性，节省了展览公司的时间。

从这个角度来说，时间限制趋弱与成本降低、效率提升是文化保税区政策红利的集中体现。

二　配套服务功能趋于完善，文化"走出去"格局有望强化

从目前对文化保税区的发展定位与布局规划来说，"文化保税区"定位于国家对外文化贸易的创新示范区、国家级文化贸易口岸、中国文化"走出去"的能力培养区和亚洲最大艺术品交易市场，将专注于文物艺术品交流交易、文化产品创意设计及制作、高端艺术展览、时尚设计等领域的国际文化贸易服务。

按照这个思路，保税区的配套服务设施建设得到拓展性完善。根据规划，北京国际文化贸易服务中心将投资建设实体建筑 50 亿元，于 2015 年全部建成并正常运营，年营业额将超过 500 亿元，同时文化保税区筹划相配套的一系列服务功能。据了解，歌华文化已会同海关及文化主管部门，拟定文化内容及艺术品进出口保税区等方面的监管实施细则；与中国版权保护中心合作完善国际设计版权在中国的登记；同时与太平洋保险公司等机构展开业务合作，针对艺术品特性开发专业保险品种。

另外，文化保税区在从事文化产品的创意、制作、存储贸易、营销的同时，提供评估、担保、保险、融资等金融中介服务，形成国际文化贸易服务的专业化体系。

比如，目前主营艺术品经营的歌华美术公司已迁入保税区内，积极开拓国内外文化艺术品的销售渠道，如代理境外艺术品在中国的销售与拓展中国艺术品海外贸易路径。回流中国文物、艺术品修复业务等也可以在保税区内得到发展。

歌华文化发展集团总经济师张佳春认为，天竺文化保税区的首要任务在于推动文化贸易的体制创新、机制创新、服务创新、管理创新、业态创新，争取在海关监管、财政税收、工商注册、金融服务、商务和外汇管理等方面试点，推出一系列便利服务措施。2014 年 1 月的"北京艺术周"涉

及海关监管服务、金融服务和政府审批等多项环节，北京海关为此专门创新监管服务模式，通过应用全球定位物联网监控系统等技术手段实现在区外提供监管服务，让文化贸易更为便利化。

综合保税区推出的文化保税政策之一是艺术品只要不出区，就能免关税、增值税。如果买家形成实际购买，艺术品需要出区之时，企业可再就具体的货物申报交税，随时退运，形式灵活而不占压资金。类似天竺综合保税区这种文化保税模式世界范围内只有瑞士是成熟典范，亚洲的中国香港地区和新加坡也初具规模，但在中国内地还远未成熟。作为北京市对外文化贸易工作的创新区和试验田，文化保税区的发展思路为文化贸易走出国门提供了颇具竞争力的实例。

三　文化贸易竞争格局谋变，保税区夯实文化软实力、巧实力

国际文化贸易格局在一定程度上考验一国文化产业巧实力的发挥，文化贸易竞争力是一国综合国力与软实力高下之分的标杆与衡量指标。

当前国际文化产品交易市场的竞争异常激烈，相比较过去传统交易市场，如拍卖会、博览会、艺术节等形式已越来越难以满足国家间文化贸易竞争日趋白热化的现实要求与发展挑战。以保税区、免税区形式为标志的新一轮竞争正在拉开帷幕。比如，瑞士、伦敦、纽约、新加坡先后建设一定规模的文物艺术品的保税区，着眼于延伸本土文化产品的国际竞争力、影响力与控制力的辐射范围。另外，出于分散风险的考虑，进行海外分中心、备份中心的建设也成为文物艺术品保管地发展布局规划之中心主题，这也间接推动了保税区建设的进行。凡此种种，我们可以看到，随着经济全球化进程的加快，文化贸易市场竞争的激烈程度与其他领域并无二致，文化贸易竞争格局的变化促成新的文化贸易模式、贸易方式与发展方式的变革。

就北京市文化保税区来说，国际文化贸易企业集聚中心、国际文化商品交易服务中心、国际文化产品展览展示及仓储物流中心三个功能区集聚在一起，相互依托，互为补充，为文化企业创意、制作、仓储、物流、展

示、交易提供一种产业链式的服务，还在文化、财税、金融、商务、海关等领域的行政审批和监管服务方面先行改革，是文化产品贸易便利化程度最高、服务体系完备的国家级文化贸易口岸。通过一站式通关的运营模式和保税功能，帮助企业提高效率，节约成本，促进机场航空口岸功能向纵深化、广域化延伸发展。入驻企业包括影视传媒、动漫游戏、出版发行等，经营范围既包括存储进出口文化产品和其他未办结海关手续的文化产品，也有文化产品的展示、展览、分销、配送、对外贸易、国际采购以及国际中转和检测。

通过将文化保税区打造为国家对外文化贸易创新示范区、国家级文化贸易口岸、中国文化"走出去"的能力培养区、亚洲最大文化产品交易市场，客观上夯实了文化作为我国对外竞争发展的软实力与巧实力的基础，也是我国新形势下探索文化大发展大繁荣的路径需要。

四 保税区政策红利持续发挥，"加速度"发展态势谋划有待加码

北京天竺文化保税区进入"加速度"阶段，许多优惠政策逐渐落地，红利正在一步一步释放。比如，苏富比"北京艺术周"举行的拍卖、巡展、私人洽购展、专家讲座与艺术论坛，让人目不暇接。其中，拍卖的总成交额 2.27 亿元，成交率 79%，保税拍卖品成交额达 9687.8 万元，成交率 89%[1]。拍卖的 130 余件现当代中国艺术作品中有 9 件拍卖品由国家对外文化贸易基地（天竺文化保税区）提供保税服务。按照中国税则规定，进口艺术品应缴纳货值 24.2% 的税费，临时进口按应缴税费同额度向海关交付押金，而在保税区内经营则无此负担。以此次苏富比艺术周展品为例，成交之后，买家可以选择将买到的艺术品办理进口、复运出境或长期存放保税区，也可申请临时入境保税展出。此外，天竺文化保税区还先后为意大利文艺复兴复制艺术品展售、英国古董商北京展售、西班牙展、国

---

[1] 网页资源：http://kfq.people.com.cn/n/2014/0102/c54918-23999462.html。原载于《人民日报》2014 年 1 月 2 日。

际机床展等项目提供了保税仓储服务，并为北京国际文物博览会、北京国际设计周、尤伦斯当代艺术中心展会、北京国际电影节等展会提供全流程的保税服务，开创了利用保税区进行会展服务的先例。

如何有效保证红利的持续发挥，让文化产业在保税区获得一次长时期的持续快速健康发展，也在一些方面考验着保税区相关软硬配套设施的后续完善与建设。

有专家指出，文化贸易涉及许多高附加值的服务，如创意设计、软件设计，影视动漫制作，艺术品的物流、咨询、广告等，然而，我国的文化贸易市场存在规模较小、专业配套服务缺乏、国际开放程度偏低、经营不规范等问题。对于文化保税区的发展而言，也必须充分考虑这方面的现实发展困境。因此，建立一套科学有效的服务体系，为文化贸易提供有力支持，成为当务之急。天竺文化保税区如何有效将文化产业特点与财税政策、文化发展与保税区建设结合，建立健全不断跟进的发展机制、发展模式成为题中之义。

同时，保税区试水成功能否达到预期效益也还有待进一步观察，尤其是保税区在我国发展终究要考虑到地域、文化与市场环境等具体因素的影响。如果没有与之相匹配的有针对性的设施建设与制度安排进行加码推动，红利释放的能量到底有多大，可能大打折扣。刘双舟教授指出，要解决艺术品的税收问题不能单靠保税区独立实现，还需要辅之以相关法律法规的完善，比如关税标准中艺术品与奢侈品归属一类，有待商榷；相关政策扶持能否到位与落地也是不可回避的问题，在我国目前条件下，一级市场疲软而二级市场强势，这一局面也会影响到保税区作用的发挥度。另外，文化产业及贸易行业部门众多，特点不一，保税区在促进文化产品发展目标下，在管理上需要有所区分，"不能进行一刀切，要依据不同行业特色，考虑以总的管理平台和原则为基础，实行行业部门分类管理模式的探索和创新"①。在重视保税区功能定位基础上，分类改革引导发展。还有，由于保税区的政策客观上存在鼓励藏家将作品存放在保税区的倾向，很容易导致对艺术品的关注在于其短期投资与炒作，难以发挥其艺术价

---

① 李小牧、王海文：《文化保税区：新形势下的实践与理论探索》，《国际贸易》2012 年第 4 期。

值，如阿夸韦拉美术馆馆长迈克尔·芬得利指出："在自由港，艺术未曾驻足。"所以引发对保税区给出的市场信号是解决关税的"权宜之计"的质疑。这些问题多少影响着文化保税区功能的全面发挥。

总而言之，文化保税区开启了我国文化对外贸易发展的新篇章，将以多种方式释放财税政策红利，促成文化贸易格局向纵深方向发展。作为文化"走出去"战略的重要举措之一，文化保税区的试水改革，有助于推动文化产业的国际化发展与增强中国文化产业的国际竞争力、影响力，将以文化的软实力与巧实力的形式来凸显我国综合国力的提升。当然，文化保税区真正释放最大能量，还有待相关的措施配合，发挥各方的合力。

开放平台开启中国文化的全球通路

——以完美世界 PWIE 平台为例

柴冬冬[*]

一 何为开放平台？

开放平台具体指的是一些大型游戏企业通过搭建开放的网络化平台，将自身的海外运营体系和运营经验与国内中小游戏企业互通共享，以提供一站式服务平台，进而联通国内与国外两个市场的新兴游戏产业运作平台。从实际效应来看，开放平台模式最成熟的代表当属完美世界的 PWIE 平台（Perfect World Import & Export Platform，全称为"完美世界海外进出口平台"）。

2012 年 4 月，完美世界 PWIE 平台正式上线，这标志着我国游戏企业的海外运营进入新的发展阶段。PWIE 平台包括针对研发商和运营商两方面服务。运营商方面，PWIE 平台为全球运营商提供"优质网游代理一站式"服务。服务涉及运营商的产品采购、产品评估、品质管制、运营咨询及投资顾问等诸多方面，帮助运营商寻找到一款适合当地区域市场需求的网游产品，降低运营商的运营风险与成本、保证产品品质合格，协助运营商推进产品上线并商业化运营。而研发商方面，PWIE 平台为全球研发商提供"优质网游发行一站式"服务，服务涉及研发商的产品销售、产品包装、产品宣传、开发指导及开发定制等诸多方面。帮助研发商寻找实力雄

　＊　柴冬冬，中国人民大学博士研究生。

厚、经验丰富、适于其产品市场需求的当地运营伙伴。同时定期为研发商提供全球网游市场需求的产品开发建议与终端使用者回馈。从目前市场定位看，完美 PWIE 平台主要面向国内中小网游研发商和海外运营商两类用户，在为前者提供一站式海外发行服务的同时，为后者推荐中国优质网游产品，成为连接全球游戏研发商和运营商的桥梁。在这个平台之上，游戏企业之间可以互通有无，通过利益分成方式，实现资源共享，既能够为众多缺乏海外运营经验和实力的中小网游厂商提供"走出去"的机会，还可以为国外厂商进驻国内提供平台，从而为我国游戏产业的整体繁荣提供重要途径。

完美世界作为连续五年位居我国网游出口第一的游戏企业，已经成功将其旗下产品出口到世界 100 多个国家和地区，在海外拓展的过程中，其运营体系不断完善，海外推广、管理经验也不断丰富。更为重要的是，其在海外积累了丰富的海外客户资源，为我国游戏产业赢得良好认知和口碑。正是基于此，完美构建的海外进出口平台从其推出的那一刻起，就注定会给产业界带来巨大的模式变革。而事实也是如此，PWIE 平台上线仅半年，就收集整理了 249 款产品，建立了一整套完整的产品测评标准，并在此基础上完成了 180 余款产品的测评。目前多款端游产品已成功签约中国港澳台地区及越南、印度尼西亚等国家，另外数款国内热门页游也成功通过 PWIE 平台在多个区域落地，例如页游《热血海贼王》通过 PWIE 平台签约泰国和印度尼西亚，从产品测试至签约只经过两周时间，其资源整合与规模推广优势得到初显。

二 开放平台带给我们什么?

开放平台的兴起有其特殊的历史境遇。

其一，随着 PC 和移动智能设备的普及，依托于网络的经济形式在当今世界经济新的增长点与突破点，借助网络为产业发展助力，已成为企业发展的优先选择。这一点，从网络游戏已成为我国文化产业市场化程度最高、出口增速最快的现实状况即可看出。因此，我国游戏企业要想在对外贸易中真正走向高端化，占据质量性和结构性优势，势必要回归网络本身，在网络中寻求新的贸易刺激点。

其二，经过十多年的积淀，我国游戏企业无论是在海外运营经验上，还是在海外市场认知度上，都有了很大提高，这就需要继续有机利用、深化整合自身的资源，进一步带动我国游戏行业的整体"走出去"，搭建网络开放平台当是其中的有力举措。

其三，目前的国际游戏市场竞争日趋激烈，海外市场贸易保护也较为严重，在单个企业"走出去"遇阻的情况下，必须整合利用优势资源，实现真正的"抱团出海"。

其四，目前我国游戏产业出口面临的主要问题是，国内网络游戏市场热闹非凡，产品众多，但活跃在国内市场的众多小企业的游戏产品却无法顺利走出国门，国际市场上也只是几大著名企业开展得如火如荼，因此，大型企业出口逐步攀升与中小企业的出口不畅这一矛盾必须予以解决。

应该说，开放平台的建设成为解决上述问题的重要契机。现在看来，开放平台的优势在于其互助性、整合性、融通性与全球性，它是企业之间利用自身的运营资源进行互助合作、融通国内国外两个市场、实现企业全球化运作的重要途径。放眼未来，游戏产业纳入进全球化进程将是其必然趋势，这就要求我们必须努力寻求整合全球资源的有效路径。对此，完美世界 CEO 池宇峰也持相同意见，在他看来，中国网游未来的海外发展必须走"全球化资源整合"和"全球文化整合创新再输出"之路。更进一步看，网络的全球性也恰恰为游戏产业的平台建设提供了助力。特别是苹果 App Store 在全球市场的成功，使我们进一步看到了以网络为依托，建构在线平台的可行性与重要性。然而开放平台不同于单纯的应用商店之处在于，它为企业提供代理与发行的一站式解决方案，而非单纯的软件下载。这里的问题是，我们能不能将游戏企业的这种进出口运作模式推广到其他文化产业门类以及能否将这种平台进行商品化？

事实上，我国文化产业"走出去"之所以面临诸多问题，除却贸易壁垒、产品自身竞争力不强及存在文化折扣外，更重要的是各分行业都未能建构一套完整的海外发行、营销体系，在海外市场运作上缺乏专业性与针对性，如电影产业的海外发行就没能建构起类似游戏产业的一站式解决方案，这当然与电影产业所面临的具体海外市场情况不同密切相关，但依然存在建构开放平台模式的可行性。仅从海外出口上看，在具备相关条件的产业领域，集中产业优势打造数个涵盖产品销售、产品包装、产品宣传、开发指导等环节的专业性的开放平台是完全可行的。如中国对外文化集团公司就是用专业化的运作方式，把成熟文化产品推向世界的文化中介商，虽然其运作模式与开放平台并不完全相同，却存在共同性，我们完全可以以其为基础进一步完善。开放平台既可以由某个既有行业的海外领导者建立，也可以由数个有海外运营经验的企业联合成立，还可以由实力强大的资本集团融资成立。也就是说，平台既可以作为子部门存在，也可以成为独立运营融资的企业。

总的来说，开放平台的成立标志着我国游戏产业已从单纯的卖产品转向卖产品与卖平台融合互动的新时期。它开启了我国游戏产业的对外贸易新模式，其意义不仅在于游戏产业本身，对打通中国文化产业的全球化通路，也具有重要的示范意义。但我们也应看到，开放平台并不是毫无缺陷可言，其中最主要问题当属平台母公司的产品与进驻平台的他公司的产品之间的竞争性矛盾，也即平台拥有者是否最大限度地秉持公平理念服务于其他研发商，这将是开放平台日后发展面临的重要问题。

四两拨千斤：以轻游戏实现转型升级

——趣游集团的发展模式及海外战略

高　超[*]

2013 年中国游戏产业继续保持高速增长，网页游戏、客户端游戏、手机游戏等多种游戏形态共同繁荣。在众多快速成长型的游戏企业中，趣游无疑是个佼佼者。它从一个年收入 2000 万元的公司发展成为年收入 20 亿元的集团，产业覆盖全国，海外市场也取得了骄人的成绩。从页游到手游，从游戏到影视，从线上到线下，从产品到产业链，从产业链的下游到上游，走出了自己的海外发展之路。

一　趣游集团的发展历程与模式

1. 2008～2010 年的创业之路

趣游伴随网页游戏一起成长壮大，开创了游戏行业的独代体系。它是指趣游全权负责其平台上游戏产品的运营，包括游戏的服务器、广告、支付，有时甚至包括产品的修改。运营平台上的游戏企业只需按照趣游的要求修改产品即可，并得到收入的 30%～40%。与当时的游戏行业完全不同，趣游不但开创页游独代模式，还引领 3D 网页游戏时代。[①]

2. 2010～2012 年的集团化、一体化、全球化战略

趣游在这一阶段寻找并确立了市场地位，重新注册了趣游公司，从北

＊　高超，中国传媒大学博士研究生。
①　http://www.gamewave.net/.

京、厦门走向全国、走向世界，开启了集团化、一体化、全球化的"走出去"战略。2011 年，公司收入约 6 亿元，到 2012 年已达到 10 亿元。也是在这一阶段奠定了趣游的行业地位，成为页游中的先锋力量。

3. 2012 年至今的开放式合作战略

2012 年 5 月在原有趣游北京科技的基础上成立了趣游集团，7 月正式挂牌，进行集团化管理，组建了运营、研发、孵化器、投资四部分，每一部分都由自己的副总裁负责运营管理，其中孵化器包括企业投资与企业运营服务，每年培养的中小企业近 20 家，年收入 2 亿元以上。集团化形成了北京集团总部和北方总部、上海的东部总部、厦门的南方总部、成都的西部总部，海外还有 4 家地方总部，至此基本完成国内战略性产业布局；趣云平台上线，成为国内首个全球化云计算服务平台。趣游还加速布局移动业务领域，同步拓展移动终端平台、软件应用、手机游戏等多条产品线。[①] 2013 年底完成集团化和全球化的过程。集团化促进了战略的明确分工，一体化改善了企业的生存环境，全球化让产品走向世界。

二 趣游集团的海外之路与战略

趣游集团的海外战略可以借用冯仑的成功法则："学先进、傍大款、走正道"三个阶段。

1. 学先进："交学费"摸索自己的海外之路

趣游是国内较早涉足海外游戏市场的公司之一，2009 年就开始尝试将产品代理从单纯的国内独代转为全球独代，但此阶段并没有主动出击，更多的是被动前进，是在国内运营产品非常火爆的时候，一些代理公司主动请趣游代理海外版权，进行海外发行。后来趣游逐渐开始进行海外代理和发行的尝试，此时更多的是学习其他游戏企业在海外发行和发展的经验。成果和苦果兼有，甚至为其他企业转嫁经营风险——产品先在趣游的平台上运营，效果不错再进行海外代理。

---

① http://www.gamewave.net/.

2. 走正道：海外授权与海外直营双规运营模式

2010 年后，趣游开始探索自己的海外之路，成立了海外运营部，正式开始产品的海外输出，将传统的海外授权模式与海外直营同步进行。聘请了大量具有海外发行经验的人才加盟，包括日、韩等地的前辈，成果显著，与日韩、中国港澳台、东南亚等国家或地区的发行、运营、研发等公司初步建立了关系，也为日后正式进军海外打下了基础。趣游先在日、韩及中国港澳台建立直营中心，再向欧美进军，最终实现全球化的同步发行、同步运营。2011 年至 2012 年初，亚文化圈的战略实行得很好，业绩也超乎公司预期。2011 年公司相继建立日韩、南北美、欧洲等 12 个平台，全球化体系初具规模。《天纪》多语版跨越语言与文化壁垒，在全球八大区域成功运营。随着日、韩等国家本地页游的兴起，再加上中国企业大量进军海外，海外直营的弊端越来越显现，水土不服症状越来越明显，诸如管理、推广、本地化等矛盾越来越尖锐，尤其是趣游团队的人才和海外经验成为瓶颈，亚文化圈的战略中心慢慢向竞争力低的东南亚过渡。而欧美战略从开始就不顺利，主要因为页游产品以中国传统文化和武侠文化为主，出口到欧美产生较大的文化折扣；尽管公司结合欧美文化，尝试开发欧美系列产品，但还是难以逾越文化壁垒，产品输出效果一般。

3. 傍大款：海外联合运营模式

2012 年开放式海外联合运营模式出现。此时全球本地直营基本维持现状，随着中日关系恶化，日本本部收入更是直线下滑，难以为继；中国港澳台、东南亚因依然处于页游产业爆发期，收益等方面仍可保持增长；欧美则基本撤出。直营模式在集团内部开始受到质疑。趣游开始思索能否有一种攻守兼备模式，海外联合运营的模式逐渐浮现：以产品与当地运营公司合作，组建项目或项目公司，共同运营，共担风险，共同本地化，不要版权金，不要大股权，不要管理权。这种开放的模式前期风险大、收益低，在习惯"海外授权"一次性买卖的中国企业中不多见。同时趣游也开始尝试引进欧美的大品牌的单机产品，在中国页游化，再向全球输出。目前，开放式海外联合运营已在几个国家试行，效果尚未显现，但是从沟通和当地企业积极性来看，基本达到了"产品运营本地化的目的"。相对于海外授权，增加了产品的生命力和长期收益，相对于海外直营降低了成本和经营风险，而对于趣游本身的品牌价值也有明显提升。

三 趣游集团给游戏企业及游戏"走出去"的启示

趣游在发展过程中也存在一些遗憾，比如在公司发展的第一阶段错失游戏用户入口争夺机会，第二阶段忽视上市对于企业发展的作用，第三阶段高端人才对于企业发展的瓶颈越来越大，但都掩盖不住趣游与日俱增的光芒，其成功的经验足以为游戏企业及其海外市场的拓展提供重要的借鉴意义。

1. 创新商业模式，打造"超市化"运营体系，实现游戏产品的品牌聚合

初创企业的定位至关重要，趣游在创业前期逐渐摸索出了适合自身的独特发展模式与战略，结合自身优劣势，拆除企业竞争中研发能力弱的短板，加长运营能力强的"长板"，独辟蹊径，建立一种脱胎游戏、打造游戏产品的运营平台，抓住了价值链的战略环节，使之成为有力的竞争武器。不同于端游将一个游戏产品放在一个网站运营，趣游是把几十个产品放在不同的门户网站同时运营，这种模式"把鸡蛋放在不同的篮子里"，降低了产品运营风险，并且将游戏研发在整个产业当中的核心地位调整到第二位，把产品的运营放在整个战略层次的首位，面向市场、面向用户放在第一位。用户为王的时代，掌握用户方是"王道"。平台上实现了以下资源的对接。第一，支付渠道的对接。趣游在平台上建立了广泛的支付渠道，如银行卡、信用卡、点卡、移动充值卡，用户可以选择任意方式进行充值，因此打通了大城市、中型城市、农村的充值渠道，只要能上网，有手机的人都可进行充值，实现了支付模式上的创新。第二，与服务器运营厂商的对接。游戏产品高度依赖互联网技术与用户的体验，并以运营服务作为用户的直接感受方式，服务器质量、运营的能力、宽带传速的速度、游戏的反应速度对用户的充值、服务、娱乐都有影响。趣游采购一大批高质量服务器，按照自己的技术逻辑，把游戏放到服务器上，成本不用研发商分担，而由趣游自己支付。用户的习惯和市场反应是不断变化的，趣游以玩家体验为导向，随时调整，以便提供高质量的服务。第三，与游戏产品营销的对接，即对于游戏产品的推广。趣游一个运营平台里仅有几十款游戏，当其拥有若干个平台时，每个月每个平台都会有自己的主打产品，趣游对于主打产品会进行重点的广告推广。这种推广可以保证产品能够迅速地面向所有的互联网用户，向他们展示某款游戏的魅力，这一点是研发商很难做到的。第四，资金的对接即投资问题的解决。小的游戏研发团队，有好产品，但没有钱进行研发，趣游就会在分成的比例上进行让步，鼓励小团队进行进一步研发，使得公司能获得更多的利益。还有一种方式是进行直接的风险投资，产品如运营成功趣游只占很少一部分股份。

2. 以轻游戏实现转型升级，"四两拨千斤"撬动海外市场

轻游戏是游戏未来的发展方向，因为轻游戏在无形中符合一个规则，即人们喜欢轻便、简单的事物，尤其是轻松的娱乐。中国的游戏技术发展较慢。2012年除了面对集团自身发展以外，还要面对行业的转型、国际国内的同行竞争的压力。面对一系列挑战，趣游找准定位，以发展"轻游戏"来强化自身的核心竞争力。趣游还从轻游戏延伸到"轻文化"的理念跨界整合，包括轻游戏（以轻游戏、手机游戏为主），轻娱乐（以电影、微电影这些视频娱乐为主），轻应用（包括手机应用、社会应用以及其他的移动应用），公司将全部涉及这三个领域，对于轻游戏，公司的重心集中在企业孵化器即投资上，对于轻娱乐，趣游正在和一些传统影视巨头合作，为这些传统文化企业实现创新植入新的力量。这一定位的准确性在于它符合网页游戏的本质，即网游只是个载体，趣游也仅仅是把客户端的内容进行网页化，把占流量占内存的东西进行删除，独立开发也只基于网页、不占流量，其价值链的战略环节就是数据和资源整合。定位于轻游戏以及关键战略环节的把控，无论是对于拓展海外市场，还是引进欧美产品，在中国页游化后再全球输出都具有重要的战略意义。

3. 分步骤、有重点地出击海外市场，全球化战略与本地化管理相结合

"傍大款、抱团取暖"生存易发展难，只输出游戏产品没有运营，没有市场也没有用户，还是粗放型的出口，占有用户才是根本，所以公司发展到一定阶段要实施全球化战略，通过摸索建立自己的海外渠道，无论是海外直营还是和海外公司联合运营，总之应在海外设立公司，要有自己专业的海外商务团队，来运作与传递游戏产品的价值，并且要建立自己的品牌意识。与海外企业谈判不应只看金钱利益，海外品牌价值是巨大的无形资产，要掌握保护知识产权和品牌方面的法律知识，拓展海外市场的游戏企业应优先发展中国港澳台、东南亚市场，可以预见未来两年该地区在游戏产业方面将继续保持高速增长，尤其是南亚和东南半岛应该重点出击。游戏"走出去"的瓶颈就是本土化，无论是公司管理的本土化还是游戏产品的本土化都关乎成败，所以要将全球化战略与本土化管理相结合，尤其应注意与当地企业合作的法律问题和诚信问题。

东道设计的本土化与国际化平衡之路

欧阳神州[*]

东道设计成立于 1997 年，总部设在北京，在国内外设立了多处设计事务所，目前拥有 400 多位员工，其凭借国际化的设计观和实务运作逐渐成为中国最大的设计公司之一，也是中国资深的、最具规模和影响力的综合性品牌战略研究、品牌咨询与品牌设计公司。在过去的 16 年间，东道设计先后为国内外 1500 多家客户提供超过 3000 次的设计服务。2011 年《经理人》杂志品牌咨询和设计行业全球排名中，东道名列第四，也是唯一一家上榜的中国公司。在"品牌创意设计及广告"领域，东道品牌设计公司依然是唯一一家跻身前五的亚洲设计公司。

从业务发展角度看，东道设计融合品牌研究、管理与设计于一体，专注于品牌的创造和管理，为客户提供从品牌研究、市场分析、品牌组合规划、品牌战略、命名和语词创作、设计（包括品牌识别设计、包装设计、环境空间导示设计、网络设计）到品牌管理制度建设的一站式立体、综合性服务，从而提升客户在海内外的品牌影响力与市场竞争力①。

近年来，东道设计公司多次在国内、国外获得 VI 设计和标志设计的大奖，为国家和设计界赢得荣誉。比如：

2013 年，德国"红点设计传达大奖"；

2010 年，《APD – 亚太设计年鉴 No. 6》收录东道多项设计作品；

2007 年 3 月，第 16 届亚运会会徽设计"十佳"作品奖；

＊　欧阳神州，中国人民大学硕士研究生。

①　http：//www. dongdao. net/about. php.

2006 年，中国设计行业用户（客户）最满意品牌；

2005 年，中国公安消防徽标全国征集金奖；

2003 年，中国文化部驻外使领馆礼品包装设计；

2002 年，在 LOGO 2002 国际商标标志双年奖中，VI 设计类优秀奖，标志类银奖；

2002 年 9 月，"第二届华人平面设计大赛"，VI 作品获优秀奖；

2001 年 10 月，"亚洲平面设计大赛"上获"标志类"最高奖项；

2001 年，第 21 届世界大学生运动会主场环境形象设计，被授予"先进集体"；

2001 年，作品"状态""保护绿色"获亚洲平面设计大赛优秀奖；

2000 年 5 月，LOGO 2000 国际商标标志双年奖中，"东道网络形象 VI 方案"获 VI 设计全场唯一金奖；

1998 年，国际商标节获商标设计金奖。

可以说，这些丰硕成果与东道设计的发展理念及发展道路的选择是分不开的。秉承东道西器的战略发展理念，东道设计逐渐走出一条本土化与国际化相结合的平衡发展之路。

一　本土化与国际化的融合理念

东道设计，"东道西器"提法本身寄寓朴素、大气、务实的丰富内涵，一针见血道出东道设计立足于设计行业的战略选择、发展理念与现实支点：本土化与国际化融合，依托民族文化，吸纳西方先进的设计理念及技术，致力于成为中国设计的国际开拓者和实践者。这也是比起国际同行而言，作为后来者的明智之举，经变了智慧能力的考验。从实际效果来看，2013 年东道在国际领域的拓展可谓硕果累累：公司荣获具有"设计奥斯卡"之称的德国"红点设计传达大奖"，与韩国设计振兴院、澳大利亚肯卡托、日本包装设计协会等建立定期交流与合作关系，与德国 KMS 的人才互换交流项目正式启动，东道意大利合资公司正式落成，等等。这些无疑都是东道本土化与国际化相结合的战略发展的成果在国际创意领域得到最切实的展现。

东道设计将致力于打造成为中国品牌设计行业的第一个国际品牌，从品牌建设角度协助国内企业走出国门，在世界范围内树立起几个举世瞩目的属于中国的民族品牌形象。而品牌源于专业，能力源于东西融合。东道所具有的从品牌研究、策略到品牌设计、品牌的管理维护落地的完整产业链与运作模式，核心在于通过科学有效的、国际化的设计和品牌管理之道，帮助客户构建卓越的品牌体系，从而协助更多的中国企业塑造国际化的品牌形象，将融合中国企业的优秀的品牌形象和人文风格展现在国际舞台上。这既是作为设计人解建军自己一直怀有的使命感，也是中国创意设计未来发展的大潮趋势，更是作为行业发展的见证者与实践者的题中之义。

本土化与国际化结合，有助于将中国设计的风骨、气质、精神风貌通过专业力量，将自身的国际视野、经验和国际专业水准运用到品牌服务中，改变中国企业的品牌形象，提高中国品牌的国际传播力、影响力、控制力，推动创意设计发展。东道设计这一发展路径的选择，实际上也成就了专注于设计和品牌管理的东道发展为中国创意设计标杆的理想。

本土化与国际化相结合发展，这两方面并不是割裂发展的，而是发展过程中的一体两面。从战略布局的角度来说，东道设计本土化与国际化融合为一，集结了一个会聚国内外知名专家、学者、教授及众多知名院校毕业的拥有资深行业经验的视觉设计和品牌咨询精英组成的优秀团队，并通过每年定期进行与欧洲顶尖品牌设计公司设计师互换互访计划等国际交流合作机制，积极对接国际前沿发展动态，将国际行业动向与国内市场发展熔铸在专业设计与本土元素的框架内。截至目前，东道拥有由 24 个国际联盟合作伙伴组成的全球跨领域合作网络，全面覆盖从品牌研究、视觉设计、产品造型到空间规划的顶尖力量，初步实现强强联手。这一系列的举措，有效保障了东道的设计和品牌管理理念与国际领先水平保持同步以及扩大其国内外市场竞争力、影响力。

二 "两化"合二为一的战术进展

战略布局解决了发展路径、发展理念问题，如何落实与推行，促成战略落地，成为第二阶段的关键环节、节点。在这一方面，东道设计依托自身实际情况，从以下几个方面着手，找准发展的突破口与着力点。

（一）组建国际化团队

2004 年，东道成立了国内设计公司中最早国际部。从国际上聘请做品牌研究和管理的资深人士，组成品牌管理团队，给客户提供专业的品牌管理服务。品牌管理服务离不开自身多年的经验所形成的系统的、科学的工作方法与国际尖端人才的"献计献策"。通过汲取国际发展经验与结合本土发展实际，东道已经摸索出具有自身特色的发展路径与运营模式，初步形成从前期品牌研究和策略定位到品牌的设计、品牌实施和制造、推广等一整套规范的流程，从而为客户提供一站式、产业链模式的服务。

对中国文化的全新解读不是完全由中国人单方面就能完成的，在这一方面，东道设计通过刻意强化团队建设中国外成视角，包括汲取来自瑞士、英国、韩国的项目高管与设计师提供的国际化思维对中国文化外在的、旁观者的视角与认知。同时，重视与不同文化背景的国际人员的合作，如涉及英文命名和字体，就请有更深的理解和更自如的运用的国际部外国同事参与。

这一点在东道设计与德国博世公司的未来汽车的人机交互界的设计项目中所强调稍微重构五行元素的表现力，能够得到全面、翔实的体现。作为世界最大的汽车零部件供应商德国博世公司选择东道设计作为合作伙伴，其考虑的因素之一在于看中中国元素与思维所蕴藏的灵感与魅力，利用中国元素来创造潮流，而东道设计在这一块的理念与成绩正好符合其需求。在这个项目中，东道设计通过对东方人的思维、生活方式与行为习惯进行重新思考、整合与研究，以金、木、水、火、土的五元素为基础，结合专业设计技术打造契合五元素不同属性、寓多样性与未来感十足的互动界，凭借极具表现力与冲击力突破人们的想象力底线，进而在 2012 年北京车展为举世瞩目。正如东道设计公司副总裁 Fabian Furrer 所指出的："这次设计并不是一个终结，而是一个开始！这是东道、博世和中国驾驶者一起对未来的一次开放性探讨"①。最终，凭借超凡的设计成果，博世公司给予东道高度评价："东道设计是博世强有力的合作伙伴！"

_____

① 《东道设计重构五行元素的表现力》，《商界》（评论）2012 年第 6 期。

（二）定期与不定期的国际交流

虽然说东道设计目前的主战场是国内市场，但对于国际市场与国际同行业的发展，东道给予了不寻常的关注，对于国际设计行业的发展动态的热情不曾衰减。不管是公司管理层人员在不同国家奔波，去国外最好的设计公司考察，还是组织参与一些国际的交流与合作，这既是与国际设计行业前沿发展动态保持高度的契合、维持国际视野、链接国际市场的举措，进而从不同的专业领域看到差距，培养国际化的视野和工作方法，也是"请进来"为我所用、巩固国内市场份额的举措，进而为"走出去"做好铺垫。

公司董事长解建军每年会抽出两个月时间去欧洲、美国等地和国外设计公司谈交流和合作。比如 2007 年的欧洲之旅，解建军去了包括德国、意大利、芬兰在内的 7 个欧洲国家，拜访了 20 多家设计公司。在这种沟通交流机制中发现国际同行的高质量的设计，再让公司国际部与相关设计公司联系。

一般来说，东道设计与客户之间的项目服务流程是固定的，而如何真正做到给客户提供系统的、科学的、有实效的商业的品牌研究和品牌设计，关键在于根据客户的诉求与自身行业发展特点，进行合理的匹配与设计，要充分考虑到市场状况和客户的不同特性，国际化的交流机制在一定程度上保障了国内外市场的衔接，这也是东道开拓国际市场的重要手段。在这方面东道借鉴了国内一些企业国际品牌意识的崛起与品牌建设的实践，如长城润滑油，在考虑国内外客户的文化、市场环境、需求等方面的差异性，多年前开始打造自己的国际品牌，在国内、国外使用的是两套不同的形象标识。

（三）积极参与项目合作及国际赛事

在谋划国际市场开拓与国内市场发展壮大方面，东道通过国际化的战略，积极参与国际项目的合作和相关赛事评比，一方面让东道的声音传播出去，提升自身的美誉度与国际知名度；另一方面以此作为引领国内市场的重要一环，通过由外入内的方式间接占领与维持国内市场的设计业顶端地位。

2010 年 10 月，由东道设计主办"东道零碳国际设计展"在上海世博园伦敦零碳馆开幕，展出来自英、法、德、日等世界各国设计大师有关环保主题的优秀设计作品。作为首次由国内设计企业主办的国际设计展，得到了世界设计界的响应和高度关注。这一方面体现了东道设计在设计行业的不凡号召力，也折射了中国设计企业在世界同行中日益提高的声誉和地位。①

2013年，东道与世界著名产品多元化跨国企业3M公司，在北京召开"关注品牌专注创新"——东道与3M战略合作签约仪式暨新闻发布会，开启以"关注品牌，专注创新"为主题的长期性、战略性的深度合作，成为3M公司在中国唯一的战略合作伙伴。3M公司是全球专业的功能材料加工技术以及多元化新技术创新解决方案的供应商，拥有全球的网络和丰富的技术资源。在回答记者关于是什么契机促成两家公司达成战略合作协议的提问时，3M公司中国区副总裁杨彤指出："从创意设计，到材料应用，再到终端品牌客户，好的设计需要通过新材料、新应用变成好的表达，这才是完整的品牌解决方案。鉴于3M与东道在业务链中各自的领军地位和独特优势，双方的强强联合也就顺理成章了。"②

双方拟在产品、服务、解决方案方面，新技术、新方案的研究与开发方面，以及品牌推广、市场开拓等方面展开深度合作，共同拓展市场。这次合作有助于东道设计进一步走向世界市场，向国际化、专业化与标准化更进一步，也是中国设计的国际化发展历程中重要的一幕。正如东道董事长解建军所说："中国制造走向世界的同时，中国设计也会走向世界，这是没有人能阻挡的趋势。"应势而谋，顺势而为，东道设计顺应全球化趋势大潮，着重本土化与国际化的结合发展，发掘结合的巧实力与软实力，近年来所获得的发展也就不难理解、不足为怪了。

三 总结

作为中国第一的品牌设计与品牌管理咨询公司，东道设计被业界誉为

① http：//www.visionunion.com/zhuanti/designcompany－blue/.

② http：//shijue.me/show_ text/5208965d8ddf877c030000b0.

"走出国门最远的品牌设计公司"，16年来，东道集团依托本民族文化，运用西方现代设计理念，通过科学有效的工作方法，从品牌策略端、设计端到落地端的无缝链接国际市场与前沿领域，紧跟潮流并结合自身发展实际，为中国品牌的国际化、专业化，做出了令人瞩目的贡献。在本土化与国际化相结合的发展道路上，成绩是可观的，相比较国际同行业的发展水平与实际情况，任重道远，也还有待进一步完善发展。

可以说，东道不仅是中国企业和品牌不断崛起的见证者，更是这一重要历史进程的参与者和塑造者，也期待我们在可预见的未来，有越来越多这样的中小企业脱颖而出，成为国际化与本土化的参与者、实践者、受益者。

嘉兰图：对接国际市场的设计之路

欧阳神州[*]

嘉兰图创建于 2000 年，是本土唯一一家独揽 Red Dot 至尊奖、iF 金奖、IDEA 设计奖等国际顶级设计大奖的设计机构，致力于帮助全球客户提升品牌及产品竞争力。总部基地位于深圳，并陆续在北京、成都、沈阳、顺德、荆州等地设立分公司。目前，公司拥有 400 多名设计师、技术专家、分析师、策划师组成的专业团队，为客户提供以品牌和产品竞争力为核心的综合解决方案，涵盖市场与用户研究、品牌与产品策划、产品设计、设计成果产业化服务的产品创新全过程。

嘉兰图强大的产品设计能力与实力通过积极参与国家市场竞争，斩获多次国际设计大奖并获得国际权威机构认可，在消费电子、家用电器、通讯终端、医疗仪器、工程机械等多个领域产生了广泛的影响，赢得 GE、MOTOROLA、SIEMENS、Philips、美的、格力、海尔、华为、迈瑞、中兴等国内外顶级企业的青睐，并长期为国内外知名企业提供设计咨询服务，多年来保持着长期战略合作伙伴的关系，拥有 5000 多个成功案例。在工程机械设计方面设计的产品涵盖大型桩工机械、小型工程机械、全系列挖掘机等十多个领域、160 多个型号。

一 发展历程

2000～2004 年，嘉兰图基本上处于一个"包壳"时期，公司主要根据

---

* 欧阳神州，中国人民大学硕士研究生。

客户要求进行设计，还没有形成独立的设计领先的理念与运作模式。

2005～2007 年，根据客户需求变化，嘉兰图会提前帮客户做准确的产品定义，从需求、技术、市场三个方面出发，为客户的产品准确研判市场定位，从而帮助客户在市场上获得巨大的成功。

2008～2010 年，嘉兰图开始致力于客户的品牌建设的设计。2008 年金融危机后，国际局势发生转变，出口导向的国内制造业一时受挫，部分工厂停产或倒闭。在产业急剧升级的特殊时期，嘉兰图转变思路，着手致力于为中国优秀的制造企业建立自主品牌、打造在国际范围内有影响力的品牌的设计之路。

正泰低压电器案例的巨大成功，以及嘉兰图自有品牌"雅器"老人手机卖出 800 万台的销量奇迹等案例，都说明了嘉兰图在"品牌塑造"上的优势。

2010～2013 年，嘉兰图在开拓国际市场的基础上，注重产品战略，如凯立德 GPS 导航仪、火乐智能投影仪。随着时间和市场需求的变化，嘉兰图为客户提供了前瞻性的战略规划，引导客户品牌更好更快地发展。在嘉兰图看来，客户提出来的是要求，而不是需求，嘉兰图要把要求放到需求之中，调研市场到底需要什么样的产品，评估现阶段技术能否实现这样的产品，评估是否会有新机会出现，为以产品为品牌战略的实现夯实基础。从而引领中国的设计产业走"品牌化"的发展道路，助力中国制造业转型升级。

二　国际化发展概况

嘉兰图积极参与国际市场的开拓，参与国内外设计大赛，近年来屡次获得高级别奖项，并且保持稳步增长，行业影响力大。其国际获奖有：

2012 年，获得两项 iF 产品设计奖；

2012 年，获得拉斯维加斯 CES 设计与工程奖；

2011 年，获得 IDEA 产品设计奖；

2011 年，获得红点（Red Dot）产品设计奖；

2010 年，获得 iF 产品设计奖；

2010 年，获得 iF 产品设计金奖；

2010 年，获得两项红点（Red Dot）产品设计奖；

2010 年，获得红点（Red Dot）概念设计奖；

2009 年，获得红点（Red Dot）概念设计奖；

2008 年，获得红点（Red Dot）"至尊奖"；

2006 年，获得全球设计大奖红点（Red Dot）"至尊奖"；

2006 年，拉斯维加斯 CES 设计与工程奖；

2005 年，获得 Asia Mobile News "最佳 3G 手机奖"；

2005 年，拉斯维加斯 CES 设计与工程奖；

2004 年，拉斯维加斯 CES 最佳创新奖。

对接国际市场方面。嘉兰图成功借助展览形式获得国际、国内两个市场的知名度与影响力。2012 年 9 月 19 日，英国百分百设计展在英国伦敦 Earls Court 展览中心举行。领衔中国设计"军团"的嘉兰图备受瞩目，以其为"深圳派"代表中国设计再度挥师百分百，是中国设计走向世界的关键一步。深圳设计以设计公司为主，以组团形式强势亮剑百分百，其阵容囊括了 18 家国内顶级设计品牌的共 40 多位代表，参展作品涵盖工业设计、家具设计、装饰设计、生产制造等多个领域。

2013 年是嘉兰图走向国际化市场的关键一年。1 月，嘉兰图公司正式在荆州注册成立湖北嘉兰图创意设计有限公司。公司成立后，迅速启动了工业设计理念的推广和创意设计业务的拓展。2013 年 3 月底，深圳市火乐科技有限公司在广州红砖厂隆重举办 HOLATEK - Λ2 互联网智能投影仪新品发布活动。嘉兰图参与设计的功能强大的 HOLATEK - A2 智能投影仪问世宣告投影技术跨入投影、电脑、电视三位一体新时代，是一次设计与制造的完美结合，标志着中国工业设计有了新突破。

2013 年 5 月 17～20 日，第九届中国（深圳）国际文化产业博览交易会在深圳举办。嘉兰图作为中国最大、实力最强的工业设计集团，以"创新设计·美丽中国梦"为参展主题，所展出的全球首款助听手机 S900、美的活水热水器、乐视盒子 C1S 和雪莱特 LED 灯等经典力作一一亮相文博会，分别获得 2013iF 大奖、2013 艾普兰大奖、2012 省长杯大奖等荣誉，乐视盒子 C1S 更是创下"58 分钟售罄 5 万台"的产业纪录，可以说每一款产品都凝聚了嘉兰图精耕设计产业十三载的心血，充分展现了中国设计作为文化创意产业重要组成部分的独特魅力，赢得了观展人士的极力赞许，获得权威媒体中肯评价，在展会现场引起不小轰动。

三　成功经验

嘉兰图作为走中国设计产业国际化之路成功的案例，其成功经验如下。

第一，利用设计优势，为客户创造专利价值，实施专利产业化转化。嘉兰图 6 次荣获 Red Dot 至尊、4 次 iF 金奖等全球设计大奖，同时还荣获 20 余项国内设计奖。拥有国内外专利共 122 项，其中实用新型专利 32 项，国际专利 40 项。嘉兰图成功完成近 4000 项创新设计项目，其中大多数为原创性的专利开发成果，并成功实现产业转化，粗略估计产业化价值达到千亿元以上，创造了广泛的社会效益，赢得了业界的尊重和客户的好评。嘉兰图站在设计最前沿，通过设计创新，不遗余力地推动相关领域的企业战略转型升级，提升了产品及服务竞争力和品牌竞争力。

第二，对接国际市场，延伸设计影响力。作为首家荣获"设计奥斯卡""红点至尊大奖"的中国设计企业，嘉兰图依托进军国际市场的成果与优势，进一步开拓国内市场，将"走出去"战略与本土发展相结合，相得益彰。嘉兰图借助文博会独有的平台优势，业务范围不断扩大，成交金额逐年增长，公司的影响力也迅速攀升。从 2007 年的第三届文博会开始，嘉兰图便登上了文博会的舞台，面向海内外推广品牌和形象。当年，该公司获得第三届文博会"百盈杯"的金奖和银奖，并迅速博得了众多国内外知名制造大亨的信赖。公司先后与 GE、摩托罗拉、汤姆逊、海尔、华为、联想、正泰、迈瑞等建立合作关系。在 2010 年的第六届文博会上，嘉兰图推出第三代老人手机，该产品获得了当年 iF 设计大奖，并且在德国、法国等多个国家畅销。在 2011 年第七届文博会上，嘉兰图携旗下品牌雅器 ARCCI 手机为代表的多项创意设计成果，在文博会创意设计馆（6 号馆）集体亮相，产品以易用、雅致、充满人文关怀为设计理念，先后荣获 300 余项国内外认证和国际设计大奖。

　　第三，整合资源，注重设计与产品、品牌建设融合。凭借自身持续的创新能力与对各行业敏锐洞察力，将设计产业链上下游资源进行全面有效整合，为客户创造商业价值。在嘉兰图的常务副总刘斌看来，"一款好的产品，总是能依靠用户体验最终获得市场胜利，而好的用户体验，往往得益于一流的设计"。近年来，设计将逐步升级至国家战略层面，更有行业人士提出"设计兴国"的口号。事实上，设计创新作为国家工业的核心，对工业的建设、发展起着关键性的作用。设计创新对于推进中国制造产业转型升级，有效引导中国制造发展的新方向不无裨益。在此背景下，嘉兰图立足自身发展的角度，顺应全球化发展的大势，将设计融合进产品开发与品牌建设的体系中，成功实现自身发展的转变，也为中国设计产业企业的发展提供了可借鉴的案例。

图书在版编目（CIP）数据

中国对外文化贸易报告.2014／中央文化企业国有资产监督管理
领导小组办公室，中国社会科学院文化研究中心编.—北京：社会
科学文献出版社，2014.12

ISBN 978-7-5097-6089-5

Ⅰ.①中…　Ⅱ.①中…　②中…　Ⅲ.①文化产业－对外贸易－
研究报告－中国－2014　Ⅳ.①G124

中国版本图书馆 CIP 数据核字（2014）第 114033 号

中国对外文化贸易报告（2014）

编　　　者／中央文化企业国有资产监督管理领导小组办公室
　　　　　　中国社会科学院文化研究中心

出 版 人／谢寿光
项目统筹／邓泳红　桂　芳
责任编辑／陈晴钰

出　　　版／社会科学文献出版社·皮书出版分社（010）59367127
　　　　　　地址：北京市北三环中路甲29号院华龙大厦　邮编：100029
　　　　　　网址：www.ssap.com.cn
发　　　行／市场营销中心（010）59367081　59367090
　　　　　　读者服务中心（010）59367028
印　　　装／三河市东方印刷有限公司

规　　　格／开 本：787mm×1092mm　1/16
　　　　　　印 张：28.25　字 数：441 千字
版　　　次／2014 年 12 月第 1 版　2014 年 12 月第 1 次印刷
书　　　号／ISBN 978-7-5097-6089-5
定　　　价／98.00 元